ACCESO GRATIS *a la Lectura en la Nube*

Para visualizar el libro electrónico en la nube de lectura envíe junto a su nombre y apellidos una fotografía del código de barras situado en la contraportada del libro y otra del ticket de compra a la dirección:

ebooktirant@tirant.com

En un máximo de 72 horas laborables le enviaremos el código de acceso con sus instrucciones.

PROTECCIÓN DE DATOS

Estudio conforme al esquema de certificación de delegados de protección de datos (AEPD-DPD)

Procedimiento de selección de originales, ver página web:
www.tirant.net/index.php/editorial/procedimiento-de-seleccion-de-originales

PROTECCIÓN DE DATOS

Estudio conforme al esquema de certificación de delegados de protección de datos (AEPD-DPD)

3ª Edición

Juan Francisco Rodríguez Ayuso
Profesor Permanente Laboral de Derecho Administrativo
Universidad Nacional de Educación a Distancia (UNED)

tirant lo blanch
Valencia, 2025

EDITA: TIRANT LO BLANCH
C/ Artes Gráficas, 14 - 46010 - Valencia
TELFS.: 96/361 00 48 - 50
FAX: 96/369 41 51
Email: tlb@tirant.com
www.tirant.com
Librería virtual: www.tirant.es
DEPÓSITO LEGAL: V-2434-2025
ISBN: 979-13-7010-627-0

Si tiene alguna queja o sugerencia, envíenos un mail a: *atencioncliente@tirant.com*. En caso de no ser atendida su sugerencia, por favor, lea en *www.tirant.net/index.php/empresa/politicas-de-empresa* nuestro procedimiento de quejas.

Responsabilidad Social Corporativa: http://www.tirant.net/Docs/RSCTirant.pdf

Índice

Abreviaturas 13

Prefacio 17

Capítulo Primero
NORMATIVA GENERAL DE PROTECCIÓN DE DATOS

I. Contexto normativo 21
1. Privacidad y protección de datos en el panorama internacional 21
2. La protección de datos en Europa 23
3. La protección de datos en España 30
4. Estándares y buenas prácticas 32

II. El Reglamento europeo de protección de datos y la Ley Orgánica 3/2018, de 5 de diciembre, de protección de datos personales y garantía de los derechos digitales. Fundamentos 34
1. Ámbito de aplicación 35
2. Definiciones 39
a) Datos personales 39
b) Tratamiento 40
c) Fichero 41
d) Responsable del tratamiento 41
e) Encargado del tratamiento 41
f) Destinatario 42
g) Consentimiento del interesado 42
a) Limitación del tratamiento 43
3. Sujetos obligados 51

III. El Reglamento europeo de protección de datos y la Ley Orgánica 3/2018, de 5 de diciembre, de protección de datos personales y garantía de los derechos digitales. Principios 51
1. El binomio derecho/deber en la protección de datos 51
2. Licitud del tratamiento 52
3. Lealtad y transparencia 53
4. Limitación de la finalidad 55
5. Minimización de datos 55
6. Exactitud 56

IV. El Reglamento europeo de protección de datos y la Ley Orgánica 3/2018, de 5 de diciembre, de protección de datos personales y garantía de los derechos digitales. Legitimación 59
1. El consentimiento: otorgamiento y revocación 59
2. El consentimiento informado: finalidad, transparencia, conservación, información y deber de comunicación al interesado 62
3. Consentimiento de los niños 77

4. Categorías especiales de datos ... 80
5. Datos relativos a condenas e infracciones penales ... 83
6. Tratamiento que no requiere identificación ... 84
7. Bases jurídicas distintas del consentimiento ... 89

V. Derechos de los individuos ... 92
1. Transparencia e información ... 93
2. Acceso, rectificación, supresión (olvido) ... 93
3. Oposición ... 107
4. Decisiones individuales automatizadas ... 111
5. Portabilidad ... 113
6. Limitación del tratamiento ... 120
7. Excepciones a los derechos ... 121

VI. El Reglamento europeo de protección de datos y la Ley Orgánica 3/2018, de 5 de diciembre, de protección de datos personales y garantía de los derechos digitales. Medidas de cumplimiento ... 123
1. Las políticas de protección de datos ... 123
2. Posición jurídica de los intervinientes. Responsables, co-responsables, encargados, subencargado del tratamiento y sus representantes. Relaciones entre ellos y formalización ... 125
3. El registro de actividades de tratamiento: identificación y clasificación del tratamiento de datos ... 135

VII. El Reglamento europeo de protección de datos y la Ley Orgánica 3/2018, de 5 de diciembre, de protección de datos personales y garantía de los derechos digitales. Responsabilidad proactiva ... 136
1. Privacidad desde el diseño y por defecto. Principios fundamentales .. 139
2. Evaluación de impacto relativa a la protección de datos y consulta previa. Los tratamientos de alto riesgo ... 144
3. Seguridad de los datos personales. Seguridad técnica y organizativa .. 154
4. Las violaciones de la seguridad. Notificación de violaciones de seguridad ... 156
5. El Delegado de Protección de Datos (DPD). Marco normativo ... 159
6. Códigos de conducta y certificaciones ... 161

VIII. El reglamento europeo de protección de datos. Delegados de protección de datos (DPD, DPO, o *Data Protection Officer*) ... 176
1. Designación. Proceso de toma de decisión. Formalidades en el nombramiento, renovación y cese. Análisis de conflicto de intereses ... 176
2. Obligaciones y responsabilidades. Independencia. Identificación y reporte a dirección ... 183
3. Procedimientos. Colaboración, autorizaciones previas, relación con los interesados y gestión de reclamaciones ... 187
4. Comunicación con la autoridad de protección de datos ... 187
5. Competencia profesional. Negociación. Comunicación. Presupuestos ... 188
6. Formación ... 189
7. Habilidades personales, trabajo en equipo, liderazgo, gestión de equipos ... 190

IX. El Reglamento europeo de protección de datos y la Ley Orgánica 3/2018, de 5 de diciembre, de protección de datos personales y garantía de los derechos digitales. Transferencias internacionales de datos 192
1. El sistema de decisiones de adecuación 194
2. Transferencias mediante garantías adecuadas 200
3. Normas Corporativas Vinculantes 204
4. Excepciones 209
5. Autorización de la autoridad de control 211
6. Suspensión temporal 213
7. Cláusulas contractuales 214

X. El Reglamento europeo de protección de datos y la Ley Orgánica 3/2018, de 5 de diciembre, de protección de datos personales y garantía de los derechos digitales. Autoridades de control 214
1. Autoridades de control 216
2. Potestades 227
   a) Funciones de naturaleza coercitiva 227
   b) Funciones relativas a la prestación y promoción del derecho a la protección de datos 228
   c) Funciones orientadas a la cooperación con otras autoridades de control, Administraciones Públicas y otros poderes estatales 230
3. Régimen sancionador 241
4. Comité Europeo de Protección de Datos 250
5. Procedimientos seguidos por la AEPD 255
6. La tutela jurisdiccional 259
7. El derecho de indemnización 262

XI. Directrices de interpretación del RGPD 267
1. Guías del GT artículo 29 267
2. Opiniones del Comité Europeo de Protección de Datos 273
3. Criterios de órganos jurisdiccionales 275

XII. Normativas sectoriales afectadas por la protección de datos 276
1. Sanitaria, Farmacéutica, Investigación 277
2. Protección de los menores 286
3. Solvencia Patrimonial 289
4. Telecomunicaciones 290
5. Videovigilancia 297
6. Seguros 301
7. Publicidad, etc. 301

XIII. Normativa española con implicaciones en protección de datos 304
1. LSSI, Ley 34/2002, de 11 de julio, de servicios de la sociedad de la información y de comercio electrónico 304
2. LGT, Ley 9/2014, de 9 de mayo, General de Telecomunicaciones 306
3. Ley firma-e, Ley 59/2003, de 19 de diciembre, de firma electrónica 307

XIV. Normativa europea con implicaciones en protección de datos 312

1. Directiva e-Privacy: Directiva 2002/58/CE del Parlamento Europeo y del Consejo de 12 de julio de 2002, relativa al tratamiento de los datos personales y a la protección de la intimidad en el sector de las comunicaciones electrónicas (Directiva sobre privacidad y las comunicaciones electrónicas) o Reglamento e-Privacy cuando se apruebe 312
2. Directiva 2009/136/CE del Parlamento Europeo y del Consejo, de 25 de noviembre de 2009, por la que se modifican la Directiva 2002/22/CE relativa al servicio universal y los derechos de los usuarios en relación con las redes y los servicios de comunicaciones electrónicas, la Directiva 2002/58/CE relativa al tratamiento de los datos personales y a la protección de la intimidad en el sector de las comunicaciones electrónicas y el Reglamento (CE) nº 2006/2004 sobre la cooperación en materia de protección de los consumidores 315
3. Directiva (UE) 2016/680 del Parlamento Europeo y del Consejo de 27 de abril de 2016 relativa a la protección de las personas físicas en lo que respecta al tratamiento de datos personales por parte de las autoridades competentes para fines de prevención, investigación, detección o enjuiciamiento de infracciones penales o de ejecución de sanciones penales, y a la libre circulación de dichos datos y por la que se deroga la Decisión Marco 2008/977/JAI del Consejo 318

Capítulo Segundo

RESPONSABILIDAD ACTIVA

I. Análisis y gestión de riesgos de los tratamientos de datos personales 319
1. Introducción. Marco general de la evaluación y gestión de riesgos. Conceptos generales 319
2. Evaluación de riesgos. Inventario y valoración de activos. Inventario y valoración de amenazas. Salvaguardas existentes y valoración de su protección. Riesgo resultante 323
3. Gestión de riesgos. Conceptos. Implementación. Selección y asignación de salvaguardas a amenazas. Valoración de la protección. Riesgo residual, riesgo aceptable y riesgo inasumible 327

II. Metodologías de análisis y gestión de riesgos 336

III. Programa de cumplimiento de Protección de Datos y Seguridad en una organización 337
1. El diseño y la implantación del programa de protección de datos en el contexto de la organización 339
2. Objetivos del programa de cumplimiento 341
3. *Accountability*: la trazabilidad del modelo de cumplimiento 342

IV. Seguridad de la información 344
1. Marco normativo. Esquema Nacional de Seguridad y directiva NIS: Directiva (UE) 2016/1148 relativa a las medidas destinadas a garantizar un elevado nivel común de seguridad de las redes y sistemas de

información en la Unión. Ámbito de aplicación, objetivos, elementos principales, principios básicos y requisitos mínimos ... 345
2. Ciberseguridad y gobierno de la seguridad de la información. Generalidades, Misión, gobierno efectivo de la Seguridad de la Información (SI). Conceptos de SI. Alcance. Métricas del gobierno de la SI. Estado de la SI. Estrategia de SI ... 356
3. Puesta en práctica de la seguridad de la información. Seguridad desde el diseño y por defecto. El ciclo de vida de los Sistemas de Información. Integración de la seguridad y la privacidad en el ciclo de vida. El control de calidad de los SI ... 361

V. Evaluación de Impacto de Protección de Datos "EIDP" ... 362
1. Introducción y fundamentos de las EIPD: Origen, concepto y características de las EIPD. Alcance y necesidad. Estándares ... 362
2. Realización de una evaluación de impacto. Aspectos preparatorios y organizativos, análisis de la necesidad de llevar a cabo la evaluación y consultas previas ... 363

Capítulo Tercero

TÉCNICAS PARA GARANTIZAR EL CUMPLIMIENTO DE LA NORMATIVA DE PROTECCIÓN DE DATOS

I. La auditoría de protección de datos ... 371
1. El proceso de auditoría. Cuestiones generales y aproximación a la auditoría. Características básicas de la Auditoría ... 371
2. Elaboración del informe de auditoría. Aspectos básicos e importancia del informe de auditoría ... 376
   a) Fase 1. Organización ... 377
   b) Fase 2. Planificación y obtención de información ... 377
   c) Fase 3. Verificación del cumplimiento ... 377
   d) Fase 4. Elaboración y entrega del informe final ... 377
3. Ejecución y seguimiento de acciones correctoras ... 378

II. Auditoría de Sistemas de Información ... 379
1. La Función de la Auditoría en los Sistemas de Información. Conceptos básicos. Estándares y Directrices de Auditoría de SI ... 379
2. Control interno y mejora continua. Buenas prácticas. Integración de la auditoria de protección de datos en la auditoria de SI ... 386
3. Planificación, ejecución y seguimiento ... 389

III. La gestión de la seguridad de los tratamientos ... 390
1. Esquema Nacional de Seguridad, ISO/IEC 27001:2013 (UNE ISO/IEC 27001:2014: Requisitos de Sistemas de Gestión de Seguridad de la Información, SGSI) ... 390
2. Gestión de la Seguridad de los Activos. Seguridad lógica y en los procedimientos. Seguridad aplicada a las TI y a la documentación ... 397
3. Recuperación de desastres y Continuidad del Negocio. Protección de los activos técnicos y documentales. Planificación y gestión de la Recuperación del Desastres ... 398

IV. Otros conocimientos 400
1. El cloud computing 400
2. Los *Smartphones* 403
3. Internet de las Cosas (IoT) 407
4. *Big data* y elaboración de perfiles 415
5. Redes sociales 419
6. Tecnologías de seguimiento del usuario 419
7. *Blockchain* y últimas tecnologías 425

Bibliografía 429

Biografía del autor 433

Abreviaturas

AAPD	Autoridad/es Autonómica/s de Protección de Datos
AEPD	Agencia Española de Protección de Datos
BCR	*Binding Corporate Rules*
BOE	Boletín Oficial del Estado
CDFUE	Carta de los Derechos Fundamentales de la Unión Europea (DOCE C 364/1, de 18 de diciembre de 2000)
CE	Constitución Española (BOE núm. 311, de 29 de diciembre de 1978)
CEDH	Instrumento de Ratificación del Convenio para la Protección de los Derechos Humanos y de las Libertades Fundamentales, hecho en Roma el 4 de noviembre de 1950, y enmendado por los Protocolos adicionales números 3 y 5, de 6 de mayo de 1963 y 20 de enero de 1966, respectivamente (BOE núm. 243, de 10 de octubre de 1979)
CEPD	Comité Europeo de Protección de Datos
Convenio nº 108	Convenio para la protección de las personas con respecto al tratamiento automatizado de datos de carácter personal, hecho en Estrasburgo el 28 de enero de 1981 (BOE núm. 274, de 15 de noviembre de 1985)
CP	Ley Orgánica 10/1995, de 23 de noviembre, del Código Penal (BOE núm. 281, de 24 de noviembre de 1995)
DCE	Directiva 2000/31/CE del Parlamento Europeo y del Consejo, de 8 de junio de 2000, relativa a determinados aspectos jurídicos de los servicios de la sociedad de la información, en particular el comercio electrónico en el mercado interior (Directiva sobre el comercio electrónico) (DOCE L 178/1, de 17 de julio de 2000)
DFE	Directiva 1999/93/CE del Parlamento Europeo y del Consejo de 13 de diciembre de 1999 por la que se establece un marco comunitario para la firma electrónica (DOCE núm. 13, de 19 de enero de 2000)
DMA	Reglamento (UE) 2022/1925 del Parlamento Europeo y del Consejo de 14 de septiembre de 2022 sobre mercados disputables y equitativos en el sector digital y por el que se modifican las Directivas (UE) 2019/1937 y (UE) 2020/1828

	(Reglamento de Mercados Digitales) (DOUE L 265/1, de 12 de octubre de 2022)
DOCE	Diario Oficial de las Comunidades Europeas
DOUE	Diario Oficial de la Unión Europea
DPCE	Directiva 2002/58/CE del Parlamento Europeo y del Consejo, de 12 de julio de 2002, relativa al tratamiento de los datos personales y a la protección de la intimidad en el sector de las comunicaciones electrónicas (Directiva sobre la privacidad y las comunicaciones electrónicas) (DOCE L 201/37, de 31 de julio de 2002)
DPD	Delegado de Protección de Datos
DPDP	Directiva 95/46/CE del Parlamento Europeo y del Consejo, de 24 de octubre de 1995, relativa a la protección de las personas físicas en lo que respeta al tratamiento de datos personales y a la libre circulación de estos datos (DOCE L 281/31, de 23 de noviembre de 1995)
DPO	*Data Protection Officer*
DSA	Reglamento (UE) 2022/2065 del Parlamento Europeo y del Consejo de 19 de octubre de 2022 relativo a un mercado único de servicios digitales y por el que se modifica la Directiva 2000/31/CE (Reglamento de Servicios Digitales) (DOUE L 277/1, de 27 de octubre de 2022)
eIDAS	Reglamento (UE) nº 910/2014 del Parlamento Europeo y del Consejo, de 23 de julio de 2014, relativo a la identificación electrónica y los servicios de confianza para las transacciones electrónicas en el mercado interior y por el que se deroga la Directiva 1999/93/CE (DOUE L 257/73, de 28 de agosto de 2014)
ENS	Real Decreto 311/2022, de 3 de mayo, por el que se regula el Esquema Nacional de Seguridad (BOE núm. 106, de 04 de mayo de 2022)
GTA29	Grupo de Trabajo del artículo 29
LAP	Ley 41/2002, de 14 de noviembre, básica reguladora de la autonomía del paciente y de derechos y obligaciones en materia de información y documentación clínica (BOE núm. 274, de 15 de noviembre de 2002)
LFE	Ley 59/2003, de 19 de diciembre, de firma electrónica (BOE núm. 304, de 20 de diciembre de 2003)
LGS	Ley 14/1986, de 25 de abril, General de Sanidad (BOE núm. 102, de 29 de abril de 1986)

LGSP	Ley 33/2011, de 4 de octubre, General de Salud Pública (BOE núm. 240, de 05 de octubre de 2011)
LGT	Ley 11/2022, de 28 de junio, General de Telecomunicaciones (BOE núm. 155, de 29 de junio de 2022)
LOPD	Ley Orgánica 15/1999, de 13 de diciembre, de Protección de Datos de Carácter Personal (BOE núm. 298, de 14 de diciembre de 1999)
LOPDGDD	Ley Orgánica 3/2018, de 5 de diciembre, de Protección de Datos Personales y garantía de los derechos digitales (BOE núm. 294, de 06 de diciembre de 2018)
LOPJ	Ley Orgánica 6/1985, de 1 de julio, del Poder Judicial (BOE núm. 157, de 02 de julio de 1985)
LOPJM	Ley Orgánica 1/1996, de 15 de enero, de Protección Jurídica del Menor, de modificación parcial del Código Civil y de la Ley de Enjuiciamiento Civil (BOE núm. 15, de 17 de enero de 1996)
LORTAD	Ley Orgánica 5/1992, de 29 de octubre, de regulación del tratamiento automatizado de los datos de carácter personal (BOE núm. 262, de 31 de octubre de 1992)
LPH	Ley 49/1960, de 21 de julio, de Propiedad Horizontal (BOE núm. 176, de 23 de julio de 1960
LRJSP	Ley 40/2015, de 1 de octubre, de Régimen Jurídico del Sector Público (BOE núm. 236, de 02 de octubre de 2015)
LSEC	Ley 6/2020, de 11 de noviembre, reguladora de determinados aspectos de los servicios electrónicos de confianza (BOE núm. 298, de 12 de noviembre de 2020)
LSSICE	Ley 34/2002, de 11 de julio, de servicios de la sociedad de la información y de comercio electrónico (BOE núm. 166, de 12 de julio de 2002)
RDLOPD	Real Decreto 1720/2007, de 21 de diciembre, por el que se aprueba el Reglamento de desarrollo de la Ley Orgánica 15/1999, de 13 de diciembre, de protección de datos de carácter personal (BOE núm. 17, de 19 de enero de 2008)
RGPD	Reglamento (UE) 2016/679 del Parlamento Europeo y del Consejo de 27 de abril de 2016 relativo a la protección de las personas físicas en lo que respecta al tratamiento de datos personales y a la libre circulación de estos datos y por el que se deroga la Directiva 95/46/CE (Reglamento General de Protección de Datos) (DOUE L 119/1, de 04 de mayo de 2016)

RGPDPUB	Reglamento (UE) 2018/1725 del Parlamento Europeo y del Consejo, de 23 de octubre de 2018, relativo a la protección de las personas físicas en lo que respecta al tratamiento de datos personales por las instituciones, órganos y organismos de la Unión, y a la libre circulación de esos datos (DOUE L 295/39, de 21 de noviembre de 2018)
SEPD	Supervisor Europeo de Protección de Datos
SGSI	Sistema de Gestión de Seguridad de la Información
STC	Sentencia del Tribunal Constitucional
STS	Sentencia del Tribunal Supremo
TFUE	Tratado de Funcionamiento de la Unión Europea (DOUE C 83/47, de 30 de marzo de 2010)
TJUE	Tribunal de Justicia de la Unión Europea

Prefacio

A lo largo de estos últimos años, la concienciación adquirida por la sociedad en torno a la relevancia que ostenta la salvaguarda del derecho fundamental a la protección de sus datos personales ha sido progresivamente creciente. Más aún, con la entrada en vigor del Reglamento General de Protección de Datos, en el seno de la Unión Europea, y de la Ley Orgánica que, en nuestro ordenamiento jurídico interno, le sirve de complemento y desarrollo, se han reforzado los mecanismos e instrumentos con los que cuenta el afectado para garantizar sus derechos y libertades.

Entre estos instrumentos, surge, con especial preponderancia, la figura del Delegado de Protección de Datos o *Data Protection Officer*, cuyo origen ya se atisba con la Directiva precedente, pero que es con la nueva regulación cuando adquiere decidida obligatoriedad en el conjunto de los Estados miembros. A partir, por tanto, de la entrada en vigor del RGPD y de la LOPDGDD, se introducen los supuestos que, de concurrir, exigen a responsables del tratamiento y encargados del tratamiento, sean de naturaleza pública o privada, el nombramiento de esta figura, interna o externa a la organización, encargada de informar y asesorar de las obligaciones y políticas aplicables, de supervisar el cumplimiento de las mismas, de proporcionar el asesoramiento que resulte conveniente en materia de protección de datos personales, de cooperar con la autoridad de control competente y de actuar como punto de contacto de la organización en cuestiones relativas a este ámbito, todo ello atendiendo a los riesgos inherentes al tratamiento específico en cada caso.

Para ello, resulta primordial dotar al DPO de un estatuto bien definido, que pasa por hacerle partícipe, de forma adecuada y en tiempo oportuno, de todas las cuestiones relativas a la protección de datos personales, además de respaldarle en el desempeño de las mencionadas funciones, proporcionarle los recursos (de todo tipo —personales, económicos, etc.—) que resulten necesarios en cada caso, permitirle el acceso a los datos y a las operaciones de tratamiento en modo apropiado, mantener sus conocimientos especializados o garantizar su independencia. Previamente, y como manifestación por excelencia del principio de responsabilidad proactiva o *accountability* que impregna el conjunto de la norma, será preciso constatar las cualidades profesionales del DPD y, en especial, sus conocimientos especializados en Derecho y, más específicamente, en la práctica en materia de protección de datos personales, así como la capacidad que tiene de desempeñar sus funciones atendiendo al sector específico en el que sea nombrado.

Esta labor de comprobación es extraordinariamente importante de cara a procurar, no sólo el cumplimiento legal de una obligación, sino, tanto más, demostrar que el Delegado designado reúne las condiciones, del todo exigentes, para procurar la mejor protección de los interesados. Por este motivo, el mero nombramiento no será suficiente si, a la postre, la persona o entidad escogida carece de la capacidad efectiva de control, supervisión y asesoramiento que fundamentan su existencia.

En este contexto, y con el propósito de proporcionar una mayor seguridad y fiabilidad a los especialistas en materia de protección de datos personales y a las empresas y entidades que, preceptiva o voluntariamente, van a incorporar la figura del Delegado de Protección de Datos a sus organizaciones o que han de contratar los servicios de un profesional cualificado en la materia, la AEPD ha optado por promover un Esquema de Certificación de DPD. Se trata, este Esquema, de un sistema de certificación que posibilita concluir (por medio de certificaciones otorgadas por entidades certificadoras debidamente acreditadas por ENAC —Entidad Nacional de Acreditación—) que tales figuras reúnen la cualificación profesional y los conocimientos requeridos para ejercer la profesión.

Aunque esta certificación no es obligatoria para poder ejercer como tal, la autoridad de control nacional ha estimado necesario (y la experiencia determina que resulta del todo recomendable) implementar un punto de referencia al mercado en torno a los contenidos y elementos de un mecanismo de certificación que sirva como garantía de cara a la acreditación de la cualificación y capacidad profesional de los candidatos. El fin es, en definitiva, generar confianza en torno a la protección de los datos personales de los interesados por parte de cualquier entidad, pública o privada, que deba cumplir cuanto, preceptivamente, exige el RGPD y la LOPDGDD.

La presente obra persigue, precisamente, servir de apoyo a todos aquellos que pretendan obtener la citada certificación como Delegados de Protección de Datos. Por este motivo, incluye, de manera pormenorizada y sistemática, cada uno de los aspectos recogidos en el Esquema de Certificación de Delegados de Protección de Datos de la Agencia Española de Protección de Datos (Esquema AEPD-DPD —Versión 1.4—), estructurándose de idéntica manera que dicho Esquema para servir a este objetivo de la manera didácticamente más adecuada.

Consecuencia de lo anterior, este estudio consta de un total de tres capítulos. El primero de ellos, eminentemente jurídico, indaga en la normativa general de protección de datos personales, donde se pormenoriza en el análisis del contexto normativo, nacional e internacional; en los fundamentos del RGPD y de la LOPDGDD; en los principios relativos al tratamiento que sirven de sustento; en las bases jurídicas que legitiman el tratamiento; en los derechos específicos con los que cuentan los titulares de los datos; en las medidas de cumplimiento; en el, ya mencionado, principio de responsabilidad proactiva; en las transferencias de datos personales a terceros países u organizaciones internacionales; en las autoridades de control; en las directrices de interpretación; en la normativa sectorial, española y europea, afectada, y, cómo no, en la figura del Delegado de Protección de Datos. El segundo, ciertamente más técnico, se centra en el análisis y gestión de los riesgos de los tratamientos de datos personales, pasando por las metodologías disponibles para efectuar dicho análisis y gestión, el estudio de los programas de cumplimiento en el seno del responsable del tratamiento, el marco normativo y la puesta en práctica de la seguridad de la información en la organización y la descripción de los fundamentos de la evaluación de impacto en materia de protección de datos. El tercero y último, en la misma línea, concluye profundizando en la auditoría de protección de datos y de los sistemas de información como elemento de control, en la gestión de la seguridad de los tratamientos y en el estudio de novedades con implicaciones altamente relevantes, como sucede con el *cloud computing*, los *smartphones*, el Internet de las Cosas, el *Big data*, la elaboración de perfiles, las redes sociales, las tecnologías de seguimiento de usuario o el *Blockchain*.

Juan Francisco Rodríguez Ayuso
Córdoba, mayo de 2023

Capítulo Primero

Normativa general de protección de datos

SUMARIO: I. Contexto normativo. II. El Reglamento europeo de protección de datos y la Ley Orgánica 3/2018, de 5 de diciembre, de protección de datos personales y garantía de los derechos digitales. Fundamentos. III. El Reglamento europeo de protección de datos y la Ley Orgánica 3/2018, de 5 de diciembre, de protección de datos personales y garantía de los derechos digitales. Principios. IV. El Reglamento europeo de protección de datos y la Ley Orgánica 3/2018, de 5 de diciembre, de protección de datos personales y garantía de los derechos digitales. Legitimación. V. Derechos de los individuos. VI. El Reglamento europeo de protección de datos y la Ley Orgánica 3/2018, de 5 de diciembre, de protección de datos personales y garantía de los derechos digitales. Medidas de cumplimiento. VII. El Reglamento europeo de protección de datos y la Ley Orgánica 3/2018, de 5 de diciembre, de protección de datos personales y garantía de los derechos digitales. Responsabilidad proactiva. VIII. El reglamento europeo de protección de datos. Delegados de protección de datos (DPD, DPO, o *Data Protection Officer*). IX. El Reglamento europeo de protección de datos y la Ley Orgánica 3/2018, de 5 de diciembre, de protección de datos personales y garantía de los derechos digitales. Transferencias internacionales de datos. X. El Reglamento europeo de protección de datos y la Ley Orgánica 3/2018, de 5 de diciembre, de protección de datos personales y garantía de los derechos digitales. Autoridades de control. XI. Directrices de interpretación del RGPD. XII. Normativas sectoriales afectadas por la protección de datos. XIII. Normativa española con implicaciones en protección de datos. XIV. Normativa europea con implicaciones en protección de datos.

I. CONTEXTO NORMATIVO

La enorme relevancia que, a nadie escapa, ostenta la protección de los datos personales en nuestros días ha originado, en el contexto nacional, europeo e internacional, la multiplicación de normas encaminadas a proteger a los interesados frente a los tratamientos implementados por organizaciones y empresas, de naturaleza pública y privada. Seguidamente, y de forma resumida, ponemos el acento sobre los aspectos históricos más relevantes que determinan la situación actual.

1. Privacidad y protección de datos en el panorama internacional

Indagar en los orígenes de la privacidad y, más recientemente, de la protección de datos, implica retrotraerse, temporalmente, a los últimos años del siglo XIX, y, geográficamente, a Estados Unidos. Fue en ese momento y lugar en el que tuvo lugar la aparición del derecho a la privacidad, objeto de una posterior adaptación evolutiva.

Más específicamente, parece haber consenso en que el surgimiento de esta noción se ubica en un artículo, intitulado "The right to privacy", elaborado por los autores Samuel Dennis Warren y Louis Dembitz Brandeis y publicado en el año 1890 en la revista *Harvard Law Review*. En esta publicación, dichos juristas norteamericanos analizaron las respuestas que el ordenamiento jurídico estadounidense proporcionaba frente a las injerencias que, en la vida privada de los ciudadanos, ocasionaba la prensa escrita, la cual comenzó a asumir una considerable popularidad merced a prácticas que hoy en día podríamos tildar de sensacionalistas.

Muy posteriormente, en la década de los sesenta del siglo posterior, se produjo un nuevo punto de inflexión. Fue por entonces cuando el jurista, también estadounidense, Alan Furman Westin profundizó en un hecho, ya constatable en ese momento, como es el derivado del impacto que las Nuevas Tecnologías de la Información y de la Comunicación podrían llegar a tener, en su potencial de generar una huella digital de cada persona que, en última instancia, podría incrementar ostensiblemente el poder del Estado. Para ello, definió el derecho a la privacidad de cada persona como la facultad que esta ostenta para ejercer el control de la información que le concierne, pudiendo decidir el modo y la manera en el que tal información es conocida por terceros.

Sobre la base de estos cimientos, va surgiendo, en el panorama internacional, todo un paquete normativo en materia de protección de datos personales que tiene en el año 1974 un hito fundamental. Y es que, coincidiendo con la dimisión del Presidente de los Estados Unidos, Richard Nixon, tras el escándalo de *Watergate* sobre un sistema de grabación y espionaje de conversaciones, este país adoptó el *Privacy Act*, ley orientada a impedir el tratamiento inadecuado o ilícito de información concerniente a los individuos por parte de las autoridades gubernamentales.

Junto a ella, destacan otras normas históricas sobre la materia, repartidas a lo largo y ancho del panorama internacional. Entre ellas, merece destacar las, previas, *Datenschutz* alemana del año 1970 y *Data Lag* sueca de 1973. También, más recientes, la Ley alemana de 1977 o la Ley francesa de 1978.

En la actualidad, son ciertamente numerosos los Estados que, merced a los problemas e interrogantes que arroja la protección de la privacidad y de los datos en plena realidad digital, han ido promulgando normas que, de una manera más o menos amplia y con mayor o menor acierto, procuran darles respuesta. Entre ellos, destacan, por los vínculos existentes, como veremos, con la Unión Europea, posibilitando la realización automática de transferencias internacionales de datos personales, los siguientes: Suiza, Canadá, Argentina, Guernsey, Isla de Man, Jersey, Islas Feroe, Andorra, Israel, Uruguay, Nueva Zelanda, Japón, Reino Unido o República de Corea, por no mencionar las vigentes en Estados Unidos, México, Colombia, Perú o Nicaragua o las promulgadas por los países pertenecientes a la Unión Europea para completar los postulados del actual RGPD, actualmente en vigor, como veremos, para todo el territorio comunitario; tal es el caso de España con la LOPDGDD.

2. *La protección de datos en Europa*

Varias han sido las iniciativas relevantes que, adoptadas en el seno de la Unión Europea, ponen de manifiesto el interés y la preocupación por atender los múltiples desafíos que entraña y plantea la protección de datos. Estas iniciativas han dado lugar a normas que han resultado ser troncales y que han conformado la evolución que se plasma, en la actualidad, en el RGPD.

La primera de ellas viene representada por el CEDH de 1950, cuyo artículo 8 dispone cuanto sigue:

> «1. Toda persona tiene derecho al respeto de su vida privada y familiar, de su domicilio y de su correspondencia.
> 2. No podrá haber injerencia de la autoridad pública en el ejercicio de este derecho, sino en tanto en cuanto esta injerencia esté prevista por la ley y constituya una medida que, en una sociedad democrática, sea necesaria para la seguridad nacional, la seguridad pública, el bienestar económico del país, la defensa del orden y la prevención del delito, la protección de la salud o de la moral, o la protección de los derechos y las libertades de los demás».

Más tarde, en el año 1981, el Consejo de Europa adopta el Convenio nº 108. Como indica el propio Parlamento Europeo, este texto «[...] fue el primer instrumento internacional jurídicamente vinculante adoptado en el ámbito de la protección de datos. Tiene como fin garantizar a cualquier persona física el respeto de sus derechos y libertades fundamentales, concretamente su derecho a la vida privada, con respecto al tratamiento automatizado de los datos de carácter personal correspondientes a dicha persona». Posteriormente, se adoptó un Protocolo que, modificando el precitado Convenio, busca ampliar su ámbito de aplicación, aumentar el nivel de protección de los datos y mejorar su eficacia.

Junto a ambos instrumentos, surge, diecinueve años después, la CDFUE, que, en su precepto octavo, alude, de forma específica, a los datos de carácter personal, y lo hace de la siguiente manera:

> «1. Toda persona tiene derecho a la protección de los datos de carácter personal que la conciernan.

> 2. Estos datos se tratarán de modo leal, para fines concretos y sobre la base del consentimiento de la persona afectada o en virtud de otro fundamento legítimo previsto por la ley. Toda persona tiene derecho a acceder a los datos recogidos que la conciernan y a su rectificación.
> 3. El respeto de estas normas quedará sujeto al control de una autoridad independiente».

De ahí pasamos al artículo 16 TFUE, que establece que:

> «1. Toda persona tiene derecho a la protección de los datos de carácter personal que le conciernan.
> 2. El Parlamento Europeo y el Consejo establecerán, con arreglo al procedimiento legislativo ordinario, las normas sobre protección de las personas físicas respecto del tratamiento de datos de carácter personal por las instituciones, órganos y organismos de la Unión, así como por los Estados miembros en el ejercicio de las actividades comprendidas en el ámbito de aplicación del Derecho de la Unión, y sobre la libre circulación de estos datos. El respeto de dichas normas estará sometido al control de autoridades independientes.
> Las normas que se adopten en virtud del presente artículo se entenderán sin perjuicio de las normas específicas previstas en el artículo 39 del Tratado de la Unión Europea».

Y, finalmente, nos encontramos ante la DPDP, el antecedente normativo más inmediato del texto actual que surge en la Unión Europea para regular el tratamiento de los datos personales. Esta Directiva concretó fines muy evidentes: en primer lugar, armonizar los distintos instrumentos nacionales en materia de protección de datos de carácter personal por medio de una mayor coherencia entre las normativas internas de los Estados miembros, con el objetivo de asegurar un correcto funcionamiento del mercado interior; en segundo lugar, eliminar los obstáculos a la libre circulación de datos personales, y, en tercer y último lugar, conservar un nivel satisfactorio de garantía de los derechos y libertades que corresponden al interesado, coherente en los distintos países comunitarios.

En el año 2003, el Tribunal de Justicia de la Unión Europea (*caso Bodil Lindqvist*, demanda núm. C-101/01, sentencia de 6 de noviembre de 2003, pág. 29) estimó que esta armonización prevista en la Directiva 95/46/CE no se limitaba a lo básico, sino que, antes al contrario, pretendía una armonización global con el fin de garantizar la libre circulación de datos personales y asegurar, paralelamente, un alto nivel de protección de los derechos e intereses de los afectados. Sin embargo, también en 2003, dicho Tribunal (*caso Eugen Schmidberger, Internationale Transporte und Planzüge contra Republik Österreich*, demanda núm. C-112/00, sentencia de 12 de junio de 2003, pág. 80) entendió que la protección de datos no podía concebirse como un derecho absoluto dentro del Derecho comunitario, debiendo interpretarse de acuerdo al objetivo que desempeña en la sociedad.

De igual modo, ese mismo año, la Comisión Europea procedió a publicar un primer estudio en relación con la aplicación de la DPDP, concluyendo, como principales aspectos a resaltar, que: a) resultaba conveniente perfeccionar su aplicación, aumentando su puesta en práctica e incrementando la concienciación en torno a los derechos y obligaciones de las personas interesadas; b) los países comunitarios están obligados a reelaborar su normativa con el fin de conseguir una mayor coherencia con lo establecido por el texto de la Directiva y a atribuir recursos en cantidad adecuada a las autoridades de control, y c) dichos países y las autoridades de control están obligados a disminuir las cargas de carácter administrativo que recaen en los, por entonces, responsables de los ficheros.

Así las cosas, pasamos a la Comunicación de la Comisión Europea de 2007, que, pese a considerar que la aplicación del texto había mejorado, constató que determinados Estados miembros todavía no la ponían en práctica adecuadamente. Pese a ello, se entendió que las diferencias advertidas en el seno de la Unión Europea no ponían de relieve conflictos patentes en el mercado interno.

No obstante, en el año 2010, de nuevo una Comunicación de la Comisión Europea consideró que, ya en ese momento, la DPDP no era capaz de atender de un modo adecuado a los retos resultantes de la vertiginosa evolución tecnológica y globalizadora. Como resultado, la Comisión sentó los cimientos sobre los que se asentaría la ulterior propuesta legislativa que supondría la modificación, a la postre, de la DPDP: un reforzamiento de los derechos que corresponden a los afectados; una profundización en la configuración del mercado interior; una revisión de la legislación en materia de protección de datos en los campos de la cooperación policial y judicial en el ámbito penal, y una mayor conciencia de la dimensión global que trae consigo esta materia. Con el fin de conseguir la elaboración de la propuesta legislativa, la Comisión Europea conformó un procedimiento general de consulta con las partes inmersas en el proyecto, advirtiendo entonces la obligación de adecuar el marco jurídico europeo de la protección de datos personales.

Este procedimiento se plasmó en la propuesta legislativa de RGPD del año 2012. En ella, la Comisión Europea plasmó su Propuesta de Reglamento del Parlamento Europeo y del Consejo relativo a la protección de las personas físicas en lo que respecta al tratamiento de datos personales y a la libre circulación de estos datos (Reglamento General de Protección de Datos). Los fines esenciales fueron: a) la atribución a los interesados de una mayor facultad de disposición sobre la información, el acceso y el control sobre los datos personales que les corresponden; b) el aumento de la seguridad que exige todo tratamiento; c) la mejora de la eficiencia de los derechos de los titulares de los datos; d) el incremento de la confianza de los afectados en las transferencias internacionales de datos; e) la adecuación del derecho a la modificación y supresión de los datos personales; f) la mejora en el derecho de oposición; g) el establecimiento de una autoridad independiente supervisora, y h) el avance de las cuestiones relacionadas con recursos, responsabilidad y sanciones derivadas de los tratamientos de los datos.

Así las cosas, y tras un largo período de tramitación, el 27 de abril de 2016, el Reglamento General de Protección de Datos fue publicado en el DOUE.

Junto a él, y para tratamientos de datos de carácter personal por las instituciones, órganos y organismos de la Unión, surge, dos años más tarde, el RGPDPUB. Este texto deroga el, precedente, Reglamento (CE) nº 45/2001 del Parlamento Europeo y de Consejo, de 18 de diciembre de 2000, relativo a la protección de las personas físicas en lo que respecta al tratamiento de datos personales por las instituciones y los organismos comunitarios y a la libre circulación de estos datos (DOCE L 8/1, de 12 de enero de 2001), al igual que la Decisión nº 1247/2002/CE del Parlamento Europeo, del Consejo y de la Comisión, de 1 de julio de 2002, relativa al estatuto y a las condiciones generales de ejercicio de las funciones de Supervisor Europeo de Protección de Datos (DOCE L 183/1, de 12 de julio de 2002).

Por último, la Unión Europea está iniciando una, nueva y más ampliada, senda, desarrollando un paquete normativo que pretende facilitar e, incluso, imponer como obligación legal la compartición de los datos en numerosas ocasiones y con muy diferentes fines. Este nuevo paquete está integrado por dos importantes Reglamentos: el Reglamento (UE) 2022/868 del Parlamento Europeo y del Consejo de 30 de mayo de 2022 relativo a la gobernanza europea de datos y por el que se modifica el Reglamento (UE) 2018/1724 (Reglamento de Gobernanza de Datos —DOUE L 152/1, de 03 de junio de 2022—), de un lado, y el Reglamento (UE) 2023/2854 del Parlamento Europeo y del Consejo de 13 de diciembre de 2023 sobre normas armonizadas para un acceso justo a los datos y su utilización, y por el que se modifican el Reglamento (UE) 2017/2394 y la Directiva (UE) 2020/1828 (Reglamento de Datos —DOUE L 2854, de 22 de diciembre de 2023—).

La Estrategia Europea de Datos, publicada por la Comisión en febrero del año 2020, pretende dar respuesta a la evolución de la economía de los datos mediante una nueva aproximación fundada en principios que suponen una decisiva transformación de la regulación de los datos. En ella, las instituciones europeas proponen una alternativa a las grandes concentraciones de datos en un reducido número de actores, una propuesta que pasa, no sólo por promover grandes movimientos de datos, sino también por procurar su adecuada distribución entre los diferentes actores para conseguir una mayor modernización y mejora de los servicios públicos, una mayor innovación y competitividad de las empresas europeas y un mayor empoderamiento de los ciudadanos.

El Reglamento de Gobernanza de Datos, en vigor desde junio de 2022, complementa la apertura de datos públicos iniciada por la Directiva 2003/98/CE del Parlamento Europeo y del Consejo de 17 de noviembre de 2003 relativa a la reutilización de la información del sector público (DOUE L 345/90, de 31 de diciembre de 2003). Esta Directiva es modificada, posteriormente, por la Directiva 2013/37/UE del Parlamento Europeo y del Consejo de 26 de junio de 2013 por la que se modifica la Directiva 2003/98/CE relativa a la reutilización de la información del sector público (DOUE L 175/1, de 27 de junio de 2013) y derogada, a la postre, por la actual Directiva (UE) 2019/1024 del Parlamento Europeo y del Consejo de 20 de junio de 2019 relativa a los datos abiertos y la reutilización de la información del sector público (DOUE L 172/56, de 26 de junio de 2019).

Esta última Directiva se transpone al ordenamiento jurídico español merced al Real Decreto-ley 24/2021, de 2 de noviembre, de transposición de directivas de la Unión Europea en las materias de bonos garantizados, distribución transfronteriza de organismos de inversión colectiva, datos abiertos y reutilización de la información del sector público, ejercicio de derechos de autor y derechos afines aplicables a determinadas transmisiones en línea y a las retransmisiones de programas de radio y televisión, exenciones temporales a determinadas importaciones y suministros, de personas consumidoras y para la promoción de vehículos de transporte por carretera limpios y energéticamente eficientes (BOE núm. 263, de 03 de noviembre de 2021), libro tercero, que modifica la Ley 37/2007, de 16 de noviembre, sobre reutilización de la información del sector público (BOE núm. 276, de 17 de noviembre de 2007) para hacerla compatible con la Directiva (UE) 2019/1024. Esta última Ley ha sido, a su vez, objeto de desarrollo merced al Real Decreto 1495/2011, de 24 de octubre, por el que se desarrolla la Ley 37/2007, de 16 de noviembre, sobre reutilización de la información del sector público, para el ámbito del sector público estatal (BOE núm. 269, de 08 de noviembre de 2011).

Uno de los fines perseguidos por este Reglamento de Gobernanza de Datos es el de fomentar la compartición de determinados datos en poder de organismos del sector público que, por estar protegidos, estaban vedados a su posible reutilización. Y es que, hemos de tener en cuenta que la Directiva (UE) 2019/1024 excluye de su ámbito de actuación determinados datos, debido a «[...] las inquietudes relacionadas con la privacidad, la protección de datos personales, la confidencialidad, la seguridad nacional, los intereses comerciales legítimos, como los secretos comerciales, y los derechos de propiedad intelectual de terceros» (considerando 28). El RGD, en cambio, resulta aplicable «[...] a aquellos datos que obren en poder de organismos del sector público que estén protegidos por motivos de: a) confidencialidad comercial, incluidos los secretos comerciales, profesionales o empresariales; b) confidencialidad estadística; c) protección de los derechos de propiedad intelectual de terceros, o d) protección de los datos personales, en la medida en que tales datos queden excluidos del ámbito de aplicación de la Directiva (UE) 2019/1024» (artículo 3.1). Asimismo, contempla supuestos de cesión altruista de datos por los particulares y un marco para los servicios de intermediación de datos.

El Reglamento de Datos, por su parte, continúa la senda iniciada por el Reglamento de Gobernanza de Datos de superar la tradicional identificación de la compartición con la reutilización de la información en poder de las Administraciones Públicas. De hecho, da un ambicioso paso más, al incluir, en pro de un paulatino mercado único europeo de datos, disposiciones que, lejos de limitarse a promover, obligan a:

a) La cesión de datos entre empresas, creando todo un régimen jurídico que regula las cesiones de datos y evitando el empleo de cláusulas contractuales que hayan sido impuestas unilateralmente por una empresa a una microempresa o a una pequeña o mediana empresa, en una clara intención por proteger a estas últimas, dada su relevancia en el tejido productivo de la Unión.

b) La cesión de datos en favor de organismos del sector público o instituciones, organismos y órganos de la Unión, siempre y cuando concurran necesidades excepcionales que así lo justifiquen. En este caso, al igual que sucedía con el anterior, la norma persigue atender a la singularidad de las pymes, exonerándolas del cumplimiento de este deber.

c) Facilitar el cambio de proveedor de servicios de tratamiento de datos (portabilidad), así como la interoperabilidad de los datos y de los mecanismos y servicios de intercambio de datos.

Consecuencia de lo anterior, surge el Reglamento (UE) 2025/327 del Parlamento Europeo y del Consejo, de 11 de febrero de 2025, relativo al Espacio Europeo de Datos de Salud, y por el que se modifican la Directiva 2011/24/UE y el Reglamento (UE) 2024/2847 (DOUE L 2025/327, de 05 de marzo de 2025). Este Reglamento crea el Espacio Europeo de Datos de Salud, un marco jurídico y técnico uniforme cuyo objetivo es permitir a las personas físicas un acceso inmediato, seguro y transfronterizo a sus datos de salud electrónicos. Esta norma sustituye y complementa los marcos fragmentarios existentes en los Estados miembros, buscando mejorar la continuidad asistencial, facilitar el intercambio seguro de datos entre profesionales sanitarios y empoderar al paciente en el control de su información sanitaria, en línea con los principios del RGPD.

A tal fin, el Reglamento se articula en torno a dos grandes usos de los datos: el uso primario, vinculado directamente a la atención sanitaria individual, y el uso secundario, destinado a fines de investigación, innovación, formulación de políticas públicas o respuesta ante crisis sanitarias. Para ello, introduce obligaciones reforzadas de interoperabilidad, acceso granulado, rectificación inmediata, consentimiento informado y transparencia, además de establecer mecanismos como MiSalud@UE, para garantizar la conectividad entre Estados miembros. El nuevo marco también contempla derechos complementarios a los previstos en el RGPD, como el acceso digital inmediato a determinadas categorías prioritarias de datos de salud.

Desde la perspectiva de la protección de datos personales, el Reglamento se basa en el RGPD, pero lo desarrolla y especializa para el contexto sanitario digital. La supervisión seguirá correspondiendo a las autoridades de protección de datos, que asumen funciones adicionales, incluida la potestad sancionadora, para velar por el cumplimiento de estos nuevos derechos sectoriales.

Por último, el 12 de julio de 2024 se publicó el Reglamento (UE) 2024/1689 del Parlamento Europeo y del Consejo, de 13 de junio de 2024, por el que se establecen normas armonizadas en materia de inteligencia artificial y por el que se modifican los Reglamentos (CE) nº 300/2008, (UE) nº 167/2013, (UE) nº 168/2013, (UE) 2018/858, (UE) 2018/1139 y (UE) 2019/2144 y las Directivas 2014/90/UE, (UE) 2016/797 y (UE) 2020/1828 (Reglamento de Inteligencia Artificial -DOUE L 2024/1689, de 12 de julio de 2024-). Este texto establece un marco normativo armonizado en la Unión Europea para el diseño, desarrollo, comercialización y uso de sistemas de Inteligencia Artificial, basado en un enfoque de análisis de riesgos. Así, clasifica los sistemas de Inteligencia Artificial en varios niveles, imponiendo obligaciones específicas en función de su impacto potencial sobre los derechos fundamentales.

Aunque el Reglamento no se limita al tratamiento de datos personales, su aplicación tiene claras implicaciones en materia de protección de datos, especialmente en relación con los sistemas de Inteligencia Artificial de alto riesgo que implican toma de decisiones automatizadas, elaboración de perfiles o vigilancia biométrica. El Reglamento exige medidas reforzadas de transparencia, documentación técnica, supervisión humana y gestión del ciclo de vida de los datos. Además, subraya la necesidad de respetar las obligaciones establecidas por el RGPD.

3. La protección de datos en España

Como es lógico, la evolución descrita en la Unión Europea ha tenido un paralelo reflejo en nuestro ordenamiento jurídico interno. Sobre la base del artículo 18.4 CE, que instituye el derecho fundamental de los interesados a la protección de sus datos personales, surge, en un primer estadio, la LORTAD, que, por ese mismo motivo, adopta la forma de Ley Orgánica. En concreto, esta Ley nace para "[...] hacer frente a los riesgos que para los derechos de la personalidad puede suponer el acopio y tratamiento de datos por medios informáticos" (apartado segundo de su Exposición de Motivos) y tiene como objeto "[...] limitar el uso de la informática y otras técnicas y medios de tratamiento automatizado de los datos de carácter personal para garantizar el honor, la intimidad personal y familiar de las personas físicas y el pleno ejercicio de sus derechos" (artículo 1).

Pese a los méritos que se atribuyen a esta Ley, lo cierto es (y así lo ha apuntado la doctrina de forma sostenida) que la LORTAD resultó insuficiente a los fines de proteger adecuadamente el derecho fundamental ya apuntado, motivo por el que, aprovechando la necesidad de transponer en nuestro país las exigencias de la DPDP, surgen con posterioridad dos normas:

De un lado, la LOPD, que, en una tendencia ciertamente disruptora respecto de su predecesora, prevé, como fin, el de "[...] garantizar y proteger, en lo que concierne al tratamiento de los datos personales, las libertades públicas y los derechos fundamentales de las personas físicas, y especialmente de su honor e intimidad personal y familiar" (artículo 1), ampliando su ámbito de aplicación, que, ahora, se extiende tanto a tratamientos automatizados como a tratamientos no automatizados.

De otro, el RDLOPD, que, por su parte, surge de la habilitación que la disposición final primera de la LOPD atribuye al Gobierno para aprobar o modificar las disposiciones reglamentarias necesarias para la aplicación y desarrollo de la citada Ley Orgánica. Ahora bien, hasta tanto se promulgara el nuevo Real Decreto, continuarían vigentes (siempre que no se opusieran al contenido de la LOPD), las normas reglamentarias vigentes en ese momento, en especial, el Real Decreto 428/1993, de 26 de marzo, por el que se aprueba el Estatuto de la Agencia de Protección de Datos (BOE núm. 106, de 04 de mayo de 1993); el Real Decreto 1332/1994, de 20 de junio, por el que se desarrolla determinados aspectos de la Ley Orgánica 5/1992, de 29 de octubre, de regulación del tratamiento automatizado de los datos de carácter personal (BOE núm. 147, de 21 de junio de 1994), y el Real Decreto 994/1999, de 11 de junio, por el que se aprueba el Reglamento de medidas de seguridad de los ficheros automatizados que contengan datos de carácter personal (BOE núm. 151, de 25 de junio de 1999). El RDLOPD surge en el año 2007, es decir, más de diez años después de la aparición de la LOPD, e incorpora novedades relevantes, centradas: en el ámbito de aplicación (en el que se incluyen los ficheros y tratamientos no automatizados y en el que se excluyen los datos de las personas jurídicas y los datos profesionales de las personas físicas que en ellas desarrollen su labor); en el procedimiento para cumplir más adecuadamente con el deber de información que recae sobre los responsables del tratamiento; en el trámite para permitir un más sencillo (amén de gratuito) ejercicio de los derechos que se reconocen al interesado; en la prohibición del tratamiento de datos de menores de edad (niños con una edad inferior a catorce años) sin consentimiento de sus progenitores; en los cambios que se producen en materia de transferencias internacionales de datos personales, o en materia de seguridad, donde se introduce todo un elenco de medidas, técnicas y organizativas, cumulativas que resultan aplicables a datos personales de nivel bajo, medio y alto, respectivamente.

Pese a las bondades de esta regulación, lo cierto es que el vertiginoso avance de las TIC desembocó en una, más que evidente, necesidad de actualización de los postulados propios de la LOPD. Por esta razón, y motivada definitivamente por la entrada en vigor del RGPD, nace la nueva LOPDGDD, que, en la línea de sus antecesoras, adoptará la forma de Ley Orgánica, toda vez que desarrollará el, ya mencionado, derecho fundamental a la protección de las personas físicas en lo que respecta a sus datos personales. Empero, como bien resalta su disposición final primera, tendrán carácter de ley ordinaria: el Título IV; el Título VII, salvo los artículos 52 y 53 que tienen carácter orgánico; el Título VIII; el Título IX; los artículos 79 a 82, 88 y 95 a 97 del Título X; las disposiciones adicionales, salvo la disposición adicional segunda y la disposición adicional decimoséptima, que tienen carácter orgánico; las disposiciones transitorias, y las disposiciones finales, salvo las disposiciones finales primera, segunda, tercera, cuarta, octava, décima y decimosexta, que tienen carácter orgánico.

Como bien expone su artículo 1, la LOPDGDD tiene por objeto adaptar el ordenamiento jurídico español al RGPD y completar sus disposiciones. Para ello, y sin perjuicio de lo previsto en sus disposiciones adicional decimocuarta y transitoria cuarta, procede a la derogación de la LOPD, al igual que del Real Decreto-ley 5/2018, de 27 de julio, de medidas urgentes para la adaptación del Derecho español a la normativa de la Unión Europea en materia de protección de datos (BOE núm. 183, de 30 de julio de 2018); en cambio, no procede de la misma manera en relación con el RDLOPD, que, al igual que el resto de disposiciones de igual o inferior rango, seguirá siendo plenamente aplicable, siempre que no se oponga o resulte incompatible con el RGPD y la LOPDGDD (disposición derogatoria única).

4. Estándares y buenas prácticas

Al analizar esta cuestión, resulta primordial acudir a la, así denominada, Propuesta Conjunta para la Redacción de Estándares Internacionales para la protección de la Privacidad en relación con el Tratamiento de Datos de carácter personal, acogida favorablemente por la 31 Conferencia Internacional de Autoridades de Protección de Datos y Privacidad, celebrada el 05 de noviembre de 2009 en la ciudad de Madrid. Tal y como informaba el, por entonces, Director de la AEPD, D. Artemi Rallo Lombarte:

> «La labor conjunta de los garantes de la privacidad de casi cincuenta países, bajo coordinación de la Agencia Española de Protección de Datos, ha desembocado en un texto que trata de plasmar los múltiples enfoques que admite la protección de este derecho, integrando legislaciones de los cinco continentes. Su carácter consensuado aporta dos valores añadidos esencialmente novedosos: de un lado, enfatiza la vocación universal de los principios y garantías que configuran este derecho; del otro, reafirma la factibilidad de avanzar hacia un documento internacionalmente vinculante, que contribuya a una mayor protección de los derechos y libertades individuales en un mundo globalizado, y por ello, caracterizado por las transferencias internacionales de información».

Esta Propuesta tuvo por objeto la definición de todo un elenco de principios y derechos dirigidos a garantizar la efectiva y homogénea protección de la privacidad a nivel internacional, con relación al tratamiento de datos personales, además de procurar una agilización de los flujos internacionales de estos datos, necesarios en un mundo progresivamente globalizado.

Además, y como uno de los aspectos más relevantes (por anticipar lo que, de la mano del Reglamento General de Protección de Datos, vendría a conocerse como principio de responsabilidad proactiva o *accountability*) introduce un total de ocho medidas proactivas encaminadas a promover un más adecuado cumplimiento de la normativa aplicable sobre la materia, medidas que, en su literalidad, tienden a conseguir, de manera satisfactoria (apartado 22):

> «a. El establecimiento de procedimientos destinados a prevenir y detectar infracciones, que podrán basarse en modelos estandarizados de gobierno y/o gestión de la seguridad de la información.
> b. La designación, de uno o varios oficiales de privacidad o de protección de datos, con cualificación, recursos y competencias suficientes para ejercer adecuadamente sus funciones de supervisión.
> c. La realización periódica de programas de concienciación, educación y formación entre los miembros de la organización destinados al mejor conocimiento de la legislación que resulte aplicable en materia de protección de la privacidad en relación con el tratamiento de datos de carácter personal, así como de los procedimientos establecidos por la organización a tal efecto.
> d. La realización periódica de auditorías transparentes por parte de sujetos cualificados y preferentemente independientes, que verifiquen el cumplimiento de la legislación que resulte aplicable en materia de protección de la privacidad en relación con el tratamiento de datos de carácter personal, así como de los procedimientos establecidos por la organización a tal efecto.
> e. La adaptación de aquellos sistemas y/o tecnologías de información destinados al tratamiento de datos de carácter personal a la legislación que resulte aplicable en materia de protección de la privacidad en relación con el tratamiento de datos de carácter personal, en particular al decidir acerca de sus especificaciones técnicas y en su desarrollo e implementación.
> f. La puesta en práctica de estudios de impacto sobre la privacidad previos a la implementación de nuevos sistemas y/o tecnologías de información destinados al tratamiento de datos de carácter personal, así como a la puesta en práctica de nuevas modalidades de tratamiento de datos de carácter personal o a la realización de modificaciones sustanciales en tratamientos ya existentes.
> g. La adhesión a acuerdos de autorregulación cuya observancia resulte vinculante, que contengan elementos que permitan medir sus niveles de eficacia en cuanto al cumplimiento y grado de protección de los datos de carácter personal, y establezcan medidas efectivas en caso de incumplimiento.
> h. La implementación de planes de contingencias que establezca unas pautas de actuación en caso de que se verifique un incumplimiento de la legislación que resulte aplicable en materia de protección de la privacidad en relación con el tratamiento de datos de carácter personal, y que incluya al menos la obligación de determinar la causa y alcance de la vulneración que se haya producido, de describir sus efectos negativos y de adoptar las medidas necesarias para evitar que se reproduzca en el futuro».

En esta Propuesta intervinieron, como proponentes, las autoridades de control española, suiza, francesa, irlandesa, canadiense, checa, alemana, italiana, holandesa, neozelandesa y británica, junto con el Supervisor Europeo de Protección de Datos. Como coproponentes, participaron las Agencias de protección de datos andorrana, catalana, madrileña y vasca; la Oficina del Supervisor de Protección de Datos la Isla de Man; la Inspección de Protección de Datos de Estonia; la Inspección Estatal de Protección de Datos (Lituania); el Comisario para la Protección de Datos de Berlín (Alemania); el Comisario de Protección de Datos de Schleswig-Holstein (Alemania); el Director Nacional de Protección de Datos Personales (Argentina); el Comisario de Protección de Datos (Malta); la Comisión de la Informática y las Libertades (Burkina-Faso); el Comisario de Protección de Datos Personales (Chipre); el Defensor de la Protección de Datos (Finlandia); el Comisario de Información (Eslovenia) y la Autoridad Griega de Protección de Datos.

II. EL REGLAMENTO EUROPEO DE PROTECCIÓN DE DATOS Y LA LEY ORGÁNICA 3/2018, DE 5 DE DICIEMBRE, DE PROTECCIÓN DE DATOS PERSONALES Y GARANTÍA DE LOS DERECHOS DIGITALES. FUNDAMENTOS

Después de un dilatado intervalo de tramitación iniciado con carácter formal el 25 de enero del año 2012, el RGPD se publicó en el DOUE el día 04 de mayo del año 2016, entrando en vigor a los 20 días de su publicación y comenzando a aplicarse desde el 25 de mayo de 2018. Pocos meses después, y tras una ardua fase de tramitación parlamentaria, surge la LOPDGDD, que, como bien indica su disposición final decimosexta, entra en vigor el día siguiente de su publicación en el BOE (de fecha 6 de diciembre de 2018) y tiene por objeto adaptar el ordenamiento jurídico español al Reglamento General de Protección de Datos y completar sus disposiciones.

Con carácter general, se afirma que la normativa actual en materia de protección de datos personales implica una transformación total en relación con la situación precedente. Así es, aunque la inmensa mayoría de los principios y fundamentos de la, ya derogada (artículo 94 RGPD), DPDP y de la LOPD se encuentran aún en la esencia misma de la protección de datos, el RGPD y la LOPDGDD introducen, por vía o por vía indirecta, un novedoso modelo de protección de datos personales para la Unión Europea, en general, y para España, en particular, respectivamente.

Más específicamente, este nuevo proyecto pasa de la gestión de los datos al uso responsable de la información, siendo esta la transformación más importante que la nueva regulación comporta y que se vislumbra en aspectos como el principio de privacidad desde el diseño y por defecto, el principio de responsabilidad proactiva (en anglosajón, *accountability*), el tratamiento basado en el análisis de riesgos y en las medidas de seguridad resultantes, el conocido como delegado de protección de datos, el novedoso carácter reforzado de los códigos de conducta o, en definitiva, la sustitución de la obligación de declarar ficheros por la llevanza de un registro de las actividades de tratamiento. Además, se refuerza el protagonismo de las autoridades de control independientes como elemento esencial e imprescindible y que está en la base misma del derecho fundamental a la protección de datos.

Y así, para llevar a cabo todas estas reformas se adopta, a nivel europeo, la figura del reglamento, presumiblemente más adecuada al fin fundamental del precitado cambio, como es imprimir una mayor coherencia y un carácter más homogéneo a la regulación de la privacidad y de la protección de datos en el conjunto del territorio comunitario. Y es que, el reglamento, en contraposición a la directiva, presenta un alcance general, es preceptivo en todos sus elementos y es de aplicación directa en cada uno de los Estados miembros que integran la Unión Europea (artículo 288 TFUE). Además, tampoco requiere de transposición, si bien sí suele implicar la promulgación de normas en el seno de los ordenamientos jurídicos internos para el desarrollo o complemento de determinados aspectos en él comprendidos.

1. Ámbito de aplicación

El RGPD continúa una línea similar a la DPDP que lo precede, si bien introduce un progreso conceptual. Y lo hace ya desde el mismo título de la norma, que, al igual que su artículo 1.1, alude a los elementos esenciales que conforman su objeto: de un lado, la protección de las personas físicas en lo que respecta al tratamiento de sus datos personales, y, de otro, la libre circulación de estos datos. El objeto, por tanto, es doble: regular un derecho fundamental (la protección de datos personales, reconocido en el artículo 8 CDFUE) y garantizar una libertad (la libre circulación de los datos personales dentro del territorio de la Unión Europea), pero siempre partiendo de la base de que la libre circulación, en ningún caso, puede justificar una reducción en el nivel de protección.

Por su parte, la LOPDGDD, pese a no transponer norma comunitaria alguna (diferencia notoria, como ya se ha apuntado, entre el reglamento y la directiva comunitaria), tiene por objeto adaptar el ordenamiento jurídico interno al RGPD y completar sus disposiciones, además de garantizar los derechos digitales de la ciudadanía (que, recogidos en los artículos 79 a 97, se circunscriben al derecho a la neutralidad de Internet, al derecho de acceso universal a Internet, al derecho a la seguridad digital, al derecho a la educación digital, a la protección de los menores en Internet, al derecho de rectificación en Internet, al derecho a la actualización de informaciones en medios de comunicación digitales, al derecho a la intimidad y uso de dispositivos digitales en el ámbito laboral, al derecho a la desconexión digital en el ámbito laboral, al derecho a la intimidad frente al uso de dispositivos de videovigilancia y de grabación de sonidos en el lugar de trabajo, al derecho a la intimidad ante la utilización de sistemas de geolocalización en el ámbito laboral, a los derechos digitales en la negociación colectiva, a la protección de datos de los menores en Internet, al derecho al olvido en búsquedas de Internet, al derecho al olvido en servicios de redes sociales y servicios equivalentes, al derecho de portabilidad en servicios de redes sociales y servicios equivalentes y al derecho al testamento digital) conforme al mandato establecido por el artículo 18.4 CE, que, también sabemos ya, regula el derecho fundamental a la protección de datos en nuestro país y que, a partir de entonces, se ejercerá con arreglo a lo establecido en el RGPD y en la LOPDGDD (artículo 1 LOPDGDD).

Por lo que respecta a su ámbito de aplicación material, de una lectura rápida del artículo 2 del texto del RGPD podemos observar que el mismo coincide sustancialmente con el de la Directiva anterior. No obstante, el Reglamento General de Protección de Datos incluye algunos matices y redefine las excepciones, manteniendo, por lo demás, su esencia. En concreto, dicho precepto ofrece, conjuntamente, una definición positiva, sobre cuál es el ámbito de aplicación de la norma en general (apartado primero), y una negativa, al enumerar una serie de exclusiones que, como excepciones a la norma, deberán ser interpretadas de forma restrictiva (apartado segundo). Y lo hace en los términos que, de forma literal, seguidamente se indican:

> «1. El presente Reglamento se aplica al tratamiento total o parcialmente automatizado de datos personales, así como al tratamiento no automatizado de datos personales contenidos o destinados a ser incluidos en un fichero.
> 2. El presente Reglamento no se aplica al tratamiento de datos personales:
> a) en el ejercicio de una actividad no comprendida en el ámbito de aplicación del Derecho de la Unión;

> b) por parte de los Estados miembros cuando lleven a cabo actividades comprendidas en el ámbito de aplicación del capítulo 2 del título V del TUE;
> c) efectuado por una persona física en el ejercicio de actividades exclusivamente personales o domésticas;
> d) por parte de las autoridades competentes con fines de prevención, investigación, detección o enjuiciamiento de infracciones penales, o de ejecución de sanciones penales, incluida la de protección frente a amenazas a la seguridad pública y su prevención».

Por su parte, a los tratamientos de datos personales realizados por los organismos públicos les será de aplicación, no esta normativa, sino el RGPDPUB, que, derogando al Reglamento (CE) nº 45/2001, requiere de una modificación implícita de lo dispuesto en el artículo 2.3 RGPD.

Por último, el artículo 2.4 RGPD establece la necesaria compatibilización de la normativa en materia de protección de datos personales con la regulación propia de los servicios de la sociedad de la información, emanada con carácter general de la DCE, a nivel europeo, y de la LSSICE, a nivel nacional. Este mandato encuentra su paralelismo en lo establecido dentro del considerando 14 DCE.

En cuanto a la determinación del ámbito de aplicación territorial de las normas adoptadas por la Unión Europea en materia de protección de datos, esta siempre ha sido una cuestión debatida. El artículo 3 RGPD aborda esta cuestión, disponiendo literalmente que:

> «1. El presente Reglamento se aplica al tratamiento de datos personales en el contexto de las actividades de un establecimiento del responsable o del encargado en la Unión, independientemente de que el tratamiento tenga lugar en la Unión o no.
> 2. El presente Reglamento se aplica al tratamiento de datos personales de interesados que residan en la Unión por parte de un responsable o encargado no establecido en la Unión, cuando las actividades de tratamiento estén relacionadas con:
> a) la oferta de bienes o servicios a dichos interesados en la Unión, independientemente de si a estos se les requiere su pago, o
> b) el control de su comportamiento, en la medida en que este tenga lugar en la Unión.
> 3. El presente Reglamento se aplica al tratamiento de datos personales por parte de un responsable que no esté establecido en la Unión sino en un lugar en que el Derecho de los Estados miembros sea de aplicación en virtud del Derecho internacional público».

Frente a las anteriores reglas en relación con la determinación territorial del Derecho comunitario sobre la materia, este precepto diferencia, como podemos observar, dos supuestos, según el tratamiento se realice en un establecimiento situado dentro de la Unión Europea o no:

En el primero, la norma se aplicará cuando el responsable del tratamiento tenga su establecimiento en este territorio, con independencia de si es en el mismo donde tiene lugar de manera efectiva el tratamiento de que se trate.

En el segundo, el RGPD (y, por extensión, la LOPDGDD) se aplicará cuando el titular de los datos se encuentre dentro de la Unión Europea (aun cuando el responsable del tratamiento o el encargado del tratamiento no tenga su establecimiento en ningún punto de este territorio), siempre que se cumpla alguna de las siguientes condiciones:

a) Que la actividad desarrollada y que implica la necesidad del tratamiento esté relacionada con la oferta de bienes o servicios al interesado, más allá de que se requiera de pago alguno.

b) Que dicha actividad implique el control de su comportamiento, en la medida en que el mismo tenga lugar en el espacio comunitario.

De concurrir cualquiera de estas dos circunstancias, no sólo será de aplicación la normativa supra citada, sino que, además, el obligado deberá nombrar un representante en la Unión Europea, que será la figura que facilitará la aplicación efectiva del supuesto de hecho descrito, ya que vendrá a actuar como referente ante las autoridades de control y ante los interesados.

Por último, el Reglamento General de Protección de Datos se aplicará también a aquellos tratamientos realizados por un responsable del tratamiento que no esté establecido en la Unión Europea, pero sí en un lugar en el que el Derecho de un Estado miembro sea aplicable porque así lo establezcan las reglas de Derecho internacional público.

En definitiva, el Reglamento europeo ha establecido unas disposiciones sobre aplicación territorial, en principio, claras, racionales y simples, que pueden contribuir al doble objetivo de la reforma del Derecho comunitario de protección de datos personales, cual es la mejor defensa de los derechos de los particulares y el establecimiento de las condiciones (seguridad jurídica, principalmente) que hagan posible la libre circulación de datos.

Por su parte, el artículo 2 LOPDGDD, en línea con el artículo 2 RGPD, regula su propio ámbito de aplicación, estableciendo que lo dispuesto en los Títulos I a IX y en los artículos 89 a 94 LOPDGDD "[...] se aplicarán a cualquier tratamiento total o parcialmente automatizado de datos personales, así como al tratamiento no automatizado de datos personales contenidos o destinados a ser incluidos en un fichero". Sin embargo, la nueva LOPDGDD no será de aplicación:

a) a los tratamientos excluidos del ámbito de aplicación del RGPD por su artículo 2.2, sin perjuicio de lo dispuesto en los apartados 3 y 4 de este artículo;

b) a los tratamientos de datos de personas fallecidas, sin perjuicio de lo establecido en el artículo 3 LOPDGDD, y

c) a los tratamientos sometidos a la normativa sobre protección de materias clasificadas.

2. Definiciones

El artículo 4 RGPD (la nueva LOPDGDD no contiene apartado alguno al respecto) es elaborado para introducir las definiciones de distintos conceptos, con el objetivo de esclarecer qué tenemos que entender por cada uno de los mismos en el contexto del Reglamento General de Protección de Datos. Con carácter previo, podemos poner de manifiesto una consideración de carácter cuantitativo, ya que el texto introduce un total de veintiséis definiciones, mientras que la DPDP establecía un total de ocho. Junto a lo anterior, podemos hacer referencia a los términos en sí que se emplean en tales conceptos: mientras que, en determinados supuestos, tienen que ver con aspectos novedosos que incorpora el RGPD en su regulación, en otros, introduce nociones relativas a definiciones que ya existían, pero que no habían sido definidas en el cuerpo normativo precedente.

En este sentido, y con el fin de poder entender mejor cuanto se sigue, parece adecuado comenzar aludiendo a aquellos conceptos que el nuevo RGPD alberga y que, sin embargo, ya se encontraban en la DPDP, como son los que, a continuación, se exponen:

a) Datos personales

En una tendencia continuista, la noción de dato personal sigue aludiendo (como ya hacía la anterior legislación, tanto a nivel interno como europeo) a [artículo 4.1) RGPD] toda información relativa a una persona física identificada o identificable (el interesado), entendiendo por persona física identificable a toda aquella cuya identidad pueda determinarse, directa o indirectamente, en particular mediante un identificador.

El RGPD renueva la lista de ejemplos de la DPDP con el objetivo de delimitar qué datos personales pueden hacer identificable a una persona, entendiendo que podrán ser los siguientes: un nombre, un número de identificación, datos de localización, un identificador en línea o uno o varios elementos propios de la identidad física, fisiológica, genética, psíquica, económica, cultural o social de dicha persona. De ellas, algunas son introducidas por el RGPD y, en principio, se corresponden con nuevas posibilidades derivadas del desarrollo tecnológico y que hacen posible identificar a un sujeto, hallándose íntimamente vinculadas con el avance de determinadas aplicaciones móviles o con el desarrollo de la Red de redes y del Internet de las Cosas (*Internet of Things*), donde, verbigracia, aquella información del interesado que se utiliza por el responsable del tratamiento hace referencia a un identificador de usuario determinado o a los metadatos.

Tal y como podemos percibir, la persona objeto de protección sigue siendo una persona física, dejando al margen, y así se pone de manifiesto expresamente, el tratamiento de datos personales que afectan a personas jurídicas.

b) Tratamiento

Una segunda noción compartida con la normativa precedente es la de tratamiento. El RGPD define el tratamiento [artículo 4.2) RGPD] como cualquier operación o conjunto de operaciones realizadas sobre datos personales o conjuntos de datos personales, ya sea por procedimientos automatizados o no automatizados, incorporando (a modo de listado *numerus apertus*, susceptible, por ende, de ampliación, atendiendo a las especificidades de cada supuesto en concreto) determinadas operaciones de tratamiento específicas, como la recogida, el registro, la organización, la estructuración, la conservación, la adaptación o modificación, la extracción, la consulta, la utilización, la comunicación por transmisión, la difusión o cualquier otra forma de habilitación de acceso, cotejo o interconexión, limitación, supresión o destrucción.

La relevancia de la noción deriva de que es posible que nos encontremos con lo que es un dato personal y, sin embargo (supuesto poco probable, bien es cierto), no tengamos que dar cumplimiento a cuanto exige la legislación en materia de protección de datos personales, ya que no se produce tratamiento alguno de los datos personales en los términos antes expuestos.

c) Fichero

De acuerdo con el artículo 4.6) RGPD, se ha de entender por fichero todo conjunto estructurado de datos personales, accesibles con arreglo a criterios determinados, ya sea centralizado, descentralizado o repartido de forma funcional o geográfica.

d) Responsable del tratamiento

El responsable del tratamiento es definido [artículo 4.7) RGPD] como la persona física o jurídica, autoridad pública, servicio u otro organismo que, sólo o junto con otros, determine los fines y medios del tratamiento. Como podemos observar, pues así se desprende de la descripción plasmada, el acento vuelve a recaer en la decisión, debiendo ser, por tanto, el responsable del tratamiento la persona (ya sea física o jurídica y de naturaleza pública o privada) que determine el fin para el cual se van a emplear los datos personales del interesado y los instrumentos que van a ser utilizados a tal efecto.

En este sentido, esta decisión puede ser tomada individual o conjuntamente, con otros sujetos. Ello nos sitúa en el contexto de aquellas situaciones en las que el responsable del tratamiento decide y determina la finalidad y la mayor o menor amplitud del tratamiento junto con otros responsables del tratamiento, pasando a ser denominados, todos ellos, como corresponsables del tratamiento. Piénsese, por ejemplo, en el caso de dos instituciones que comparten un mismo fichero (y, al tiempo, un mismo tratamiento) para el envío de comunicaciones comerciales de naturaleza electrónica: ambas serían responsables del tratamiento, pues ambas determinan los fines y los medios a utilizar para llevar a cabo el tratamiento.

e) Encargado del tratamiento

Por contra, el encargado del tratamiento puede definirse [artículo 4.8) RGPD] como la persona física o jurídica, autoridad pública, servicio u otro organismo que trate datos personales por cuenta del responsable del tratamiento.

Aquí radica la diferencia fundamental, pues el encargado del tratamiento (que, al igual que el responsable del tratamiento, podrá ser también una persona física o jurídica y de naturaleza pública o privada) tiene que actuar siempre por cuenta de un (o varios) específico responsable del tratamiento. Por este motivo, no dispone de la capacidad para poder determinar qué datos personales se recaban o qué instrumentos serán utilizados para los tratamientos que se realizan o los fines a los que se van a destinar.

El vínculo entre el responsable del tratamiento y el encargado del tratamiento se deberá regir, como ya sucedía antes, por un contrato de prestación de servicios, que, en el nuevo RGPD, encuentra acomodo en el artículo 28. Dicho contrato constituye una garantía que posibilita circunscribir las finalidades a las que se debe limitar el encargado del tratamiento, siendo considerado responsable del tratamiento en aquellos supuestos en que se exceda de esta finalidad.

f) Destinatario

Será destinatario [artículo 4.9) RGPD] la persona física o jurídica, autoridad pública, servicio o cualquier otro organismo al que se comuniquen los datos personales previamente obtenidos del interesado, se trate, o no, de un tercero, concebido, este último, como aquella "persona física o jurídica, autoridad pública, servicio u organismo distinto del interesado, del responsable del tratamiento, del encargado del tratamiento y de las personas autorizadas para tratar los datos personales bajo la autoridad directa del responsable o del encargado" [artículo 4.10) RGPD].

Se excluye de esta definición a las autoridades públicas que puedan llegar a recibir datos personales en el marco de una investigación concreta, de conformidad con el Derecho comunitario o nacional de los Estados miembros. El tratamiento de dichos datos por tales autoridades públicas, sostiene este apartado noveno, será conforme con las normas en materia de protección de datos personales aplicables a los fines del tratamiento.

g) Consentimiento del interesado

Junto a las anteriores, la noción de consentimiento plasmada en el artículo 4.11) RGPD se erige en una de las más relevantes innovaciones que, en su plasmación, trae consigo el nuevo Reglamento General de Protección de Datos. Así, mientras que la DPDP entendía por consentimiento toda manifestación de voluntad libre, específica e informada, mediante la que el interesado consiente el tratamiento de datos personales que le conciernen, el RGPD se refiere a él como toda manifestación de voluntad libre, específica, informada e inequívoca por la que el interesado acepta, ya sea mediante una declaración o una clara acción afirmativa, el tratamiento de datos personales que le conciernen.

De este modo, el nuevo Reglamento incorpora el adjetivo "inequívoco" y, aún más relevante, introduce la obligación de que el consentimiento se ponga de manifiesto a través de una declaración o una clara acción afirmativa. En esta línea, el considerando 32 RGPD advierte que el consentimiento habrá de producirse a través de un acto afirmativo evidente, como una declaración por escrito, inclusive por medios electrónicos, o una declaración verbal, aclarando que esta exigencia podrá entenderse cumplida, entre otros supuestos, marcando una casilla en un sitio web, seleccionando parámetros de naturaleza técnica que determinen el empleo de servicios de la sociedad de la información o por medio de cualquier otra declaración o conducta que ponga de manifiesto a las claras que el interesado está conforme con el tratamiento específico de sus datos personales propuesto por el responsable del tratamiento. En consecuencia, no podrá entenderse ahora que el consentimiento se ha prestado de un modo válido si las casillas anteriores ya están señaladas, si el interesado se mantiene en silencio o si, sencillamente, no ejecuta acción alguna, aspectos que, sin embargo, sí posibilitaban el consentimiento como base jurídica legítima del tratamiento conforme a la regulación precedente.

Junto a ello, una vez analizada la manera de proporcionar el consentimiento, el Reglamento General de Protección de Datos fortalece la necesidad de que el interesado preste este consentimiento para una finalidad específica, de tal forma que, cuando sean varias las finalidades que proponga el tratamiento de datos, el consentimiento tendrá que proporcionarse de manera individual en relación con cada una de las mismas. De este modo, se busca también que el responsable del tratamiento pueda llegar a demostrar más fácil y adecuadamente que el interesado prestó su consentimiento al tratamiento de sus datos personales para la finalidad o finalidades comunicadas, así como que esta información por el responsable del tratamiento se ha llevado a cabo de forma clara, sencilla, concisa y sin alterar de un modo innecesario la utilización del servicio en relación con el cual es prestado.

Junto a las anteriores, se incorporan otras tantas nuevas definiciones, que pasamos igualmente a enumerar y definir:

a) Limitación del tratamiento

Supone y conlleva el bloqueo de datos de carácter personal [artículo 4.3) RGPD]. De los procedimientos existentes para poder conseguir esta limitación del tratamiento podríamos aludir a aquellos que consisten en mover, con carácter temporal, los datos personales escogidos a un sistema de tratamiento diferente; imposibilitar la entrada de usuarios a los datos de carácter personal elegidos, o, en fin, apartar durante un tiempo los datos personales divulgados en un sitio web. Para ello, será necesario indicar de forma clara en el sistema que los datos personales se han limitado en su tratamiento.

b) Elaboración de perfiles

Es concebida como toda forma de tratamiento automatizado de datos personales consistente en utilizar estos con el fin de evaluar determinados aspectos personales de una persona física, en particular para analizar o predecir aspectos relativos al rendimiento profesional, situación económica, salud, preferencias personales, intereses, fiabilidad, comportamiento, ubicación o movimientos de dicha persona física [artículo 4.4) RGPD]. Al igual que sucede con la definición anterior, la normativa sobre la materia atribuye al interesado un concreto derecho para salvaguardar sus datos frente a este tipo de actuaciones, fuertemente invasivas.

c) Seudonimización

Se define en el artículo 4.5) del Reglamento como aquella medida de seguridad que exige que el tratamiento de datos personales se lleve a cabo de manera tal que ya no puedan atribuirse a un interesado sin utilizar información adicional, siempre que dicha información adicional figure por separado y esté sujeta a medidas técnicas y organizativas destinadas a garantizar que los datos personales no se atribuyan a una persona física identificada o identificable.

d) Violación de la seguridad de los datos

Hace referencia a toda violación de la seguridad que ocasione la destrucción, perdida o alteración accidental o ilícita de datos personales transmitidos, conservados o tratados de otra forma, o la comunicación o acceso no autorizados a dichos datos (letra 12 del artículo 4 RGPD].

Lo que se pretende con la prevención de este tipo de violaciones de la seguridad es poner de manifiesto los daños y perjuicios de diversa naturaleza, ya sea con carácter material o inmaterial, que se pueden ocasionar en relación con los interesados. En concreto, estas brechas o incidentes de seguridad pueden traducirse en la pérdida de dominio, por el afectado, en relación con sus datos de carácter personal o limitación de los derechos que les corresponden, además de discriminación, apropiación de su identificación, perjuicios financieros, retorno no autorizado de la seudonimización, deterioro de su reputación, menoscabo en la confidencialidad de datos personales inherentes al secreto profesional o demás perjuicios o inconvenientes sociales o económicos que los titulares de los datos pueden llegar a padecer.

e) Datos genéticos

Son [artículo 4.13) RGPD] aquellos datos personales relativos a las características genéticas heredadas o adquiridas de una persona física que proporcionen una información única sobre la fisiología o la salud de esa persona, obtenidos, en particular, del análisis de una muestra biológica del interesado. Como ejemplo, podríamos citar aquellas muestras obtenidas de un estudio cromosómico, del ácido desoxirribonucleico (ADN), del ácido ribonucleico (ARN) o del análisis de cualquier otro elemento.

f) Datos biométricos

Son, como indica la letra siguiente de este mismo artículo, aquellos datos personales obtenidos a partir de un tratamiento técnico específico, relativo a las características físicas, fisiológicas o conductuales de una persona física que permitan o confirmen la identificación única de dicha persona, como podrían ser las imágenes faciales o datos dactiloscópicos.

g) Datos relativos a la salud

Por su parte, serán [artículo 4.15) RGPD] datos relativos a la salud, física o mental, de una persona física, incluida la prestación de servicios de atención sanitaria, que revelen información, presente, pasada o futura o potencial, sobre su estado de salud.

Podríamos incluir en este supuesto aquella información atinente al interesado que es obtenida en relación con prestaciones de asistencia sanitaria; cualquier número, símbolo o dato atribuido al interesado que lo distinga a efectos sanitarios de forma unívoca; los datos recogidos tras el análisis de un área de nuestro cuerpo o de nuestro organismo, donde se incluye aquella que procede de datos genéticos y muestras biológicas, o cualquier información relacionada, por ejemplo, con una discapacidad o con una enfermedad o con la probabilidad de sufrirla; con la historia clínica; con el tratamiento clínico, o con el estado fisiológico o biomédico de la persona física, con independencia de dónde proceda, ya sea de un hospital, de un médico, de otro profesional de la sanidad, de un dispositivo médico, de una prueba diagnóstica in vitro, etc.

h) Establecimiento principal

De acuerdo con lo dispuesto por el artículo 4.16) RGPD:

En lo que se refiere a un responsable del tratamiento con establecimientos en más de un Estado miembro, será establecimiento principal el lugar en el que se encuentre su administración central en la Unión Europea, salvo que las decisiones sobre los fines y los medios del tratamiento se tomen en otro establecimiento del responsable del tratamiento en territorio comunitario y este último establecimiento tenga el poder de hacer aplicar tales decisiones, en cuyo caso el establecimiento que las haya adoptado se considerará establecimiento principal.

En lo que se refiere a un encargado del tratamiento con establecimientos en más de un Estado miembro, será establecimiento principal el lugar en el que se encuentre su administración central en la Unión Europea o, si careciera de esta, el establecimiento del encargado en el territorio comunitario en el que se realicen las principales actividades de tratamiento en el contexto de las actividades de un establecimiento del encargado del tratamiento, en la medida en que este se halle sujeto a obligaciones especificas con arreglo al Reglamento General de Protección de Datos.

i) Representante

Alude a la persona física o jurídica establecida en la Unión Europea que, habiendo sido designada por escrito por el responsable del tratamiento o por el encargado del tratamiento, representa a uno u otro en lo que respecta a sus respectivas obligaciones en virtud de la normativa en materia de protección de datos personales [artículo 4.17) RGPD].

j) Empresa

Alude a la persona, física o jurídica, dedicada a una actividad económica, independientemente de su forma jurídica, incluidas las sociedades o asociaciones que desempeñen regularmente una actividad económica [artículo 4.18) RGPD].

k) Grupo empresarial

Es [artículo 4.19) RGPD] un grupo constituido por una empresa que ejerce el control y sus empresas controladas, habiendo de ser la empresa que ejerce el control aquella que pueda llevar a cabo una influencia dominante en las otras empresas, por razones, por ejemplo, de propiedad, de participación financiera, de las normas por las que se rige o del poder de hacer cumplir las normas de protección de datos personales. Así las cosas, una empresa que controle el tratamiento de los datos personales en las empresas que estén afiliadas debe considerarse, junto con dichas empresas, grupo empresarial.

l) Normas corporativas vinculantes

También conocidas como BCR o *Binding Corporate Rules*, hacen referencia a las políticas de protección de datos personales asumidas por un responsable del tratamiento o encargado del tratamiento establecido en el territorio de un Estado miembro para realizar transferencias de datos personales a un responsable del tratamiento o a un encargado del tratamiento en uno o más países terceros, dentro de un grupo empresarial o una unión de empresas dedicadas a una actividad económica conjunta [artículo 4.20) RGPD].

El GTA29 dedicó un documento completo a estas BCR ("Dictamen 3/2010 sobre el principio de responsabilidad", WP 173, adoptado el 13 de julio de 2010), dentro del cual se detallaba el procedimiento a seguir para su implementación y se establecía que estas normas han de concebirse como "[...] códigos de conducta que redactan y siguen organizaciones multinacionales y que contienen medidas internas pensadas para poner en práctica principios de protección de datos (como auditoría, programas de formación, red de funcionarios de privacidad, sistema de tratamiento de quejas)».

m) Autoridad de control

Hace referencia [artículo 4.21) RGPD] a la autoridad pública independiente establecida por cada Estado miembro y que se encarga de asumir la tarea de vigilar la aplicación de la normativa en materia de protección de datos personales con el objetivo de garantizar la protección de los derechos y las libertades fundamentales de las personas físicas en lo que respecta al tratamiento, posibilitando, al mismo tiempo, la libre circulación de datos personales en el territorio comunitario. De igual modo, la autoridad de control coadyuva a la ejecución coherente del Reglamento General de Protección de Datos dentro de la Unión Europea por medio de los mecanismos de cooperación contemplados dentro del capítulo VII RGPD.

n) Autoridad de control interesada

Relacionado con el concepto anterior, continúa la letra siguiente, la autoridad de control interesada es aquella autoridad de control a la que afecta el tratamiento de datos personales, debido a que: (supuesto primero) el responsable del tratamiento o el encargado del tratamiento está establecido en el territorio del Estado miembro de esa autoridad de control; (supuesto segundo) los interesados que residen en el Estado miembro de esa autoridad de control se ven sustancialmente afectados o es probable que se vean sustancialmente afectados por el tratamiento, o (supuesto tercero) se ha presentado una reclamación ante esa autoridad de control.

o) Tratamiento transfronterizo

Contemplado en el Reglamento General de Protección de Datos [artículo 4.23)], surge como consecuencia del aumento de los intercambios transfronterizos de datos de carácter personal procedentes de la integración socioeconómica derivada del funcionamiento del mercado interior. Se entiende por tal:

De un lado, el tratamiento de datos personales realizado en el contexto de las actividades de establecimientos en más de un Estado miembro de un responsable del tratamiento o de un encargado del tratamiento en la Unión, si dicho responsable del tratamiento o encargado del tratamiento está establecido en más de un Estado miembro, o

De otro, el tratamiento de datos personales realizado en el contexto de las actividades de un único establecimiento de un responsable del tratamiento o un encargado del tratamiento en la Unión Europea, pero que afecta de manera sustancial o es probable que lo haga a interesados en más de un Estado miembro.

p) Objeción pertinente y motivada

Es la objeción a una propuesta de decisión sobre la existencia o no de infracción del presente Reglamento o sobre la conformidad con el mismo de acciones previstas en relación con el responsable del tratamiento o con el encargado del tratamiento que demuestren claramente la importancia de los riesgos que entraña el proyecto de decisión para los derechos y libertades fundamentales de los interesados y, en su caso, para la libre circulación de datos personales dentro de la Unión [artículo 4.24) RGPD].

q) Servicios de la sociedad de la información

En nuestro ordenamiento jurídico interno, la LSSICE ha optado por incluir, en el apartado a) de su anexo, una definición de servicios de la sociedad de la información. Todos estos servicios, afirma el legislador español, se caracterizarán por cuatro aspectos esenciales que, siempre, han de concurrir cumulativamente: en primer lugar, ser prestados a distancia; en segundo lugar, por vía electrónica; en tercer lugar, previa petición individual del destinatario, y, en cuarto lugar, al menos habitualmente, a título oneroso. En la misma línea [artículo 4.25) RGPD], la Directiva (UE) 2015/1535 del Parlamento Europeo y del Consejo, de 9 de septiembre de 2015, por la que se establece un procedimiento de información en materia de reglamentaciones técnicas y de reglas relativas a los servicios de la sociedad de la información (DOUE L 241/1, de 17 de septiembre de 2015), que añade, en su artículo 1.b), que será: a distancia, aquel "[...] servicio prestado sin que las partes estén presentes simultáneamente"; por vía electrónica, el "[...] servicio enviado desde la fuente y recibido por el destinatario mediante equipos electrónicos de tratamiento (incluida la compresión digital) y de almacenamiento de datos y que se transmite, canaliza y recibe enteramente por hilos, radio, medios ópticos o cualquier otro medio electromagnético" y a petición individual de un destinatario de servicios, el "[...] servicio prestado mediante transmisión de datos a petición individual».

Se incluyen, dentro del concepto de servicios de la sociedad de la información, la contratación de bienes o servicios por vía electrónica, la organización y gestión de subastas por medios electrónicos o de mercados y centros comerciales virtuales, la gestión de compras en la Red por grupos de personas, el envío de comunicaciones comerciales y el suministro de información por vía telemática.

A ellos habrían de añadirse aquellos servicios de intermediación relativos a la provisión de acceso a la Red (*Internet service providers*); los que permiten la transmisión de datos por redes de telecomunicaciones (*mere conduit* o *routing*); los concernientes a la realización de copia temporal de las páginas de Internet solicitadas por los usuarios (*proxy caching* o "memoria tampón"); los que posibilitan el alojamiento, en los propios servidores, de información, servicios o aplicaciones facilitados por otros (*hosting*), o los que proveen instrumentos de búsqueda o de enlaces a otros sitios de Internet (*searching and linking*).

En cambio, no podrán reputarse como servicios de la sociedad de la información, entre otros:

En primer lugar, por no ser ofrecidos a distancia: la revisión médica o el tratamiento en la consulta de un médico con utilización de equipo electrónico, pero con la presencia física del paciente; la consulta en la tienda de un catálogo electrónico en presencia física del cliente; la reserva de billetes de avión a través de una red de ordenadores realizada en una agencia de viajes en presencia física del cliente, o los juegos electrónicos en un salón recreativo en presencia física del usuario.

En segundo lugar, por no ser ofrecidos por vía electrónica: los servicios cuyo contenido es material, aunque se presten utilizando dispositivos electrónicos, como la expendeduría automática de billetes (billetes de banco, billetes de ferrocarril) o el acceso a redes de carretera, aparcamientos, etc., de pago, aun cuando en las entradas o salidas haya dispositivos electrónicos que controlen el acceso o aseguren el pago adecuado; los servicios fuera de línea, como la distribución de CD-ROM o de programas informáticos en disquetes, o los servicios no prestados por medio de sistemas electrónicos de tratamiento o almacenamiento de datos, como los servicios de telefonía vocal, los servicios de fax y télex, los servicios prestados por medio de telefonía vocal o fax, la consulta médica por teléfono o fax, la consulta jurídica por teléfono o fax o el marketing directo por teléfono o fax.

En tercer lugar, por no ser prestados a petición individual de un destinatario de servicios: los servicios prestados mediante transmisión de datos sin petición individual y destinados a la recepción simultánea por un número ilimitado de destinatarios (transmisión punto o multipunto), como los servicios de radiodifusión televisiva (incluidos los servicios de cuasivídeo a la carta) contemplados en el artículo 1, apartado 1, letra e), de la Directiva 2010/13/UE del Parlamento Europeo y del Consejo, de 10 de marzo de 2010, sobre la coordinación de determinadas disposiciones legales, reglamentarias y administrativas de los Estados miembros relativas a la prestación de servicios de comunicación audiovisual (Directiva de servicios de comunicación audiovisual) (DOUE L 95/1, de 15 de abril de 2010); los servicios de radiodifusión sonora, o el teletexto (televisivo).

r) Organización internacional

Haría referencia a una organización internacional y sus entes subordinados de Derecho internacional público o cualquier otro organismo creado mediante un acuerdo entre dos o más países o en virtud de tal acuerdo [artículo 4.26) RGPD].

3. Sujetos obligados

Aquellas personas, físicas o jurídicas, sobre las que recae el grueso de obligaciones y prohibiciones que, en la actualidad, configuran el RGPD y la LOPDGDD serán el responsable del tratamiento y el encargado del tratamiento, ya definidos, siempre que entren dentro del ámbito de aplicación territorial descrito anteriormente. Junto a ellos, y como tendremos ocasión de ver detenidamente más adelante, se encuentran otras figuras, afines o conexas, como los corresponsables del tratamiento, los subencargados del tratamiento o los representantes de responsables del tratamiento o encargados del tratamiento no establecidos en la Unión Europea, quienes deberán, también, asumir cuanto, para ellos, dispone, expresa o tácitamente, la normativa actual en materia de protección de datos personales.

III. EL REGLAMENTO EUROPEO DE PROTECCIÓN DE DATOS Y LA LEY ORGÁNICA 3/2018, DE 5 DE DICIEMBRE, DE PROTECCIÓN DE DATOS PERSONALES Y GARANTÍA DE LOS DERECHOS DIGITALES. PRINCIPIOS

El artículo quinto del Reglamento General de Protección de Datos se titula "Principios relativos al tratamiento", determinándose en él, al igual que en el Título II de la LOPDGDD, las directrices que deben informar a todo tratamiento de los datos personales titularidad del interesado. La redacción que ha buscado el legislador para la regulación de los principios que subyacen a la nueva normativa tiene, fundamentalmente, un carácter continuista respecto de aquella que se contenía en la DPDP y en la LOPD.

1. El binomio derecho/deber en la protección de datos

La regulación sobre protección de datos parte, como se ha dicho, de un conjunto de principios rectores del tratamiento de los que emanan el conjunto de derechos y deberes en favor de los interesados y que recaen, en esencia, sobre responsables del tratamiento y encargados del tratamiento, respectivamente. Se instaura, de este modo, un binomio entre:

De un lado, las facultades de las que disponen los afectados en aras de garantizar, en última instancia, la protección de su derecho fundamental a la protección de sus datos personales.

De otro, las obligaciones y prohibiciones que pesan sobre aquellos que, para la consecución de los fines perseguidos (eminentemente económicos, aunque pueden revestir una naturaleza ciertamente compleja y heterogénea, dependiendo del caso), han de proceder al tratamiento de los datos personales del interesado, si bien, para poder hacerlo sin menoscabar el derecho recogido en el artículo 18.4 CE, deberán respetar cuantas exigencias les vienen impuestas, con carácter esencial, por el RGPD, a nivel europeo, y por la LOPDGDD, a nivel interno español.

2. Licitud del tratamiento

En la Exposición de Motivos del propio Reglamento general, el legislador comunitario parte de la afirmación de que los principios relativos a la protección de datos deben aplicarse a toda la información relativa a una persona física identificada o identificable, para, a renglón seguido, reproducir, en la práctica totalidad, los valores que conformaban el principio de calidad a que hacía referencia el artículo 4 de la LOPD. Si antes se indicaba que la recogida y el tratamiento de datos personales sólo se permitía cuando estos eran pertinentes, lógicos y no excesivos en relación a unas finalidades concretas, explícitas y legítimas para las que se habían obtenido los mismos, en el momento actual, dichos valores se matizan, postulando que los datos personales deberán ser tratados de manera lícita, leal y transparente [letra a) del artículo 5.1 RGPD].

Para que el tratamiento de los datos personales cumpla el primero de estos requisitos, es decir, para que sea lícito, es preciso que se ampare en alguna de las bases jurídicas que, al respecto, establece el artículo 6.1 RGPD:

a) Que el interesado manifieste su consentimiento para el tratamiento de sus datos personales en relación con uno o varios fines específicos, consentimiento que, como hemos visto en líneas anteriores, puede manifestarse mediante una declaración o a través de una clara acción afirmativa.

b) Que el tratamiento sea necesario para la ejecución de un contrato en el que el afectado, como sujeto titular de los datos personales, sea parte o para la aplicación, a petición de este, de medidas de naturaleza precontractual.

c) Que el tratamiento sea preceptivo para satisfacer una obligación legal que recaiga sobre el responsable del tratamiento.

d) Que el tratamiento sea necesario para poder proteger los intereses vitales del sujeto interesado o de cualquier otra persona física.

e) Que se establezca la necesidad del tratamiento con el fin de poder cumplir una misión realizada en interés público o en el ejercicio de poderes públicos que hayan sido conferidos al responsable del tratamiento.

f) Que la justificación del tratamiento venga determinada por la necesidad de satisfacer intereses legítimos perseguidos por el responsable del tratamiento o por un tercero, siempre que, sobre estos intereses, no prevalezcan los intereses o los derechos y libertades fundamentales del interesado que requieran la protección de datos personales, en particular cuando el afectado sea un niño, en cuyo caso no podrá ampararse el tratamiento en esta base jurídica.

En reiteradas ocasiones durante la elaboración parlamentaria del Reglamento, se indicó que una de las finalidades principales del nuevo texto era conceder el principal poder al ciudadano, como titular de los datos, de forma que este supervisara y controlara prioritariamente las circunstancias que rodean el uso y el tratamiento de sus datos personales, buscando, por tanto, dotarle de mayor relevancia en un asunto en el que, efectivamente, es el principal actor. Las bases jurídicas del artículo sexto del RGPD son una buena muestra de todo ello.

3. *Lealtad y transparencia*

Dentro del artículo 5.1.a) RGPD, el principio de licitud se hace acompañar de los propios de lealtad y transparencia. Para que el tratamiento sea leal, es necesario que respete todos los requisitos, derechos y garantías que, al respecto, establece la normativa en materia de protección de datos personales. A su vez, para que el tratamiento sea transparente, se exige que el responsable del tratamiento adopte todas las medidas que resulten necesarias para facilitar al interesado toda la información en torno a las circunstancias que rodean el tratamiento de sus datos personales, así como aquella que, de acuerdo a los artículos 15 a 22 RGPD y 12 a 18 LOPDGDD, permite que el interesado conozca los derechos que le corresponden.

Este deber de información tendrá que proporcionarse de forma concisa, transparente, inteligible y de fácil acceso, a través de un lenguaje que sea claro y sencillo, en particular en relación con la información que se dirija de manera específica a un menor de edad. Además, esta información deberá facilitarse por escrito o por otros medios, como el electrónico, si bien, cuando lo solicite el interesado, la información podrá transmitirse de forma verbal, siempre que pueda llegar a demostrarse por el responsable del tratamiento la identidad del interesado por cualquier otro medio válido conforme a Derecho (considerando 58 y artículo 12.1, ambos del RGPD).

Ahora bien, como pone de manifiesto algún autor, la novedad que conlleva y supone el principio de transparencia no reside en obligar al responsable del tratamiento a proporcionar al interesado toda la información acerca de los tratamientos realizados sobre sus datos personales y la comunicación en torno a los derechos que este puede ejercitar, sino que descansa en la manera en que estas obligaciones tienen que ser cumplidas. Así es. El legislador, consciente de la complejidad que entraña el entorno tecnológico, entiende que la mera satisfacción por el responsable del tratamiento de dichos deberes no garantiza, de una manera efectiva, que el interesado pueda ser consciente de la lógica a que obedece el tratamiento realizado, corriendo el riesgo de acabar percibiendo, de forma paulatina, que carece de un poder efectivo de disposición sobre sus datos. Por esta razón, se persigue, ahora, dar solución a esta situación, cada vez más perniciosa, estableciendo la información que se ha de suministrar al titular de los datos, los derechos que le corresponden y, con especial énfasis, la forma en la que esta información y estos derechos han de proporcionarse y habilitarse. Resultado de lo anterior, el éxito del principio de transparencia, así configurado, vendrá determinado por el logro en la consecución de dichos objetivos.

No obstante lo anterior, el carácter accesorio o complementario de este principio conlleva que, únicamente, adquiera eficacia si se habilitan, de modo adecuado, los derechos y garantías a los que pretende dar efectividad. Es por ello por lo que, si el deber de información o los derechos previstos devienen no adecuados para garantizar que el interesado tenga un dominio real sobre sus datos personales, el principio de transparencia, en la medida en que busca darles sentido, tampoco será de utilidad para el logro de estos fines.

4. Limitación de la finalidad

Ahora, es fundamental que el interesado conozca de una manera mucho más profunda e intensa las circunstancias que van a rodear el tratamiento de sus datos, con el fin de que pueda manifestar su consentimiento (si es esta la base jurídica legitimadora del tratamiento) de manera libre, informada y con pleno conocimiento de causa. Por ello, también se menciona expresamente en el artículo 5 RGPD el principio de limitación de la finalidad [letra b) del artículo 5 RGPD], que se corresponde con el término "limitación de propósito" y que responde, básicamente, a la exigencia de que a los datos de carácter personal no se les pueda dar otra función que la que, expresamente, le ha sido atribuida por parte del titular de los mismos, posibilitando, así, su tratamiento adecuado.

5. Minimización de datos

Junto a los principios de licitud, lealtad y transparencia y de limitación de la finalidad, aparece nuevamente la exigencia del principio de adecuación de los datos, que en la nueva normativa se denomina, atendiendo a uno de sus matices, como minimización de datos [letra c) del artículo 5 RGPD]. Este consiste en que, en el momento de la recogida de los datos, no se puede solicitar de su titular más información que la estrictamente necesaria; además, dicha solicitud ha de encontrarse totalmente justificada en función de la naturaleza y la finalidad que se persigue con dicho tratamiento. En otras palabras, estamos ante un principio que permite recoger sólo los datos personales que se vayan a tratar, sólo cuando se vayan a tratar y sólo tratarlos para la finalidad declarada.

En consecuencia, si para los fines perseguidos por el responsable del tratamiento no es necesario obtener aquellos datos personales que permitieran la identificación del interesado, haberlos obtenido hubiera supuesto una vulneración de este principio. Cosa distinta es que, ampliando la finalidad a aquella que persigue cumplir con los postulados marcados por la normativa aplicable, el responsable del tratamiento decida, proactivamente, incluir la información adicional a que alude el artículo 11 RGPD, en cuyo caso esta información adicional (nombre, apellidos y número de identificación fiscal, sobre todo) en nada sería contraria a la minimización pretendida, pues ya sí que resultaría necesaria para poder atender a las solicitudes de derechos formuladas por el afectado.

Por lo demás, conviene insistir en que el conocimiento y la tenencia de datos personales de los ciudadanos constituye un valor en sí mismo, de modo que limitar la captura de información implica, de modo necesario, que única y exclusivamente se soliciten aquellos datos que sean imprescindibles para la finalidad pretendida.

6. *Exactitud*

Además de lo anterior, no conviene omitir un principio tan importante como aquel que establece la exigencia de que los datos sean exactos y, además, periódicamente actualizados, exigiendo al responsable del tratamiento la adopción de todas aquellas medidas razonables y necesarias para la supresión y rectificación, sin demora, de los datos personales que sean inexactos en relación con el fin para el que han sido tratados. Técnicamente, se puede denominar a este como principio de exactitud de los datos [letra d) del artículo 5 RGPD], al que el artículo 4 LOPDGDD alude afirmando que:

> «1. Conforme al artículo 5.1.d) del Reglamento (UE) 2016/679 los datos serán exactos y, si fuere necesario, actualizados.
> 2. A los efectos previstos en el artículo 5.1 d) del Reglamento (UE) 2016/679, no será imputable al responsable del tratamiento, siempre que éste haya adoptado todas las medidas razonables para que se supriman o rectifiquen sin dilación, la inexactitud de los datos personales, con respecto a los fines para los que se tratan, cuando los datos inexactos:
> a) Hubiesen sido obtenidos por el responsable directamente del afectado.
> b) Hubiesen sido obtenidos por el responsable de un mediador o intermediario en caso de que las normas aplicables al sector de actividad al que pertenezca el responsable del tratamiento establecieran la posibilidad de intervención de un intermediario o mediador que recoja en nombre propio los datos de los afectados para su transmisión al responsable. El mediador o intermediario asumirá las responsabilidades que pudieran derivarse en el supuesto de comunicación al responsable de datos que no se correspondan con los facilitados por el afectado.
> c) Fuesen sometidos a tratamiento por el responsable por haberlos recibido de otro responsable en virtud del ejercicio por el afectado del derecho a la portabilidad conforme al artículo 20 del Reglamento (UE) 2016/679 y lo previsto en esta Ley Orgánica.
> d) Fuesen obtenidos de un registro público por el responsable».

Por lo demás, en el artículo 5 RGPD se hace referencia también a otros principios:

En primer lugar, a aquel que establece la exigencia de que los datos de carácter personal sean mantenidos durante no más tiempo que aquel que sea necesario a los efectos de identificación de los interesados, en función de las finalidades previstas para su tratamiento. Es el conocido como principio de limitación del plazo de conservación [letra e) del artículo 5 RGPD].

La conservación de los datos siempre ha sido un tema polémico, derivado de la discrepancia existente entre los plazos que cubren las responsabilidades del propio tratamiento y aquellos que se vinculan a la prescripción de las acciones procedentes del negocio jurídico subyacente, sobre cuya base se han recogido dichos datos. En este caso, la normativa vigente, de manera genérica, determina que la vinculación entre el titular de los datos y los datos recabados o almacenados tiene que ser la estrictamente necesaria en función del tratamiento. Cumplida esta finalidad, los datos solamente se podrían conservar de forma consensuada y asociada en archivos de interés público, enfocados a actividades de investigación científica, histórica o fines puramente estadísticos, para lo cual habrá que adoptar las medidas técnicas y organizativas adecuadas que garanticen el cumplimiento de este principio.

Relacionado con este principio se encuentra el artículo 32 LOPDGDD, que regula el bloqueo de los datos estableciendo cuanto sigue:

> «1. El responsable del tratamiento estará obligado a bloquear los datos cuando proceda a su rectificación o supresión.
> 2. El bloqueo de los datos consiste en la identificación y reserva de los mismos, adoptando medidas técnicas y organizativas, para impedir su tratamiento, incluyendo su visualización, excepto para la puesta a disposición de los datos a los jueces y tribunales, el Ministerio Fiscal o las Administraciones Públicas competentes, en particular de las autoridades de protección de datos, para la exigencia de posibles responsabilidades derivadas del tratamiento y solo por el plazo de prescripción de las mismas.
> Transcurrido ese plazo deberá procederse a la destrucción de los datos.
> 3. Los datos bloqueados no podrán ser tratados para ninguna finalidad distinta de la señalada en el apartado anterior.
> 4. Cuando para el cumplimiento de esta obligación, la configuración del sistema de información no permita el bloqueo o se requiera una adaptación que implique un esfuerzo desproporcionado, se procederá a un copiado seguro de la información de modo que conste evidencia digital, o de otra naturaleza, que permita acreditar la autenticidad de la misma, la fecha del bloqueo y la no manipulación de los datos durante el mismo.
> 5. La AEPD y las autoridades autonómicas de protección de datos, dentro del ámbito de sus respectivas competencias, podrán fijar excepciones a la obligación de bloqueo establecida en este artículo, en los supuestos en que, atendida la naturaleza de los datos o el hecho de que se refieran a un número particularmente elevado de afectados, su mera conservación, incluso bloqueados, pudiera generar un riesgo elevado para los derechos de los afectados, así como en aquellos casos en los que la conservación de los datos bloqueados pudiera implicar un coste desproporcionado para el responsable del tratamiento».

En segundo lugar, también se hace referencia al llamado principio de integridad y confidencialidad de los datos [letra f) del artículo 5 RGPD], que, con una vocación ciertamente más técnica, sostiene que los datos personales tendrán que ser siempre correctamente tratados y destinados al fin para el que fueron solicitados. En consecuencia, exige que se garantice una seguridad notable, incluida, en este caso, la prevención y protección contra el tratamiento no autorizado o ilícito, y contra su pérdida, destrucción o daño accidental, exigiendo, para ello, también la aplicación de medidas técnicas u organizativas adecuadas.

Tanto en lo que concierne al principio de limitación del plazo de conservación de los datos, como al principio de integridad y confidencialidad, hay que tener en cuenta que la implementación de las medidas técnicas u organizativas o, simplemente, de seguridad, sobre la base de la nueva normativa, es obligación exclusiva del responsable del tratamiento. Este, bajo su cuenta y riesgo, y sobre la base del artículo 32 RGPD, tendrá que adoptar aquellas medidas que sean más adecuadas y necesarias en función de la tipología de los datos, las finalidades pretendidas con su tratamiento y demás circunstancias que rodean el desarrollo y uso del mismo.

En tercer y último lugar, en este precepto también se recoge el llamado principio de responsabilidad proactiva o *accountability* (artículo 5.2 RGPD), que actúa a modo de paraguas que debe inspirar el modo en que se cumplen todos los principios anteriores. El Reglamento General de Protección de Datos conlleva un cambio histórico de paradigma en materia de responsabilidad, no sólo por el importe de las sanciones, sino también por la incorporación del presente concepto o principio de responsabilidad proactiva, que se resume en la expresión, popularizada por la AEPD, de que "no incumplir ya no será suficiente". Así, desde el pasado 25 de mayo de 2018, fecha de aplicación del RGPD, cualquier organización (con independencia de su tamaño) que trate datos personales, no sólo tendrá que cumplir el contenido de la Norma, sino también estar en condiciones de acreditar que cumple con la misma. En otras palabras, a partir de ahora, toda organización sujeta al Reglamento estará obligada a acreditar:

Que ha evaluado y, en caso necesario, rediseñado adecuadamente sus tratamientos.

- Que las medidas de seguridad implementadas son adecuadas y eficaces.
- Que se aplica una política interna en materia de privacidad con obligaciones claras y acciones concretas anudadas a cada una, designándose a los responsables de su cumplimiento.
- Que exige ese mismo cumplimiento responsable a sus encargados de tratamientos y subencargados del tratamiento.

IV. EL REGLAMENTO EUROPEO DE PROTECCIÓN DE DATOS Y LA LEY ORGÁNICA 3/2018, DE 5 DE DICIEMBRE, DE PROTECCIÓN DE DATOS PERSONALES Y GARANTÍA DE LOS DERECHOS DIGITALES. LEGITIMACIÓN

El artículo 6 RGPD constituye uno de los ejes fundamentales del principio de licitud del tratamiento. Como hemos tenido oportunidad de analizar, en virtud de este precepto, para que un determinado tratamiento sea lícito, los datos personales deben ser manejados con el consentimiento del interesado o han de estar amparados en cualquier otra base legítima de las previstas, bien en el presente Reglamento o en virtud del Derecho de la Unión o de los Estados miembros (donde se ubica la LOPDGDD).

1. El consentimiento: otorgamiento y revocación

El tratamiento será lícito si, siendo esta la base jurídica aplicable al supuesto de que se trate, el interesado ha dado su consentimiento para el tratamiento de sus datos personales para uno o varios fines específicos [artículo 6.1.a) RGPD]. Decimos esto porque, de acuerdo con lo que establece la autoridad de control española ("Guía para el cumplimiento del deber de informar"), sólo será posible acudir al consentimiento como base jurídica del tratamiento cuando, previamente, ninguna de las demás bases jurídicas previstas en el artículo 6 RGPD sea aplicable.

Como hemos visto, el consentimiento aparece definido por el apartado 11) del artículo 4 RGPD como toda manifestación de voluntad libre, específica, informada e inequívoca por la que el interesado acepta, ya sea mediante una declaración o una clara acción afirmativa, el tratamiento de datos personales que le conciernen. Al amparo de esta definición, el artículo 7 RGPD establece las condiciones que deben concurrir para recabar el consentimiento de manera adecuada, condiciones que establecen, de manera resumida, que el consentimiento se debe captar:

En primer lugar, por separado. Ello exige que el consentimiento se obtenga de forma separada del resto de términos y condiciones.

En segundo lugar, de manera inequívoca y afirmativa. Lo anterior implica una conducta activa, lo que excluirá las casillas de "no acepto" sin marcar y las casillas premarcadas autorizando el tratamiento.

En tercer lugar, granular, es decir, vertebrado, en su caso, entre los distintos tratamientos previstos.

En cuarto lugar, nominativo. Será necesario identificar a la organización responsable, así como a los terceros cesionarios de los datos. No obstante, la AEPD ("Guía para el cumplimiento del deber de informar") continúa admitiendo la referencia genérica a cesionarios por categorías.

En quinto lugar, demostrable, documentado. Es preciso poder acreditar, a posteriori, quién consintió, cuándo y cómo lo hizo y de qué se le informó.

En sexto y último lugar, revocable. Al respecto, deberá ser igual de fácil prestar el consentimiento que revocarlo.

Por lo demás, si la base jurídica del tratamiento es el consentimiento, los titulares de datos personales afectados tendrán derechos adicionales, como el derecho a la portabilidad de datos (artículos 20 RGPD y 17 LOPDGDD).

A modo de ejemplo, podríamos enumerar tres supuestos en los que el consentimiento no parece resultar apropiado. Y es que, cuando resulte difícil cumplir todos los requisitos establecidos para la obtención del consentimiento, lo normal es que exista otra base jurídica más apropiada:

a) Cuando el tratamiento de datos se vaya a producir de todas formas, aunque el titular decida no prestar su consentimiento. Aquí, concurren otras causas legitimadoras y, por tanto, la solicitud de consentimiento podría entenderse como engañosa para el titular, a quien se le ofrece una falsa ilusión de control.

b) Cuando se solicita el consentimiento como condición previa de (y no relacionada con) el servicio que se presta. En este caso, se dice, si el tratamiento no puede basarse en un interés legítimo, aunque se preste el consentimiento, este seguramente será inválido, al no haberse prestado con plena libertad.

c) Cuando a quien se solicita el consentimiento se encuentra en una situación de subordinación con respecto a quien lo solicita. Ejemplos de este caso podrían darse en el seno de las Administraciones Públicas respecto de los administrados y en el de los empleadores respecto de sus empleados. El consentimiento implica control, libertad por parte del titular, de modo que, si este no tiene realmente libertad para elegir o si la prestación del servicio exige (sin más posibilidades) el consentimiento para un tratamiento no relacionado con ese servicio, este consentimiento no es libre ni válido.

Como se indicaba en líneas anteriores, la normativa actual sobre protección de datos personales ha instaurado el principio de responsabilidad proactiva. En consecuencia, ya no basta con no incumplir la normativa. Ahora, es preciso demostrar que se ha estudiado la problemática existente, los riesgos derivados del tratamiento y las medidas disponibles para mitigar esos riesgos, escogiendo e implementando aquellas que se consideran más adecuadas y fundamentando con suficiencia el por qué.

Aplicado al supuesto presente, no es suficiente recabar el consentimiento inequívoco (y, cuando sea necesario, expreso). Hay que documentarlo para poder acreditarlo ante el usuario y ante la autoridad de control competente. En concreto, será necesario documentar, cuando menos, los siguientes extremos:

En primer lugar, quién consintió. Hay que identificar al titular de datos por su nombre o por otro identificador, dependiendo de los casos.

En segundo lugar, cuándo consintió. En el consentimiento *offline*, será necesaria una copia del documento firmado y fechado, mientras que, en el consentimiento *online*, lo recomendable es un archivo con sello de tiempo.

En tercer lugar, qué información recibió el particular. Se incluye, al respecto, la copia del documento de captura de datos firmado, vinculado a la política de privacidad, y demás avisos legales vigentes, o grabación del consentimiento verbal, así como de la información suministrada al titular de datos.

En cuarto lugar, cómo se consintió, ya sea por escrito, con la copia de los documentos anteriormente citados, o de cualquier otra forma.

En quinto lugar, si se ha revocado, o no, el consentimiento y, en caso positivo, cuándo se produjo la revocación.

El consentimiento constituye, en definitiva, una manifestación del control del titular sobre sus datos personales. Ello nos conduce al planteamiento de una cuestión que, entendemos, se antoja fundamental: ¿cuál es la vigencia temporal del consentimiento prestado? La duración, la vida del consentimiento, depende de su objeto (del tratamiento autorizado), así como del contexto, de las circunstancias en las que se ha prestado (el quién, el cómo, el cuándo). Un ejemplo muy interesante es el del consentimiento prestado por los padres o tutores en nombre del menor de edad (por ejemplo, para el tratamiento de sus datos, en una red social de menores). Parece evidente que ese consentimiento perderá su virtualidad al alcanzar el (entonces) menor la mayoría de edad y adquirir la capacidad para decidir por sí mismo; en este momento, será necesario renovar aquel consentimiento o, mejor dicho, obtenerlo directamente de él.

Sobre esta cuestión del consentimiento, el artículo 6 de la nueva LOPD-GDD establece que:

> «1. De conformidad con lo dispuesto en el artículo 4.11 del Reglamento (UE) 2016/679, se entiende por consentimiento del afectado toda manifestación de voluntad libre, específica, informada e inequívoca por la que éste acepta, ya sea mediante una declaración o una clara acción afirmativa, el tratamiento de datos personales que le conciernen.
> 2. Cuando se pretenda fundar el tratamiento de los datos en el consentimiento del afectado para una pluralidad de finalidades será preciso que conste de manera específica e inequívoca que dicho consentimiento se otorga para todas ellas.
> 3. No podrá supeditarse la ejecución del contrato a que el afectado consienta el tratamiento de los datos personales para finalidades que no guarden relación con el mantenimiento, desarrollo o control de la relación contractual».

2. *El consentimiento informado: finalidad, transparencia, conservación, información y deber de comunicación al interesado*

El consentimiento, pues, debe venir precedido de un adecuado cumplimiento del deber de información que recae sobre el responsable del tratamiento. El principio de transparencia encuentra acomodo, en primer lugar y de modo introductorio, en el artículo 12.1 RGPD, que establece, literalmente, cuanto sigue:

> «El responsable del tratamiento tomará las medidas oportunas para facilitar al interesado toda información indicada en los artículos 13 y 14, así como cualquier comunicación con arreglo a los artículos 15 a 22 y 34 relativa al tratamiento, en forma concisa, transparente, inteligible y de fácil acceso, con un lenguaje claro y sencillo, en particular cualquier información dirigida específicamente a un niño. La información será facilitada por escrito o por otros medios, inclusive, si procede, por medios electrónicos. Cuando lo solicite el interesado, la información podrá facilitarse verbalmente siempre que se demuestre la identidad del interesado por otros medios».

La Directiva europea ya derogada no establecía ni aludía a la forma en que el responsable del tratamiento tenía que proporcionar la información al interesado. En todo caso, son varios los precedentes que podemos encontrar y que permiten aclarar el significado del precepto transcrito:

a) La LOPD, que transponía la DPDP, sí que establecía un mandato al respecto, ya que su artículo 5, en sus apartados 1 y 4, exigía que los interesados fuesen informados de manera expresa, precisa e inequívoca de la información relativa al tratamiento de sus datos personales y de los derechos que les correspondía ejercitar.

b) Por su parte, el artículo 10 de la Propuesta conjunta para la redacción de estándares internacionales para la protección de la privacidad, fijaba, como estándar internacional, que cualquier información que se proporcionase al titular de los datos debía facilitarse de forma inteligible, empleando, para ello, un lenguaje claro y sencillo, en especial en aquellos tratamientos dirigidos específicamente a menores de edad; de igual modo, cuando los datos fuesen recogidos en línea a través de redes de comunicaciones electrónicas, esta obligación podría satisfacerse mediante la publicación de políticas de privacidad fácilmente accesibles e identificables, que incluyesen todos los extremos anteriormente previstos.

c) Por último, el GTA29 aludía al modo en que se tenía que proporcionar al interesado información de aquellas circunstancias que rodean al tratamiento de sus datos personales. Y lo hizo a través de su "Dictamen 15/2011 sobre la definición del consentimiento" (WP 187, de 13 de julio de 2011), en el que afirmaba que el consentimiento debe ser informado.

De ahí pasamos al momento presente, en el que artículo 12 RGPD no establece el modo específico en que el responsable del tratamiento tiene que proporcionar la información al interesado, ya que sólo dispone que dicha información tendrá que ser facilitada necesariamente por escrito o por otros medios, inclusive, si procede, por medios de naturaleza electrónica, debiendo tomar las medidas necesarias para la consecución del objetivo de información perseguido.

Este planteamiento, merced al cual no se atribuye al responsable del tratamiento el medio a través del cual dar cumplimiento a esta obligación de información, es coherente con el principio general de *accountability*, que, como sabemos, obliga a tomar las medidas que sean necesarias para el cumplimiento de todo cuanto establece la normativa sobre la materia, sin exigir la forma concreta a través de la cual se deberá proceder a dicho cumplimiento, siempre que quede constancia de su cumplimiento a efectos de prueba. En concreto, el artículo 24.1 RGPD, sobre la base del artículo 5.2 del mismo texto, sostiene que el responsable del tratamiento aplicará medidas técnicas y organizativas apropiadas a fin de garantizar y poder demostrar que el tratamiento es conforme con la regulación aplicable.

Es precisamente el principio de libertad de forma a que ahora aludimos el que, con motivo de la STS, de fecha 15 de julio del año 2010, determinó que se anulase en su momento el artículo 18 RDLOPD, que regulaba la acreditación del cumplimiento del deber de información. En concreto, decía la sentencia lo siguiente:

> «La ley reconoce en el artículo 5 el derecho a la información en la recogida de datos, concreta el contenido de la información, y advierte de que el deber de informar ha de ser previo a la recogida, pero salvo la indicación de que la información ha de ser expresa, precisa e inequívo-

ca, ninguna referencia abarca a la forma, abriendo así múltiples posibilidades (escrita, verbal, telemática, etc.). [...] En consecuencia, debe considerarse que el legislador ha optado por la libertad de forma. Pues bien, siendo ello así, cabe concluir que la disposición reglamentaria que examinamos contraviene la ley».

Pese a esta amplitud, el Reglamento General de Protección de Datos limita la libertad de forma en cuanto a la información que se ha de suministrar al interesado, ya que, en el precitado artículo 24, establece que el responsable del tratamiento, amén de procurar que el tratamiento sea adecuado y conforme con el RGPD, ha de poder demostrar su cumplimiento. En consecuencia, la información que el responsable del tratamiento deberá suministrar al titular de los datos habrá de realizarse por un medio que haga posible corroborar su posterior cumplimiento, que era una de las exigencias que establecía el derogado artículo 18 RDLOPD. Por ello, el responsable del tratamiento tendrá que asumir este giro propiciado por la nueva normativa comunitaria, de aplicación directa en todos los Estados miembros.

Por lo demás, con independencia de la forma en la que el responsable del tratamiento lleve a cabo el cumplimiento de la obligación de información al interesado, esta información deberá suministrarse de forma directa a las personas, de modo que no basta con ponerla a disposición en algún lugar. Singular sería el supuesto de tratamientos que, por su naturaleza, no hacen posible el establecimiento de una relación inmediata y personalizada con los interesados cuyos datos personales son objeto de tratamiento; en este supuesto se encuadraría la grabación de imágenes con fines de videovigilancia, en las que las cámaras graban o reproducen imágenes de una o varias personas que, a priori, son indeterminadas y cuya identidad es desconocida por el responsable del tratamiento. Habida cuenta de que el propósito perseguido con la grabación o reproducción de imágenes es la seguridad de las personas, los bienes y las cosas, es ciertamente incompatible el cumplimiento de esta obligación de información con el suministro inmediato y personalizado al interesado de aquella información legalmente impuesta. En consecuencia, en estos supuestos, parece admisible, y así lo ha puesto de manifiesto la AEPD (Guía sobre el uso de videocámaras para seguridad y otras finalidades), la colocación de un anuncio o cartel informativo en el que se ponga de manifiesto que se van a recoger datos personales en un lugar donde el interesado pueda acceder fácilmente, haciendo posible, en un momento posterior, que el afectado pueda conocer el resto de circunstancias que rodean al tratamiento de sus datos personales, ya que, paralelamente, se impone al responsable del tratamiento la obligación de poner a disposición del titular de los datos el resto de información complementaria (artículo 22.4 LOPDGDD). En cualquier caso, parece lógico que esta flexibilidad en el deber de información, que viene impuesta por determinadas circunstancias especiales, venga acompañada de un paralelo endurecimiento de determinadas obligaciones relacionadas con el tratamiento, como la reducción del plazo de conservación de los datos o la imposibilidad, en principio, de realizar un tratamiento de los mismos con fines distintos a los propios de control de seguridad de las personas, los bienes y las cosas.

En definitiva, en estos casos, se ha venido considerando suficiente para cumplir con el deber de información (especialmente en materia de videovigilancia) colocar un cartel, siempre y cuando el mismo se encuentre en un lugar claramente visible para el interesado, de modo que este siempre pueda tener un conocimiento adecuado de aquella información, aunque sea mínima, que, legalmente, le corresponda conocer. Para que este cartel anunciador cumpla las exigencias de información establecidas por el principio de licitud, lealtad y transparencia, es preciso que reúna los requisitos mínimos que vienen determinados por la normativa (artículos 12 a 14 RGPD y 11 LOPDGDD), y que, además, se encuentre en un lugar suficientemente visible y de un modo adecuadamente legible, de forma tal que asegure que el interesado haya podido conocer perfectamente la información, en primera capa, que le concierne, y el lugar en el que, a su disposición, está la información más desarrollada o en segunda capa.

En este punto, suscitó numerosas críticas la STC número 39/2016, de fecha 3 de marzo, que vino a posibilitar la materialización del deber de información de acuerdo al anuncio contemplado en la Instrucción 1/2006, de 8 de noviembre, de la Agencia Española de Protección de Datos, sobre el tratamiento de datos personales con fines de vigilancia a través de sistemas de cámaras o videocámaras (BOE núm. 296, de 12 de diciembre de 2006), que permitía el uso de las imágenes obtenidas para fines diferentes de los de vigilancia, como son los propios de control laboral, haciendo lícito, en consecuencia, el despido de un empleado gracias al análisis de las imágenes obtenidas. Sin embargo, el contenido del texto hacía referencia a la comisión de un hecho ilícito por parte del trabajador, de modo que, siguiendo el razonamiento expuesto en la decisión en que se traduce esta sentencia, la misma no debería ser aplicable en aquellos casos en que las imágenes obtenidas tan sólo pusieran de manifiesto el incumplimiento de la relación laboral por parte del empleado (tales como ausencias injustificadas, retrasos, etc.), siendo, en principio, exclusivamente aplicable, repetimos, a aquellos casos de comisión de un ilícito por el empleado y únicamente para la persecución de ese ilícito, que sí es acorde con la finalidad de seguridad de las personas, de los bienes y de las cosas.

En este sentido, al amparo del artículo 89 LOPDGDD surge el derecho a la intimidad frente al uso de dispositivos de videovigilancia y de grabación de sonidos en el lugar de trabajo, que otorga a esta cuestión la siguiente visión:

> «1. Los empleadores podrán tratar las imágenes obtenidas a través de sistemas de cámaras o videocámaras para el ejercicio de las funciones de control de los trabajadores o los empleados públicos previstas, respectivamente, en el artículo 20.3 del Estatuto de los Trabajadores y en la legislación de función pública, siempre que estas funciones se ejerzan dentro de su marco legal y con los límites inherentes al mismo. Los empleadores habrán de informar con carácter previo, y de forma expresa, clara y concisa, a los trabajadores o los empleados públicos y, en su caso, a sus representantes, acerca de esta medida.
>
> En el supuesto de que se haya captado la comisión flagrante de un acto ilícito por los trabajadores o los empleados públicos se entenderá cumplido el deber de informar cuando existiese al menos el dispositivo al que se refiere el artículo 22.4 de esta ley orgánica.
>
> 2. En ningún caso se admitirá la instalación de sistemas de grabación de sonidos ni de videovigilancia en lugares destinados al descanso o esparcimiento de los trabajadores o los empleados públicos, tales como vestuarios, aseos, comedores y análogos.
>
> 3. La utilización de sistemas similares a los referidos en los apartados anteriores para la grabación de sonidos en el lugar de trabajo se admitirá únicamente cuando resulten relevantes los riesgos para la seguridad de las instalaciones, bienes y personas derivados de la actividad que se desarrolle en el centro de trabajo y siempre respetando el principio de proporcionalidad, el de intervención mínima y las garantías previstas en los apartados anteriores. La supresión de los sonidos conservados por estos sistemas de grabación se realizará atendiendo a lo dispuesto en el apartado 3 del artículo 22 de esta ley».

Más allá de lo anterior, especialmente exigible será el contenido impuesto por el principio de transparencia cuando el tratamiento afecte de un modo específico a menores de edad. En estos casos, la norma exige tener en cuenta las circunstancias especiales en que se encuentra el niño, caracterizadas, en esencia, por una, más que patente, ausencia de comprensión de todo lo que respecta al contenido de los tratamientos, habida cuenta de la escasa conciencia de las consecuencias que pueden conllevar determinados comportamientos o, incluso, dada la ausencia de conciencia de los resultados que pueden acarrear determinadas acciones. En estos supuestos, la exigencia de transparencia exige, más que proporcionar información más detallada, lograr un objetivo de educación y tutela. Al respecto, parece adecuado entender por niño, en los términos de la normativa en materia de protección de datos y demás normativa conexa, cualquier persona que sea menor de 16 años (según la previsión inicial del RGPD —artículo 8—), si bien la LOPDGDD reduce esta edad mínima a los 14 años (artículo 7).

Asimismo, resulta aconsejable detenerse en un punto no menos importante. Hablamos de circunstancias que, pese a ser, en cierto modo, accesorias, no son desdeñables de cara a la consecución del principio de transparencia. En efecto, dada la complejidad y extensión con que se desenvuelve el entorno virtual actual, la información que el responsable del tratamiento debe proporcionar al interesado, a menudo, pasa inadvertida para este. Es por ese motivo que la normativa persigue la elaboración de iconos que, como representaciones gráficas que son, aseguran una mejor y más fácil comprensión de la información.

No obstante, como pone de manifiesto el GTA29 (Guía del Reglamento General de Protección de Datos para responsables del tratamiento), la representación de la información por medio de iconos no es suficiente para entender satisfecho el deber de información que recae sobre el responsable del tratamiento, facilitando, tan sólo, la comprensión de esta información o, incluso, a los efectos de recordar aquello que implica un determinado tratamiento. Es esta postura la que ha motivado que el apartado 7 del artículo 12 del Reglamento General de Protección de Datos prevea, literalmente, que la información que deberá facilitarse a los interesados en virtud de los artículos 13 y 14 podrá transmitirse en combinación con iconos normalizados que permitan proporcionar de forma fácilmente visible, inteligible y claramente legible una adecuada visión de conjunto del tratamiento previsto; además, los iconos que se presenten en formato electrónico serán legibles mecánicamente. Así las cosas, parece evidente que esta función atribuida a los iconos será tanto más sencilla cuanto más simple sea la representación de los mismos, siendo, de este modo, globalmente identificables como tales, de ahí la normalización a que hace referencia el citado precepto, remitiendo el apartado siguiente al desarrollo de actos delegados por parte de la Comisión, que deberán ser adoptados con el acuerdo específico o implícito del Consejo y el Parlamento Europeo (artículo 92.5 RGPD).

Por último, como medio de acreditación del cumplimiento del deber de información en que se traduce el principio de transparencia, se fomenta la elaboración y adhesión a mecanismos de certificación, a través de los cuales el responsable y el encargado del tratamiento pueden poder acreditar la satisfacción de las obligaciones que les vienen atribuidas. Gracias a estos mecanismos, sería posible demostrar, a través de un sello o marca de protección de datos personales, el cumplimiento de las obligaciones de información y comunicación contempladas en los artículos 12 al 14 RGPD y 11 LOPDGDD, así como que dicho cumplimiento se realiza de acuerdo con las exigencias establecidas por el principio de transparencia. En cualquier caso, la adhesión a mecanismos de certificación no conlleva, en ningún caso, limitación alguna de la responsabilidad que corresponde al responsable del tratamiento, sino que facilita el cumplimiento de sus obligaciones y favorece que el interesado pueda, fácilmente, conocer el nivel de protección que, en esta materia, proporcionan los distintos productos y servicios por aquel suministrados. En este sentido, el considerando 100 RGPD viene a afirmar que, gracias a tales mecanismos de certificación y sellos y marcas de protección de datos, se incrementa el nivel de transparencia y cumplimiento de la normativa, al permitir al titular de los datos poder evaluar de un modo más rápido el nivel de protección de los servicios y productos en cuestión.

Como fácilmente puede advertirse de todo cuanto se ha expuesto, el interesado cuenta, en la actualidad, con un más amplio poder de disposición sobre sus propios datos personales, pudiendo decidir sobre su uso y destino. Así lo confirma la STC número 292/2000, de 30 de noviembre, cuyo fundamento jurídico sexto señala el fin perseguido por el derecho fundamental a la protección de datos, cual es permitir a la persona propietaria de los datos personales controlar el uso y destino que se da a los mismos, con el fin de evitar su tráfico de manera ilícita y lesiva para la dignidad del interesado. Así las cosas, el poder de disposición del interesado carecerá de valor si este no cuenta con información suficiente acerca de qué datos personales que le pertenecen son transmitidos a terceros, qué terceros los tratan y con qué finalidad.

Por todo ello, parece imprescindible que el interesado pueda contar con la capacidad necesaria para consentir o no un determinado tratamiento realizado sobre sus datos personales, siendo necesario, en consecuencia, que sea informado preventivamente de todas aquellas circunstancias que rodean cada tratamiento previsto (bien es cierto, no obstante, que este deber de información será preceptivo aun cuando la base jurídica del tratamiento no resida en el consentimiento del titular de los datos). De este modo, el deber de información previsto en los artículos 13 y 14 RGPD, así como en el artículo 11 LOPDGDD, se encuentra en la esencia misma del derecho a la protección de los datos y, dentro de este, del principio de licitud, lealtad y transparencia propugnado por el artículo 5 RGPD, con independencia de que, atendiendo a otros bienes, en su caso, prevalentes, este deber de información pueda experimentar excepciones o limitaciones (STC número 29/2013, de 11 de febrero, fundamentos jurídicos séptimo y octavo).

El RGPD contempla, en efecto, el deber de información en los artículos 13 y 14, ambos dimanantes del mandato previo previsto en el artículo 12, mientras que la LOPDGDD complementa estos preceptos en un único artículo, el 11. Como veremos, ambas disposiciones comunitarias difieren en cuanto al momento en que se ha de cumplir con el deber de información, ya que, en el artículo 13 RGPD (que regula la información que se ha de proporcionar al interesado cuando sus datos personales se obtienen directamente de él), el momento en el que se le tendrá que proporcionar la información es aquel previo a la obtención de los datos personales, mientras que, en el artículo 14 RGPD (que regula la información que se ha de proporcionar al interesado cuando sus datos personales no se obtienen directamente de él), el momento en que se deberán comunicar las circunstancias que rodean el tratamiento de los datos personales será posterior y dependerá, como veremos, del supuesto concreto de que se trate. De igual modo, también habrá diferencias en cuanto a la información misma que se ha de proporcionar, siendo más amplia, como es lógico, en el segundo de los casos, ya que, en él, los datos personales del interesado serán transmitidos sin su conocimiento previo. Por último, el artículo 11 LOPDGDD alude al primero de estos supuestos (es decir, el previsto por el artículo 13 RGPD) en sus dos primeros apartados, mientras que dedica el tercero y último al segundo (es decir, al previsto por el artículo 14 RGPD).

Por su parte, el artículo 22.4 LOPDGDD regula el caso singular y ya mencionado de los tratamientos con fines de videovigilancia, estableciendo, en lo que aquí respecta, que:

> «El deber de información previsto en el artículo 12 del Reglamento (UE) 2016/679 se entenderá cumplido mediante la colocación de un dispositivo informativo en lugar suficientemente visible identificando, al menos, la existencia del tratamiento, la identidad del responsable y la posibilidad de ejercitar los derechos previstos en los artículos 15 a 22 del Reglamento (UE) 2016/679. También podrá incluirse en el dispositivo informativo un código de conexión o dirección de internet a esta información.
> En todo caso, el responsable del tratamiento deberá mantener a disposición de los afectados la información a la que se refiere el citado reglamento».

En concreto, los artículos 13 y 14 RGPD contemplan una lista cerrada o *numerus clausus* de los distintos aspectos que deberán ser comunicados al interesado. Y ello a diferencia de la Directiva derogada, que utilizaba la cláusula "al menos" para dar a entender que dicha información era con carácter de mínimos y, por tanto, susceptible de ser ampliada (*numerus apertus*). No obstante, pese al tenor literal de ambos artículos, sí que cabe entender que, con la nueva regulación, se establece el mínimo común que siempre habrá de proporcionarse, pudiendo ser también ampliado, dependiendo del caso, a otros aspectos libremente decididos por el responsable del tratamiento en virtud del principio de responsabilidad proactiva que sobre él recae.

Comoquiera que sea, lo cierto es que la regulación actual amplía el contenido informativo que se ha de proporcionar al interesado. En efecto, pese a que el artículo 5 de la antigua LOPD ya comportaba un incremento de la información en relación con la DPDP que transponía, tan sólo obligaba a informar al interesado de los datos relativos al responsable del tratamiento, de los fines previstos con el tratamiento, de los destinatarios o posibles destinatarios de los datos personales y de los derechos que correspondían al afectado. Si los datos personales del interesado se obtenían directamente de él, la información tenía que hacer alusión, además de lo anterior, a si las respuestas eran preceptivas y a los efectos derivados de proporcionarlas o no; en cambio, si los datos personales del interesado no se obtenían directamente de él, además de la información antes enumerada, era necesario hacer referencia al contenido mismo del tratamiento y a la fuente de la que se habían obtenido tales datos personales.

En la actualidad, de acuerdo con los artículos 12 y 13 RGPD, cuando se obtengan de un interesado datos personales relativos a él y directamente de él, el responsable del tratamiento deberá facilitarle, en el momento en que tales datos personales se obtengan, toda la información, aplicable al caso concreto de que se trate, que se muestra a continuación:

b) Identidad y los datos de contacto del responsable del tratamiento y, en su caso, de su representante, en el supuesto de que el responsable del tratamiento tenga su establecimiento fuera del territorio comunitario (artículo 27 RGPD).

c) Datos de contacto del DPO, caso de que, conforme al artículo 37 RGPD, deba nombrar uno o quiera hacerlo en pro del principio de responsabilidad proactiva, en cuyo caso deberá cumplir, igualmente, con cuanto establecen los artículos 37 a 39 RGPD y 34 a 37 LOPDGDD.

d) Finalidades del tratamiento a que se destinan los datos personales y la base jurídica o de licitud del tratamiento, conforme al artículo 6 RGPD.

e) Cuando el tratamiento sea necesario para satisfacer intereses legítimos perseguidos por el responsable del tratamiento o por un tercero, cuáles son.

f) Destinatarios o, en su caso, categorías de destinatarios de los datos personales.

g) Intención del responsable del tratamiento de realizar una o varias transferencias de datos personales a terceros países u organizaciones internacionales, así como la existencia o, por el contrario, ausencia, de una decisión de adecuación por parte de la Comisión, o, en el caso de las transferencias internacionales de datos personales mediante garantías adecuadas (artículo 46 RGPD), dentro de ellas, mediante normas corporativas vinculantes o *Binding Corporate Rules* (artículo 47 RGPD) o para situaciones específicas (artículo 49.1, párrafo segundo, RGPD), referencia a las garantías adecuadas o apropiadas y a los medios para obtener una copia de estas o al hecho de que se hayan prestado.

Junto a la información prevista en las letras anteriores, el responsable del tratamiento también deberá proporcionar al interesado, en el momento en el que se recaben los datos personales, la siguiente información, relevante a los fines de proteger un tratamiento acorde a los principios de lealtad y transparencia:

b) Plazo de tiempo durante el cual se habrán de conservar los datos personales del interesado o, cuando sea imposible determinar a priori ese plazo, los criterios empleados para poder concretarlo.

c) Ampliando el elenco de derechos reconocidos al interesado, se encuentra la posibilidad que este tiene de ejercitar el derecho de acceso a los datos personales frente al responsable del tratamiento, el derecho de rectificación, el derecho de supresión o derecho al olvido, el derecho a la limitación de su tratamiento, el derecho de oposición y el derecho a la portabilidad de los datos personales.

d) En el caso de que el tratamiento se base en el consentimiento del interesado como base jurídica [artículos 6.1.a) y 9.2.a) RGPD y 6 LOPDGDD], la posibilidad con que cuenta este de poder retirarlo en cualquier momento, si bien ello no afectará a la licitud del tratamiento realizado sobre los datos personales amparado en el consentimiento del afectado durante todo el tiempo anterior a que este fuera retirado.

e) Para el supuesto de que el responsable del tratamiento no dé curso a la solicitud del interesado, deberá informarle de la posibilidad de presentar una reclamación ante la autoridad de control.

f) Si la comunicación de datos personales es un requisito impuesto legal o contractualmente, o un requisito preceptivo en orden a celebrar un contrato, así como la necesidad de comunicar al interesado si tiene la obligación de proporcionar los datos personales al responsable del tratamiento y si es conocedor de las consecuencias que se pueden derivar de no proporcionarlos.

g) Si emplea sistemas de decisiones individuales automatizas, dentro de las cuales se puede incluir la elaboración de perfiles, a que hacen referencia los apartados primero y cuarto del artículo 22 RGPD, haciendo constar en dichos supuestos, como mínimo, toda aquella información significativa que sea necesaria sobre la lógica que se haya aplicado o se esté aplicando, además de la importancia y las consecuencias previsibles con este tratamiento para el interesado.

El apartado primero del artículo 12 DPDP contemplaba, dentro del derecho de acceso del interesado a los datos personales que, de su propiedad, estuvieran siendo tratados por el responsable del tratamiento, el conocimiento de la lógica que estuviera siendo utilizada en los tratamientos de carácter automatizado, al menos en aquellos casos de decisiones individuales automatizadas. En este punto, la diferencia de dicha DPDP con el RGPD es que, con el nuevo texto, la información relativa a la lógica aplicada en aquellas decisiones íntegramente automatizadas ha de ser proporcionada por el responsable del tratamiento en cualquier caso, no únicamente cuando el interesado ejercite su derecho de acceso a sus datos personales. Así, tal información no sólo se proporcionará siempre y por iniciativa del responsable del tratamiento, sino que será puesta de manifiesto en el estado más inicial del tratamiento, ya que parece evidente que el derecho de acceso se manifiesta en un momento ulterior a la satisfacción del deber de información.

En cualquier caso, en aquellos casos en que el responsable del tratamiento prevea el tratamiento posterior de datos personales para una finalidad distinta y que no sea aquella para la cual se obtuvieron, deberá suministrar al interesado, con carácter previo a dicho tratamiento, información precisa sobre esa otra finalidad y cualquier otra adicional que resulte adecuada. No obstante, esta precisión parece referirse únicamente a la información contenida en las letras a) a f) anteriores (las del artículo 13.2 RGPD), y no a las letras a) a f) iniciales (las del artículo 13.1 RGPD), pese a que, entre ellas, se incluyen aspectos que pudieran ser perfectamente diferentes con el nuevo tratamiento previsto, entre la que se encuentra la base jurídica en que se sustenta el tratamiento (si bien ello resulta coherente con lo dispuesto por el considerando 50 RGPD —según el cual "[…] el tratamiento de datos personales con fines distintos de aquellos para los que hayan sido recogidos inicialmente sólo debe permitirse cuando sea compatible con los fines de su recogida inicial. En tal caso, no se requiere una base jurídica aparte, distinta de la que permitió la obtención de los datos personales"—, puede desembocar en problemas importantes, derivados de que la base jurídica del tratamiento posterior sea diferente de aquella que justificó el original), el interés legítimo específicamente perseguido por parte del responsable del tratamiento o por parte del tercero cuando sea esta la legitimación en que se ampare dicho tratamiento, los posibles destinatarios de los datos personales del interesado o las previsibles transferencias de datos personales a terceros países u organizaciones internacionales.

En cualquier caso, y por lo que respecta a la base jurídica del tratamiento, cierto es que puede determinar una protección del interesado en aquellos casos en que la legitimación de la obtención original del tratamiento fuera el consentimiento, ya que este seguiría siendo la base jurídica de ese tratamiento posterior, de modo que el interesado, en cualquier momento, podría impedir el tratamiento mediante, simplemente, la retirada de aquel consentimiento inicialmente prestado. Así configurado, pese a proteger al interesado, podría contravenir la lógica de la nueva previsión, especialmente en aquellos casos en que la finalidad del tratamiento, diferente pero no incompatible, responda a un interés público o a intereses legítimos de terceros que, llegado el caso, puedan resultar prevalentes.

Por su parte, los apartados primero y segundo del artículo 11 de la nueva LOPDGDD añaden lo siguiente:

> «1. Cuando los datos personales sean obtenidos del afectado, el responsable del tratamiento podrá dar cumplimiento al deber de información establecido en el artículo 13 del Reglamento (UE) 2016/679 facilitando al afectado la información básica a la que se refiere el apartado siguiente e indicándole una dirección electrónica u otro medio que permita acceder de forma sencilla e inmediata a la restante información.
> 2. La información básica a la que se refiere el apartado anterior deberá contener, al menos:
> a) La identidad del responsable del tratamiento y de su representante, en su caso.
> b) La finalidad del tratamiento.
> c) La posibilidad de ejercer los derechos establecidos en los artículos 15 a 22 del Reglamento (UE) 2016/679.
> Si los datos obtenidos del afectado fueran a ser tratados para la elaboración de perfiles, la información básica comprenderá asimismo esta circunstancia. En este caso, el afectado deberá ser informado de su derecho a oponerse a la adopción de decisiones individuales automatizadas que produzcan efectos jurídicos sobre él o le afecten significativamente de modo similar, cuando concurra este derecho de acuerdo con lo previsto en el artículo 22 del Reglamento (UE) 2016/679».

Como es obvio, la eficacia en el cumplimiento de este deber de información no está ligada con el consentimiento del interesado, ya que, como dijimos, la información deberá concurrir aun cuando la base jurídica del tratamiento no resida en dicho consentimiento. Este deber de información constituye una garantía eficiente para el interesado, que le permite incluir la posibilidad de plantear, frente a las instancias de naturaleza administrativa o jurisdiccional, que el tratamiento posterior no resulta compatible con aquellas finalidades iniciales para las que se obtuvieron los datos personales.

Y es que, como es sabido, la letra b) del artículo 5 RGPD prevé, literalmente, que los datos personales deberán ser recogidos con fines determinados, explícitos y legítimos, y no serán tratados ulteriormente de manera incompatible con dichos fines. En este sentido, se puede advertir una distancia amplia entre aquellas finalidades determinadas, explícitas y legítimas para las cuales se recabaron los datos personales y aquellas finalidades que devengan incompatibles con ellos, es decir, cuando los datos personales sean tratados con un fin diferente a aquel para el que se recogieron (apartado 4 del artículo 6 y apartados 3 del artículo 13 y 4 del artículo 14, todos ellos del RGPD), haciendo posible que los datos personales recabados para una finalidad inicial puedan ser, de igual modo, objeto de tratamiento para otra finalidad, siempre que esta no resulte incompatible con la primera. Como bien puede advertirse, ello imprime una más que evidente flexibilidad al conjunto del sistema de protección de datos, haciendo poco probable que el principio relativo a la limitación de los fines del tratamiento de los datos personales devenga en aplicaciones ciertamente restringidas o en exceso rigurosas.

Por lo demás, el deber de información que recae sobre el responsable del tratamiento no es absoluto, sino que tiene excepciones. Así, existen determinados supuestos que, de concurrir, determinan que esta obligación no llegue a nacer o que, habiendo nacido, deba ceder en el caso específico en relación con otros bienes jurídicos que, en ese caso, adquieren preeminencia (artículo 23 RGPD).

De igual modo, toda la información prevista en este precepto no resultará de aplicación en aquellos supuestos en que el interesado, propietario de los datos personales, ya disponga, en el momento de su obtención por el responsable del tratamiento, de la información (artículo 13.4 RGPD).

Por su parte, cuando los datos personales no se hayan obtenido directamente de él, el artículo 14 RGPD, partiendo de la previsión del artículo 12 del mismo Reglamento, establece la obligación del responsable del tratamiento de proporcionar la información prevista en el precepto inmediatamente anterior, a la que se unen dos aspectos adicionales:

a) Las categorías de datos personales (datos personales básicos, categorías especiales de datos personales o datos personales relativos a condenas e infracciones penales) objeto de tratamiento.

b) La fuente de la que proceden los datos personales objeto de tratamiento, así como, en su caso, si tales datos personales proceden de fuentes de acceso público.

Una de las diferencias fundamentales que apunta el artículo 14 RGPD en relación con el artículo 13 RGPD, además del mayor contenido informativo, se encuentra, como decíamos, en el momento en que la información deberá ser proporcionada. Así es. Mientras que el artículo 13 RGPD exigía proporcionar la información con carácter previo a la obtención de los datos personales, cuestiones de lógica invitan a pensar que este momento no será posible cuando tales datos no se obtengan directamente del afectado. En estos casos, el apartado 3 del artículo 14 RGPD establece que el responsable del tratamiento deberá facilitar la información al interesado en cualquiera de los siguientes momentos y nunca después del más tardío de los mismos:

a) Dentro de un plazo razonable, una vez se hayan recabado los datos personales del interesado y, en cualquier caso, no más tarde del plazo de un mes, teniendo en cuenta el conjunto de circunstancias específicas en las que se traten dichos datos personales.

b) Si los datos personales hubieran de emplearse para entablar una comunicación con el interesado, no más tarde del momento en que tenga lugar la primera comunicación.

c) Si se prevé comunicar los datos personales a cualquier otro destinatario, no más tarde del momento en el que tales datos personales sean comunicados por primera vez al destinatario.

Por lo demás, en aquellos casos en que el responsable del tratamiento prevea el tratamiento posterior de datos personales para una finalidad distinta y que no sea aquella para a la cual se obtuvieron, deberá suministrar al interesado, con carácter previo a dicho tratamiento posterior, información precisa sobre esa otra finalidad y cualquier otra adicional que resulte adecuada de acuerdo con todo lo anterior.

No obstante, el deber de información previsto en este artículo 14 del Reglamento General de Protección de Datos no será necesario cuando concurra alguna de las siguientes circunstancias:

a) Como parece lógico, en aquellos casos en que el interesado ya disponga de la información.

b) Cuando el cumplimiento del deber de información, bien resulte imposible, bien conlleve un esfuerzo desproporcionado, en particular en lo que se refiere al tratamiento con fines de archivo en interés público, fines de investigación científica o histórica o fines estadísticos, a excepción de aquellas condiciones y garantías contenidas en el apartado primero del artículo 89 RGPD o en la medida en que el deber de información establecido en las letras a) a f) iniciales del precepto pueda imposibilitar u obstaculizar de un modo grave la consecución de los fines previstos con el tratamiento de los datos; en estos supuestos, el responsable del tratamiento deberá adoptar todas aquellas medidas que resulten pertinentes con el objetivo de preservar los derechos, libertades e intereses legítimos que corresponden al interesado, incluso, haciendo pública la información. La propuesta elaborada inicialmente por la Comisión relegaba la aclaración de estos conceptos a actos delegados que serían adoptados por parte de la Comisión a través de la técnica contemplada en el artículo 92 RGPD, si bien dicha habilitación desapareció cuando intervino el Parlamento Europeo. En cualquier caso, recordemos que el apartado 5 del artículo 5 LOPD, incluyendo un supuesto similar insertado en el artículo 11 DPDP, establecía, como aspectos a tener en cuenta para poder determinar si el efecto era desproporcionado, el número total de interesados, el tiempo de conservación de los datos y las medidas compensatorias, aspectos que todavía permanecen en el considerando 62 RGPD.

c) Cuando la obtención o la comunicación se encuentren establecidas de un modo expreso por el Derecho comunitario o por el Derecho interno de los Estados miembros que resulte de aplicación al responsable del tratamiento y que contemple medidas apropiadas con el fin de preservar los intereses legítimos del interesado. Así se hacía constar de manera muy similar en el artículo 11.2 DPDP, que fue objeto de transposición por el apartado 5 del artículo 5 LOPD, al afirmar que no será aplicable lo previsto en esta excepción cuando, de modo expreso, lo prevea una ley. En nuestra opinión, esta exclusión de la obligación de información opera, no tanto en aquellos casos en que una norma contemple de forma expresa que este deber no resulta de aplicación, sino en aquellos otros en que la legislación comunitaria o interna establezca de un modo específico que el responsable del tratamiento recabe los datos personales o estos le sean transmitidos; es decir, cuando la legitimación del tratamiento proceda de una habilitación legal que haga posible que el responsable del tratamiento registre determinados datos personales procedentes de fuentes diferentes al interesado o a que estos le sean transmitidos, no nacerán para este responsable del tratamiento los deberes de información con respecto al titular de los datos que se establecen en el artículo 14 RGPD.

d) En aquellos supuestos en los que los datos personales hayan de continuar manteniendo su confidencialidad, al amparo de la existencia de un deber de secreto profesional recogido en la normativa comunitaria o nacional de los distintos Estados de la Unión, incluyendo un deber de secreto de naturaleza estatutaria.

Por su parte, el artículo 11.3 LOPDGDD completa el artículo 14 RGPD al establecer que:

> «Cuando los datos personales no hubieran sido obtenidos del afectado, el responsable podrá dar cumplimiento al deber de información establecido en el artículo 14 del Reglamento (UE) 2016/679 facilitando a aquél la información básica señalada en el apartado anterior (artículo 11.2 LOPDGDD), indicándole una dirección electrónica u otro medio que permita acceder de forma sencilla e inmediata a la restante información.
> En estos supuestos, la información básica incluirá también:
> a) Las categorías de datos objeto de tratamiento.
> b) Las fuentes de las que procedieran los datos».

3. Consentimiento de los niños

El artículo 8 RGPD regula las condiciones que resultan aplicables al consentimiento del menor de edad en relación con los servicios de la sociedad de la información como base jurídica para el tratamiento de los datos personales que le corresponden. De acuerdo con este precepto, cuando el consentimiento esté relacionado con la realización de una oferta directa a menores de edad de servicios de la sociedad de la información, en los términos definidos anteriormente, el tratamiento de sus datos personales será legítimo siempre y cuando estos tengan una edad superior a los 16 años; de tener una edad inferior, dicho tratamiento tan sólo se considerará lícito si el consentimiento en que se basa fue prestado por el titular de su patria potestad o tutela y únicamente en la medida en que se dio o autorizó. En concreto, señala este precepto cuanto sigue a continuación:

> «1. Cuando se aplique el artículo 6, apartado 1, letra a), en relación con la oferta directa a niños de servicios de la sociedad de la información, el tratamiento de los datos personales de un niño se considerará lícito cuando tenga como mínimo 16 años. Si el niño es menor de 16 años, tal tratamiento únicamente se considerará lícito si el consentimiento lo dio o autorizó el titular de la patria potestad o tutela sobre el niño, y solo en la medida en que se dio o autorizó. Los Estados miembros podrán establecer por ley una edad inferior a tales fines, siempre que esta no sea inferior a 13 años.

> 2. El responsable del tratamiento hará esfuerzos razonables para verificar en tales casos que el consentimiento fue dado o autorizado por el titular de la patria potestad o tutela sobre el niño, teniendo en cuenta la tecnología disponible.
> 3. El apartado 1 no afectará a las disposiciones generales del Derecho contractual de los Estados miembros, como las normas relativas a la validez, formación o efectos de los contratos en relación con un niño».

En cualquier caso, este artículo otorga a los Estados miembros la facultad de modificar esta edad mínima a través de una ley interna, siempre y cuando la edad modificada no sea inferior a los 13 años. Al amparo de esta previsión, nace el artículo 7 LOPDGDD, que reduce la edad mínima, en términos generales, a 14 años y lo hace en los siguientes términos:

> «1. El tratamiento de los datos personales de un menor de edad únicamente podrá fundarse en su consentimiento cuando sea mayor de catorce años.
> Se exceptúan los supuestos en que la ley exija la asistencia de los titulares de la patria potestad o tutela para la celebración del acto o negocio jurídico en cuyo contexto se recaba el consentimiento para el tratamiento.
> 2. El tratamiento de los datos de los menores de catorce años, fundado en el consentimiento, sólo será lícito si consta el del titular de la patria potestad o tutela, con el alcance que determinen los titulares de la patria potestad o tutela».

Así las cosas, la normativa en vigor en materia de protección de datos hace una distinción entre varios posibles supuestos:

En primer lugar, aquellos casos en los que el menor de edad tiene una edad inferior a 18 años y superior a 16 años, en cuyo caso podrá otorgar su consentimiento, de tal manera que, de prestarlo, el tratamiento que de sus datos personales realice el responsable del tratamiento será legítimo [artículos 6.1.a) y 9.2.a), ambos del RGPD, y 7 LOPDGDD].

En segundo lugar, aquellos otros supuestos de sujetos con edad inferior a 16 años, que no podrán prestar de un modo válido su consentimiento por sí mismos. En estos casos, el consentimiento válido, en su nombre, deberá prestarlo, como hemos visto, el titular de su patria potestad o tutela.

En tercer lugar, y como excepción al supuesto precedente, los casos de interesados menores de 16 años y mayores de 13 años, quienes estarán facultados para prestar su consentimiento de un modo eficaz si así lo establecen los Estados miembros a nivel interno, como sucede en nuestro país, al amparo, repetimos, del artículo 7 LOPDGDD.

En cuarto y último lugar, los niños que tengan menos de 13 años, quienes, en ningún caso, estarán habilitados para poder prestar su consentimiento de un modo válido conforme a la ley para el tratamiento de sus datos personales, ni siquiera en el supuesto en el que la ley nacional de un Estado miembro de la Unión Europea lo implantara, ya que esta previsión se entendería contraria a lo establecido en el apartado segundo del artículo 8 RGPD.

Pese a todo lo anterior, debemos tener siempre presente que, con carácter general, prevalecerá el interés superior del menor. Ello quiere decir que, en supuestos de conflicto (por ejemplo, en aquellos casos en los que el titular de la patria potestad o tutela sobre el menor de edad preste su consentimiento en nombre del interesado para un tratamiento de datos personales que es claramente pernicioso para los intereses del menor), habrán de habilitarse aquellos mecanismos contemplados en cada Estado miembro para proteger el interés, repetimos, superior, del así afectado.

En cualquier caso, echamos de menos en este artículo 8 RGPD alguna previsión en relación con el consentimiento prestado por el menor de edad o por el titular de su patria potestad o tutela cuando no estemos ante un supuesto de oferta de un servicio de la sociedad de la información, como sí hace el artículo 7 LOPDGDD. En este caso, deja la duda de si podría aplicarse para estos supuestos también el contenido del primero de los preceptos o no, y, en este último caso, qué respuesta podría darse, si análoga o no, a lo que dispone dicho artículo 8 RGPD, duda que desaparece con la entrada en vigor de la LOPDGDD. En cualquier caso, en nuestra opinión, no parece ser voluntad del legislador comunitario dejar al margen todos aquellos casos que puedan concurrir y que respondan a un consentimiento del menor al margen de una oferta de servicios de la sociedad de la información; es verdad que hubiera sido muy recomendable que, en el contenido específico del artículo 8 RGPD, se hubiera hecho constar esta circunstancia, si bien, por extensión o aplicando una regla de analogía a dicho contenido, podríamos entender aplicable el artículo 8 RGPD a situaciones semejantes. En definitiva, a pesar de que la normativa comunitaria vigente en materia de protección de datos personales aluda de un modo específico tan sólo a los servicios de la sociedad de la información, no resultaría adecuado entender que, con ello, se estarían quedando fuera del marco regulador otros tantos supuestos, ciertamente semejantes y necesitados también de regulación a nivel europeo.

Tampoco se incluye el supuesto que nos permita saber qué sucede con el consentimiento cuando es prestado por el titular de la patria potestad o tutela sobre el niño en un momento anterior a aquel en el que este alcance la mayoría de edad, es decir, que nos permita concluir qué sucede con dicho consentimiento cuando el interesado alcanza los 14 años (en concreto, en España) o los 16 años (en general, en el seno de la Unión Europea). Desconocemos, salvo que realicemos una labor interpretativa, qué sucedería con este consentimiento, es decir, si sería necesario volver a recabar el consentimiento, esta vez directamente del afectado, o sería posible prorrogar los efectos del consentimiento manifestado por el titular de la tutela o patria potestad sobre el que, por entonces, era niño. Pese a ello, entendemos que, lo lógico, sería volver a recabar el consentimiento del interesado para poder seguir tratando sus datos personales.

4. Categorías especiales de datos

Los artículos 9 RGPD y 9 LOPDGDD completan el principio de licitud del tratamiento, en este caso de determinadas categorías especiales de datos personales. En estos casos, con carácter general, se prohíben los tratamientos de datos que revelen el origen étnico o racial, las opiniones políticas, las convicciones religiosas o filosóficas, la filiación sindical, el tratamiento de datos genéticos, el tratamiento de datos biométricos dirigidos a identificar de manera unívoca a una persona física y datos relativos a la salud o a la vida sexual o la orientación sexual de una persona física (artículo 9.1 RGPD).

No obstante, seguidamente, en el mismo precepto, se establecen una serie de excepciones a este pronunciamiento general, excepciones que se circunscriben (listado *numerus clausus*) a los siguientes supuestos (artículo 9.2 RGPD):

a) Cuando el interesado haya dado su consentimiento explícito para el tratamiento de dichos datos personales con uno o más fines específicos, excepto cuando el Derecho de la Unión o de los Estados miembros establezca que la previsión mencionada en el apartado primero no puede ser levantada por el interesado; en este caso, se interpreta que, salvo que exista una indisponibilidad jurídica en los términos contemplados en dicha excepción, el consentimiento del propio titular de los datos puede permitir el tratamiento de los mismos, aunque responda a esta categoría especial de datos.

En este sentido, el artículo 9.1 LOPDGDD, en desarrollo de este apartado, precisa que, a fin de evitar situaciones discriminatorias, el solo consentimiento del afectado no bastará para levantar la prohibición del tratamiento de datos cuya finalidad principal sea identificar su ideología, afiliación sindical, religión, orientación sexual, creencias u origen racial o étnico. En consecuencia, cuando se traten este tipo de datos especiales, será preciso que concurra, además del consentimiento o en defecto del consentimiento, cualquier otra de las excepciones previstas en el artículo 9.2 RGPD.

b) Cuando el tratamiento sea necesario para el cumplimiento de obligaciones y el ejercicio de derechos específicos del responsable del tratamiento o del interesado en el ámbito del Derecho laboral y de la seguridad y protección social, en la medida en que así lo autorice el Derecho de la Unión o de los Estados miembros o un convenio colectivo con arreglo al Derecho de los Estados miembros que establezca garantías adecuadas del respeto de los derechos fundamentales y de los intereses del afectado.

c) Cuando el tratamiento sea necesario para proteger intereses vitales del interesado o de otra persona física, siempre que el interesado no esté capacitado, física o jurídicamente, para dar su consentimiento.

d) Cuando el tratamiento sea efectuado, en el ámbito de sus actividades legítimas y con las debidas garantías, pon una fundación, una asociación o cualquier otro organismo sin ánimo de lucro, cuya finalidad sea política, filosófica, religiosa o sindical, siempre que el tratamiento se refiera exclusivamente a los miembros actuales o antiguos de tales organismos o a personas que mantengan contactos regulares con ellos en relación con sus fines, y siempre que los datos personales no se comuniquen fueran ellos sin el consentimiento de los interesados.

e) Cuando el tratamiento se refiera a datos personales que el interesado ha hecho manifiestamente públicos.

f) Cuando el tratamiento sea necesario para la formulación, el ejercicio o la defensa de reclamaciones, o cuando los tribunales actúen en el desempeño de su función judicial.

g) Cuando el tratamiento sea necesario por razones de un interés público esencial, sobre la base del Derecho de la Unión o de los Estados miembros, que debe ser proporcional al objetivo perseguido y, además, respetar en lo esencial el Derecho a la protección de datos y establecer medidas adecuadas específicas para proteger los intereses y derechos fundamentales del interesado.

De acuerdo con el artículo 9.2 LOPDGDD, los tratamientos de datos contemplados en las letras g), h) e i) del artículo 9.2 RGPD fundados en el Derecho español deberán estar amparados en una norma con rango de ley, que podrá establecer requisitos adicionales relativos a su seguridad y confidencialidad. En particular, dicha norma podrá amparar el tratamiento de datos en el ámbito de la salud cuando así lo exija la gestión de los sistemas y servicios de asistencia sanitaria y social, pública y privada, o la ejecución de un contrato de seguro del que el afectado sea parte.

h) Cuando el tratamiento sea necesario para fines de medicina preventiva o laboral, evaluación de la capacidad laboral del trabajador, diagnóstico médico, prestación de asistencia o tratamiento de tipo sanitario social o gestión de los sistemas y servicios de asistencia sanitaria y social, sobre la base del Derecho de la Unión o de los Estados miembros o en virtud de un contrato con un profesional sanitario y sin perjuicio de las condiciones y garantías contempladas en el artículo 9.3 RGPD.

i) Cuando el tratamiento sea necesario por razones de interés público en el ámbito de la salud pública (recuérdese, por ejemplo, la crisis sanitaria global derivada de la pandemia de la Covid-19), como la protección frente a amenazas transfronterizas graves para la salud o para garantizar elevados niveles de calidad y de seguridad de la asistencia sanitaria y de los medicamentos o productos sanitarios, sobre la base del Derecho de la Unión o de los Estados miembros que establezca medidas adecuadas y específicas para proteger los derechos y libertades del interesado, en particular, el secreto profesional.

j) Cuando el tratamiento sea necesario con fines de archivo en interés público, fines de investigación científica o histórica o fines estadísticos, de conformidad con el artículo 89.1 RGPD, sobre la base del Derecho de la Unión o de los Estados miembros, que debe ser proporcional al objetivo perseguido, respetar en lo esencial el Derecho a la protección de datos y establecer medidas adecuadas y específicas para proteger los intereses y derechos fundamentales del interesado.

Las categorías especiales de datos personales a que hemos hecho referencia, concluye el artículo 9.3 RGPD, podrán ser objeto de tratamiento para el cumplimiento de finalidades de medicina preventiva o laboral cuando dicho tratamiento se lleve a cabo por un experto sobre el que recaiga un deber de secreto profesional, o bajo su responsabilidad, siempre de conformidad con el Derecho nacional, con la normativa impuesta por las autoridades internas con competencias en la materia o por cualquier otro sujeto que se halle también sujeto a este deber de secreto, sobre la base de la normativa nacional o comunitaria o con las normas establecidas por las autoridades internas competentes en el asunto. Por lo novedoso de la cuestión, y debido a los condicionamientos ideológicos, religiosos, filosóficos, culturales, jurídicos y de cualquier otro tipo a los que pueden estar sujetos, y, al mismo tiempo, por su sometimiento a una evolución y desarrollo continuo, expresamente se contempla la posibilidad de que los

Estados miembros puedan mantener o introducir de manera específica condiciones adicionales, inclusive mediante la formulación de las correspondientes limitaciones con relación al tratamiento de los datos genéticos, los datos biométricos y los datos relativos a la salud en general. Por tanto, las facultades normativas que se conceden a los países integrantes de la Unión Europea van encaminadas en tres direcciones bien distintas: el mantenimiento de las condiciones establecidas en la normativa sobre la materia, la posibilidad de establecer condiciones adicionales y, finalmente, la introducción de limitaciones.

5. *Datos relativos a condenas e infracciones penales*

El artículo 10 del Reglamento General de Protección de Datos está dedicado a la regulación del tratamiento de datos personales relativos a condenas e infracciones penales. Con carácter general, se establece que el tratamiento de este tipo de datos o medidas de seguridad equivalentes sólo podrá llevarse a cabo bajo la supervisión de las autoridades públicas o cuando lo autorice el Derecho de la Unión Europea o de los Estados miembros que establezcan garantías adecuadas para los derechos y libertades de los interesados. En este sentido, sólo podrá llevarse un registro completo de condenas penales bajo el control de las autoridades públicas.

La regla general hace referencia a que los datos de carácter personal relativos a la comisión de infracciones penales y administrativas comprenden todos los datos personales que revelen la comisión de infracciones, sancionadas por la jurisdicción penal o por las autoridades administrativas, por personas identificadas o identificables. A priori, las Administraciones Públicas son las únicas autorizadas para tratar datos personales relativos a la comisión de infracciones penales y administrativas, dentro de los supuestos previstos en las respectivas normas reguladoras. Las empresas privadas y otras entidades que no gocen de la condición de Administración Pública no podrán, en principio, tratar este tipo de datos. No obstante, la norma comunitaria deja una puerta abierta a la intervención de la iniciativa privada en este ámbito de tratamiento.

Al amparo de esta previsión, un tanto genérica, nace el artículo 10 LOPDGDD, que precisa que el tratamiento de datos personales relativos a condenas e infracciones penales, así como a procedimientos y medidas cautelares y de seguridad conexas, para fines distintos de los de prevención, investigación, detección o enjuiciamiento de infracciones penales o de ejecución de sanciones penales, sólo podrá llevarse a cabo cuando se encuentre amparado en una norma de Derecho de la Unión, en la propia LOPDGDD o en otras normas de rango legal. A ello, añade que el registro completo de los datos referidos a condenas e infracciones penales, así como a procedimientos y medidas cautelares y de seguridad conexas a que se refiere el artículo 10 RGPD, podrá realizarse conforme a lo establecido en la regulación del Sistema de registros administrativos de apoyo a la Administración de Justicia. Fuera de los supuestos señalados, concluye, los tratamientos de este tipo de datos sólo serán posibles cuando sean implementados por abogados y procuradores y siempre que tengan por objeto recoger la información facilitada por sus clientes para el ejercicio de sus funciones.

Por su parte, el artículo 27 LOPDGDD atiende al tratamiento de datos relativos a condenas e infracciones de naturaleza administrativa, estableciendo que, a los efectos del artículo 86 RGPD, el tratamiento de datos de esta naturaleza, incluido el mantenimiento de registros relacionados con ellos, exigirá:

a) Que los responsables de dichos tratamientos sean los órganos competentes para la instrucción del procedimiento sancionador, para la declaración de las infracciones o para la imposición de las sanciones.

b) Que el tratamiento se limite a los datos estrictamente necesarios para la finalidad perseguida.

Cuando no se cumpla alguna de las condiciones antes previstas, los tratamientos de datos referidos habrán de contar con el consentimiento del interesado o estar autorizados por una norma con rango de ley, en la que se regularán, en su caso, garantías adicionales para los derechos y libertades de los afectados. En su defecto, los tratamientos de datos referidos a infracciones y sanciones administrativas sólo serán posibles cuando sean llevados a cabo por abogados y procuradores y tengan por objeto recoger la información facilitada por sus clientes para el ejercicio de sus funciones.

6. Tratamiento que no requiere identificación

El RGPD contempla expresamente aquellos supuestos en los que, para la consecución de los fines del tratamiento perseguidos por el responsable o, bajo sus instrucciones, del encargado del tratamiento, no es necesario conocer la identidad del interesado en cuanto titular de los datos personales. En concreto, el considerando 57 de la norma dispone, de un modo literal, cuanto se indica a continuación:

> «Si los datos personales tratados por un responsable no le permiten identificar a una persona física, el responsable no debe estar obligado a obtener información adicional para identificar al interesado con la única finalidad de cumplir cualquier disposición del presente Reglamento. No obstante, el responsable del tratamiento no debe negarse a recibir información adicional facilitada por el interesado a fin de respaldarle en el ejercicio de sus derechos. La identificación debe incluir la identificación digital de un interesado, por ejemplo, mediante un mecanismo de autenticación, como las mismas credenciales, empleadas por el interesado para abrir una sesión en el servicio en línea ofrecido por el responsable».

Al amparo de este considerando, surge, a renglón seguido, el artículo 11 RGPD, que, clasificando en dos apartados claramente diferenciados el contenido del párrafo precedente, sostiene lo siguiente:

> «1. Si los fines para los cuales un responsable trata datos personales no requieren o ya no requieren la identificación de un interesado por el responsable, este no estará obligado a mantener, obtener o tratar información adicional con vistas a identificar al interesado con la única finalidad de cumplir el presente Reglamento.
> 2. Cuando, en los casos a que se refiere el apartado 1 del presente artículo, el responsable sea capaz de demostrar que no está en condiciones de identificar al interesado, le informará en consecuencia, de ser posible. En tales casos no se aplicarán los artículos 15 a 20, excepto cuando el interesado, a efectos del ejercicio de sus derechos en virtud de dichos artículos, facilite información adicional que permita su identificación».

De una lectura sosegada del precepto anterior podemos extraer tres conclusiones iniciales y fundamentales:

En primer lugar, y aunque pueda parecer lo mismo, que no es así, el apartado primero del supra citado artículo exonera al responsable del tratamiento de la obligación de asumir cargas adicionales con vistas a cumplir la normativa (entiéndase, en esencia, RGPD y LOPDGDD). En cambio, el apartado segundo impone al interesado un deber de actuación con el fin de poder ejercitar los derechos que, legítimamente, puedan llegar a corresponderle de los previstos, no sólo en los artículos 15 a 22 RGPD y 13 a 18 LOPDGDD (acceso, rectificación, supresión, limitación del tratamiento, portabilidad de los datos y a no ser objeto de decisiones individuales automatizadas, incluida la elaboración de perfiles), sino también en los artículos 77 a 79 RGPD (que regulan, respectivamente, el derecho del titular de los datos a presentar una reclamación ante una autoridad de control, el derecho a la tutela judicial efectiva contra una autoridad de control y el derecho a la tutela judicial efectiva contra un responsable o encargado del tratamiento); en concreto, le exige renunciar al secreto o confidencialidad de su identidad, ya que, hasta el momento en que lo haga, no dejará de ser una persona física identificable, pero no identificada.

Como ya sabemos, de acuerdo con el artículo 4.1) RGPD, será dato personal cualquier información sobre una persona física (que tendrá la consideración de interesado a los efectos de la normativa comunitaria en materia de protección de datos) identificada o identificable. A su vez, esta misma letra define qué se entiende por persona física identificable, aludiendo a aquella cuya identidad pueda determinarse, ya sea de forma directa o indirecta, "[...] en particular mediante un identificador, como por ejemplo un nombre, un número de identificación, datos de localización, un identificador en línea o uno o varios elementos propios de la identidad física, fisiológica, genética, psíquica, económica, cultural o social de dicha persona", siendo este un elenco *numerus apertus*, no *numerus clausus*.

Ahora bien, aun cuando el responsable del tratamiento no esté obligado a implementar estas medidas, ciertamente voluntarias o proactivas, dirigidas a la identificación del interesado, sí que tendrá la obligación de no oponerse o negarse a actuar cuando sea el titular de los datos personales quien, voluntariamente y con la intención de hacer valer sus derechos, remita la información adicional que, en su caso, resulte necesaria para su identificación ante el responsable del tratamiento. Así lo confirma el apartado segundo del artículo 12 RGPD, precepto que regula el deber de información al que ha de atender el responsable del tratamiento para dar adecuado cumplimiento a la transparencia en su actuación como parte integrante del, más amplio, principio de licitud, lealtad y transparencia regulado en el artículo 5.1.a) RGPD. De acuerdo con este apartado:

> «El responsable del tratamiento facilitará al interesado el ejercicio de sus derechos en virtud de los artículos 15 a 22 (RGPD). En los casos a que se refiere el artículo 11, apartado 2, el responsable no se negará a actuar a petición del interesado con el fin de ejercer sus derechos en virtud de los artículos 15 a 22 (RGPD), salvo que pueda demostrar que no está en condiciones de identificar al interesado».

De oponerse, su actuación será reprobable y sancionable por parte de la LOPDGDD. Así lo establece, de un lado, el artículo 73.c) de la Ley, que establece que se calificará como infracción grave:

> «En función de lo que establece el artículo 83.4 del Reglamento (UE) 2016/679 [...] y prescribirán a los dos años [...]:
>
> c) El impedimento o la obstaculización o la no atención reiterada de los derechos de acceso, rectificación, supresión, limitación del tratamiento o a la portabilidad de los datos en tratamientos en los que no se requiere la identificación del afectado, cuando este, para el ejercicio de esos derechos, haya facilitado información adicional que permita su identificación».

De otro, el artículo 74.d) RGPD regula esta misma actuación como posible infracción leve, estableciendo que:

> «[...] prescribirán al año las restantes infracciones de carácter meramente formal de los artículos mencionados en los apartados 4 y 5 del artículo 83 del Reglamento (UE) 2016/679 y, en particular, las siguientes:
> d) No atender los derechos de acceso, rectificación, supresión, limitación del tratamiento o a la portabilidad de los datos en tratamientos en los que no se requiere la identificación del afectado, cuando este, para el ejercicio de esos derechos, haya facilitado información adicional que permita su identificación, salvo que resultase de aplicación lo dispuesto en el artículo 73 c) de esta ley orgánica».

De un análisis minucioso de ambos artículos, sobre todo del inciso final del último de ellos, resulta difícil determinar qué supuestos podrían englobarse en el artículo 74 LOPDGDD que no pudieran ser subsumidos, previamente, en el artículo precedente, cuyo ámbito parece resultar más amplio. Y ello porque, mientras el segundo de los artículos habla de no atención a los derechos del interesado, el primero se refiere al impedimento, obstaculización o no atención a los mismos.

En segundo lugar, dentro del artículo 11.1 RGPD podemos, a su vez, establecer una distinción entre dos supuestos:

a) Aquel en el que los fines perseguidos por el responsable del tratamiento no requieren la identificación del interesado, en cuyo caso, este no estará obligado a obtener (pues nunca llegó a disponer de ella) información adicional para identificar al interesado con el fin de que este pueda ejercitar, llegado el caso, los derechos que le corresponden.

b) Aquel otro en el que los objetivos que el responsable del tratamiento pretende alcanzar ya no requieren conocer la identidad del titular de los datos personales objeto de tratamiento, donde no será preciso mantener (pues ya dispone de ella) aquella información personal que permite la identificación de este.

En tercer y último lugar, resulta necesario prestar atención a uno de los que se conocen como "conceptos jurídicos indeterminados", entendidos como aquellos elementos que se contienen en una norma jurídica y que sólo pueden reconocerse o explicarse de manera abstracta o genérica. Nos estamos refiriendo, en lo que aquí interesa, al término "información adicional", que ostenta un papel fundamental en la plasmación práctica del contenido del artículo 11 RGPD, habida cuenta de que, parece evidente, será preciso que el responsable del tratamiento, aun no teniendo la obligación de obtener o mantener esta información adicional, sí que deberá concretar, con carácter previo, aquella que habrá de proporcionar el interesado para poder identificarse y ejercitar los derechos que, en su caso, le correspondan. Así lo establece el propio GT29 ("Dictamen 03/2017 sobre el tratamiento de los datos personales en el contexto de los sistemas de transporte inteligentes (STI) cooperativos", WP 252, adoptado el 04 de octubre de 2017, pág. 7) cuando afirma que:

> «[...] Si se aplica el artículo 11 del RGPD sin especificar qué datos adicionales son necesarios para permitir la identificación de los interesados, se está impidiendo de facto el ejercicio de los derechos de los interesados (acceso, rectificación, portabilidad, etc.)».

De no proceder a esta previa concreción, el responsable del tratamiento podrá, a fin de tramitar adecuadamente la solicitud de derechos por parte del afectado, bien intentar proceder voluntariamente a la identificación del interesado, bien obtener de este la información adicional y, en ambos casos, no conseguir identificar de forma fehaciente al titular de los datos. Como respuesta a estos eventuales escenarios, el artículo 12.6 RGPD dispone que:

> «Sin perjuicio de lo dispuesto en el artículo 11, cuando el responsable del tratamiento tenga dudas razonables en relación con la identidad de la persona física que cursa la solicitud a que se refieren los artículos 15 a 21 (RGPD), podrá solicitar que se facilite la información adicional necesaria para confirmar la identidad del interesado».

En este sentido, y como ya se indicaba en fase de tramitación parlamentaria de la LOPDGDD, "[...] abrir una vía para la colaboración del ciudadano para facilitar su identificación, en la línea del último inciso del artículo 11.2 RGPD y el artículo 12.6 RGPD, permitiría dar una respuesta más satisfactoria al ejercicio de los derechos sin que ello suponga una carga excesiva para el responsable».

Al respecto surge, empero, una cuestión, no menos importante, que cabría plantearse. Nos referimos a si existe, en todos los casos y para el ejercicio de todos los derechos referidos, la verdadera necesidad de conocer la identidad del titular de los datos personales. En otras palabras, deberíamos analizar si esta exigencia, heredada de forma automática de los postulados propios del Derecho tradicional e incorporada, sin ambages, al ordenamiento jurídico electrónico merced al principio de equivalencia funcional, es realmente necesaria para la solicitud y ejercicio de determinados derechos por parte de aquellas personas físicas que, identificables pero no identificadas, persiguen ver protegido su derecho fundamental a la protección de datos, protegido legalmente por el artículo 18.4 CE y amparado jurisprudencialmente por nuestro más Alto Tribunal en Sentencias como la STC número 292/2000.

En mi opinión no. Considero que el pretendido sistema garantista no debe ir nunca en detrimento de la posición del interesado, máxime si esta no guarda equilibrio con la del responsable del tratamiento, que sí podrá tratar los datos personales de aquel sin necesidad de conocer su identidad, ni siquiera con la obligación de tener que obtener o, cuando menos, mantener la información que permita al afectado el ejercicio de sus derechos. Si el objetivo último de la renovada normativa en materia de protección de datos personales es garantizar la protección de las personas físicas en lo que concierne al tratamiento de sus datos personales (artículo 2.1 RGPD), debería ser posible que el interesado pudiera ejercer los derechos que puedan llegar a corresponderle en los casos en los que sea identificable, pero no identificado, y en aras de cumplir de modo estricto el principio de minimización de datos recogido en el artículo 5.1.c) RGPD. Piénsese, por ejemplo, en el caso del empleo del correo electrónico del interesado (único dato personal conocido) con el objeto de enviarle comunicaciones comerciales para la promoción de los bienes o servicios del responsable del tratamiento: nada podría justificar que el responsable del tratamiento pudiera obtener un potencial beneficio económico mediante la explotación de este dato personal (beneficio potencial para el que, al menos inicialmente, no necesita conocer la identidad del titular del e-mail) y, sin embargo, el afectado (término nunca mejor empleado) no pudiera solicitar, entre otros, el derecho de acceso, rectificación u oposición, ya que, al igual que su identidad no fue necesaria para los fines del tratamiento, tampoco debería serlo para conocer qué dato personal está siendo tratado, si procede actualizarlo o si, tanto más, decide oponerse a su tratamiento (que, incluso, podría estar amparado en un supuesto interés legítimo del responsable del tratamiento sobre el que el interesado no está de acuerdo).

Todo lo anterior parece concluir en la necesidad de poner en estrecha relación, como suele suceder siempre que analizamos cualquier aspecto relacionado con el derecho fundamental a la protección de los datos personales, esta cuestión con el necesario cumplimiento de los principios relativos al tratamiento (artículo 5 RGPD), en cuanto ejes rectores e informadores permanentes y obligados de la actuación del responsable del tratamiento conforme a la normativa vigente en materia de protección de datos personales.

7. *Bases jurídicas distintas del consentimiento*

Junto al consentimiento, ya pormenorizadamente analizado, conviene también hacerse eco de las demás bases jurídicas previstas para la legitimación del tratamiento conforme a la normativa actual sobre protección de datos personales:

a) Relacionado con el último inciso del artículo 6 LOPDGDD, que el tratamiento sea necesario para la ejecución de un contrato en el que el interesado sea parte o, en su caso, para la aplicación, a petición de este, de medidas de naturaleza precontractual [artículo 6.1.b) RGPD]. Así, la propia existencia de una relación de naturaleza contractual, o los tratos preliminares del mismo, también justificarían la licitud del tratamiento.

b) Cuando el tratamiento venga impuesto por una obligación legal [artículo 6.1.c) RGPD]. En este sentido, el artículo 8.1 LOPDGDD añade que el tratamiento de datos personales únicamente podrá considerarse fundado en el cumplimiento de una obligación legal exigible al responsable, en los términos previstos en el artículo 6.1.c) RGPD, cuando así lo prevea una norma de Derecho comunitario o una norma con rango de ley, que podrá determinar las condiciones generales del tratamiento y los tipos de datos objeto del mismo, al igual que las cesiones que procedan como consecuencia del cumplimiento de dicha obligación. Esta norma, añade el precepto nacional, podrá, igualmente, imponer condiciones especiales al tratamiento, tales como la adopción de medidas adicionales de seguridad u otras establecidas en el capítulo IV del Reglamento General de Protección de Datos.

c) La necesidad de proteger intereses vitales del interesado o de otra persona física [artículo 6.1.d) RGPD] también determina la licitud del tratamiento, habiendo de ponerse normalmente en relación con el, ya visto, artículo 9.2.c) RGPD.

d) Cuando el tratamiento sea necesario para el cumplimiento de una misión realizada en interés público o en ejercicio de poderes públicos conferidos al responsable del tratamiento [artículo 6.1.e) RGPD], si bien, en estos casos, es necesaria la existencia de una norma habilitante que proporcione tanto el interés público de dicha misión como el ejercicio del poder público de tal función.

En esta línea, el apartado segundo del artículo 8 LOPDGDD estable, al respecto, que el tratamiento de datos personales sólo podrá considerarse fundado en el cumplimiento de una misión realizada en interés público o en el ejercicio de poderes públicos conferidos al responsable del tratamiento, en los términos previstos en el artículo 6.1.e) RGPD, cuando derive de una competencia atribuida por una norma con rango de ley. Por su parte, la disposición adicional duodécima de esta misma norma regula las disposiciones específicas aplicables a los tratamientos de los registros de personal del sector público, estableciendo que los tratamientos de estos registros se entenderán realizados en el ejercicio de poderes públicos conferidos a sus responsables, de acuerdo con lo previsto en el artículo 6.1.e) RGPD; a ello, añade que tales registros podrán tratar datos personales relativos a infracciones y condenas penales e infracciones y sanciones administrativas, limitándose a los datos estrictamente necesarios para el cumplimiento de sus fines.

e) Cuando el tratamiento sea necesario para la satisfacción de intereses legítimos pretendidos por el responsable del tratamiento o por un tercero, siempre que, sobre dichos intereses, no prevalezcan los derechos y libertades fundamentales del interesado que requieran la protección de sus datos personales, en particular, cuando el afectado sea un niño [artículo 6.1.f) RGPD]. En la interpretación de este apartado, surge siempre la necesidad de concretar la calificación de interés legítimo, concepto jurídico indeterminado que debe ser perfeccionado en cada caso en función de las circunstancias concurrentes, tanto del responsable del tratamiento como de los titulares de los datos. En cualquier caso, resulta muy significativa la especial importancia que el apartado concede a la tutela del derecho a la protección de datos del menor. Además, y con relación a este último apartado, existe una mención expresa en el Reglamento que excluye de su aplicabilidad al tratamiento realizado por las autoridades públicas en el ejercicio de las funciones que, legalmente, les hayan sido encomendadas.

La nueva LOPDGDD regula un supuesto específico dentro del artículo 19, relativo al tratamiento de datos de contacto, de empresarios individuales y de profesionales liberales. En él, se establece lo siguiente:

> «1. Salvo prueba en contrario, se presumirá amparado en lo dispuesto en el artículo 6.1 f) del Reglamento (UE) 2016/679 el tratamiento de los datos de contacto y en su caso los relativos a la función o puesto desempeñado de las personas físicas que presten servicios en una persona jurídica siempre que se cumplan los siguientes requisitos:
>
> a) Que el tratamiento se refiera únicamente a los datos necesarios para su localización profesional.
>
> b) Que la finalidad del tratamiento sea únicamente mantener relaciones de cualquier índole con la persona jurídica en la que el afectado preste sus servicios.
>
> 2. La misma presunción operará para el tratamiento de los datos relativos a los empresarios individuales y a los profesionales liberales, cuando se refieran a ellos únicamente en dicha condición y no se traten para entablar una relación con los mismos como personas físicas.
>
> 3. Los responsables o encargados del tratamiento a los que se refiere el artículo 77.1 de esta ley orgánica podrán también tratar los datos mencionados en los dos apartados anteriores cuando ello se derive de una obligación legal o sea necesario para el ejercicio de sus competencias».

V. DERECHOS DE LOS INDIVIDUOS

El tercer capítulo del Reglamento General de Protección de Datos se titula "Derechos del interesado" y abarca los artículos 12 a 23. No obstante, no será sino hasta al artículo 15 cuando comiencen a regularse los derechos del interesado propiamente dichos, ya que los artículos 13 y 14 precedentes (el 12 es un enunciado general de cómo ha de suministrarse la información que se extiende desde el artículo 13 al artículo 22, todos ellos del RGPD) aluden, como hemos podido ver, a la información que se ha de proporcionar al interesado en torno a las circunstancias que rodean el tratamiento de sus datos personales, en claro cumplimiento del principio de transparencia, regulado en el artículo 5.1.a) RGPD. Por su parte, la LOPDGDD, en su afán por adaptar el ordenamiento jurídico español al texto del Reglamento y completar sus disposiciones, incorpora, de una parte, los artículos 12 a 18, que persiguen desarrollar el contenido de los derechos que, al amparo del RGPD, corresponden al interesado, y, de otra (y no sin controversia), el título X (artículos 79 a 97), que, bajo el nombre "Garantía de los derechos digitales", introduce, más bien, una serie de principios que regulan la intervención de los interesados en el mundo digital y que, por su ubicación, no ha dejado de recibir críticas desde el momento de su publicación.

Parece evidente que uno de los aspectos fundamentales de la normativa vigente en materia de protección de datos personales radica en el reforzamiento de la posición de control que se otorga al interesado (es decir, a la persona física propietaria de los datos personales) en cuanto a sus datos, aspecto este que se refleja en la más amplia variedad de derechos que les son reconocidos, algunos de ellos no contemplados en la regulación precedente, emanada, en nuestro país, de la LOPD y del RDLOPD. Esta mayor protección se traduce, también, en el reforzamiento de aquellos otros derechos que sí existían ya desde la, ya derogada, DPDP.

Así las cosas, con la aplicación de esta regulación actual, nacional y comunitaria, se produce, como tendremos ocasión de analizar a lo largo de estas páginas, una modificación de los tradicionales derechos ARCO (derechos de acceso, rectificación, cancelación y oposición) del interesado en favor de los nuevos derechos AROLPOD (derechos de acceso, rectificación, olvido o supresión, limitación del tratamiento, portabilidad de los datos, oposición y a no ser objeto de una decisión basada únicamente en el tratamiento automatizado, incluida la elaboración de perfiles).

1. *Transparencia e información*

Como se ha analizado profusamente en los apartados relativos al principio de transparencia y al deber de información, los derechos que corresponden al interesado merced a los tratamientos implementados por el responsable del tratamiento constituyen un aspecto del que aquel debe ser necesariamente informado por parte de este. Por este motivo, nos remitimos a cuanto se ha expuesto en dicho apartado en aras de contar con una visión completa de este punto, sin duda complemento fundamental cuando hablamos de los derechos que corresponden al titular de los datos.

2. *Acceso, rectificación, supresión (olvido)*

Por lo que respecta al primero de ellos, ya desde la STC número 254/1993, el derecho de acceso del interesado ha sido considerado, abiertamente, un elemento fundamental del derecho con el que cuenta a la protección de sus datos personales.

Podríamos decir que el derecho de acceso constituye la base de todos los demás derechos que corresponden al afectado, toda vez que, pudiendo conocer los datos personales y el tratamiento que de los mismos realiza el responsable del tratamiento, la persona física propietaria de estos datos podrá comprobar y determinar si este tratamiento es conforme con la normativa en vigor y, en consecuencia, podrá ejercitar los derechos contemplados en los artículos 16 y 22 RGPD y 14 a 18 LOPDGDD. Es, esta, una función instrumental desempeñada por el derecho de acceso, función reconocida, incluso, por el TJUE en su Sentencia número C-553/2007, *Rotterdam v. Rijkeboer*, pág. 51.

Así las cosas, el derecho de acceso, tal y como es contemplado en la normativa sobre protección de datos personales, amplía el conjunto de extremos a que puede tener acceso el interesado si lo comparamos con los precedentes artículos 12 y 15 de las, ya derogadas, DPDP y LOPD, respectivamente. En concreto, el artículo 15 RGPD comprende los mismos extremos incluidos en los deberes de información a que se refieren los artículos 13 y 14 RGPD y el artículo 11 LOPDGDD: el primero, recuérdese, para el supuesto en el que los datos personales del interesado se obtengan directamente de él, y, el segundo, para el caso en el que los datos personales del interesado se obtengan de una fuente externa. Bien es cierto que no se incluyen, como sí se hace en los artículos descritos, la base jurídica del tratamiento, si bien una lectura que interprete el sentido global del derecho de acceso podrá permitir concluir que tales aspectos forman parte también de la función instrumental que proyecta este derecho.

Más concretamente, el artículo 15 RGPD contempla el acceso a los datos personales y a la información que a continuación se sigue:

a) las finalidades perseguidas con el tratamiento realizado sobre los datos personales del interesado;

b) las categorías de datos personales objeto de tratamiento;

c) los destinatarios o las categorías de destinatarios a los que se comunicaron o serán comunicados los datos personales, en particular aquellos destinatarios establecidos en terceros países u organizaciones internacionales;

d) de ser posible, el plazo previsto de conservación de los datos personales o, de no ser posible, los criterios utilizados para determinar este plazo;

e) la existencia del derecho a solicitar del responsable del tratamiento la rectificación, la supresión o la limitación del tratamiento de datos personales relativos al interesado, o a oponerse a dicho tratamiento;

f) el derecho a presentar una reclamación ante una autoridad de control;

g) cuando los datos personales no se hayan obtenido directamente del interesado, cualquier información disponible sobre su origen, y

h) la existencia de decisiones automatizadas, incluida la elaboración de perfiles, a que se refiere el artículo 22, apartados 1 y 4, RGPD y, al menos en tales casos, información significativa sobre la lógica aplicada, así como la importancia y las consecuencias previstas de dicho tratamiento para el interesado.

Además, en aquellos casos en que se realicen transferencias de datos personales a terceros países u organizaciones internacionales, el interesado tendrá derecho a ser informado de las garantías adecuadas en virtud del artículo 46 RGPD relativas a tales transferencias.

Como podemos ver, y como mencionábamos anteriormente, el derecho de acceso enfatiza también sobre el conjunto de circunstancias que rodean al tratamiento de los datos personales, que, si bien no son datos personales como tales (de hecho, puede hacer referencia a otras personas distintas del interesado, como los destinatarios de sus datos personales), sí permiten analizar si el tratamiento que, sobre los mismos, se realiza es o no acorde con la normativa actual en materia de protección de datos personales.

En cuanto a la forma en que el responsable del tratamiento deberá proporcionar acceso a la información al afectado, el artículo 15.3 RGPD tan sólo establece que aquel deberá facilitar a este una copia de los datos personales que son objeto del tratamiento realizado. A ello adiciona, no obstante, que, en aquellos casos en que el interesado formule el ejercicio del derecho de acceso de forma electrónica, y siempre que no solicite que la información se facilite a través de otro medio, esta habrá de proporcionarse en formato electrónico de uso común.

Por su parte, y partiendo de este precepto, el artículo 13 LOPDGDD señala, literalmente, lo siguiente:

> «1. El derecho de acceso del afectado se ejercitará de acuerdo con lo establecido en el artículo 15 del Reglamento (UE) 2016/679.
> Cuando el responsable trate una gran cantidad de datos relativos al afectado y éste ejercite su derecho de acceso sin especificar si se refiere a todos o a una parte de los datos, el responsable podrá solicitarle, antes de facilitar la información, que el afectado especifique los datos o actividades de tratamiento a los que se refiere la solicitud.
> 2. El derecho de acceso se entenderá otorgado si el responsable del tratamiento facilitara al afectado un sistema de acceso remoto, directo y seguro a los datos personales que garantice, de modo permanente, el acceso a su totalidad. A tales efectos, la comunicación por el responsable al afectado del modo en que éste podrá acceder a dicho sistema bastará para tener por atendida la solicitud de ejercicio del derecho.
> No obstante, el interesado podrá solicitar del responsable la información referida a los extremos previstos en el artículo 15.1 del Reglamento (UE) 2016/679 que no se incluyese en el sistema de acceso remoto.
> 3. A los efectos establecidos en el artículo 12.5 del Reglamento (UE) 2016/679 se podrá considerar repetitivo el ejercicio del derecho de acceso en más de una ocasión durante el plazo de seis meses, a menos que exista causa legítima para ello.
> 4. Cuando el afectado elija un medio distinto al que se le ofrece que suponga un coste desproporcionado, la solicitud será considerada excesiva, por lo que dicho afectado asumirá el exceso de costes que su elección comporte. En este caso, solo será exigible al responsable del tratamiento la satisfacción del derecho de acceso sin dilaciones indebidas».

La función instrumental que cumple el derecho de acceso ha sido considerada por el TJUE (Sentencia número C-486/12, *Proceedings brought by X*) para establecer que dicha función tendrá que plasmarse de una manera tal que haga posible al interesado comprobar que el tratamiento satisface la normativa aplicable, pudiendo, de lo contrario, ejercitar cualquiera de los derechos contemplados en los artículos 16 a 22 RGPD y 14 a 18 LOPDGDD que les sean reconocidos. Otra cosa es que la finalidad de obtener la información en que consiste el derecho de acceso sea, no sólo la propia de controlar aquello que el responsable del tratamiento hace sobre los datos personales del interesado, sino, tanto más, que este pueda corroborar que se satisfacen las exigencias necesarias para adquirir un determinado derecho o para evitar la interposición de un determinado gravamen.

Por lo demás, el derecho de acceso, pese a constituir la base de los demás derechos, no presenta carácter absoluto. En efecto, el artículo 23 RGPD hace posible que el Derecho comunitario o el Derecho interno de los países que conforman la Unión Europea y que resulte de aplicación al responsable del tratamiento o al encargado del tratamiento limite, por medio de la imposición de determinadas medidas legales, el alcance, no sólo de las obligaciones de dichos responsables o encargados del tratamiento, sino también de los derechos establecidos en los artículos 12 a 22 y 34 (se entiende que, de igual modo, los previstos en los artículos correspondientes de la normativa nacional interna de los Estados miembros —en nuestro país, la LOPDGDD—), de entre los cuales se encuentra, como es lógico, el derecho de acceso, siempre que estos límites sean necesarios y proporcionales para la consecución de alguna de las finalidades que enumera, como la seguridad del Estado, la defensa o la seguridad pública.

De igual modo, el artículo 89, apartados 2 y 3, RGPD, establece limitaciones similares cuando los tratamientos tengan como objetivo el cumplimiento de fines de archivo en interés público, de investigación científica o histórica o fines estadísticos.

Por último, el artículo 15.4 RGPD contempla también una limitación directa, toda vez que no se hace depender de la intervención del legislador, consistiendo esta en establecer que el ejercicio del derecho de acceso no podrá afectar de un modo negativo a los derechos y libertades de otros.

Todas las limitaciones que acabamos de enumerar presentan un elemento compartido, cual es poner de manifiesto que el derecho de acceso que corresponde al interesado puede llegar a colisionar con otros derechos o intereses de otras personas o con otros bienes jurídicos que son también dignos de protección, haciendo necesario limitar este derecho de acceso o, incluso, eliminarlo por completo. Siendo así, la aplicación del derecho de acceso no se produce de modo automático, ya que comportará, siempre, analizar el equilibrio existente entre todas las situaciones jurídicas expuestas.

En definitiva, podemos concluir que el derecho de acceso que corresponde al interesado y que, en la actualidad, se encuentra recogido en los artículos 15 RGPD y 13 LOPDGDD, constituye un instrumento que permite al afectado controlar el tratamiento que se está realizando de sus datos personales por parte del responsable del tratamiento, con el fin de poder ejercitar, sobre la base de ese conocimiento, las acciones que, en su caso, estime oportunas y procedentes.

En el supuesto de que el interesado persiguiera el acceso a la información relativa a las circunstancias que rodean el tratamiento de sus datos personales para la consecución de otros fines distintos, podríamos concluir que no estaría ejercitando el derecho de acceso propiamente dicho, sino otro que la normativa vigente pueda llegar a reconocerle, derecho en cuestión que estaría sujeto a los intereses jurídicos que pretenda proteger. Por ejemplo, si accedemos a datos que obran en un procedimiento sancionador o disciplinario, el objeto de este acceso no es proporcionar al interesado información de sus datos personales, sino que el interés jurídico perseguido por el interesado es el de poder defenderse. Por tanto, repetimos, en estos supuestos no podríamos decir que se esté ejercitando el derecho de acceso y, por tanto, entendemos que no sería posible imponer a este acceso las excepciones contempladas en el apartado cuarto del artículo 15, el artículo 23 y el artículo 89, todos ellos del RGPD. Ello no supone, necesariamente, que los bienes jurídicos incluidos en estos artículos tengan que implicar un límite al derecho de acceso, sino que la previsión normativa que los mismos albergan no resulta aplicable porque constituiría un límite formal a un derecho que, en esencia, no se estaría ejercitando. A ello, se añade el hecho de que la ponderación no podría ser la misma, ya que el interés jurídico que hace valer el interesado que ejercita el derecho de acceso y el interés contrapuesto de oponerse a los bienes jurídicos que actúan como límites de dicho acceso es diferente.

En cuanto al derecho de rectificación, de acuerdo con el artículo 16 RGPD, el interesado tendrá derecho a que, sin dilación indebida, sean rectificados por parte del responsable del tratamiento aquellos datos personales que, correspondientes a aquel y empleados para el tratamiento de este, sean inexactos. De igual modo, considerando las finalidades perseguidas con el tratamiento, el interesado podrá, igualmente, pedir al responsable del tratamiento completar aquellos datos personales que sean incompletos, inclusive mediante una declaración adicional.

Este precepto se ve precedido por el considerando 65 RGPD, que, en la misma línea, señala que el interesado tendrá derecho a que el responsable del tratamiento rectifique los datos personales que le corresponden y que están siendo objeto de tratamiento.

Partiendo de esta base, surge el artículo 14 LOPDGDD, que dispone que, al ejercer el derecho de rectificación reconocido en el artículo 16 RGPD, el interesado deberá indicar en su solicitud a qué datos se refiere y la corrección que haya de realizarse, debiendo acompañar, cuando sea preciso, la documentación justificativa de la inexactitud o el carácter incompleto de los datos objeto de tratamiento.

Conectado con este precepto, pero aplicado al ámbito digital, se encuentra el nuevo artículo 85 LOPDGDD, que, además de reconocer el derecho a la libertad de expresión en Internet, establece que los responsables de redes sociales y servicios equivalentes adoptarán protocolos adecuados para posibilitar el ejercicio del derecho de rectificación ante los usuarios que difundan contenidos que atenten contra el derecho al honor, la intimidad personal y familiar en Internet y el derecho a comunicar o recibir libremente información veraz, atendiendo a los requisitos y procedimientos previstos en la Ley Orgánica 2/1984, de 26 de marzo, reguladora del derecho de rectificación (BOE núm. 74, de 27 de marzo de 1984). Cuando los medios de comunicación digitales deban atender la solicitud de rectificación formulada contra ellos, deberán proceder a la publicación en sus archivos digitales de un aviso aclaratorio que ponga de manifiesto que la noticia original no refleja la situación actual del individuo. Dicho aviso deberá aparecer en lugar visible junto con la información original.

Con frecuencia, el derecho de rectificación del interesado se ha caracterizado por otorgar a este la posibilidad de efectuar correcciones de errores de aquellos datos personales que están siendo tratados por el responsable del tratamiento, modificaciones de aquellos datos que pudieran resultar inexactos y garantizar, en definitiva, una protección de la veracidad de la información. Y es que, como resulta obvio, una protección efectiva de este derecho fundamental a la protección de datos requiere atribuir al interesado la posibilidad de solicitar la rectificación o requerir que sean completados los datos personales que sean incorrectos o incompletos, respectivamente. Es este derecho fundamental, por ende, el resultado evidente del ejercicio del derecho de acceso por parte del interesado, pudiendo afirmar, incluso, que constituye una de sus finalidades.

Si comparamos la regulación del derecho de rectificación contenido, de un lado, en el RGPD y en la LOPDGDD y, de otro, en la DPDP y en la LOPD, podemos observar que ambas resultan muy similares. No obstante, la normativa actual dedica a la regulación del derecho de rectificación un artículo específico, mientras que la normativa anterior contenía en un mismo artículo la regulación del derecho de rectificación y del derecho de supresión o bloqueo.

El derecho de rectificación, en definitiva, carecía de la importancia de la que goza en la actualidad. Además, se ha puesto de relieve la interconexión existente, ya desde la regulación precedente, entre el derecho de acceso y los derechos de rectificación, de una parte, y de supresión, de otra, afirmando que estos derechos no se hayan totalmente separados unos de otros, ni desde un punto de vista normativo ni desde una perspectiva instrumental.

Podemos concluir, por tanto, que el derecho de rectificación recogido en los artículos 16 RGPD y 14 LOPDGDD atribuye al interesado la facultad para efectuar una declaración adicional con el objetivo de poder rectificar o completar el dato personal o los datos personales que sean inexactos o incompletos, respectivamente. En definitiva, la rectificación ha de permitir detectar el dato personal afectado, al que se deberán acompañar todos aquellos documentos justificativos que permitan la modificación del mismo, amoldándose, así, a la realidad actual de la situación en que se encuentra su titular, la persona física propietaria de los datos personales.

Por último, por lo que respecta al encaje del derecho de supresión dentro del Reglamento General de Protección de Datos, podemos concluir, de acuerdo con lo establecido en el considerando sexto del RGPD, que el desarrollo tecnológico y la globalización han supuesto nuevos retos en materia de protección de datos personales, de modo que las operaciones de tratamiento se han incrementado sustancialmente, originando una difusión cada vez más amplia de información a nivel internacional. Como resulta evidente, esta nueva realidad virtual supone un acceso hasta ahora desconocido a información procedente de los interesados; además de ello, el nacimiento de las redes sociales, de los blogs o de nuevos servicios de la sociedad de la información, suponen el almacenamiento de datos y la vinculación de estos con contenidos e informaciones de terceros prestadores de servicios, lo que ha puesto de manifiesto la necesidad de proporcionar a los afectados los instrumentos necesarios para posibilitar el ejercicio de sus derechos y para que, en definitiva, los tratamientos implementados satisfagan los principios contemplados en la normativa vigente en materia de protección de datos personales.

Junto al anterior, el considerando siguiente dispone que este desarrollo tecnológico exige un marco más sólido y coherente para la protección de los datos personales en todo el territorio comunitario, apoyado de una ejecución eficaz, teniendo en cuenta la relevancia que tiene el poder generar una confianza suficiente que posibilite el desarrollo de la economía digital a lo largo y ancho de todo el mercado interior. En este sentido, los interesados han de poder llegar a controlar sus propios datos personales frente al tratamiento realizado por terceros, reforzando su seguridad jurídica, la de los operadores económicos y las de las autoridades públicas. Más concretamente, se necesita un derecho de supresión, necesario para proporcionar un más amplio control a las personas físicas en relación con sus datos personales, infiriendo confianza en el mundo virtual y, de forma más general, en la utilización de servicios de la sociedad de la información, algo que se antoja imprescindible desde el punto y hora en que la normativa comunitaria anterior no había conseguido proporcionar una respuesta satisfactoria al ejercicio de los derechos de cancelación y de oposición en la Red.

El derecho de supresión, por lo demás, encuentra su fundamento en principios básicos relativos a la protección de los datos personales, tales como el principio de calidad de los datos, el de finalidad o el de proporcionalidad, unidos al principio de minimización de datos y, a su vez, al de consentimiento y su posible revocación, en relación con la legitimación del tratamiento de los datos personales. En este sentido, el derecho de supresión vendría a actuar como herramienta que posibilita una eficaz satisfacción del principio de finalidad, que hace necesario que los datos personales únicamente puedan emplearse para los fines específicos para los que fueron recogidos, de modo que, una vez que ya no sean necesarios para estos fines, deberá procederse a su supresión.

El objetivo perseguido en la actualidad reside, por ende, en reconocer las prerrogativas de los interesados para poder llevar a cabo la gestión de sus propios datos personales, al tiempo que, de forma específica, se garantiza la libertad de expresión y de los medios de comunicación.

Por otro lado, el considerando 39 RGPD sostiene que los datos personales habrán de ser adecuados, pertinentes y limitados a lo imprescindible para las finalidades para las que sean tratados. Ello exige, específicamente, que se garantice la limitación de su conservación a un mínimo estricto y que se adopten todas aquellas medidas que se entiendan necesarias para proteger los datos personales y garantizar que se produzca la supresión y la rectificación de aquellos que sean inexactos o incompletos.

De igual modo, el considerando 65 de esta misma Norma dispone que las personas físicas necesitan contar con el derecho de rectificación de los datos personales que les afecten, así como un derecho de supresión si la conservación de estos datos supone la infracción de la normativa comunitaria o interna de los países europeos que resulte de aplicación al responsable del tratamiento. En concreto, el interesado ha de tener derecho a que sus datos personales sean suprimidos y dejen de ser tratados si ya no son necesarios para las finalidades que determinaron su recogida o tratamiento, así como si el interesado ha retirado su consentimiento para dicho tratamiento, si manifiesta su oposición al tratamiento de los datos personales que le conciernen o si este tratamiento es ilícito. Además, este derecho de supresión será pertinente si la persona física manifestó su consentimiento cuando era menor de edad, al no ser consciente de los riesgos que comportaba el tratamiento de sus datos personales y más tarde quiere suprimir tales datos. No obstante, concluye el considerando, la retención posterior de datos personales deberá ser considerada legítima en aquellos casos en que sea imprescindible para poder ejercitar las libertades de expresión e información; para cumplir una obligación de carácter legal; para satisfacer una misión que se realice en interés público o en el desempeño de poderes públicos atribuidos al responsable del tratamiento; por motivos de interés público en el ámbito de la salud pública; con fines de archivo en interés público, de investigación científica o histórica o estadísticos, o, en definitiva, para poder formular, ejercitar y defender sus reclamaciones.

Por lo que respecta a las obligaciones de supresión que este derecho impone al responsable del tratamiento, podemos afirmar que el artículo 17 RGPD se articula en torno a tres ejes fundamentales:

a) El apartado primero alude al derecho que tienen los interesados de obtener del responsable del tratamiento la supresión de los datos personales que les correspondan. En este caso, el responsable del tratamiento tendrá la obligación de suprimir los datos personales de los interesados, sin dilación indebida, cuando concurra alguna de las circunstancias contempladas normativamente.

b) En el apartado segundo, se impone el deber del responsable del tratamiento de efectuar la notificación de la solicitud del interesado a todos los demás responsables del tratamiento que, al igual que él, realizaron tratamientos de esos mismos datos personales del afectado.

c) El apartado tercero contempla una serie de excepciones o limitaciones al derecho de supresión. De hecho, estas excepciones y limitaciones constituyen un ejemplo más del carácter no absoluto que presenta este derecho.

Volviendo al apartado primero del artículo 17 RGPD, en él, como decíamos, se dispone el deber del responsable del tratamiento, cuando concurran ciertos supuestos, de tramitar, sin dilación indebida, la solicitud de supresión realizada por el interesado de los datos personales que le corresponden. En este caso, el responsable del tratamiento únicamente se verá constreñido a suprimir los datos personales cuando se produzca un supuesto específico de los que se contemplan en dicho apartado; en concreto, cuando se produzca alguna de las siguientes circunstancias:

a) Cuando los datos personales del interesado ya no sean necesarios para la consecución de las finalidades para las que fueron recabados o tratados de otra manera.

b) Cuando el interesado proceda a retirar el consentimiento que legitima el tratamiento, de acuerdo con lo dispuesto en el artículo 6.1.a) o en el artículo 9.2.a), ambos del RGPD, y este tratamiento no se ampare en otro fundamento jurídico que pueda llegar a producir el mismo efecto legitimador.

c) Cuando el interesado manifieste su oposición al tratamiento de sus datos personales, de conformidad con el artículo 21.1 RGPD, siempre que no prevalezcan otros motivos legítimos para llevar a cabo el tratamiento, o cuando el interesado se oponga a este tratamiento de acuerdo con el artículo 21.2 RGPD.

d) Cuando los datos personales del interesado hayan sido objeto de un tratamiento ilícito.

e) Cuando los datos personales del interesado deban eliminarse para poder cumplir una determinada obligación legal, contemplada en el Derecho comunitario o en el Derecho interno de los Estados miembros que sea de aplicación al responsable del tratamiento.

f) Cuando los datos personales del interesado hayan sido obtenidos de acuerdo con una oferta de servicios de la sociedad de la información, contemplada en el artículo 8, apartado 1, RGPD.

De lo anterior, podemos afirmar que el derecho de supresión podrá ejercerse ante cualquier responsable del tratamiento, no sólo ante motores de búsqueda, sino ante cualquier prestador de servicios de la sociedad de la información (redes sociales, blogs, plataforma de comercio electrónico, etc.).

En cada una de estas letras correspondientes al artículo 17.1 RGPD, se disponen las circunstancias que habrán de concurrir (al menos una de ellas) para que el responsable del tratamiento tenga que proceder a la supresión de los datos personales que correspondan al interesado, poniendo de relieve, de esta manera, la vinculación especial existente entre el derecho de supresión y el principio de finalidad [letra a) del artículo 17.1 RGPD] y entre el derecho de supresión y el principio del consentimiento [letra b) del artículo 17.1 RGPD].

Asimismo, la protección especial que la nueva normativa comunitaria atribuye a los niños en relación con el tratamiento de los datos personales que les corresponden se haya igualmente contemplada en la letra f) del artículo 17.1 RGPD. En ella, se establece que el responsable del tratamiento tendrá la obligación de suprimir los datos personales del interesado cuando tales datos personales hayan sido obtenidos de acuerdo con una oferta de servicios de la sociedad de la información, contemplados en el artículo 8.1 RGPD, que versa sobre las condiciones de aplicación al consentimiento prestado por menores de edad en relación con servicios de la sociedad de la información.

Por último, conviene subrayar, en relación con el deber del responsable del tratamiento de suprimir los datos personales al amparo del artículo 17.1 RGPD, que este deber, en el supuesto de que el responsable del tratamiento sea un prestador de servicios de la sociedad de la información de intermediación (como los motores de búsqueda), no contraviene lo tradicionalmente dispuesto en la DCE y, transponiéndola, LSSICE, en relación a la exención de responsabilidad de tales prestadores, siempre que estos tengan conocimiento efectivo de la ilicitud del contenido que alojan (normativa que, en la actualidad, se ve complementada con lo establecido en la DSA y en la DMA). La aplicación de esta última normativa se pone de manifiesto tanto en el considerando 21 RGPD, como en el artículo 2.4 RGPD, que regula el ámbito de aplicación material del Reglamento General de Protección de Datos.

El apartado segundo del artículo 17 RGPD (al igual que, con carácter previo, el considerando 66 RGPD) establece otra obligación adicional, como es aquella que tiene el responsable del tratamiento de comunicar a los responsables del tratamiento que, al igual que él, estén tratando los datos personales del interesado, la solicitud de supresión formulada por el interesado. Esta obligación se contempla al disponer que, en el supuesto de que se hayan hecho públicos los datos personales del interesado y el responsable del tratamiento esté obligado a suprimir estos, dicho responsable, teniendo en consideración la tecnología disponible y el coste de su aplicación, deberá adoptar medidas razonables, incluidas medidas técnicas, con el objetivo de informar a los demás responsables del tratamiento que estén también llevando a cabo el tratamiento de los datos personales para que supriman cualquier enlace a tales datos personales o cualquier copia o réplica de estos. Aun cuando no se contempla en el precepto, podríamos interpretar que el empleo de protocolos de exclusión constituye un instrumento adecuado para satisfacer el contenido de este deber.

Finalmente, por lo que respecta a las excepciones o limitaciones del derecho de supresión, una de las manifestaciones fundamentales que ponen de relieve el carácter no absoluto o limitado de este derecho es, precisamente, su sometimiento a las mismas, al igual que la necesidad de ponderar los intereses o derechos en conflicto. Ello se traduce, por tanto, en la existencia de excepciones o limitaciones al derecho de supresión, contempladas dentro del artículo 17.3 RGPD. Este precepto dispone que el derecho de supresión no será de aplicación cuando el tratamiento sea necesario:

a) Para poder ejercitar el derecho a la libertad de expresión e información de un modo válido.

b) Para el cumplimiento de una obligación legal que requiera el tratamiento de datos, impuesta por el Derecho comunitario o el Derecho interno de los países que integran la Unión Europea que se aplique al responsable del tratamiento, o para el cumplimiento de una misión realizada en interés público o en el ejercicio de poderes públicos conferidos al responsable del tratamiento.

c) Por razones de interés público en el ámbito de la salud pública, de conformidad con las letras h) e i) del apartado segundo del artículo 9, y del apartado 3, todos ellos del RGPD.

d) Con la finalidad de archivo en interés público, fines de investigación científica o histórica o fines estadísticos, de acuerdo con el artículo 89.1 RGPD, en la medida en que el derecho de supresión pudiera hacer imposible u obstaculizar gravemente el logro de los objetivos de dicho tratamiento.

e) Para la formulación, el ejercicio o la defensa de reclamaciones.

Tal y como podemos observar con estas cinco excepciones, la regulación actual en materia de protección de datos pone de manifiesto a las claras la necesidad de ponderar los intereses en conflicto que exige el derecho de supresión, ya que este puede entrar en colisión con otros derechos o intereses requeridos, igualmente, de la más amplia protección en una sociedad democrática avanzada como la nuestra. En este sentido, el derecho a la libertad de expresión e información, contemplado en el artículo 17.3.a) RGPD, constituye un derecho fundamental que puede llegar a colisionar con el derecho de supresión, especialmente en el ámbito de los motores de búsqueda en Internet. En relación con la letra b) del artículo 17.3 RGPD, relativo a aquellos casos en que el tratamiento sea necesario para el cumplimiento de una determinada obligación legal, misiones llevadas a cabo en interés público o ejercicio de poderes públicos conferidos al responsable del tratamiento, esta excepción encuentra su razón de ser en que, precisamente, son, todos estos, supuestos de tratamiento lícito de los datos personales al amparo de las letras c) y e) del artículo 6.1 RGPD. Por lo demás, las letras c) y e) del artículo 17.3 RGPD, son excepciones que se encuadrarían dentro de los supuestos que habilitarían el tratamiento de categorías especiales de datos personales: el del artículo 17.3.c) RGPD, por ser necesario para la protección de la salud pública [letras h) e i) del artículo 9.2 RGPD]; el del artículo 17.3.e) RGPD, por su parte, por ser necesario para la formulación, el ejercicio o la defensa de reclamaciones [letra f) del artículo 9.2 RGPD]. Por último, la excepción prevista en la letra d) del artículo 17.3 RGPD encuentra su base en la letra j) del artículo 9.2 del mismo Reglamento.

Sobre esta base, dentro del ordenamiento jurídico español, nace el artículo 15 LOPDGDD, que, de forma muy escueta y un tanto tautológica, se limita a establecer que el derecho de supresión se ejercerá de acuerdo con lo establecido en el artículo 17 RGPD. Bien es cierto, a ello añade que, cuando la supresión derive del ejercicio del derecho de oposición con arreglo al artículo 21.2 RGPD, el responsable del tratamiento podrá conservar los datos identificativos del afectado necesarios con el fin de impedir tratamientos futuros para fines de mercadotecnia directa.

Junto a este precepto, y como consecuencia del resultado positivo de una solicitud de derecho de supresión, el artículo 32 LOPDGDD dispone la obligación del responsable del tratamiento de bloquear los datos cuando se proceda a su supresión (o, añade, rectificación). Seguidamente, este artículo define el bloqueo de los datos personales, indicando que este consiste en la identificación y reserva de los mismos, adoptando medidas técnicas y organizativas para impedir su tratamiento, incluyendo su visualización, excepto para la puesta a disposición de los datos a los jueces y tribunales, el Ministerio Fiscal o las Administraciones Públicas competentes, en particular de las autoridades de protección de datos, para la exigencia de posibles responsabilidades derivadas del tratamiento y sólo por el plazo de prescripción de las mismas. En consecuencia, advierto, los datos bloqueados no podrán ser tratados para ninguna finalidad distinta de la señalada en el apartado anterior, debiendo procederse a su destrucción una vez transcurrido ese plazo.

Ahora bien, prosigue este último precepto en su apartado cuarto, cuando, para el cumplimiento de esta obligación, la configuración del sistema de información no permita el bloqueo o se requiera una adaptación que implique un esfuerzo desproporcionado, se procederá a un copiado seguro de la información, de modo que conste evidencia digital, o de otra naturaleza, que permita acreditar la autenticidad de la misma, la fecha del bloqueo y la no manipulación de los datos durante el mismo.

Por último, el artículo 32 concluye dando la posibilidad a la AEPD y a las autoridades autonómicas de protección de datos, dentro del ámbito de sus respectivas competencias, para fijar excepciones a la obligación de bloqueo establecida en los apartados anteriores, siempre que, atendiendo a la naturaleza de los datos o al hecho de que se refieran a un número particularmente elevado de afectados, su mera conservación, incluso bloqueados, pudiera generar un riesgo elevado para los derechos de los afectados, así como en aquellos casos en los que la conservación de los datos bloqueados pudiera implicar un coste desproporcionado para el responsable del tratamiento.

Por su parte, y referido únicamente al derecho de olvido como modalidad concreta del derecho de supresión, más concretamente al derecho de olvido en búsquedas en Internet, el artículo 93 LOPDGDD reconoce a toda persona el derecho a que los motores de búsqueda en Internet eliminen de las listas de resultados, que se obtuvieran tras una búsqueda efectuada a partir de su nombre, los enlaces publicados que contuvieran información relativa a esa persona cuando fuesen inadecuados, inexactos, no pertinentes, no actualizados o excesivos o hubieren devenido como tales por el transcurso del tiempo, teniendo en cuenta los fines para los que se recogieron o trataron, el tiempo transcurrido y la naturaleza e interés público de la información. Del mismo modo tendrá que procederse cuando las circunstancias personales que, en su caso, invocase el afectado evidenciasen la prevalencia de sus derechos sobre el mantenimiento de los enlaces por el servicio de búsqueda en Internet en cuestión. Este derecho subsistirá aun cuando fuera lícita la conservación de la información publicada en el sitio web al que se dirigiera el enlace y no se procediese por la misma a su borrado previo o simultáneo. Además, no impedirá el acceso a la información publicada en el sitio web a través de la utilización de otros criterios de búsqueda distintos del nombre de quien ejercitara el derecho.

De la misma manera procede, para concluir, el artículo 94 LOPDGDD, esta vez para regular el derecho al olvido en servicios de redes sociales y servicios equivalentes. En él, se reconoce también el derecho de toda persona a que sean suprimidos, a su simple solicitud, los datos personales que hubiese facilitado para su publicación por servicios de redes sociales y servicios de la sociedad de la información equivalentes.

Junto al anterior, estas personas también tendrán derecho a que sean suprimidos los datos personales que les conciernan y que hubiesen sido facilitados por terceros para su publicación por los servicios de redes sociales y servicios de la sociedad de la información equivalentes cuando fuesen inadecuados, inexactos, no pertinentes, no actualizados o excesivos o hubieren devenido como tales por el mero transcurso del tiempo, teniendo en cuenta los fines para los que se recogieron o trataron, el tiempo transcurrido y la naturaleza e interés público de la información. De igual modo deberá llevarse a cabo la supresión de dichos datos cuando las circunstancias personales que, en su caso, invoque el interesado pongan de manifiesto la prevalencia de sus derechos sobre el mantenimiento de los datos por el servicio, exceptuándose los datos que hubiesen sido facilitados por personas físicas en el ejercicio de actividades personales o domésticas. En el supuesto de que el derecho se ejercite por un interesado respecto de datos que hubiesen sido facilitados al servicio, por él o por terceros, durante su minoría de edad, el prestador deberá proceder sin dilación a su supresión por su simple solicitud, sin necesidad de que concurran las circunstancias antes mencionadas.

3. Oposición

El derecho de oposición se encuentra recogido y regulado en los artículos 21 RGPD y 18 LOPDGDD. Consiste en el derecho del interesado a oponerse, cuando lo estime conveniente y siempre y cuando alegue motivos que estén relacionados con su situación individual, a que los datos personales que le conciernen puedan llegar a ser objeto de [letras e) y f) del artículo 6.1 RGPD]:

a) un tratamiento necesario para poder cumplir con una misión llevada cabo en interés de naturaleza pública o en el desempeño de poderes públicos atribuidos al responsable del tratamiento, o

b) un tratamiento necesario para poder satisfacer intereses legítimos perseguidos por parte del responsable del tratamiento o por parte de un tercero.

De ser así, el responsable del tratamiento dejará de llevar a cabo el tratamiento de los datos personales del interesado, excepto: de un lado, en aquellos supuestos en que acredite motivos legítimos imperiosos para continuar con el tratamiento que puedan llegar a prevalecer sobre los intereses, derechos y libertades del interesado, o, de otro, para la formulación, el ejercicio o la defensa de reclamaciones, lo que pone de manifiesto que tampoco el derecho de oposición es un derecho de carácter absoluto.

De igual modo, en relación con los datos personales tratados con finalidades de investigación de carácter científico, histórico o estadístico, el interesado podrá interponer el derecho de oposición, siempre y cuando el tratamiento no sea necesario para satisfacer una misión realizada en interés público.

En línea con lo anterior, el considerando 69 RGPD establece que, en determinados supuestos en los que los datos personales puedan llegar a ser objeto de tratamiento lícito porque este sea necesario para cumplir con una misión realizada en interés público en el ejercicio de poderes públicos conferidos al responsable del tratamiento o por motivos de intereses legítimos del responsable o de un tercero, el interesado deberá, aun así, gozar del derecho a oponerse al tratamiento de cualquier dato personal relativo a su situación particular. Deberá ser, por tanto, el responsable del tratamiento quien demuestre que los intereses legítimos imperiosos que alega gozan de preminencia en relación con los derechos y libertades fundamentales del interesado.

Por otra parte, atendiendo a la elaboración de perfiles, el considerando siguiente (en línea con los apartados segundo y tercero del artículo 21 RGPD) pone de relieve que, si los datos personales son objeto de tratamiento para la consecución de finalidades de mercadotecnia directa, el interesado habrá de tener derecho de oposición en relación con dicho tratamiento, incluyendo aquí la elaboración de perfiles, en la medida en que esté relacionada con esta mercadotecnia directa, bien en relación a un tratamiento original o posterior, y esto en el momento que sea y de forma gratuita.

Por lo demás, este derecho habrá de ser comunicado de forma explícita al interesado y tendrá que ser presentado de forma clara y por separado con respecto a cualquier otra información.

Finalmente, la nueva normativa en materia de protección de datos personales establece de un modo específico que, en el marco de la utilización de servicios de la sociedad de la información, el interesado tendrá derecho de oposición por medios automatizados a la aplicación de especificaciones de carácter técnico, con independencia de los derechos que le corresponden al amparo de la DPCE, modificada por la Directiva 2009/136/CE del Parlamento Europeo y del Consejo de 25 de noviembre de 2009 por la que se modifican la Directiva 2002/22/CE relativa al servicio universal y los derechos de los usuarios en relación con las redes y los servicios de comunicaciones electrónicas, la Directiva 2002/58/CE relativa al tratamiento de los datos personales y a la protección de la intimidad en el sector de las comunicaciones electrónicas y el Reglamento (CE) nº 2006/2004 sobre la cooperación en materia de protección de los consumidores (DOUE L 337/11, de 18 de diciembre de 2009), relativa, entre otras cuestiones, al marco normativo de las *cookies* o dispositivos de almacenamiento y recuperación de datos personales.

Completando el artículo 21 RGPD aparece, con carácter posterior, el artículo 18 LOPDGDD, que dispone, simplemente, que el derecho de oposición se ejercerá de acuerdo con lo establecido en el artículo 21 RGPD.

Un punto importante sobre el que conviene centrar la atención es el relativo a las actividades de mercadotecnia y a la relación que las mismas presentan con el derecho de oposición en el ámbito propio de la protección de los datos personales. Aunque existen multitud de definiciones de marketing (o mercadotecnia), utilizaremos aquella que proporciona la Real Academia Española, que define esta actividad como el "conjunto de principios y prácticas que buscan el aumento del comercio, especialmente de la demanda". Por otro lado, la industria publicitaria americana, a través de la *American Marketing Association*, ha definido marketing como "la actividad, conjunto de instituciones y procesos para crear, comunicar, entregar, e intercambiar ofertas que tienen valor para los clientes, los socios y la sociedad en general". Hoy en día, con el entorno digital, el marketing se puede llevar a cabo por multitud de vías y estrategias. No obstante, a los efectos de este estudio, analizaremos el marketing desde el punto de vista de promocional a través de la recogida de datos para comunicaciones de naturaleza comercial. Por la importancia del tratamiento de datos para fines de marketing, la LOPDGDD dedica el artículo 23 (sistemas de exclusión publicitaria, los coloquialmente conocidos como "listas Robinson") a regular dicha actividad.

Respecto a la gestión de los derechos, en cuanto a la obligación de informar sobre el responsable, puede darse la situación en la que existan distintas partes implicadas en el tratamiento de datos con fines publicitarios. En concreto, en el caso en el que una campaña sea llevada a cabo por un tercero, que implementa, de facto, el tratamiento, surge la duda sobre si el obligado a aportar la información es la empresa beneficiaria de la publicidad (aquella que encarga la campaña y cuya comunicación llega al interesado, siendo, por tanto, el responsable del tratamiento) o la empresa que ha recabado los datos e implementa el tratamiento (que actuaría en condición de encargado del tratamiento).

Pues bien, en estos casos, puede suceder que la empresa beneficiaria no disponga materialmente de los datos, disponiendo de ellos únicamente la empresa que gestiona la campaña y que se dirige al afectado. De ser así, si el encargado del tratamiento recibiera una solicitud de ejercicio de derechos, deberá remitirla al responsable del tratamiento y colaborar con este en la gestión y tramitación de la solicitud; así lo dispone el artículo 28.3.e) RGPD cuando establece como obligación del encargado del tratamiento la siguiente:

> «Asistir al responsable, teniendo cuenta la naturaleza del tratamiento, a través de medidas técnicas y organizativas apropiadas, siempre que sea posible, para que este pueda cumplir con su obligación de responder a las solicitudes que tengan por objeto el ejercicio de los derechos de los interesados establecidos en el capítulo III».

Por último, respecto a la información, el Reglamento General de Protección de Datos establece que esta debe llevarse a cabo por un medio que permita acreditar su cumplimiento, conservándose mientras persista el tratamiento.

Por lo demás, y para concluir, para el envío de comunicaciones comerciales deberá tenerse en cuenta el medio por el que va a llevarse a cabo la publicidad, en tanto que, por lo que respecta a la realizada mediante comunicaciones electrónicas, resulta de aplicación lo dispuesto en la LSSICE, que exige el consentimiento expreso. En concreto, el artículo 19 LSSICE (cuyo contenido aún alude a la LOPD y al RDLOPD, que ha de entenderse reemplazada automáticamente por el RGPD y la LOPDGDD —y, de manera residual, al RDLOPD—) dispone que:

> «1. Las comunicaciones comerciales y las ofertas promocionales se regirán, además de por la presente Ley, por su normativa propia y la vigente en materia comercial y de publicidad.
> 2. En todo caso, será de aplicación la Ley Orgánica 15/1999, de 13 de diciembre, de Protección de Datos de Carácter Personal, y su normativa de desarrollo, en especial, en lo que se refiere a la obtención de datos personales, la información a los interesados y la creación y mantenimiento de ficheros de datos personales».

A lo que se añade el contenido del artículo 21 LSSICE, que, regulando los supuestos de prohibición de comunicaciones comerciales realizadas a través de correo electrónico o medios de comunicación electrónica equivalentes, establece lo siguiente:

> «1. Queda prohibido el envío de comunicaciones publicitarias o promocionales por correo electrónico u otro medio de comunicación electrónica equivalente que previamente no hubieran sido solicitadas o expresamente autorizadas por los destinatarios de las mismas.
> 2. Lo dispuesto en el apartado anterior no será de aplicación cuando exista una relación contractual previa, siempre que el prestador hubiera obtenido de forma lícita los datos de contacto del destinatario y los empleara para el envío de comunicaciones comerciales referen-

> tes a productos o servicios de su propia empresa que sean similares a los que inicialmente fueron objeto de contratación con el cliente.
> En todo caso, el prestador deberá ofrecer al destinatario la posibilidad de oponerse al tratamiento de sus datos con fines promocionales mediante un procedimiento sencillo y gratuito, tanto en el momento de recogida de los datos como en cada una de las comunicaciones comerciales que le dirija.
> Cuando las comunicaciones hubieran sido remitidas por correo electrónico, dicho medio deberá consistir necesariamente en la inclusión de una dirección de correo electrónico u otra dirección electrónica válida donde pueda ejercitarse este derecho, quedando prohibido el envío de comunicaciones que no incluyan dicha dirección».

La segunda habilitación para tratar los datos con fines de publicidad y prospección comercial es solicitar el consentimiento del titular de los datos. Al respecto, es importante hacer referencia al cambio de perspectiva que se ha producido en materia de consentimiento como base jurídica con la aplicación del Reglamento General de Protección de Datos. En este sentido, el RGPD reconoce dos tipos de consentimiento: para datos básicos u ordinarios y para categorías especiales de datos, que requiere que el consentimiento sea expreso, el cual requiere de una acción clara y afirmativa, como, por ejemplo, clicar una casilla. El consentimiento debe darse para todas las actividades de tratamiento realizadas con el mismo o los mismos fines. Cuando el tratamiento tenga varios fines, debe darse el consentimiento para todos ellos. Si el consentimiento del interesado se ha de dar a raíz de una solicitud por medios electrónicos, la solicitud ha de ser clara, concisa y no perturbar innecesariamente el uso del servicio para el que se presta.

En lo que aquí interesa, para que este consentimiento sea válido (teniendo en cuenta el artículo 11 LOPDGDD y el artículo 45 RDLOPD), este ha de estar referido a finalidades determinadas, explícitas y legitimas relacionadas con la actividad de publicidad o prospección comercial. Por otro lado, en el supuesto de que la empresa que recoja los datos los vaya a comercializar, la normativa establece, además, que se ha de informar a los interesados sobre los sectores específicos y concretos de actividad respecto de los que podrá recibir información o publicidad.

4. Decisiones individuales automatizadas

Tenemos que hacer alusión también al derecho, contemplado en los artículos 22 RGPD y 18 LOPDGDD, a no ser objeto de una decisión basada exclusivamente en el tratamiento automatizado de los datos personales del interesado, incluida la elaboración de perfiles, que produzca determinados efectos jurídicos en el interesado o le repercuta de un modo significativo de manera similar. Al respecto, el considerando 63 RGPD destaca el derecho que tiene toda persona física titular de los datos personales a conocer, de un lado, y a que le sea comunicada, de otro, la lógica que, de un modo implícito, conlleva el tratamiento automatizado de datos personales y, por lo menos cuando se base en la elaboración de perfiles, las consecuencias de dicho tratamiento.

En este punto, resulta relevante aludir a la definición que el Reglamento General de Protección de Datos establece en relación con la elaboración de perfiles, que se concreta, como sabemos, en toda forma de tratamiento automatizado de datos personales consistente en utilizarlos para evaluar determinados aspectos personales de una persona física, en particular para analizar o predecir aspectos relativos al rendimiento profesional, situación económica, salud, preferencias personales, intereses, fiabilidad, comportamiento, ubicación o movimientos [artículo 4.4) RGPD]. Por su parte, el considerando 71 RGPD, de modo similar al apartado primero del artículo 22 del Reglamento, establece que el interesado tendrá derecho a no ser objeto de una decisión que conllevé la evaluación de aspectos personales que le conciernan y que se ampare de modo exclusivo en el tratamiento de forma automatizada, produciendo efectos jurídicos en dicho interesado o afectándole de un modo significativo de una forma semejante; en este punto se encontraría, verbigracia, la denegación automática de una solicitud de crédito en línea o los servicios de contratación en los que no intervenga el ser humano.

Pese a ello, esta previsión de en qué consiste el derecho del interesado a no ser objeto de decisiones individuales automatizadas no tiene carácter absoluto, ya que, en determinados supuestos y al amparo de concretas circunstancias, tales decisiones automatizadas habrán de ser permitidas. Más concretamente, el artículo 22.2 RGPD establece que no será de aplicación la previsión establecida en líneas anteriores cuando la decisión:

a) Sea necesaria para poder celebrar o ejecutar un contrato entre el interesado, de una parte, y el responsable del tratamiento, de otra.

b) Esté autorizada por el Derecho comunitario o por el Derecho de los Estados miembros que resulte de aplicación al responsable del tratamiento y que interponga determinadas medidas que sean adecuadas para poder salvaguardar y proteger los derechos, libertades e intereses legítimos que corresponden al interesado.

c) Se base en el consentimiento explícito por parte del interesado.

Las decisiones a que se refieren las letras anteriores no podrán afectar a categorías especiales de datos personales, salvo que se aplique el artículo 9, apartado 2, letra a) o g), y se hayan tomado medidas adecuadas para salvaguardar los derechos y libertades y los intereses legítimos del interesado.

Además, cuando concurra el supuesto contemplado en la letra a) o la circunstancia descrita en la letra c) anteriores, el responsable del tratamiento deberá adoptar determinadas medidas que resulten convenientes para proteger los derechos, libertades e intereses legítimos que corresponden al interesado, especialmente el derecho con el que cuenta para conseguir la intervención humana por parte del responsable del tratamiento, así como a manifestar su opinión y el derecho a impugnar la decisión individual automatizada.

No obstante lo anterior, en aquellos casos en los que los datos personales del interesado sean objeto de tratamiento para el cumplimiento y satisfacción de determinadas finalidades y de investigación de carácter científico, histórico o estadístico, de acuerdo a lo dispuesto en el apartado primero del artículo 89 RGPD, el interesado podrá ejercitar, siempre y cuando concurran aspectos relacionados con su situación personal, su derecho de oposición a que se traten datos personales que le atañen, excepto cuando dicho tratamiento sea imprescindible para la satisfacción de una misión llevada a cabo atendiendo a razones de interés público por parte del responsable del tratamiento.

Por último, el artículo 18 LOPDGDD dispone, simplemente, que los derechos relacionados con las decisiones individuales automatizadas, incluida la realización de perfiles, se ejercerán de acuerdo con lo establecido en el artículo 22 RGPD.

5. Portabilidad

El considerando 68 RGPD justifica la razón de ser del derecho a la portabilidad de los datos personales, cuya finalidad reside en proteger, más todavía, los poderes de disposición del interesado sobre sus propios datos personales. Ello constituye la pieza fundamental de este nuevo derecho, contemplado en el artículo 20 RGPD, que contempla una doble dimensión para el titular de los datos:

a) El derecho a obtener sus datos personales en un formato estructurado, de uso común, de lectura mecánica.

b) El derecho a transmitir estos datos personales a otro responsable del tratamiento sin que el responsable del tratamiento anterior al que se los hubiera transferido inicialmente pueda impedirlo, facultad, esta, a la que se suma aquella otra consistente en poder exigir que sea el responsable del tratamiento originario quien, de forma directa, transmita dichos datos personales al nuevo responsable del tratamiento, siempre que sea técnicamente factible.

Por su parte, los dos condicionamientos a este derecho son igualmente dos:

b) Que el tratamiento de los datos personales se realice por medios automatizados. Como sabemos, la normativa actual en materia de protección de datos personales incluye, dentro de su ámbito de aplicación material, los tratamientos de datos personales realizados de forma total o parcialmente automatizada, así como los tratamientos realizados de forma no automatizada. No obstante, al establecerse el derecho a la portabilidad de los datos como un derecho consistente en recibir los datos personales del interesado en formato estructurado, de uso común y lectura mecánica, fácilmente puede deducirse que el contenido de este derecho se extenderá, únicamente, a aquellos supuestos en los que el tratamiento se realice de forma automatizada. De este modo, aun cuando, a día de hoy, no existe una definición de aquello que debemos entender por tratamiento automatizado (si bien parece evidente la equiparación de este término con el de "informatizado"), actualmente, podemos concluir, *ex* artículo 20 RGPD, que el tratamiento habrá de considerarse automatizado en aquellos casos en los que los procedimientos automatizados a que alude la definición de tratamiento, al amparo del artículo 2.4) RGPD, comporten el empleo de formatos estructurados, de uso común y lectura mecánica.

c) Que el tratamiento esté basado en el consentimiento del interesado [artículos 6.1.a) RGPD] o en un contrato [artículo 6.1.b) RGPD]. Así las cosas, el derecho a la portabilidad de los datos no podrá llevarse a cabo cuando concurra cualquier otra circunstancia que haga lícito el tratamiento de los datos personales del interesado. Más concretamente, el considerando 68 del Reglamento General de Protección de Datos dispone que no podrá ejercitarse este derecho frente a responsables del tratamiento que lleven a cabo dicho tratamiento en cumplimiento de obligaciones de carácter legal o realizadas en interés público o por responsables del tratamiento en el ejercicio de sus funciones públicas; de igual modo, no sería posible el ejercicio de este derecho en aquellos supuestos de tratamiento de datos personales del interesado amparados en la existencia de un interés legítimo, perseguido por el responsable del tratamiento o por un tercero, de tratamiento necesario para proteger intereses vitales del interesado o de otra persona física, etc. Además, dicho considerando también establece la recomendación de que los responsables del tratamiento lleven a cabo una colaboración conjunta y proactiva, de modo que los formatos en que se transfieran los datos personales sean interoperables, sin que la creación de esos formatos se establezca como una obligación, sino, se insiste, como una recomendación. Se anticipa, pues, que los derechos correspondientes a terceros no habrán de verse afectados por el ejercicio del derecho a la portabilidad de los datos por parte del interesado, al igual que sucede con el derecho de supresión, que tampoco podrá verse conculcado.

Por lo demás, el ejercicio de este derecho, prevé el artículo 20.3 RGPD, se entenderá sin perjuicio del derecho de supresión; tal derecho no se aplicará al tratamiento que sea necesario para el cumplimiento de una misión realizada en interés público o en el ejercicio de poderes públicos conferidos al responsable del tratamiento. En este sentido, se entiende que el legislador persigue recordar que ambos derechos son independientes y autónomos, de forma que el interesado tendrá que ejercitarlos, en su caso, de forma separada; así, con independencia de que el interesado solicite la supresión de los datos personales, estos datos se podrán seguir tratando en el marco de la ejecución del contrato.

Asimismo, como anunciábamos, se advierte que el derecho a la portabilidad de los datos no afectará negativamente a los derechos y libertades de otros. En otras palabras, en aquellos supuestos en que los datos personales afecten a más de un interesado, el derecho a obtener los datos personales deberá entenderse sin perjuicio del respeto de los derechos y libertades de terceros.

Por lo demás, concurren múltiples situaciones en las que un responsable del tratamiento puede llegar a tratar datos personales que no ha obtenido y recabado de forma directa del interesado. Pues bien, el derecho a la portabilidad de los datos sólo podrá ejercitarse de manera eficaz en aquellas circunstancias en las que el afectado haya proporcionado directamente tales datos al responsable del tratamiento.

Seguidamente, hemos de analizar el alcance y el contenido de cada una de estas facultades atribuidas al interesado:

a) Entrega de los datos personales en un formato estructurado, de uso común y lectura mecánica:

Las exigencias técnicas dispuestas en el Reglamento General de Protección de Datos no parecen ser muy específicas, antes al contrario. Quizás, la finalidad perseguida por el legislador con esta redacción ha sido la de otorgar libertad a los responsables del tratamiento y no establecer una forma precisa que haya de ser satisfecha para ejercitar el derecho a la portabilidad de los datos conforme a exigencias más concretas, en línea con el principio de neutralidad tecnológica, tan propio de toda manifestación jurídica en un entorno puramente digital, donde los cambios acontecen a una velocidad ciertamente vertiginosa. Estamos, por tanto, en presencia de una obligación de mínimos.

En concreto, se establece la obligación de que los datos personales que conciernen al interesado sean transferidos en un formato estructurado, sin detallar qué se entiende por tal. Posiblemente, está aludiendo a datos personales incorporados en los ficheros de carácter automatizado, en línea con lo dispuesto por el artículo 4.6) RGPD. En cualquier caso, entendemos que la verdadera finalidad perseguida por esta exigencia reside en conseguir que los datos personales sean ordenados de una forma estructurada y lógica, más allá del criterio que al final se emplee, de suerte que el interesado (y, en su caso, el responsable del tratamiento final al que se transfieran los datos personales) pueda, de un modo sencillo, proceder a la identificación y comprensión de los datos personales que están siendo tratados por el responsable del tratamiento inicial, una vez estos les sean entregados.

Si atendemos al texto del artículo 20 RGPD, podemos deducir que la única exigencia establecida en materia de interoperabilidad es que los datos personales sean recibidos en un formato de uso común, exigencia que no parece en exceso rigurosa, ya que el hecho de que un formato sea común no conlleva que, de modo necesario, sea el más adecuado o el más eficiente.

Por otro lado, si consideramos que el derecho a la portabilidad de los datos no debe conllevar la obligación del responsable del tratamiento de adoptar sistemas técnicamente compatibles (con independencia de la definición que se proporcione de sistemas técnicamente compatibles), el deber de entregar los datos personales en un formato común quedaría en entredicho, habida cuenta de la no obligación de empleo antes referida. En la misma línea, nada se especifica en torno a si, en el supuesto de responsables del tratamiento que empleen múltiples sistemas diversos para tratar los datos personales, tal como suele suceder, tendrán la obligación de transformar los datos personales de un sistema a otro (este sería el caso, por ejemplo, en el que tenemos un sistema propio de gestión de clientes desarrollado a medida, pero utilizamos un sistema común de plataforma de correo electrónico).

b) Recepción o transmisión de los datos personales del responsable del tratamiento inicial al responsable del tratamiento posterior:

El titular de los datos personales cuenta con la facultad de poder recibir los datos personales que le conciernen y, en un momento posterior, transferirlos a otro responsable del tratamiento, además de solicitar, *ex* artículo 20.2 RGPD, que sea el responsable del tratamiento inicial quien realice la transmisión de los datos al nuevo responsable del tratamiento. Así como el derecho a recibir los datos personales por el interesado no cuenta con limitación alguna (de modo que la entrega de datos personales al interesado habrá de producirse aun cuando no sea técnicamente factible), este último, únicamente, sería obligatorio en aquellos casos en que sea técnicamente factible.

Son múltiples los supuestos que pueden motivar que esta transferencia de los datos personales no sea técnicamente posible (por ejemplo, problemas de los equipos, de la red, etc.). Así las cosas, lo ideal sería que los responsables del tratamiento contaran con un conocimiento más exacto de aquellos casos en los que deben, obligatoriamente, transferir los datos personales, así como el modo de hacerlo.

La obligación de trasvase de los datos personales, ya sea del responsable del tratamiento inicial al interesado o del responsable del tratamiento inicial al responsable del tratamiento posterior, no podrá llevarse a cabo al margen de las obligaciones que establece la normativa sobre protección de datos personales en relación con la seguridad de los mismos, de modo que la transmisión tendrá que asegurar que los datos personales no sean objeto de destrucción, alteración o acceso no autorizado.

En cuanto a las restricciones al derecho a la portabilidad de los datos, estas se contienen en el artículo 23 y en el considerando 73, ambos del RGPD. Como sucede con cualquier otro, este nuevo derecho a la portabilidad de los datos no tiene carácter absoluto e ilimitado. Tanto es así que el mencionado considerando atribuye al Derecho comunitario o al Derecho interno de los Estados miembros la facultad de establecer limitaciones (amparadas en criterios de necesidad y de proporcionalidad) a este derecho, siempre que sean adecuadas con lo establecido en la CDFUE y en el CEDH. Tales restricciones son contempladas y desarrolladas en el artículo 23 RGPD, precepto en el que se adicionan concretas disposiciones que han de recoger las medidas legislativas adoptadas por los países comunitarios con el fin de limitar el alcance del derecho a la portabilidad de los datos.

Por lo que respecta, por otro lado, a las especificaciones y excepciones al derecho a la portabilidad de los datos, estas encuentran amparo en el artículo 89 RGPD, así como en el considerando 156 del mismo Reglamento, que disponen que la normativa nacional o comunitaria podrá contemplar excepciones a determinados derechos (donde se incluye el derecho a la portabilidad de los datos), sometidas a determinadas condiciones y garantías previstas en el apartado primero de dicho precepto, siempre y cuando estos derechos puedan llegar a dificultar o suponer un obstáculo a la consecución de las finalidades de carácter científico y cuando estas excepciones sean imprescindibles para la consecución de los mencionados fines.

En cuanto al procedimiento a seguir para ejercitar adecuadamente el derecho a la portabilidad de los datos, la normativa comunitaria vigente sobre protección de datos personales no prevé un proceso concreto. No obstante, el artículo 12 RGPD contempla, de modo genérico, los modos de ejercicio de todos los derechos que corresponden a titulares de los datos personales.

El modo en el que se habrán de remitir las comunicaciones relacionadas con la solicitud de estos derechos habrá de satisfacer determinadas exigencias en materia de redacción y lenguaje para poder hacer más sencilla su comprensión por parte del interesado. En el supuesto específico del derecho a la portabilidad de los datos, es evidente que la información que se tendrá que proporcionar al titular de los datos personales o a otro responsable del tratamiento habrá de ser enviada por escrito. El Reglamento General de Protección de Datos no concreta que se haya de emplear un formato específico, si bien dispone que, en aquellos casos en que sea factible, la información se enviará de manera electrónica, siempre y cuando el ejercicio del derecho se hubiera solicitado por este mismo medio, excepto que se pida que se proporcione de otra manera, teniendo en consideración que el contenido de la información habrá de satisfacer las exigencias, ya contempladas, de formato estructurado, uso común y lectura mecánica.

El plazo legalmente establecido para atender la solicitud de derechos o proporcionar información sobre estos deberá ser, como sucede con el resto de los derechos que actualmente corresponden al interesado, de un mes, a contar desde el momento en el que se reciba la solicitud, si bien este plazo podrá prorrogarse cuando concurran determinadas circunstancias (no especificándose cuáles), por lo que tendrán carácter abierto y sujeto a interpretación.

Por lo demás, el ejercicio del derecho a la portabilidad de los datos será gratuito, excepto en aquellos casos en los que la solicitud por el interesado sea manifiestamente infundada y excesiva.

Aun cuando el texto del Reglamento no establece el contenido específico que ha de tener la solicitud del derecho a la portabilidad de los datos, dada la propia naturaleza de este derecho, las solicitudes que se presenten por los interesados habrán de especificar, como parece lógico, los datos personales concretos a que aluden, especialmente si se solicita que se transfieran del responsable del tratamiento inicial al responsable de tratamiento ulterior. En este último supuesto, el interesado tendrá que suministrar información en relación con el responsable del tratamiento al que se tendrán que transferir los datos, de tal modo que el receptor de la solicitud (responsable del tratamiento inicial) pueda contactar con este; esto plantea, de modo inevitable, dudas en materia de legitimación del tratamiento, toda vez que obligan al responsable del tratamiento inicial a encontrar una base jurídica de las previstas en el artículo 6 RGPD para poder llevar a cabo el tratamiento de los datos personales del responsable del tratamiento final, si es que este es una persona física, ya que, de lo contrario, no será de aplicación la normativa en materia de protección de datos personales.

Por lo demás, al amparo de esta previsión general contemplada en el artículo 20 RGPD surge, en nuestro país, el artículo 17 LOPDGDD, que se limita, únicamente, a afirmar lo que ya sabemos, como es que el derecho a la portabilidad se ejercerá de acuerdo con lo establecido en el precitado precepto comunitario.

No obstante, el artículo 95 LOPDGDD sí que introduce novedades más específicas, al regular el derecho a la portabilidad de los datos en servicios de redes sociales y servicios equivalentes. En concreto, este artículo dispone que los usuarios de servicios de redes sociales y servicios de la sociedad de la información equivalentes tendrán derecho a recibir y transmitir los contenidos que hubieran facilitado a los prestadores de dichos servicios, así como a que los prestadores los transmitan directamente a otro prestador designado por el usuario, siempre que sea técnicamente posible. No obstante, añade, los prestadores podrán conservar, sin difundirla a través de Internet, copia de los contenidos cuando dicha conservación sea necesaria para el cumplimiento de una obligación legal.

6. Limitación del tratamiento

De acuerdo con el apartado 3) del artículo 4 RGPD, se entenderá por limitación del tratamiento el marcado de los datos de carácter personal conservados con el fin de limitar su tratamiento en el futuro. Por su parte, el artículo 18 RGPD contempla el derecho a la limitación del tratamiento en el supuesto de que se cumplan determinadas condiciones, que pasamos a enumerar:

d) Que el interesado proceda a impugnar los datos personales que, a su juicio, son inexactos, manteniéndose la limitación del tratamiento de los datos personales del interesado como medida provisional durante el período de tiempo que haga posible al responsable del tratamiento comprobar la exactitud de dichos datos personales.

e) Que el tratamiento de los datos personales no sea lícito y el interesado muestre su disconformidad con la supresión de los datos personales que le corresponden, optando, en cambio, por limitar su tratamiento.

f) Que el responsable del tratamiento advierta que, en ese momento, ya no precisa los datos personales en cuestión para el cumplimiento de las finalidades perseguidas con el tratamiento, si bien el interesado sí los necesita para la formulación, el ejercicio o la defensa de reclamaciones.

g) Que el interesado haya ejercitado su derecho de oposición, de conformidad con el artículo 21.1 RGPD, en tanto se comprueba sí, efectivamente, prevalecen los motivos legítimos argumentados por el responsable del tratamiento sobre aquellos alegados por el titular de los datos.

Con independencia de cuál sea la condición o circunstancia de las expuestas anteriormente que concurra en el caso concreto, una vez limitado el tratamiento de los datos personales, estos sólo podrán ser tratados, sin tener en cuenta su conservación:

a) Cuando concurra el consentimiento del interesado.

b) Cuando dicho tratamiento sea imprescindible para la formulación, el ejercicio o la defensa de reclamaciones.

c) Con el fin de proteger los derechos que corresponden a otra persona, ya sea física o jurídica.

d) Por razones de interés público notable de la Unión Europea o de un determinado país integrado en este territorio.

De igual modo, existirá la obligación del responsable del tratamiento de informar al interesado que haya obtenido la limitación del tratamiento antes de que, en su caso, se produzca el levantamiento de esta limitación.

Cabe poner de manifiesto que, pese a que la última versión aprobada del Reglamento General de Protección de Datos incluye el derecho a la limitación del tratamiento en un precepto concreto e independiente del resto, con anterioridad, a largo de la tramitación de la, por entonces, Propuesta de Reglamento de la Comisión Europea, de enero de 2012, el derecho a la limitación del tratamiento se contemplaba juntamente con el derecho a la supresión o derecho al olvido dentro del artículo 17 RGPD.

Por lo demás, el considerando 67 RGPD alude a los medios a través de los cuales el responsable del tratamiento podrá limitar el tratamiento de los datos personales del interesado, de entre los que se incluyen aquellos consistentes en: trasladar de un modo temporal los datos personales seleccionados o marcados a otro sistema de tratamiento, impedir el acceso de los usuarios a los datos personales seleccionados o apartar transitoriamente los datos personales publicados en un sitio web.

En el caso de tratamientos automatizados de datos personales, la limitación del tratamiento habrá de llevarse a cabo, en principio, de un modo técnico, de suerte que, sobre los datos personales, no puedan realizarse operaciones de tratamiento posteriores ni se puedan llegar a experimentar modificaciones. En cualquier caso, la limitación del tratamiento de los datos personales habrá de quedar debidamente indicada en el sistema.

Por último, al amparo de la previsión contenida en el artículo 18 RGPD, nace el artículo 16 LOPDGDD, ciertamente escueto, que dispone lo siguiente:

> «1. El derecho a la limitación del tratamiento se ejercerá de acuerdo con lo establecido en el artículo 18 del Reglamento (UE) 2016/679.
> 2. El hecho de que el tratamiento de los datos personales esté limitado debe constar claramente en los sistemas de información del responsable».

7. *Excepciones a los derechos*

Tomando como base y referencia el artículo 23 RGPD, el Derecho de la Unión o de los Estados miembros que se aplique al responsable del tratamiento o al encargado del tratamiento podrá limitar, por medio de la aplicación de determinadas medidas legislativas, el alcance de las obligaciones y de los derechos que corresponden al interesado, establecidos en los artículos 12 a 22 y el artículo 34, así como en el artículo 5, todos ellos del Reglamento General de Protección de Datos. Y ello, siempre que sus disposiciones se correspondan con los derechos y obligaciones recogidos en los artículos 12 a 22 RGPD, cuando tal limitación respete en lo esencial los derechos y libertades fundamentales y sea una medida necesaria y proporcionada en una sociedad democrática para salvaguardar:

a) la seguridad del Estado;

b) la defensa;

c) la seguridad pública;

d) la prevención, investigación, detección o enjuiciamiento de infracciones penales o la ejecución de sanciones penales, incluida la protección frente a amenazas a la seguridad pública y su prevención;

e) otros objetivos importantes de interés público general de la Unión o de un Estado miembro, en particular un interés económico o financiero importante de la Unión o de un Estado miembro, inclusive en los ámbitos fiscal, presupuestario y monetario, la sanidad pública y la seguridad social;

f) la protección de la independencia judicial y de los procedimientos judiciales;

g) la prevención, la investigación, la detección y el enjuiciamiento de infracciones de normas deontológicas en las profesiones reguladas;

h) una función de supervisión, inspección o reglamentación vinculada, incluso ocasionalmente, con el ejercicio de la autoridad pública en los casos contemplados en las letras a) a e) y g);

i) la protección del interesado o de los derechos y libertades de otros, o

j) la ejecución de demandas civiles.

En concreto, cualquier medida legislativa indicada anteriormente contendrá, como mínimo, en su caso, disposiciones específicas que se refieran a:

a) la finalidad del tratamiento o de las categorías de tratamiento;

b) las categorías de datos personales de que se trate;

c) el alcance de las limitaciones establecidas;

d) las garantías para evitar accesos o transferencias ilícitos o abusivos;

e) la determinación del responsable del tratamiento o de categorías de responsables;

f) los plazos de conservación y las garantías aplicables, habida cuenta de la naturaleza alcance y objetivos del tratamiento o las categorías de tratamiento;

g) los riesgos para los derechos y libertades de los interesados, y

h) el derecho de los interesados a ser informados sobre la limitación, salvo si puede ser perjudicial a los fines de esta.

VI. EL REGLAMENTO EUROPEO DE PROTECCIÓN DE DATOS Y LA LEY ORGÁNICA 3/2018, DE 5 DE DICIEMBRE, DE PROTECCIÓN DE DATOS PERSONALES Y GARANTÍA DE LOS DERECHOS DIGITALES. MEDIDAS DE CUMPLIMIENTO

Son muy variadas, cuantitativa y cualitativamente, las medidas que tanto el RGPD como la LOPDGDD prevén para aquellos sujetos que, por emplear los datos personales del interesado para la consecución de fines propios de todo tipo, deben asumir correlativas obligaciones que desembocan, todas ellas, en el objetivo último de garantizar el derecho fundamental del afectado a la protección de sus datos personales. Veamos con detenimiento los siguientes apartados:

1. *Las políticas de protección de datos*

Por políticas de protección de datos aludimos al conjunto de protocolos, documentos y medidas a implementar dentro de la organización (púbica o privada) de que se trate para dar cumplimiento al conjunto de obligaciones que sobre ella recaen, atendiendo a los aspectos internos (como el tamaño o la naturaleza que determina la posición jurídica del interviniente) y externos (como los tratamientos implementados, los datos personales tratados o los sujetos afectados por la actuación de responsables del tratamiento y encargados del tratamiento) que definen el régimen jurídico aplicable en materia de protección de datos personales.

Es, precisamente, esta subjetividad, que ahonda en las características del sujeto obligado, la que determina que ni el RGPD ni la LOPDGDD se refiera específicamente a estas políticas de protección de datos. Pese a ello, hubiera resultado aconsejable definir, cuando menos, qué se entienden tales, a fin de circunscribir, en la medida de lo posible, el conjunto de aspectos a tener en cuenta.

Aun así, contamos con tres alusiones a las políticas de protección de datos dentro del Reglamento General de Protección de Datos:

La primera, en el considerando 78, cuando afirma que:

> «La protección de los derechos y libertades de las personas físicas con respecto al tratamiento de datos personales exige la adopción de medidas técnicas y organizativas apropiadas con el fin de garantizar el cumplimiento de los requisitos del presente Reglamento. A fin de poder demostrar la conformidad con el presente Reglamento, el responsable del tratamiento debe adoptar políticas internas y aplicar medidas que cumplan en particular los principios de protección de datos desde el diseño y por defecto. Dichas medidas podrían consistir, entre otras, en reducir al máximo el tratamiento de datos personales, seudonimizar lo antes posible los datos personales, dar transparencia a las funciones y el tratamiento de datos personales, permitiendo a los interesados supervisar el tratamiento de datos y al responsable del tratamiento crear y mejorar elementos de seguridad. Al desarrollar, diseñar, seleccionar y usar aplicaciones, servicios y productos que están basados en el tratamiento de datos personales o que tratan datos personales para cumplir su función, ha de alentarse a los productores de los productos, servicios y aplicaciones a que tengan en cuenta el derecho a la protección de datos cuando desarrollan y diseñen estos productos, servicios y aplicaciones, y que se aseguren, con la debida atención al estado de la técnica, de que los responsables y los encargados del tratamiento están en condiciones de cumplir sus obligaciones en materia de protección de datos. Los principios de la protección de datos desde el diseño y por defecto también deben tenerse en cuenta en el contexto de los contratos públicos».

La segunda, en el artículo 24.2, *in fine*, RGPD, al que nos remitimos por haberlo transcrito en el apartado inmediatamente anterior.

La tercera, en el artículo 39.1, que, al regular las funciones del DPO, incluye [letra b)] aquella consistente en:

> «[S]upervisar el cumplimiento de lo dispuesto en el presente Reglamento, de otras disposiciones de protección de datos de la Unión o de los Estados miembros y de las políticas del responsable o del encargado del tratamiento en materia de protección de datos personales, incluida la asignación de responsabilidades, la concienciación y formación del personal que participa en las operaciones de tratamiento, y las auditorías correspondientes».

De lo anterior, podemos deducir la relevancia que tiene la inclusión, dentro de las políticas de protección de datos, no sólo de las medidas de todo tipo a satisfacer, sino también aspectos como la definición de responsabilidades, la autorización de accesos y de permisos en función de las características del puesto o la necesaria y periódica formación del personal en asuntos relacionados con la materia.

2. *Posición jurídica de los intervinientes. Responsables, co-responsables, encargados, subencargado del tratamiento y sus representantes. Relaciones entre ellos y formalización*

Ya hemos visto que el responsable del tratamiento vendrá personificado en aquella persona, física o jurídica, de naturaleza pública o privada, que, de manera individual o juntamente con otros responsables del tratamiento, determina los fines y medios del tratamiento [artículo 4.7) RGPD]. Si esta concreción se realiza entre dos o más de dos responsables del tratamiento, todos ellos merecerán la consideración de corresponsables del tratamiento, cuyo funcionamiento se regirá por lo dispuesto en los artículos 26 RGPD y 29 LOPDGDD.

De igual modo, hemos aludido a la figura del representante como aquella persona física o jurídica establecida en la Unión Europea que, habiendo sido designada por escrito por el responsable del tratamiento o por el encargado del tratamiento, representa a uno u otro en lo que respecta a sus respectivas obligaciones en virtud de la normativa en materia de protección de datos personales [artículo 4.17) RGPD].

Y sabemos también que el encargado del tratamiento será aquella otra persona que trate los datos únicamente por cuenta del responsable del tratamiento [artículo 4.8) RGPD]. Esta definición consta de tres aspectos esenciales:

a) Un componente subjetivo pretendidamente amplio, que comprende tanto a los sujetos de derecho con personalidad jurídica propia, como a entidades u organismos que carecen de esa condición, sean de naturaleza pública o de naturaleza privada.

b) Un componente objetivo, que alude al tratamiento de datos personales propiamente dicho.

c) Un componente extra, quizás el más importante y decisivo, que delinea la figura del encargado del tratamiento y la distingue de otros sujetos que se hacen constar también en la normativa sobre protección de datos personales, como es el hecho de que lleve a cabo tratamientos de datos personales por cuenta del responsable del tratamiento.

Así las cosas, mientras que al responsable del tratamiento (o, por extensión, a los corresponsables del tratamiento) lo caracteriza su capacidad de decisión en la concreción de los fines y los medios del tratamiento de los datos personales del interesado, el encargado del tratamiento se distingue por hallarse sujeto, precisamente, a las instrucciones marcadas por el responsable del tratamiento. Esta subordinación, que no encuentra su razón de ser en una dependencia jerárquica (como sucede entre empresarios y trabajadores), sí lo hace en una especie de delegación de funciones que se lleva a cabo en una organización externa a la del responsable del tratamiento, jurídicamente distinta, que realizará dicho tratamiento en nombre y por cuenta del responsable del tratamiento que solicita la prestación de sus servicios. Como podemos observar, la definición aportada por el RGPD del encargado del tratamiento no concreta el nivel que debería comportar esta delegación; en la práctica, podría desembocar en el desarrollo de una actividad muy específica o en una actuación mucho más amplia o genérica, en la que el encargado del tratamiento podría, incluso, llegar a condicionar la prestación misma del servicio a sus propios criterios técnicos u organizativos.

De lo anterior, podríamos colegir que todo tratamiento de datos personales exige la presencia necesaria de un responsable del tratamiento, del que, en su caso, se hará depender la concurrencia de uno o varios encargados del tratamiento, que, a diferencia de los anteriores, no tienen por qué concurrir en el tratamiento (lo mismo sucede con los corresponsables del tratamiento, que también serán prescindibles si la determinación de los fines y de los medios del tratamiento la realiza un solo responsable del tratamiento). Estos encargados del tratamiento, una vez celebrados los correspondientes contratos con el responsable del tratamiento, tendrán la facultad de prestar servicios de muy diversa índole: pueden ser, entre otros, actividades frecuentes la elaboración de nóminas por parte de un asesor laboral para los trabajadores del responsable del tratamiento, la gestión de una comunidad de propietarios por el administrador de fincas o el alojamiento del sitio web por un prestador de servicios de la sociedad de la información.

Una segunda conclusión que podríamos inferir es la imposibilidad de que la determinación de las finalidades y de los medios del tratamiento que corresponde al responsable el tratamiento pueda delegarse en el encargado del tratamiento. Encargar el tratamiento siempre estará sujeto a las instrucciones marcadas por el responsable del tratamiento, siendo esta la diferencia más importante que distingue a ambas figuras. Es por ello por lo que, en la relación entre el responsable del tratamiento y el encargado del tratamiento, no es posible hablar de comunicación, transmisión o cesión de datos, ya que únicamente una de las dos partes cuenta con el estatus de responsable del tratamiento.

Evidentemente, la ficción jurídica descrita desaparece en aquellos casos en los que el encargado del tratamiento se separa de las directrices marcadas por el responsable del tratamiento y establece, por sí mismo y con la extensión que sea, los fines y los medios de tratamiento. Esta cuestión está contemplada en los artículos 28.10 RGPD y 33.2.2º LOPDGDD, que disponen que, cuando esto suceda, el encargado del tratamiento tendrá la consideración de responsable del tratamiento en relación con dicho tratamiento, con todas las consecuencias, ciertamente relevantes, que de ello se desprende.

Por lo demás, la designación adecuada del encargado del tratamiento conllevará relevantes efectos. Más allá de la cualificación técnica o profesional que haya de reunir el prestador de servicios designado y de los recursos de que disponga, la normativa actual en materia de protección de datos personales exige al responsable del tratamiento, dentro del artículo 28.1 RGPD, que cuente tan sólo con encargados del tratamiento que ofrezcan garantías suficientes para aplicar medidas técnicas y organizativas adecuadas en relación con el específico tratamiento que les sea encomendado. Esta previsión, pese a que parece aludir únicamente a las medidas de seguridad contempladas en el artículo 32 RGPD, ha de ser interpretada de manera mucho más general, ya que exige, de igual modo, que su aplicación se lleve a cabo de modo que el tratamiento sea conforme con las exigencias legales y garantice la protección de los derechos del interesado.

Más allá de lo anterior, la nueva normativa ha perseguido el mantenimiento del deber de diligencia *in eligendo* del responsable del tratamiento que ya constaba en la DPDP derogada y que fue incorporado al ordenamiento jurídico español por medio del RDLOPD. Este sistema tiene un aspecto positivo, como es la creación, indirecta, de la obligación en el encargado del tratamiento de albergar las garantías adecuadas para satisfacer el contenido de la normativa y no quedar al margen del mercado, extendiendo su validez a todos aquellos sujetos a los que se recurra como subencargados del tratamiento, tal y como se desprende del artículo 28, apartados 2 y 4, RGPD. Estos apartados incorporan la posibilidad de que el encargado del tratamiento delegue en terceros (subencargados del tratamiento) la realización de actividades que se le haya encomendado directamente por el responsable del tratamiento, dando respuesta a una realidad cada vez más frecuente en el mercado, tendente a la especialización. Para ello, la nueva normativa impide al encargado del tratamiento delegar alguna de sus funciones en otros encargados del tratamiento (subencargados del tratamiento), salvo que reciban una autorización previa por escrito, específica o general, del responsable del tratamiento. Así prevista, esta redacción nos lleva a la figura del contrato en nombre y por cuenta de terceros, encuadrable en el artículo 1259 del Código civil (Gaceta de Madrid núm. 206, de 25 de julio de 1889), más que a la subcontratación *stricto sensu*, ya que es necesaria la autorización, específica y por escrito, del responsable del tratamiento.

La necesidad de que esta autorización se produzca de manera específica o general resulta también relevante. Ante todo, parece ser que alude a aquellos casos en los que se hayan especificado minuciosamente los prestadores de servicios a los que se podrá recurrir y las actividades que tendrán que llevar a cabo; en este supuesto, no será necesaria la intervención del responsable del tratamiento desde un punto de vista contractual. En cambio, en aquellos casos de autorizaciones más abiertas o inconcretas, el encargado del tratamiento tendrá la obligación de comunicar al responsable del tratamiento cualquier modificación prevista respecto de la incorporación o sustitución de otros encargados del tratamiento, dándole la posibilidad de manifestar su eventual desacuerdo con la designación de aquellos que no sean, en su opinión, adecuados. Tal comunicación, como parece evidente, deberá producirse con anterioridad al comienzo de las operaciones de tratamiento que haya de realizar el subencargado del tratamiento; de lo contrario, el encargado del tratamiento inicial podría estar incumpliendo las exigencias del responsable del tratamiento, con el peligro que de ello se deriva de infracción normativa.

Nada irrelevante es, tampoco, el hecho de que esta nueva regulación no utilice ningún término concreto para hacer alusión a estos subencargados del tratamiento. Se ha preferido, creemos, hacer recaer sobre esta figura un régimen de derechos y obligaciones que resulta de aplicación al encargado del tratamiento, de ahí que tengan esta consideración a todos los efectos.

No obstante, pese a esta identificación semántica entre las figuras implicadas, y al contrario de lo que pudiera parecer, el hecho de que se someta esta subcontratación de concretas actuaciones a la autorización previa del responsable del tratamiento no va acompañada de una íntegra exención de responsabilidad para el encargado del tratamiento inicial si se produce la infracción por el encargado del tratamiento posterior de las funciones que le sean delegadas. El inciso final del artículo 28.4 RGPD contempla la posibilidad de que el encargado del tratamiento final incumpla sus deberes, en cuyo caso el encargado del tratamiento inicial habrá de seguir siendo internamente responsable ante el responsable del tratamiento en todo aquello que se refiera al cumplimiento de las obligaciones por parte de aquel. Estamos en presencia, por tanto, de una especie de responsabilidad solidaria, cuya razón de ser se encontraría en la culpa *in eligendo* a la que tanto acude la nueva normativa en materia de protección de datos personales.

Por lo demás, conviene aludir también al artículo 33.2.1º LOPDGDD, que establece que tendrá la consideración de responsable del tratamiento y no la de encargado del tratamiento quien, en su propio nombre y sin que conste que actúa por cuenta de otro, establezca relaciones con los afectados (interesados), aun cuando exista un contrato o acto jurídico con el contenido fijado en el artículo 28.3 RGPD. No obstante, esta previsión no será aplicable a aquellos encargos de tratamiento designados en el marco de la legislación de contratación del sector público.

Más allá de lo anterior, se contemplan dos vías que harían posible a los encargados del tratamiento demostrar la concurrencia de las garantías suficientes que exige la norma:

a) La adhesión a códigos de conducta, regulados en los artículos 40 y 41 RGPD y 38 LOPDGDD.

b) La adhesión a mecanismos de certificación, previstos en los artículos 42 y 43 RGPD y 39 LOPDGDD.

La adhesión del encargado del tratamiento a cualquiera de estos mecanismos voluntarios servirá como instrumento para acreditar la concurrencia de las mencionadas garantías, en una suerte de presunción *iuris tantum* de su aptitud para realizar el tratamiento de datos personales. Esta presunción, como no puede ser de otra manera, habrá de ser tenida en consideración por el responsable del tratamiento a la hora de analizar la diligencia en la designación de posibles encargados del tratamiento.

En cuanto a las obligaciones básicas del encargado del tratamiento en cuanto prestador de servicios, la obligación de que el responsable del tratamiento plasme en un documento contractual el encargo realizado al encargado del tratamiento para llevar a cabo operaciones de tratamiento no constituye una novedad, ya que también estaba recogida en la regulación anterior, en la que se disponía que la realización de actividades de tratamiento por encargo habría de estar recogida en un contrato u otro acto jurídico que vinculase al encargado del tratamiento con el responsable del tratamiento.

No se trata esta de una mera referencia innecesaria. Antes al contrario, la Audiencia Nacional (Sala de lo Contencioso-Administrativo, Sección 1ª —recurso núm. 560/2004, de 22 de junio de 2006—) ya analizó la relevancia de reflejar por escrito las relaciones existentes entre las partes. Entre los motivos establecidos, se incluye la obligación de que exista una plasmación específica del encargo realizado o de que únicamente se permita el acceso a los datos personales a un encargado del tratamiento en el contexto de un marco exigente de garantías; algunas de estas, como la obligación de aplicar medidas de seguridad adecuadas o el deber de cumplir las instrucciones marcadas por el responsable el tratamiento, estaban ya recogidas en el texto de la normativa precedente.

No obstante, la nueva regulación va mucho más allá a la hora de explicitar los requisitos de este contrato. Pese a que los artículos 28 RGPD y 33 LOPDGDD atribuyen una suerte de libertad formal, al ser posible que la relación se ampare en cualquier acto jurídico suficientemente vinculante, obligan, empero, a que se concreten una serie de aspectos, que comienzan por la especificación del propio tratamiento que se persigue delegar; más concretamente, han de detallarse elementos como el objeto, la duración, la naturaleza y los fines del tratamiento, el tipo de datos personales y las categorías de interesados o las obligaciones y los derechos a asumir por el encargado del tratamiento.

Seguidamente, se establecen una serie de aspectos que habrán de integrarse específicamente en el contrato que se celebre entre el responsable del tratamiento y el encargado el tratamiento. Estos son los siguientes:

a) La obligación del encargado del tratamiento de llevar a cabo el tratamiento de los datos personales tan sólo bajo las instrucciones estrictas encomendadas por el responsable del tratamiento.

b) La necesidad de que el contrato incluya obligaciones de confidencialidad en relación con las personas físicas que puedan llegar a tener acceso efectivo a los datos personales objeto de tratamiento por haber recibido autorización para ello. Tales deberes podrán ser contractuales o venir emanados de la normativa profesional o laboral que resulte de aplicación, como sucede en el supuesto de determinadas profesiones (como las de médicos o abogados) o de algunos convenios colectivos (como los de empresas de seguridad o bancos), entre otros.

c) La incorporación al contrato que se celebre entre el responsable del tratamiento y el encargado del tratamiento de aquellas medidas que resulten adecuadas para proteger la seguridad del tratamiento.

d) El deber que tiene el encargado del tratamiento de no recurrir a subencargados del tratamiento sin recabar la necesaria autorización previa del responsable del tratamiento o sin firmar los contratos correspondientes.

e) La obligación del encargado del tratamiento de asistir al responsable del tratamiento, en la medida de lo posible, para el cumplimiento del deber de responder a las solicitudes de ejercicio de derechos que sean efectuadas por los titulares de los datos personales. En este sentido, el encargado del tratamiento tendrá que implementar medidas técnicas y organizativas que sean adecuadas, teniendo en consideración la naturaleza del tratamiento de los datos personales que les hayan sido delegados. Con ello, se estaría haciendo una remisión evidente, entendemos, a las obligaciones previstas en el artículo 25 RGPD, que regula el principio de protección de datos desde el diseño y por defecto.

f) La necesidad de que el encargado del tratamiento ayude al responsable del tratamiento al cumplimiento de las obligaciones en materia de seguridad que a este le corresponden. Aludimos aquí, en esencia, a los artículos 32 (seguridad del tratamiento), 33 (notificación de una violación de la seguridad de los datos personales a la autoridad de control), 34 (comunicación de una violación de la seguridad de los datos personales al interesado), 35 (evaluación de impacto relativa a la protección de datos) y 36 (consulta previa), todos ellos del RGPD.

g) A elección del responsable del tratamiento, tendrá que preverse la supresión o devolución, por el encargado del tratamiento, de la totalidad de los datos personales que hayan sido objeto de tratamiento en el momento en se produzca la finalización de la prestación del servicio, borrando todas las copias que conserve de tales datos personales, salvo que la normativa aplicable exija su conservación. En este sentido, destaca el desarrollo realizado por el artículo 33, apartados 3 y 4, LOPDGDD, que establece que el responsable del tratamiento determinará si, cuando finalice la prestación de los servicios del encargado del tratamiento, los datos personales deben ser destruidos, devueltos al responsable del tratamiento o entregados, en su caso, a un nuevo encargado del tratamiento, no procediendo la destrucción de los datos cuando exista una previsión legal que obligue a su conservación, en cuyo caso deberán ser devueltos al responsable del tratamiento, que garantizará su conservación mientras tal obligación persista. A ello, añade que el encargado del tratamiento podrá conservar, debidamente bloqueados, los datos en tanto pudieran derivarse responsabilidades de su relación con el responsable del tratamiento.

h) El encargado del tratamiento tendrá también la obligación de poner a disposición del responsable del tratamiento toda aquella información que resulte necesaria para acreditar el cumplimiento de las obligaciones que le corresponden y permitir al responsable del tratamiento la realización de auditorías e, incluso, inspecciones, con esta finalidad, ya sea personalmente o por medio de un auditor autorizado a tal efecto. Además, el encargado del tratamiento deberá informar inmediatamente al responsable del tratamiento si, en su opinión, una instrucción infringe la normativa aplicable.

Por lo demás, y en cuanto a la vigencia de los contratos de encargado del tratamiento suscritos con anterioridad a la normativa actual en materia de protección de datos, la disposición transitoria quinta de la LOPDGDD dispone que los contratos de encargado del tratamiento suscritos con anterioridad al 25 de mayo de 2018 al amparo de lo dispuesto en el artículo 12 LOPD mantendrán su vigencia hasta la fecha de vencimiento señalada en los mismos y, en el supuesto de haberse pactado de forma indefinida, hasta el, ya transcurrido, 25 de mayo de 2022. Durante dichos plazos, cualquiera de las partes podrá exigir a la otra la modificación del contrato, a fin de que el mismo resulte conforme a lo dispuesto en los artículos 28 RGPD y 33 LOPDGDD.

Resulta llamativo el apartado concerniente a la realización de auditorías [artículo 28.3.h) RGPD], que parece exceder de la genérica culpa *in vigilando* que contemplaba la normativa comunitaria precedente y se aproxima más al sistema proporcionado por la Decisión 2010/87/CE, de 5 de febrero de 2010, relativa a las cláusulas contractuales tipo para la transferencia de datos personales a los encargados del tratamiento establecidos en terceros países, de conformidad con la Directiva 95/46/CE del Parlamento Europeo y del Consejo, que, en la actualidad, resulta derogada en favor de la actual Decisión de Ejecución (UE) 2021/914 de la Comisión de 4 de junio de 2021 relativa a las cláusulas contractuales tipo para la transferencia de datos personales a terceros países de conformidad con el Reglamento (UE) 2016/679 del Parlamento Europeo y del Consejo (DOUE L 199/31, de 07 de junio de 2021). Así, mientras la normativa anterior obligaba al responsable del tratamiento a asegurar la satisfacción de las medidas de seguridad por parte del encargado del tratamiento, sin más detalle, la nueva regulación prefiere posibilitar al responsable del tratamiento la capacidad de realizar inspecciones en relación con los tratamientos efectuados por el encargado del tratamiento. Es, esta, una facultad que deviene en obligación, ya que se relaciona con el principio de responsabilidad, que resulta de aplicación al responsable del tratamiento en virtud de los artículos 5.2 y 24 RGPD, y con el deber del delegado de protección de datos de supervisar el cumplimiento de esta nueva normativa, también por parte de los encargados del tratamiento, dentro del apartado primero del artículo 39 RGPD.

En cualquier caso, esta culpa *in vigilando* parece llegar a afectar, de igual modo, al encargado del tratamiento. El motivo se encuentra en el hecho de que la regulación exija al encargado del tratamiento proceder a informar de manera inmediata al responsable del tratamiento en el supuesto de que, en su opinión, alguna de las instrucciones que le sean proporcionadas por el responsable del tratamiento incumpla lo establecido en la normativa aplicable.

Más allá de lo anterior, el artículo 28.9 RGPD obliga a hacer constar por escrito el contrato o acto jurídico que discipline la relación entre el responsable del tratamiento y el encargado del tratamiento. Ello no hace sino reiterar lo establecido en el artículo 24 RGPD, que exige al responsable del tratamiento que sea capaz de acreditar que el tratamiento realizado es adecuado con la regulación, de modo que, entendemos, es el documento, sea en formato físico o en formato electrónico, el único que permite demostrar si el acuerdo celebrado entre las partes satisface o no las formalidades legalmente exigidas.

Para facilitar la labor de las personas obligadas a elaborar de manera adecuada estos contratos, la normativa comunitaria establece que, tanto la Comisión Europea como las autoridades de control de los diferentes países comunitarios, procederán a la aprobación de cláusulas tipo (artículo 28.8 RGPD). Entendemos que es esta una decisión adecuada, toda vez que, como hemos visto con el ejemplo de la Decisión de Ejecución (UE) 2021/914, permite hacer más sencillo y facilitar el tráfico jurídico, especialmente al evitar sanciones cuyo montante podría resultar ciertamente elevado en el supuesto de que se incumpla lo establecido en este punto. Con relación al hecho de si es obligatoria o no la utilización de estos modelos, el considerando 81 RGPD hace constar que su empleo tendrá carácter voluntario, de modo que los intervinientes afectados podrán elegir entre elaborar un contrato ad hoc o ampararse en las cláusulas tipo.

Tenemos que subrayar, por último, que la obligación de hacer constar por escrito las relaciones entre las partes que intervengan en el tratamiento de los datos personales afecta, de igual modo, a los subencargados del tratamiento. Así las cosas, el contrato que se celebre tendrá que trasladar los deberes estipulados entre el responsable del tratamiento y el encargado el tratamiento a los subencargados del tratamiento.

Junto a ello, también se establecen otras obligaciones para los encargados del tratamiento. En concreto, la normativa vigente sobre protección de datos personales afecta de manera relevante a la forma en que los encargados del tratamiento deben llevar a cabo su actividad. Son múltiples los preceptos que atribuyen a los encargados del tratamiento deberes de carácter técnico y organizativo, a los que debemos hacer referencia, siquiera someramente, debido a su novedad:

En primer lugar, se encuentra la eliminación del deber de notificar a la autoridad de control aquellos tratamientos que vayan a realizarse, que se ve reemplazada por la elaboración del conocido como registro de las actividades de tratamiento (artículos 30 RGPD y 31 LOPDGDD), que, de tener que ser elaborado, habrá de estar a disposición de la autoridad de control que lo solicite (apartado 4 del artículo 30 RGPD). En este sentido, el encargado del tratamiento que tenga esta obligación deberá llevar su propio registro, en el que incluya, entre otras cuestiones, cada actividad de tratamiento que mantenga con el responsable del tratamiento por cuenta del cual actúe, detallando las medidas técnicas y organizativas de seguridad que está llevando a cabo; en relación con estas medidas, si el encargado del tratamiento llega a conocer cualquier tipo de violación de la seguridad en relación con los datos personales del interesado, tendrá que comunicarlo, sin dilación indebida, al responsable del tratamiento, con el fin de que este pueda notificarlo a la autoridad de control y proceder a la adopción de las medidas que resulten adecuadas para mitigar o remediar los posibles efectos negativos que ello ocasione.

En segundo lugar, se encuentra el deber de designar un delegado de protección de datos, en las mismas circunstancias que sean de aplicación al responsable del tratamiento y con todos los deberes que de ello se desprende (recogidos, en esencia, en los artículos 37 a 39 RGPD y 34 a 37 LOPDGDD).

En tercer y último lugar, centrados en las transferencias de datos personales a terceros países u organizaciones internacionales, se establece la obligación del encargado del tratamiento de comprobar que el receptor o importador de tales datos personales cuenta con garantías suficientes (artículos 44 a 50 RGPD y 40 a 43 LOPDGDD). Este aspecto, de acuerdo con la normativa comunitaria precedente (artículo 26.2 DPDP) estaba reservado al responsable del tratamiento.

Todas estas novedades, además de otras ya relacionadas en líneas anteriores, configuran el conjunto de modificaciones experimentadas en el régimen jurídico del encargado del tratamiento. Este régimen, por tanto, parte de la herencia contenida en la normativa sobre protección de datos ya derogada, complementándola de manera relevante y reforzándola con nuevas obligaciones.

3. El registro de actividades de tratamiento: identificación y clasificación del tratamiento de datos

De conformidad con el artículo 30 RGPD, será obligatoria la elaboración de un registro de las actividades de tratamiento en el que se contengan las circunstancias que rodean el tratamiento de los datos personales por responsables y encargados del tratamiento, registro que las autoridades de control de los países comunitarios podrán llegar a requerir.

En concreto, todo responsable del tratamiento que esté obligado a contar con dicho registro deberá hacer constar en él la siguiente información:

a) El nombre y los datos de contacto del responsable del tratamiento en cuestión y, en su caso, del corresponsable, del representante del responsable, y del DPD.

b) Los fines del tratamiento,

c) Una descripción de las categorías de interesados y de las categorías de datos personales.

d) Las categorías de destinatarios a quienes se comunicaron o comunicarán los datos personales, incluidos los destinatarios situados en terceros países u organizaciones internacionales.

e) En su caso, las transferencias de datos personales a terceros países o a organizaciones internacionales, incluida la identificación de dicho tercer país u organización internacional y, en el caso de las transferencias indicadas en el artículo 49.1.2° RGPD, la documentación de las garantías que resulten adecuadas.

f) Cuando sea posible, los plazos previstos para la supresión de las diferentes categorías de datos.

g) Cuando sea posible, una descripción general de las medidas técnicas y organizativas de seguridad a que se refiere el artículo 32.1 RGPD.

Por su parte, todo encargado del tratamiento sobre el que recaiga la obligación de contar con un registro de las actividades de tratamiento deberá incluir en él la siguiente información:

a) El nombre y los datos de contacto del encargado o encargados del tratamiento y de cada responsable del tratamiento por cuenta del cual actúe/n aquel/aquellos, y, en su caso, del representante del responsable del tratamiento o del encargado del tratamiento, y del DPO.

b) Las categorías de tratamientos efectuados por cuenta de cada responsable del tratamiento.

c) En su caso, las transferencias de datos personales a un tercer país u organización internacional, incluida la identificación de dicho tercer país u organización internacional y, en el caso de las transferencias indicadas en el artículo 49.1.2º RGPD, la documentación de las garantías adecuadas.

d) Cuando sea posible, una descripción general de las medidas técnicas y organizativas de seguridad a que se refiere el artículo 32.1 RGPD.

Este registro de las actividades de tratamiento, de conformidad con lo dispuesto en el apartado quinto del artículo 30 RGPD y en el artículo 31 LOPDGDD, únicamente será exigible a aquellas empresas u organizaciones que empleen a 250 personas o más o que, en el supuesto de que cuenten con menos trabajadores de los indicados: desarrollen operaciones de tratamiento que impliquen un riesgo para los derechos y libertades de las personas físicas propietarias de los datos personales, estos tratamientos no sean ocasionales o los mismos incorporen datos especialmente protegidos. Pese a que esta limitación deja al margen la obligación de llevar un registro de las actividades de tratamiento a prácticamente todas las pequeñas y medianas empresas, microempresas y profesionales que desempeñan sus actividades por cuenta propia, conviene poner de manifiesto el cambio de mentalidad que es necesario llevar a cabo por responsables del tratamiento y encargados del tratamiento merced al principio de responsabilidad proactiva, que podría aconsejar contar con este registro aun en aquellos supuestos en los que no fuera estrictamente preceptivo, a fin de conseguir un mejor y más adecuado cumplimiento de los deberes y obligaciones que sobre ellos recaen.

VII. EL REGLAMENTO EUROPEO DE PROTECCIÓN DE DATOS Y LA LEY ORGÁNICA 3/2018, DE 5 DE DICIEMBRE, DE PROTECCIÓN DE DATOS PERSONALES Y GARANTÍA DE LOS DERECHOS DIGITALES. RESPONSABILIDAD PROACTIVA

El espíritu que inspira el contenido obligacional del RGPD supone un cambio de paradigma. De clásico enfoque continental, eminentemente reactivo, propio de la DPDP y de la legislación que, en cascada, transpone el texto de la Directiva a lo largo y ancho de la Unión Europea, pasamos a una visión, de raigambre anglosajona, que instaura lo que ha venido a denominarse "responsabilidad proactiva" o, lo que es lo mismo, "*accountability*", integrada por una multiplicidad de obligaciones que, en su conjunto, no sólo se caracterizan por la necesidad de poder probar el cumplimiento, sino, tanto más, de adoptar una actuación previsora y diligente, focalizada en anticiparse a posibles incumplimientos más que en remediarlos una vez se han producido.

Al respecto, el considerando 74 RGPD diseña el frontispicio de cuanto, posteriormente, se recoge en el articulado de la Norma en relación con esta responsabilidad. De acuerdo con el mismo:

> «Debe quedar establecida la responsabilidad del responsable del tratamiento por cualquier tratamiento de datos personales realizado por él mismo o por su cuenta. En particular, el responsable debe estar obligado a aplicar medidas oportunas y eficaces y ha de poder demostrar la conformidad de las actividades de tratamiento con el presente Reglamento, incluida la eficacia de las medidas. Dichas medidas deben tener en cuenta la naturaleza, el ámbito, el contexto y los fines del tratamiento así como el riesgo para los derechos y libertades de las personas físicas».

Partiendo de estos cimientos, el artículo 5.2 RGPD, ya conocido, dispone que el responsable del tratamiento será: de un lado, responsable (valga la redundancia) del cumplimiento de los principios relativos al tratamiento del apartado primero y, de otro, capaz de demostrar dicho cumplimiento.

Así las cosas, llegamos al artículo 24 RGPD, que, intitulado "Responsabilidad del responsable del tratamiento", establece que:

> «1. Teniendo en cuenta la naturaleza, el ámbito, el contexto y los fines del tratamiento así como los riesgos de diversa probabilidad y gravedad para los derechos y libertades de las personas físicas, el responsable del tratamiento aplicará medidas técnicas y organizativas apropiadas a fin de garantizar y poder demostrar que el tratamiento es conforme con el presente Reglamento. Dichas medidas se revisarán y actualizarán cuando sea necesario.
> 2. Cuando sean proporcionadas en relación con las actividades de tratamiento, entre las medidas mencionadas en el apartado 1 se incluirá la aplicación, por parte del responsable del tratamiento, de las oportunas políticas de protección de datos.
> 3. La adhesión a códigos de conducta aprobados a tenor del artículo 40 o a un mecanismo de certificación aprobado a tenor del artículo 42 podrán ser utilizados como elementos para demostrar el cumplimiento de las obligaciones por parte del responsable del tratamiento».

Asimismo, y profundizando en este principio de responsabilidad proactiva, conviene hacer alusión al importante pronunciamiento realizado por el, ya extinto, GTA29, que, en su Dictamen 3/2010, hace constar lo siguiente:

> «El Grupo de Trabajo del artículo 29 hace observar que el principio de responsabilidad no es exactamente nuevo. Su reconocimiento expreso figura en las directrices sobre privacidad adoptadas en 1980 por la Organización de Cooperación y Desarrollo Económicos (OCDE). El principio de responsabilidad de estas reza así: "Todo responsable de datos debería ser responsable de cumplir con las medidas que hagan efectivos los principios [materiales] expuestos». [...] El término "responsabilidad" (accountability) proviene del mundo anglosajón donde es de uso general y donde se da una comprensión ampliamente compartida de su significado, aunque la definición exacta de "responsabilidad" resulta compleja en la práctica. Pero de forma general, el término apunta sobre todo al modo en que se ejercen las competencias y al modo en que esto puede comprobarse. Competencia y responsabilidad son dos caras de la misma moneda y sendos elementos esenciales de la gobernanza. Solo cuando la responsabilidad funciona en la práctica puede desarrollarse la confianza suficiente.
> En la mayoría de las demás lenguas europeas, debido sobre todo a diferencias en los sistemas de Derecho, el término "accountability" no es fácil de traducir. Consiguientemente hay un gran riesgo de que el término se interprete diversamente llegándose con ello a una falta de armonización. Se han apuntado otras palabras para recoger el sentido de responsabilidad, como son "competencia reforzada", "garantía", fiabilidad" o, en español, "obligación de rendir cuentas", etc. Puede también sugerirse que la responsabilidad se refiere a la "aplicación de principios de protección de datos».

[...] De forma esquemática, [...] se centraría en dos elementos principales:

i) la necesidad de que el responsable del tratamiento adopte medidas adecuadas y eficaces para aplicar los principios de protección de datos;

ii) la necesidad de demostrar, si así se requiere, que se han adoptado medidas adecuadas y eficaces; así pues, el responsable del tratamiento de datos deberá aportar pruebas de (i)».

Conceptualizado el término, el Dictamen termina por incluir un, no menos relevante, elenco de medidas comunes de responsabilidad que, pese a no ser cerrado o exhaustivo, sirve para tener una importante referencia de cuáles pueden quedar subsumidas dentro de la *accountability*:

> «- establecimiento de procedimientos internos previos a la creación de nuevas operaciones de tratamiento de datos personales (revisión interna, evaluación, etc.);
> - establecimiento de políticas escritas y vinculantes de protección de datos que se tengan en cuenta y se valoren en nuevas operaciones de tratamiento de datos (p. ej., cumplimiento de los criterios de calidad de datos, notificación, principios de seguridad, acceso, etc.) que deben ponerse a disposición de las personas interesadas;
> - cartografía de procedimientos que garanticen la identificación correcta de todas las operaciones de tratamiento de datos y el mantenimiento de un inventario de operaciones de tratamiento de datos;
> - nombramiento de un funcionario de protección de datos y otras personas responsables de la protección de datos;

- oferta adecuada de protección de datos y formación a los miembros del personal; esto debe incluir a los procesadores (o responsables del proceso) de datos personales (como los directores de recursos humanos) pero también a los administradores de tecnologías de la información, conceptores y directores de unidades comerciales; deben asignarse recursos suficientes para la gestión de la privacidad, etc.;
- establecimiento de procedimientos de gestión del acceso y de las demandas de corrección y eliminación de datos con transparencia para las personas interesadas;
- establecimiento de un mecanismo interno de tratamiento de quejas;
- establecimiento de procedimientos internos de gestión y notificación eficaces de fallos de seguridad;
- realización de evaluaciones de impacto sobre la privacidad en circunstancias específicas;
• aplicación y supervisión de procedimientos de verificación que garanticen que las medidas no sean solo nominales sino que se apliquen y funcionen en la práctica (auditorías internas o externas, etc.)».

Por lo que respecta a la LOPDGDD, es el Capítulo I del Título V el encargado de plasmar las medidas que se recogen dentro de la, así la define, "responsabilidad activa". Este Capítulo comprende un total de cinco preceptos: el artículo 28, que alude a las "obligaciones generales del responsable y encargado del tratamiento"; el artículo 29, que hace lo propio con los "supuestos de corresponsabilidad en el tratamiento"; el artículo 30, que regula la figura de los "representantes de los responsables o encargados del tratamiento no establecidos en la Unión Europea"; el artículo 31, que, como complemento del artículo 30 RGPD, se ciñe a la obligación de disponer de un "registro de las actividades de tratamiento", y el artículo 32, sobre el "bloqueo de los datos", ya analizado.

1. *Privacidad desde el diseño y por defecto. Principios fundamentales*

El Reglamento General de Protección de Datos hace alusión a la privacidad desde el diseño y a la privacidad por defecto como traducción de los conceptos *Privacy by Design* y *Privacy by Default.* Y lo hace en el artículo 25 RGPD, precedido de cuanto dispone el considerando 78 del mismo Reglamento.

El apartado primero del artículo 25 RGPD regula el principio de protección de datos desde el diseño, estableciendo que, teniendo en consideración el estado de la técnica, el coste de la aplicación y la naturaleza, ámbito, contexto y finalidades del tratamiento, además de los riesgos de diversa probabilidad y gravedad que comporta el tratamiento para los derechos y libertades de las personas físicas, el responsable del tratamiento deberá aplicar, tanto en el momento de determinar los medios del tratamiento como en el momento del mismo tratamiento, medidas técnicas y organizativas apropiadas, tales como la seudonimización, concebidas para aplicar de manera eficaz los principios de protección de datos, o como la minimización de datos, e integrar las garantías necesarias en el tratamiento de los datos personales, con el objetivo de satisfacer las exigencias de la normativa vigente y proteger de manera eficaz los derechos que corresponden a los interesados.

Conviene destacar que, ya en el año 2011, se hacía alusión al principio del *value sensitive design* como aquel principio en virtud del cual se incorporaba en el núcleo central de cualquier desarrollo tecnológico la reflexión en torno a los valores, merced a un estudio de las repercusiones de carácter social, económico y cultural de las aplicaciones que se prevé vayan a ser desarrolladas. Por entonces, se llegó a la conclusión de que la reivindicación por parte de un gran número de autoridades en materia protección de datos y defensores de la privacidad del concepto *Privacy by Design* iba en este mismo sentido y trata de la exigencia del desarrollo de las tecnologías bajo el respeto de la autodeterminación informativa.

Este mismo artículo 25.1 RGPD configura un marco dentro del que la protección está configurada por el contexto, toda vez que, dependiendo de la situación concreta, se persigue prevenir la vulneración del derecho fundamental a la protección de datos personales de los interesados. En esta línea, los aspectos a tener en consideración no aluden tan sólo a puntos exclusivamente tecnológicos, sino que se ha de incluir, de igual modo y entre otros, un aspecto económico, en lo que respecta al coste completo de la aplicación. Asimismo, y para el supuesto específico, también se deberá valorar cuál es la naturaleza, el ámbito, el contexto y las finalidades perseguidas con el tratamiento, lo que tendrá repercusión de manera decisiva en la aplicación del principio de protección de datos desde el diseño.

No obstante, la nueva normativa en materia protección de datos, al disponer dentro de este apartado primero que, igualmente, habrán de ser considerados los riesgos de distinta probabilidad y gravedad que comporta el tratamiento de los datos personales para los derechos y libertades de los interesados, está incorporando la obligación de efectuar un análisis de los riesgos para cada supuesto específico.

Destaca, al respecto, el originario Dictamen del SEPD ("Dictamen del Supervisor Europeo de Protección de Datos acerca de la promoción de la confianza en la sociedad de la información mediante el impulso de la protección de datos y la privacidad" —DOUE C 280/1, de 16 de octubre de 2010—), en el que "[...] debate la necesidad de integrar a nivel práctico la protección de datos y la privacidad desde el inicio mismo de las nuevas tecnologías de la información y la comunicación (lo que se denomina el principio de "privacidad desde el diseño"). Para imponer el cumplimiento de este principio, el Dictamen debate la necesidad de asegurar el principio de "privacidad desde el diseño" en el marco jurídico de la protección de datos al menos de dos modos diferentes: en primer lugar, integrándolo como un principio general y vinculante, y en segundo lugar, incorporándolo en determinados ámbitos de las TIC que presentan riesgos concretos relacionados con la protección de los datos y la privacidad mitigables mediante una arquitectura técnica y un diseño adecuados. Estos ámbitos son la identificación por radiofrecuencia (RFID), las aplicaciones de redes sociales y las aplicaciones de navegación».

Al amparo de estas previsiones, llegamos a la conclusión, por tanto, de que, en la actualidad, la aplicación de la regulación en vigor sobre protección de datos, en general, y de los principios de protección de datos desde el diseño y por defecto, en particular, se haya estrechamente vinculada a lo que se conoce como *Risk-based approach*. En este sentido, el GTA29 [Directrices sobre la evaluación de impacto relativa a la protección de datos (EIPD) y para determinar si el tratamiento "entraña probablemente un alto riesgo" a efectos del Reglamento (UE) 2016/679, pág. 16] pone de manifiesto que esta visión ocasionó un profundo debate, tanto en el Parlamento Europeo como en el Consejo, dentro del marco del proceso de adopción del RGPD. Y es que esta metodología, que se sustenta en el concepto de riesgo, se halla en el núcleo de la normativa actual sobre la materia y ha tenido su reflejo en multitud de medidas adoptadas en este nuevo marco, como en los principios de protección de datos desde el diseño y por defecto o en la evaluación de impacto relativa a la protección de datos, que se erigen en instrumentos esenciales, fundamentales, nucleares, de cara a identificar y valorar los riesgos.

Aun cuando, ya desde antaño, se aconsejaba la aplicación del concepto de protección de datos desde el diseño en el marco de cualquier operación de tratamiento de los datos personales, es evidente que su relevancia es crucial en aquellos casos en los que los datos personales son sensibles y son tratados en determinados contextos especiales. En este sentido, el GTA29 [Directrices sobre la evaluación de impacto relativa a la protección de datos (EIPD) y para determinar si el tratamiento "entraña probablemente un alto riesgo" a efectos del Reglamento (UE) 2016/679, pág. 22] pone de manifiesto que la metodología que se basa en el análisis de riesgos ya se encontraba presente en el Proyecto del Reglamento General de Protección de Datos, en el aspecto fundamental de la responsabilidad proactiva, si bien se halla también en múltiples disposiciones concernientes al deber de seguridad o al deber de realizar una evaluación de impacto relativa a la protección de datos.

Será el responsable del tratamiento quien deberá ejecutar, atendiendo al tratamiento concreto de los datos personales que haya de realizarse, las medidas técnicas y organizativas que hayan de ser apropiadas para cada supuesto específico. La nueva normativa alude, de manera específica, a una concreta de estas medidas, ya que hace alusión a la técnica de la seudonimización, con la finalidad de ejecutar de manera apropiada los principios relativos a la protección de datos. No obstante, conviene advertir que, empleando esta técnica, sigue existiendo una probabilidad elevada de identificación de la persona física de modo indirecto, es decir, el empleo específico de la seudonimización no puede garantizar un conjunto de datos anónimos, distinguiendo la seudonimización de la anonimización propiamente dicha (a la que no aplica ni el RGPD ni, por ende, la LOPDGDD). Pese a ello, parece evidente la relevancia que esta técnica puede adquirir en el marco de tratamientos masivos de datos personales, toda vez que sirve de contrapeso a los riesgos que se detectan en el ámbito de tales tratamientos. Así las cosas, tanto la seudonimización como cualquier otra técnica similar podrá ser de gran utilidad cuando se persiga una protección eficaz de los datos que no obstaculice, al mismo tiempo, la evolución de soluciones innovadoras de carácter tecnológico.

De nuevo, el extinto GTA29, en uno de sus Dictámenes ("Dictamen 06/2014 sobre el concepto de interés legítimo del responsable del tratamiento de los datos en virtud del artículo 7 de la Directiva 95/46/CE", WP 217, de 09 de abril de 2014, pág. 50), ya ponía de manifiesto que esta técnica de la seudonimización tenía que ser incorporada de manera específica en la nueva regulación sobre protección de datos y, más en concreto, en el marco de la protección de datos desde el diseño y por defecto. Y lo hacía subrayando la necesidad de que el empleo de la seudonimización se introdujera de manera más específica (por ejemplo, incorporando una noción sobre datos personales seudonimizados, coherente con la propia de datos personales), ya que esto podría ayudar a conseguir una más adecuada protección de los datos en el marco, por ejemplo, de la protección de datos desde el diseño y por defecto. En consecuencia, el GTA29 ponía de relieve la necesidad de introducir un deber general de empleo de seudónimos para los datos personales, siempre y cuando fuese posible y proporcionado, de acuerdo con el fin perseguido con el tratamiento.

Finalmente, el artículo 25 RGPD incorpora esta técnica, con el fin de coadyuvar a la protección de los datos personales de acuerdo con el principio de la protección de datos desde el diseño. La norma alude, de modo específico, al hecho de que el empleo de estas técnicas esté presente para permitir una correcta satisfacción del principio específico de minimización de datos personales. Se alude, por ende, al hecho de que, con carácter previo, son determinados tratamientos los que requerirán de una protección concreta amparada en el diseño y, más específicamente, los que conlleven un riesgo que requiera de esta protección que refuerza los mecanismos ya existentes en la normativa vigente. Y ello sin obviar, como ya hiciera el precitado Dictamen del SEPD, que "[…] persista cierto grado de riesgo residual, incluso después de realizar las evaluaciones correctas y aplicar las medidas necesarias. Una situación de riesgo cero no sería realista. Sin embargo, […] se puede y se debe implementar medidas para reducir tales riesgos a niveles adecuados».

Si atendemos a la evolución experimentada a largo del tiempo por el concepto de privacidad desde el diseño, observamos que, pese a que este principio puede ser de aplicación a cualquier modalidad de dato personal, su aplicación ha de tener un mayor rigor con determinados datos personales especialmente sensibles, tales como aquellos de naturaleza médica o de carácter financiero (amparados en los artículos 9 RGPD y 9 LOPDGDD). Es más, se apunta a una interconexión entre la relevancia de las medidas que persiguen la protección de la privacidad que sean adoptadas y el carácter sensible de los datos personales. En este sentido, podemos entender que la nueva normativa persigue esta perspectiva, toda vez que abre la posibilidad, dependiendo de los múltiples aspectos antes referidos y con posterioridad a un análisis de riesgos concerniente al tratamiento, a que pueda llegar a determinarse en qué medida el principio de privacidad desde el diseño puede ser de aplicación.

En cuanto a la protección de datos por defecto, esta se encuentra regulada en el artículo 25.2 RGPD, que dispone que el responsable del tratamiento deberá aplicar las medidas técnicas y organizativas que resulten adecuadas con el fin de garantizar que, por defecto, únicamente hayan de ser objeto de tratamiento aquellos datos personales que sean necesarios para cada una de las finalidades específicas del tratamiento. Esta obligación será de aplicación a la cantidad de datos personales que sean recogidos, a la extensión del tratamiento, a su plazo de conservación y a su accesibilidad. Además, tales medidas deberán garantizar en especial que, por defecto, los datos personales no puedan ser accesibles, sin la intervención de la persona, a un número indeterminado de personas físicas.

Se impone, así, el deber de aplicación del principio de protección de datos por defecto, aludiendo especialmente a aquellas medidas que persiguen que el principio de minimización de datos sea satisfecho, de modo que únicamente sean objeto de tratamiento aquellos datos personales estrictamente imprescindibles para la satisfacción de los fines concretos perseguidos con el tratamiento. Esta protección de datos por defecto habrá de extenderse durante todo el ciclo de vida del dato, pues alude a que se aplicarán, entre otros, a su plazo de conservación. Con ello, se alcanza un fin que se ha plasmado desde antaño: el acogimiento de unos parámetros por defecto que persigan la protección más elevada posible de los datos personales, de tal modo que ninguna persona física pueda, por defecto, exponerse a múltiples riesgos que ignore o que no sepa valorar de manera apropiada.

De nuevo, podemos aludir a esta idea y hacer referencia a los trabajos abordados por el GTA29 que, en una Recomendación del año 1999 y en relación con el tratamiento invisible y automático de datos personales en la red efectuado por software y hardware (Recomendación 99/1, sobre el tratamiento invisible y automático de datos personales en Internet efectuado por software y hardware, DG XV D 5093/98/final, WP 17, de 23 de febrero de 1999, pág. 34), insistía en establecer que la configuración de productos informáticos no debería, por defecto, hacer posible recopilar, almacenar o enviar información persistente del cliente. Dicha recomendación es ciertamente interesante en el ámbito de este estudio de los principios de protección de datos desde el diseño y por defecto, toda vez que el GTA29 promovía que la industria informática fuera respetuosa con la vida privada y que facilitase los instrumentos adecuados para poder ajustarse a la normativa sobre protección de datos personales. Aun cuando, por entonces, aludía al software y al hardware, la influencia de esta Recomendación es evidente en el ámbito actual, caracterizado por el desarrollo de una gran cantidad de innovaciones tecnológicas cuyo empleo comporta el tratamiento (a menudo, masivo) de datos personales. En este sentido, el precitado Grupo de Trabajo alude de manera específica a que, por defecto, las tecnologías alcancen una protección adecuada de los datos, evitando determinadas prácticas que pueden comportar un riesgo.

2. *Evaluación de impacto relativa a la protección de datos y consulta previa. Los tratamientos de alto riesgo*

Como sucede también con otros términos, tales como el de riesgo, el concepto de evaluación de impacto no encuentra tampoco definición en la regulación actual sobre protección de datos. Sin embargo, sí que podemos hallar una conceptualización de dicha evaluación en el Documento de trabajo de los servicios de la Comisión Europea sobre evaluación de impacto, dentro de la Propuesta de Reglamento General de Protección de Datos (Comisión Europea, *Commission staff working paper, impact assessment, accompanying the document regulation of the European Parliament and of the Council on the protection of individuals with regard to the processing of personal data and on the free movement of such data —General Data Protection Regulation— and Directive of the European Parliament and of the Council on the protection of individuals with regard to the processing of personal data by competent authorities for the purposes of prevention, investigation, detection or prosecution of criminal offences or the execution of criminal penalties, and the free movement of such data*, SEC (2012) 72 final, Bruselas, 25 de enero de 2012). En él, de acuerdo con la definición proporcionada por la Comisión Europea, podemos concebir la evaluación de impacto desde un primer momento como aquel procedimiento en virtud del cual se realiza un esfuerzo consciente y sistemático para evaluar los riesgos a la privacidad de los interesados a la hora de obtener, utilizar y divulgar los datos personales que les corresponden; así las cosas, una evaluación de impacto contribuye a detectar riesgos para la privacidad, anticiparse a los problemas y proponer respuestas.

En este sentido, una de las aportaciones más novedosas que incorpora la regulación vigente sobre protección de datos personales reside en instaurar el deber que tiene el responsable del tratamiento de llevar a cabo, con carácter general y con anterioridad al tratamiento, una evaluación de impacto en aquellos casos en que sea posible que un determinado tipo de tratamiento, en especial si emplea nuevas tecnologías, por su naturaleza, alcance, contexto o fines, suponga un alto riesgo para los derechos y libertades de los interesados (artículo 35.1 RGPD). Junto a ello, como veremos, existirán supuestos concretos en los que, de manera obligatoria, el responsable del tratamiento tendrá que realizar esta evaluación de impacto.

A través de esta exigencia, se persigue optimizar el cumplimiento normativo, toda vez que ha de constituir un instrumento eficaz para que el responsable el tratamiento sea capaz de implementar decisiones en lo que respecta a la aplicación de medidas específicas en función del riesgo que conlleva el tratamiento, dando satisfacción al principio de responsabilidad proactiva. Así, por medio de la imposición de este deber, se persigue simplificar los procedimientos de protección de datos para el responsable del tratamiento, garantizando, a medio y largo plazo, la satisfacción adecuada de dicha regulación. De igual modo, a través de la incorporación de esta novedad se busca, de un lado, reforzar la información de los interesados en torno a los riesgos que comporta el tratamiento de sus datos personales, y, de otro, incrementar la seguridad en el tratamiento de los mismos.

Pese a que esta obligación recae directamente sobre el responsable del tratamiento, el encargado el tratamiento, llegado el caso, también habrá de cooperar para su cumplimiento. En este sentido, el considerando 95 RGPD dispone, en línea con el artículo 28.3.f) RGPD, que el encargado del tratamiento deberá asistir al responsable del tratamiento en aquellos casos en que sea necesario, a petición de dicho responsable, con el objetivo de garantizar que se satisfagan las obligaciones que se desprenden de la realización de las evaluaciones de impacto y de las consecuentes consultas previas.

Es importante tener en consideración que, en la implementación de esta evaluación de impacto, adquiere relevancia, de existir en la organización de que se trate, la figura del DPO, toda vez que el responsable del tratamiento tendrá la obligación de recabar su asesoramiento, tal y como establece el artículo 35.2 RGPD. Teniendo en cuenta que se trata de evaluar los riesgos que el tratamiento implica para los derechos y libertades de los interesados, el DPD tendrá que ser, parece evidente, una persona con conocimientos jurídicos sólidos en materia de protección de datos personales, con independencia de que una entidad se haga servir también de individuos con formación plural, no sólo legal, sino también técnica o similar. En concreto, el Delegado de Protección de Datos tendrá la obligación de colaborar con otros profesionales, tales como ingenieros informáticos o de telecomunicaciones y responsables de seguridad, a la hora de realizar evaluaciones sobre las implicaciones tecnológicas o de seguridad en lo que respecta al derecho fundamental a la protección de datos.

Aun cuando no constituye un listado cerrado ni exhaustivo, el artículo 35.3 RGPD establece que la evaluación de impacto será necesaria, específicamente, en los siguientes supuestos:

a) En aquellos casos de evaluación sistemática y exhaustiva de aspectos personales relativos a personas físicas que se base en un tratamiento automatizado, como la elaboración de perfiles, y sobre cuya base se adopten decisiones que produzcan efectos jurídicos para las personas físicas o que les afecten significativamente de modo similar.

b) Cuando se realicen operaciones de tratamiento a gran escala de categorías especiales de datos personales, reguladas en los artículos 9 RGPD y 9 LOPDGDD, o de datos personales relativos a condenas o infracciones penales a que aluden los artículos 10 RGPD y 10 LOPDGDD.

c) Cuando se produzca una observación sistemática a gran escala de una zona de acceso público.

En este sentido, habrán de ser, en su caso, las autoridades nacionales de control aquellas que, tal y como establece el artículo 35.4 RGPD, deberán proceder a establecer y publicar listas con aquellas operaciones de tratamiento que exijan la realización de una evaluación de impacto. Tales autoridades de control, al amparo de lo dispuesto por el artículo 35.5 RGPD, también podrán proceder al establecimiento y publicación de listas con los tipos de tratamiento que, por contra, no requieran de la realización de una evaluación de impacto. Siguiendo este mandato, la AEPD ha publicado una Guía (Listas de tipos de tratamientos de datos que requieren evaluación de impacto relativa a protección de datos —art. 35.4—) en la que especifica tipos concretos de tratamientos de datos que requerirán de una evaluación de impacto; de acuerdo con este documento, habrá de realizarse una evaluación de impacto relativa a la protección de datos en los siguientes supuestos:

a) Tratamientos que impliquen perfilado o valoración de sujetos, incluida la recogida de datos del sujeto en múltiples ámbitos de su vida (desempeño en el trabajo, personalidad y comportamiento), que cubran varios aspectos de su personalidad o de sus hábitos.

b) Tratamientos que impliquen la toma de decisiones automatizadas o que contribuyan en gran medida a la toma de tales decisiones, incluyendo cualquier tipo de decisión que impida a un interesado el ejercicio de un derecho, el acceso a un bien o un servicio o la participación en un contrato.

c) Tratamientos que impliquen la observación, monitorización, supervisión, geolocalización o control del interesado de forma sistemática y exhaustiva, incluida la recogida de datos y metadatos a través de redes, aplicaciones o zonas de acceso público, así como el procesamiento de identificadores únicos que permitan la identificación de usuarios de servicios de la sociedad de la información, como pueden ser los servicios web, TV interactiva, aplicaciones móviles, etc.

d) Tratamientos que impliquen el uso de categorías especiales de datos a las que se refiere el artículo 9.1 RGPD, de datos relativos a condenas o infracciones penales a los que se refiere el artículo 10 RGPD o de datos que permitan determinar la situación financiera o la solvencia patrimonial o deducir información sobre las personas relacionada con categorías especiales de datos.

e) Tratamientos que impliquen el uso de datos biométricos con el propósito de identificar de manera única a una persona física.

f) Tratamientos que impliquen el uso de datos genéticos para cualquier fin.

g) Tratamientos que impliquen el uso de datos personales a gran escala. Para determinar si un tratamiento se puede considerar a gran escala se considerarían los criterios establecidos en las "Directrices sobre los Delegados de Protección de Datos (DPD)", WP 243 rev. 01, de 13 de diciembre de 2016, del GTA29.

h) Tratamientos que impliquen la asociación, la combinación o el enlace de registros de bases de datos de dos o más tratamientos con finalidades diferentes o por responsables distintos.

i) Tratamientos de datos de sujetos vulnerables o en riesgo de exclusión social, incluyendo datos de menores de 14 años, mayores con algún grado de discapacidad, discapacitados, personas que acceden a servicios sociales y víctimas de violencia de género, así como sus descendientes y personas que estén bajo su guardia y custodia.

j) Tratamientos que impliquen la utilización de nuevas tecnologías o un uso innovador de tecnologías consolidadas, incluyendo la utilización de tecnologías a una nueva escala, con un nuevo objetivo o combinadas con otras, de forma que suponga nuevas formas de recogida y utilización de datos con riesgo para los derechos y libertades de las personas.

k) Tratamientos de datos que impidan a los interesados ejercer sus derechos, utilizar un servicio o ejecutar un contrato, como, por ejemplo, tratamientos en los que los datos han sido recopilados por un responsable del tratamiento distinto al que los va a tratar y aplica alguna de las excepciones sobre la información que debe proporcionarse a los interesados según el artículo 14.5 (b, c, d) RGPD.

De hecho, la AEPD también ha publicado otra Guía (Lista orientativa de tipos de tratamientos que no requieren una evaluación de impacto relativa a la protección de datos según el artículo 35.5 RGPD) que, *sensu contrario*, establece una lista orientativa de aquellos tratamientos que, merced al artículo 35.5 RGPD, no requerirían de esta evaluación:

a) Tratamientos que se realizan estrictamente bajo las directrices establecidas o autorizadas con anterioridad mediante circulares o decisiones emitidas por las autoridades de control, en particular la AEPD, siempre y cuando el tratamiento no se haya modificado desde que fue autorizado.

b) Tratamientos que se realizan estrictamente bajo las directrices de códigos de conducta aprobados por la Comisión Europea o las autoridades de control, en particular la AEPD, siempre y cuando una evaluación de impacto completa haya sido realizada para la validación del código de conducta y el tratamiento se implementa incluyendo las medidas y salvaguardas definidas en dicha evaluación.

c) Tratamientos que sean necesarios para el cumplimiento de una obligación legal, cumplimiento de una misión realizada en interés público o en el ejercicio de poderes públicos conferidos al responsable, siempre que en el mismo mandato legal no se obligue a realizar una evaluación de impacto, y siempre y cuando ya se haya realizado una evaluación de impacto completa.

d) Tratamientos realizados en el ejercicio de su labor profesional por trabajadores autónomos que ejerzan de forma individual, en particular médicos, profesionales de la salud o abogados, sin perjuicio de que pueda requerirse cuando el tratamiento que lleven a cabo cumpla, de forma significativa, con dos o más criterios establecidos en la lista de tipos de tratamientos de datos que requieren evaluación de impacto relativa a protección de datos publicada por la AEPD.

e) Tratamientos obligatorios por ley y realizados con relación a la gestión interna del personal de las pequeñas y medianas empresas con finalidad de contabilidad, gestión de recursos humanos y nóminas, seguridad social y salud laboral, pero nunca relativos a los datos de los clientes.

f) Tratamientos realizados por comunidades y subcomunidades de propietarios tal como se definen en el artículo 2 (a, b y d de la LPH).

g) Tratamientos realizados por colegios profesionales y asociaciones sin ánimo de lucro para la gestión de los datos personales de sus propios asociados y donantes, y en el ejercicio de su labor, siempre que no incluyan en el tratamiento de datos sensibles tales como los que se establecen en el artículo 9.1 RGPD y no sea de aplicación la letra d) del apartado segundo de dicho precepto.

Por lo demás, el artículo 35.6 RGPD establece que, de manera previa a la aprobación de dichos listados, la autoridad de control competente deberá aplicar el mecanismo de coherencia previsto en el artículo 63 RGPD si esas listas comprenden actividades de tratamiento que estén relacionadas con alguna de las siguientes actividades de tratamiento:

a) Con la oferta de bienes o servicios a los interesados o con la observación del comportamiento de estos en varios países comunitarios.

b) Con aquellos casos en los que las actividades de tratamiento puedan afectar de manera sustancial a la libre circulación de datos personales dentro de la Unión Europea.

En cada uno de los dos supuestos anteriormente citados, la autoridad de control deberá comunicar las listas al CEPD, que viene a reemplazar al GTA29.

Por su parte, el artículo 28.2 LOPDGDD establece que, para la adopción de las medidas técnicas y organizativas adecuadas, los responsables y encargados del tratamiento tendrán en cuenta, en particular, los mayores riesgos que podrían producirse en los siguientes supuestos:

a) Cuando el tratamiento pudiera generar situaciones de discriminación, usurpación de identidad o fraude, pérdidas financieras, daño para la reputación, pérdida de confidencialidad de datos sujetos al secreto profesional, reversión no autorizada de la seudonimización o cualquier otro perjuicio económico, moral o social significativo para los afectados.

b) Cuando el tratamiento pudiese privar a los afectados de sus derechos y libertades o pudiera impedirles el ejercicio del control sobre sus datos personales.

c) Cuando se produjese el tratamiento no meramente incidental o accesorio de las categorías especiales de datos a las que se refieren los artículos 9 y 10 RGPD y 9 y 10 LOPDGDD o de los datos relacionados con la comisión de infracciones administrativas.

d) Cuando el tratamiento implicase una evaluación de aspectos personales de los afectados con el fin de crear o utilizar perfiles personales de los mismos, en particular mediante el análisis o la predicción de aspectos referidos a su rendimiento en el trabajo, su situación económica, su salud, sus preferencias o intereses personales, su fiabilidad o comportamiento, su solvencia financiera, su localización o sus movimientos.

e) Cuando se lleve a cabo el tratamiento de datos de grupos de afectados en situación de especial vulnerabilidad y, en particular, de menores de edad y personas con discapacidad.

f) Cuando se produzca un tratamiento masivo que implique a un gran número de afectados o conlleve la recogida de una gran cantidad de datos personales.

g) Cuando los datos personales fuesen a ser objeto de transferencia, con carácter habitual, a terceros Estados u organizaciones internacionales respecto de los que no se hubiese declarado un nivel adecuado de protección.

h) Cualesquiera otros que, a juicio del responsable del tratamiento o del encargado del tratamiento, pudieran tener relevancia y, en particular, aquellos previstos en códigos de conducta y estándares definidos por esquemas de certificación.

En cambio, tal y como se establece el artículo 35.10 RGPD, la evaluación de impacto no será obligatoria, a menos que así lo establezca el Estado comunitario en cuestión, en aquellos casos en que el tratamiento, de conformidad con las letras c) o e) del artículo 6.1 RGPD, encuentre su legitimación en la normativa comunitaria o en el Derecho interno que sea de aplicación al responsable del tratamiento, este Derecho discipline la operación específica de tratamiento o el conjunto de operaciones de tratamiento de que se trate y ya se haya realizado una evaluación de impacto como parte de una general en el ámbito de la adopción de dicha base jurídica.

Finalmente, el artículo 35.11 RGPD concluye estableciendo que, en caso necesario, el responsable del tratamiento deberá examinar si el tratamiento es conforme con la evaluación de impacto, especificando que así deberá ser, como mínimo, en aquellos casos en que se produzca un cambio del riesgo que representan las operaciones de tratamiento.

En lo que respecta al contenido que ha de tener la evaluación de impacto, el artículo 35.7 RGPD introduce determinados aspectos que, de nuevo, no constituyen una lista *numerus clausus*, sino *numerus apertus*. Tales aspectos son los siguientes:

a) Una descripción sistemática de las operaciones de tratamiento que se prevén y de las finalidades del tratamiento, incluyendo, cuando sea necesario, el interés legítimo perseguido por el responsable del tratamiento.

b) Una evaluación de la necesidad y de la proporcionalidad de las operaciones de tratamiento a realizar en relación con su finalidad.

c) Una evaluación de los riesgos para los derechos y libertades de los interesados a que alude el artículo 35.1 RGPD.

d) Las medidas que se prevén para hacer frente a los riesgos, incluidas las garantías, las medidas de seguridad y los mecanismos que garanticen la protección de los datos personales, y para demostrar la adecuación con la normativa en materia de protección de datos, teniendo en cuenta los derechos e intereses legítimos de los titulares de los datos personales y de cualquier otra persona afectada.

De igual modo, al llevar a cabo una evaluación de impacto, es obligatorio que se tengan en cuenta determinados instrumentos y/o aspectos relevantes. Más concretamente, es necesario tener en cuenta:

a) El cumplimiento de los códigos de conducta. En la realización de la evaluación de impacto, tal y como establece el artículo 35.8 RGPD, tanto el responsable como el encargado del tratamiento tendrán la obligación de considerar el cumplimiento de los códigos de conducta que estén aprobados y a los que aluden los artículos 40 y 41 RGPD.

b) La obtención de la opinión de los interesados o de sus representantes en relación con el tratamiento de datos que se prevea acometer. Ello se realizará por el responsable del tratamiento cuando sea necesario, como dispone el artículo 35.9 RGPD, con independencia de la protección de los intereses públicos o comerciales o de la seguridad de las operaciones de tratamiento.

Además del contenido propio que ha de tener la evaluación de impacto, otro aspecto importante es el relativo a la metodología, la cual ha sido objeto de múltiples documentos en materia de protección de datos por varias autoridades de control nacionales, como sucede con la española (cuya información completa aparece en la web de la AEPD, apartado "Realización de evaluaciones de impacto de protección de datos"), al igual que una guía, específicamente centrada en el responsable del tratamiento y en el encargado del tratamiento, por parte del GTA29 [las, ya conocidas, Directrices sobre la evaluación de impacto relativa a la protección de datos (EIPD) y para determinar si el tratamiento "entraña probablemente un alto riesgo" a efectos del Reglamento (UE) 2016/679].

Poniendo el énfasis en la metodología, debemos centrarnos en el hecho de que será de aplicación aquella relacionada con la gestión de riesgos, si bien, en este supuesto, el riesgo se materializará en la posibilidad de que el interesado padezca un daño en sus derechos y libertades. En este sentido, el daño se produciría sobre el derecho fundamental del interesado a la protección de sus datos personales, aunque debemos tener en cuenta la relación que existe entre este derecho fundamental y otros derechos y libertades. Comoquiera que sea, parecen existir múltiples maneras de llevar a cabo una evaluación de impacto, dependiendo del alcance o de las circunstancias del tratamiento de los datos, si bien lo realmente importante es que la metodología que se emplee sirva para hacer frente a la necesidad de identificación y evaluación de los riesgos que se sucedan y produzcan para la persona física titular de los datos personales objeto de tratamiento.

Más allá de lo anterior, parece evidente que la evaluación de impacto constituye una herramienta de progresiva importancia. Y constituye, de igual modo, una herramienta imprescindible para garantizar que aquellos que realizan tratamientos de datos personales adopten las medidas que sean necesarias para garantizar el derecho fundamental a la protección de datos, al identificar y evaluar más adecuadamente los riesgos que puedan llegar a producirse.

Por lo demás, junto a la evaluación de impacto, y de manera relacionada con ella, está la consulta previa. La consulta previa prevista en el artículo 36 RGPD constituye también un aspecto novedoso de la normativa actual sobre la materia en relación con la DPDP precedente. Esta consulta previa se incorpora como un deber que recae sobre el responsable del tratamiento en aquellos casos en que, habiendo realizado una evaluación de impacto, esta evaluación muestre y ponga de manifiesto que el tratamiento entrañaría un riesgo elevado si el responsable del tratamiento no adopta medidas adecuadas para mitigarlo.

A pesar de que esta obligación incide directamente en el responsable del tratamiento, el encargado del tratamiento tendrá también la obligación de cooperar con él en aquellos casos en que sea necesario y medie una petición del responsable del tratamiento, con el objetivo de garantizar la satisfacción de esta obligación, tal y como establece el considerando 95 RGPD y refuerza el artículo 28.3.f) RGPD.

Así las cosas, si la autoridad de control entiende, como contempla el artículo 36.2 RGPD, que el tratamiento a realizar podría desembocar en una infracción del contenido de la Norma, en especial en aquellos casos en que el responsable del tratamiento no haya procedido a identificar o mitigar de manera suficiente el riesgo, tendrá la obligación, dentro del plazo de ocho semanas a contar desde la solicitud de la consulta previa, de asesorar por escrito al responsable del tratamiento y, en su caso, al encargado del tratamiento, pudiendo emplear cualesquiera de los poderes que se encuentran descritos en el artículo 58 RGPD. Poniendo la atención en la complejidad que conlleva el tratamiento de los datos personales, este período anterior podrá llegar a ser objeto de prórroga seis semanas más, en cuyo caso la autoridad de control deberá informar al responsable del tratamiento y, en su caso, al encargado del tratamiento, de esta decisión dentro del plazo de un mes, a contar desde la recepción de la solicitud de consulta previa, información, esta, en la que se deberá poner de manifiesto las causas que han motivado la prórroga. Atendiendo a los plazos descritos, el último inciso del artículo 36.2 RGPD pone de manifiesto que estos podrán ser objeto de suspensión hasta el momento en que la autoridad de control obtenga la información solicitada a los fines de la consulta.

Asimismo, el artículo 36.5 RGPD establece que el Derecho interno de los Estados miembros podrá exigir al responsable del tratamiento realizar esta consulta previa a la autoridad de control en aquellos casos en que el tratamiento de los datos personales se lleve a cabo por el responsable del tratamiento en el ejercicio de una misión realizada en interés público, en especial el tratamiento en relación con la protección social y la salud pública. En tales supuestos, el responsable del tratamiento tendrá el deber de obtener la autorización previa de la autoridad de control.

Por lo que respecta a la elaboración de la consulta previa a la autoridad de control, el artículo 36.3 RGPD establece que el responsable del tratamiento tendrá la obligación de proporcionar la información que a continuación se indica:

a) En su caso, las responsabilidades respectivas del responsable del tratamiento, de los corresponsables del tratamiento y de los encargados del tratamiento que estén implicados en el tratamiento de los datos personales, en especial, en el supuesto de tratamientos que se produzcan dentro de un grupo de empresas.

b) Las finalidades y los medios del tratamiento que se prevén realizar sobre los datos personales.

c) Las medidas y garantías que se establezcan para garantizar los derechos y libertades de los interesados de acuerdo con la normativa aplicable.

d) En su caso, los datos de contacto del DPO.

e) La evaluación de impacto relativa a la protección de datos personales que se establece en el artículo 35 RGPD.

f) Cualquier otra información que sea solicitada por la autoridad de control.

3. Seguridad de los datos personales. Seguridad técnica y organizativa

El tratamiento de los datos personales llevado a cabo por responsables del tratamiento y encargados del tratamiento (y, en toda su extensión, por corresponsables del tratamiento o subencargados del tratamiento) debe efectuarse "[...] de tal manera que se garantice una seguridad adecuada de los datos personales, incluida la protección contra el tratamiento no autorizado o ilícito y contra su pérdida, destrucción o daño accidental, mediante la aplicación de medidas técnicas u organizativas apropiadas" [artículo 5.1.f) RGPD]. En consecuencia, resulta preciso analizar qué medidas de protección, físicas y lógicas, resultan aplicables, atendiendo a las categorías de datos personales tratados, a las categorías de sujetos titulares de tales datos o al tamaño y a la naturaleza de las organizaciones que intervienen en el tratamiento. Todas estas medidas se encuadran en lo que podemos denominar como seguridad, técnica y organizativa, de los datos personales, que ha de procurar la integridad, la disponibilidad y la confidencialidad de la información conforme a las exigencias del RGPD y de la LOPDGDD.

En la base de esta seguridad se encuentra el artículo 32 del Reglamento, que establece las directrices básicas que se han de satisfacer para implementar este marco de seguridad de los datos personales. Para ello, el precepto establece que:

> «1. Teniendo en cuenta el estado de la técnica, los costes de aplicación, y la naturaleza, el alcance, el contexto y los fines del tratamiento, así como riesgos de probabilidad y gravedad variables para los derechos y libertades de las personas físicas, el responsable y el encargado del tratamiento aplicarán medidas técnicas y organizativas apropiadas para garantizar un nivel de seguridad adecuado al riesgo, que en su caso incluya, entre otros:
> a) la seudonimización y el cifrado de datos personales;
> b) la capacidad de garantizar la confidencialidad, integridad, disponibilidad y resiliencia permanentes de los sistemas y servicios de tratamiento;
> c) la capacidad de restaurar la disponibilidad y el acceso a los datos personales de forma rápida en caso de incidente físico o técnico;
> d) un proceso de verificación, evaluación y valoración regulares de la eficacia de las medidas técnicas y organizativas para garantizar la seguridad del tratamiento.
> 2. Al evaluar la adecuación del nivel de seguridad se tendrán particularmente en cuenta los riesgos que presente el tratamiento de datos, en particular como consecuencia de la destrucción, pérdida o alteración accidental o ilícita de datos personales transmitidos, conservados o tratados de otra forma, o la comunicación o acceso no autorizados a dichos datos.
> 3. La adhesión a un código de conducta aprobado a tenor del artículo 40 o a un mecanismo de certificación aprobado a tenor del artículo 42 podrá servir de elemento para demostrar el cumplimiento de los requisitos establecidos en el apartado 1 del presente artículo.
> 4. El responsable y el encargado del tratamiento tomarán medidas para garantizar que cualquier persona que actúe bajo la autoridad del responsable o del encargado y tenga acceso a datos personales solo pueda tratar dichos datos siguiendo instrucciones del responsable, salvo que esté obligada a ello en virtud del Derecho de la Unión o de los Estados miembros».

Sobre estas cuestiones profundizaremos a lo largo de los capítulos segundo y tercero del presente trabajo.

4. Las violaciones de la seguridad. Notificación de violaciones de seguridad

Otro aspecto a resaltar es la obligación del responsable del tratamiento de comunicar los incidentes (también conocidos como violaciones, brechas o quiebras de seguridad) a la autoridad de control sin dilación indebida y, en principio, dentro del plazo máximo de setenta y dos horas tras haber tenido constancia de los mismos (artículo 33 RGPD). Todo ello salvo que sea improbable que este incidente comporte un riesgo para los derechos y libertades de las personas físicas.

Si la violación de la seguridad comporta un riesgo elevado para los derechos y libertades de las personas físicas, el responsable del tratamiento tendrá la obligación, amén de lo anterior, de comunicar este incidente a los interesados sin dilación indebida (artículo 34 RGPD). No obstante, no se establece qué se ha de entender por riesgo elevado.

En concreto, y por lo que respecta al primero de los supuestos anteriores, el artículo 33.1 RGPD dispone que, en el caso de que tenga lugar una brecha de seguridad, el responsable del tratamiento tendrá el deber de notificarla a la autoridad de control que resulte competente, de acuerdo con lo que establece el artículo 55 RGPD. Y deberá hacerlo sin dilación indebida, en concreto, en las setenta y dos horas siguientes a que haya tenido conocimiento de la misma; de no efectuarse dentro del período descrito, tendrán que acompañarse las razones que lo impidieron, exponiéndolas de forma motivada. Sin embargo, esta obligación de notificación no será necesaria en el supuesto de que exista escasa probabilidad de que tal incidencia en materia de seguridad suponga un riesgo para los derechos y las libertades de los interesados.

En cuanto al contenido de la notificación, la misma deberá (artículo 33.3 RGPD):

> «a) describir la naturaleza de la violación de la seguridad de los datos personales, inclusive, cuando sea posible, las categorías y el número aproximado de interesados afectados, y las categorías y el número aproximado de registros de datos personales afectados;
> b) comunicar el nombre y los datos de contacto del delegado de protección de datos o de otro punto de contacto en el que pueda obtenerse más información;
> c) describir las posibles consecuencias de la violación de la seguridad de los datos personales;
> d) describir las medidas adoptadas o propuestas por el responsable del tratamiento para poner remedio a la violación de la seguridad de los datos personales, incluyendo, si procede, las medidas adoptadas para mitigar los posibles efectos negativos».

Si no fuera posible para el responsable del tratamiento facilitar a la autoridad de control competente toda la información anterior en el plazo indicado, deberá hacerlo gradualmente y, en todo caso (de nuevo, concepto jurídico indeterminado), sin dilación indebida (artículo 33.4 RGPD).

Amén de lo anterior, el responsable del tratamiento tendrá que dejar constancia documental de toda brecha seguridad de los datos, incluyendo los hechos que se relacionen con la misma, qué impacto ha ocasionado y cuáles han sido las medidas correctoras, de cualquier naturaleza, implementadas (artículo 33.5 RGPD). Esta documentación permitirá que la autoridad de control pueda verificar la satisfacción de tales exigencias normativas.

En cuanto al encargado del tratamiento, sobre él se hará recaer igualmente el deber de efectuar la notificación, en este caso a su correspondiente responsable del tratamiento, de toda violación de seguridad de los datos personales (es decir, de todo incidente que afecte a la integridad, confidencialidad y disponibilidad de la información personal del interesado) de la que tenga constancia, tan pronto como llegue a tenerla (artículo 33.2 RGPD).

En cuanto al segundo de los supuestos indicados al inicio del presente apartado, el artículo 34.1 RGPD dispone que, cuando haya probabilidad de que la brecha de seguridad suponga y determine un riesgo alto para los derechos y libertades de los interesados, el responsable del tratamiento deberá efectuar una comunicación a los titulares de los datos personales afectados, y deberá hacerlo igualmente sin dilación indebida. Esta comunicación deberá consistir en una descripción, en un lenguaje claro y sencillo, de la naturaleza del incidente de seguridad y habrá de incluir, al menos, la información descrita en las letras b), c) y d) del precepto inmediatamente anterior (artículo 34.2 RGPD).

Sin embargo, esta comunicación al interesado dejará de ser preceptiva (otra cosa es que resulte conveniente merced al principio de responsabilidad proactiva que configura la normativa actual sobre protección de datos personales) cuando se produzca alguna de las siguientes condiciones (artículo 34.3 RGPD):

> «a) el responsable del tratamiento ha adoptado medidas de protección técnicas y organizativas apropiadas y estas medidas se han aplicado a los datos personales afectados por la violación de la seguridad de los datos personales, en particular aquellas que hagan ininteligibles los datos personales para cualquier persona que no esté autorizada a acceder a ellos, como el cifrado;
> b) el responsable del tratamiento ha tomado medidas ulteriores que garanticen que ya no exista la probabilidad de que se concretice el alto riesgo para los derechos y libertades del interesado a que se refiere el apartado 1;

> c) suponga un esfuerzo desproporcionado. En este caso, se optará en su lugar por una comunicación pública o una medida semejante por la que se informe de manera igualmente efectiva a los interesados».

Por lo demás, en el supuesto de que el responsable del tratamiento no haya realizado todavía la comunicación al titular de los datos de la brecha de seguridad, la autoridad de control, teniendo en consideración la probabilidad de que la misma suponga un alto riesgo para los derechos y libertades del afectado, tendrá la posibilidad de impelerle a que la lleve a cabo o, en su caso, decidir que se cumpla alguna de las condiciones anteriores (artículo 34.4 RGPD).

Finalmente, la disposición adicional novena LOPDGDD se refiere al tratamiento de datos personales respecto a la notificación de incidentes de seguridad, disponiendo lo siguiente:

> «Cuando, de conformidad con lo dispuesto en la legislación nacional que resulte de aplicación, deban notificarse incidentes de seguridad, las autoridades públicas competentes, equipos de respuesta a emergencias informáticas (CERT), equipos de respuesta a incidentes de seguridad informática (CSIRT), proveedores de redes y servicios de comunicaciones electrónicas y proveedores de tecnologías y servicios de seguridad, podrán tratar los datos personales contenidos en tales notificaciones, exclusivamente durante el tiempo y alcance necesarios para su análisis, detección, protección y respuesta ante incidentes y adoptando las medidas de seguridad adecuadas y proporcionadas al nivel de riesgo determinado».

No queda claro, sin embargo, si, como consecuencia de esta la notificación realizada a la autoridad de control de la violación de la seguridad y, si procede, de la comunicación a los interesados afectados, la autoridad de control puede comenzar un expediente sancionador contra la entidad afectada. De ser así, entendemos que la notificación y la comunicación podrían ser consideradas como circunstancias atenuantes de cara a determinar y concretar la sanción que, en su caso, haya de imponérsele.

Hay que destacar que la AEPD ha elaborado un documento de referencia ("Guía para la notificación de brechas de datos personales") que persigue orientar a los responsables de los tratamientos a la hora de cumplir con las obligaciones de notificación y comunicación anteriores. También ha configurado en su sede electrónica un proceso para llevar a efecto dicho cumplimiento ("Notificación de brechas de datos personales a la Autoridad de Control" y "Comunicación de brechas de datos personales a los interesados", dentro de la web de la Agencia), donde se incluyen herramientas para su implementación y seguimiento.

5. El Delegado de Protección de Datos (DPD). Marco normativo

El origen de la figura del DPO se encuentra en Alemania, que se constituyó en el primer país a nivel internacional en instaurar la figura, y lo hizo en su ley Federal de protección de datos personales, conocida como *Beauftragten für den Datenschutz*. Pese a ello, hay quien sostiene que el origen del Delegado de Protección de Datos se produjo en el seno de una empresa alemana, con anterioridad, incluso, a la precitada normativa.

Posteriormente, como consecuencia de una enmienda presentada a la Propuesta de DPDP, expuesta por el Parlamento Europeo, surgió la figura del DPD, o, como fue conocido por entonces, Encargado de la Protección de Datos, según la traducción española, que hizo que terminara introduciéndose en el texto normativo comunitario. Tal y como quedó reflejado en las observaciones concretas a la Posición Común, se permitieron excepciones en el caso de que se designara a un encargado que se ocupase de las tareas descritas y garantizase así que los tratamientos no pudiesen menoscabar los derechos y libertades de las personas afectadas. Más concretamente, el segundo guión del artículo 18.2 DPDP establecía que los Estados miembros tendrían la posibilidad de simplificar u omitir la notificación a la autoridad de control contemplada en el artículo 28 DPDP, con anterioridad a la realización de un tratamiento o de un conjunto de tratamientos, total o parcialmente automatizados, destinados a la consecución de un fin o de varios fines conexos, únicamente cuando el responsable del tratamiento procediera a designar, al amparo del ordenamiento jurídico interno al que se hallase obligado, un Encargado de la Protección de Datos (es decir, un DPO, si lo equiparamos con la figura actual) que tuviera por función, en particular:

a) Exigir la aplicación, en el ámbito interno y de forma independiente, de aquellas disposiciones nacionales adoptadas al amparo de la DPDP.

b) Llevar un registro del conjunto de tratamientos realizados por el responsable del tratamiento que recogiese la información contenida en el apartado el artículo 21.2 DPDP (como mínimo, el nombre y la dirección del responsable del tratamiento y, en su caso, de su representante; el/los objetivo/s del tratamiento; una descripción de la/s categoría/s de interesados y de los datos o categorías de datos a los que se refiere el tratamiento; los destinatarios o categorías de destinatarios a los que se pueden comunicar los datos, y las transferencias de datos previstas a países terceros).

De este modo, se garantizaba que el tratamiento de los datos personales no afectaba negativamente a los derechos y libertades de los titulares de los datos personales, es decir, de los interesados.

Al amparo de esta previsión, varios Estados miembros, como Francia, Suecia, Luxemburgo o Países Bajos, procedieron a contemplar la opción introducida por la Directiva ya derogada (no así España). La experiencia mostrada en estos países fue, en términos generales, positiva, ya que puso de relieve la importancia que tuvo esta figura como elemento esencial a la hora de garantizar una protección efectiva de los datos personales de los interesados en cada uno de los territorios comunitarios en que fue implementada.

Por su parte, algunos Estados no comunitarios procedieron también a adoptarla, y lo hicieron por medio de disposiciones normativas de aplicación en el ámbito público, como fue el caso de Estados Unidos, o en el sector privado, donde destaca México. También procedieron a designar esta figura en ambos sectores, público y privado, en países como Suiza.

Además de estas referencias legales, hay que poner de manifiesto que también el TJUE ha tenido ocasión de pronunciarse en torno a la conveniencia de esta figura en sentencias como la de 9 de noviembre del año 2010, en el caso *Volker und Markus Scheke y Eifert.*

De este modo, correspondía al Encargado de la Protección de Datos llevar un registro de los tratamientos realizados por el responsable del tratamiento, registro que comprendería la información recogida en el apartado segundo del artículo 21 DPDP. Además, establecía que el artículo 18.2 DPDP, en su segundo punto, no atribuía a esta figura la obligación de llevar, con carácter previo al momento en que se realizasen los tratamientos de datos personales de que se tratase, un registro que recogiese la información enumerada en el apartado segundo del artículo 21 de dicha Directiva.

En este sentido, conviene tener también presente que este Encargado ya operaba, con anterioridad, en el contexto de las instituciones y organismos comunitarios, al amparo del, ya derogado, Reglamento (CE) nº 45/2001. Más concretamente, el artículo 24.1 de este Reglamento establecía que cada institución y cada organismo comunitario debería nombrar, como mínimo, a una persona para que desempeñase su labor como responsable de la protección de los datos. Las disposiciones del precitado Reglamento han sido objeto de análisis e interpretación, en gran parte, por el SEPD, constituyendo las guías resultantes un gran punto de referencia a tener en cuenta en lo que respecta a la implementación de la figura del DPO en la actualidad.

Por último, en el caso del sector público, las autoridades con competencia para prevenir, investigar, detectar o enjuiciar aquellas infracciones de naturaleza penal o ejecutar sanciones penales, donde se incluyen la prevención y protección con respecto a amenazas para la seguridad pública, estaban obligadas, con carácter general, a nombrar esta figura, al amparo de la DPDP, respecto de aquellos datos personales objeto de tratamiento con fines policiales y judiciales. Todo ello de conformidad con la Directiva (UE) 2016/680 del Parlamento Europeo y del Consejo, de 27 de abril de 2016, relativa a la protección de las personas físicas en lo que respecta al tratamiento de datos personales por parte de las autoridades competentes para fines de prevención, investigación, detección o enjuiciamiento de infracciones penales o de ejecución de sanciones penales, y a la libre circulación de dichos datos y por la que se deroga la Decisión Marco 2008/977/JAI del Consejo (DOUE L 119/89, de 04 de mayo de 2016).

Así las cosas, llegamos a la normativa actual en materia de protección de datos personales, representada por el Reglamento General de Protección de Datos, que se ve complementado, en nuestro ordenamiento jurídico interno, por la LOPDGDD. Más concretamente, a lo largo del apartado siguiente, analizaremos los preceptos que regulan la figura del DPO, ubicados en los artículos 37 a 39 RGPD y 34 a 37 LOPDGDD, que ponen de relieve la importancia y trascendencia que adquiere esta figura dentro del ordenamiento jurídico, tanto comunitario como nacional, de los Estados miembros.

6. Códigos de conducta y certificaciones

Los códigos de conducta encuentran nueva regulación en los artículos 40 y 41 RGPD y en el artículo 38 LOPDGDD.

De acuerdo con el artículo 40.1 RGPD, los Estados miembros, las distintas autoridades de control, el Comité y la Comisión deberán promover la elaboración de códigos de conducta que permitan coadyuvar a una adecuada aplicación de la normativa vigente, teniendo en cuenta las peculiaridades propias de las distintas áreas a las que pretendan aplicarse, así como las necesidades concretas evidenciadas en las microempresas y en las pequeñas y medianas empresas. Así contemplados, los códigos de conducta persiguen hacer más fácil la adecuación a las distintas obligaciones impuestas por la regulación actual sobre la materia, ya que establecen e incorporan orientaciones adecuadas y una mayor precisión a los distintos operadores jurídicos. En este sentido, uno de los aspectos más favorables que trae consigo la implementación de estos códigos de conducta es su flexibilidad, situándolos en una posición muy favorable a la hora de perfilar, aclarar o concretar los principios contemplados en sectores del todo cambiantes, como son aquellos surgidos al amparo de las TIC. Para ello, como establece el considerando 99 RGPD, se confía a las asociaciones y a otros organismos representativos de responsables y encargados del tratamiento la facultad de tomar la iniciativa y de plantear la elaboración de códigos de conducta que persigan explicitar el cumplimiento normativo.

Así es. En los considerandos previos al articulado del Reglamento General de Protección de Datos se anticipa uno de los aspectos más relevantes de los códigos de conducta, como es su aptitud para demostrar el cumplimiento de los deberes y obligaciones legalmente impuestas. Y ello, como pone de manifiesto el considerando 148 RGPD, hasta el punto de incorporar la adhesión o no a códigos de conducta como una de las circunstancias que pueden llegar a agravar o atenuar la responsabilidad en que puede incurrir el responsable del tratamiento.

Ello tiene su plasmación en el artículo 24.3 RGPD, que regula los deberes del responsable del tratamiento, estableciendo que la adhesión a códigos de conducta aprobados de conformidad con el artículo 40 RGPD podrá llegar a ser utilizada como elemento para poder demostrar el cumplimiento de las obligaciones que corresponden al responsable del tratamiento. En términos similares y en relación con el encargado del tratamiento, el artículo 28.5 RGPD sostiene que la decisión del encargado del tratamiento de adherirse a un código de conducta podrá considerarse como elemento a tener en cuenta con el fin de demostrar la adopción de garantías adecuadas y suficientes para el cumplimiento de los apartados 1 y 4 de dicho precepto. De igual modo, al analizarse la cuestión relativa a la seguridad de los datos, contemplada en el artículo 32 RGPD, su apartado tercero contempla que la adhesión a un código de conducta podrá constituir un elemento suficiente para poder acreditar el cumplimiento de los requisitos contemplados en el artículo 32.1 RGPD, requisitos que obligan al responsable y al encargado del tratamiento a garantizar un nivel de seguridad adecuado al riesgo para los derechos y libertades de las personas.

Todos los supuestos antes mencionados conllevan un principio de prueba del cumplimiento de determinadas obligaciones impuestas, constituyendo un indicio para poder demostrar la satisfacción de estos deberes por medio de la adhesión a códigos de conducta previamente implementados y aprobados y que, en definitiva, habrán de ser considerados por la autoridad de control como un elemento adicional de cara a demostrar el cumplimiento de dicha regulación. Tal es así que la adhesión a un código de conducta supone una más que probable ventaja para aquel responsable o encargado del tratamiento que haya incumplido determinadas obligaciones, sirviendo, en principio, como atenuante para la autoridad de control a la hora de concretar y determinar si ejercita o no la potestad sancionadora que le es inherente y, de ser así, la cuantía de la sanción a imponer.

En consecuencia, parece coherente con la lógica de la responsabilidad que el responsable o encargado del tratamiento, cuyas prácticas en el tratamiento de datos se hayan ajustado frecuentemente a lo establecido en el código de conducta, sea favorecido con esta atenuación de la responsabilidad. Ahora bien, de acuerdo a las consideraciones más elementales relacionadas con el principio de la buena fe, la mera adhesión a un código de conducta no conllevaría una mitigación de la responsabilidad, antes al contrario, podría llegar a agravarla si el responsable o el encargado del tratamiento adherido a un código de conducta lo incumple de forma reiterada, defraudando, así, la confianza que, de manera ilegítima, ha ido generando a los afectados.

Comoquiera que sea, en el considerando 98 RGPD se anticipa que los códigos de conducta persiguen más fácilmente el cumplimiento efectivo de la normativa. Como decíamos, a través de estos códigos de conducta se individualiza a un determinado ámbito de actividad el conjunto de deberes que corresponden a responsables y encargados del tratamiento (deberes que pueden variar dependiendo del riesgo que el tratamiento conlleve para los derechos y libertades del interesado). Para que el código de conducta pueda aprobarse, habrá de comportar un valor añadido desde un punto de vista de la claridad y de la transparencia, con el fin de que se aproxime, de la manera más favorable posible, a los problemas concretos que conlleve el tratamiento en un área específica, aportando respuestas adecuadas. Si el resultado es satisfactorio, los sujetos obligados podrán vislumbrar de un modo más accesible el conjunto de obligaciones impuestas por la regulación aplicable, pudiendo satisfacer más adecuadamente las mismas y contribuir a crear, de este modo, una mayor confianza por parte de los interesados.

En este sentido, el artículo 40.2 RGPD, partiendo de la previsión general establecida por el apartado precedente, dispone que, tanto las asociaciones como otros organismos que actúen como representantes de determinadas categorías de responsables y de encargados del tratamiento, tendrán la facultad de confeccionar códigos de conducta o de rectificar o incrementar aquellos con el objetivo de explicitar el cumplimiento de la regulación aplicable en lo que se refiere a:

a) Cómo se garantizará un tratamiento de los datos personales leal y transparente.

b) Cómo se justificarán los intereses legítimos perseguidos por responsables del tratamiento en áreas concretas como base jurídica del tratamiento de los datos personales del interesado.

c) Cómo deberá ser la recogida de los datos personales del interesado.

d) Cómo se llevará a cabo la seudonimización de datos como medida de seguridad.

e) Cuál será la información a proporcionar al público y a los interesados en torno a las circunstancias que rodean el tratamiento de los datos personales.

f) Cómo podrán ejercitarse los derechos que corresponden al interesado.

g) Cómo se satisfará el deber de información a proporcionar cuando el interesado sea un niño y la protección de este, así como la manera de obtener el consentimiento de los titulares de la patria potestad o tutela sobre el menor.

h) Cuál será el conjunto de medidas y procedimientos a que aluden los preceptos que regulan la responsabilidad del responsable del tratamiento y que contemplan el principio de protección de datos desde el diseño y por defecto, al igual que las medidas técnicas y organizativas que se estiman adecuadas para un nivel de seguridad acorde al riesgo.

i) Cómo será el modo en que se llevará a cabo la notificación de las violaciones de seguridad de los datos a la autoridad de control, así como, cuando proceda, la comunicación al interesado.

j) Cuál será la forma en que habrán de realizarse transferencias de datos personales a terceros países u organizaciones internacionales.

k) Cuáles serán los procedimientos de naturaleza extrajudicial, así como aquellos otros procedimientos para la resolución de conflictos, que hagan posible la solución de las controversias que puedan surgir entre los responsables del tratamiento y los interesados en cuestiones relativas al tratamiento de los datos de estos, con independencia de los derechos que a estos corresponden a presentar una reclamación ante una autoridad de control (artículo 77 RGPD) y a la tutela judicial efectiva contra una autoridad de control (artículo 78 RGPD).

Sobre la base de lo anterior, tales asociaciones u organismos de categorías específicas de responsables o de encargados del tratamiento podrán propiciar la elaboración de códigos de conducta adaptados a áreas de actividad determinadas. Estas asociaciones y organismos, merced a lo establecido por el artículo 40.5 RGPD, tendrán la posibilidad de presentar un proyecto que abarque la totalidad del contenido descrito en las letras anteriores o sólo algunas de estas letras, siempre con la condición de que aporten valor añadido al código de conducta en cuanto instrumento que sirve para promover una más adecuada aplicación de la normativa. Además, el código de conducta habrá de estar relacionado con la naturaleza y con los previsibles riesgos que puedan llegar a generar al tratamiento, además de, entre otros aspectos, con la condición de los interesados. En cualquier caso, la autoridad de control competente deberá dictaminar si el proyecto de código o la pretendida modificación o ampliación es acorde con la normativa, aprobando el proyecto, la modificación o la ampliación si entiende óptimas y adecuadas las garantías aportadas para la satisfacción de los principios y obligaciones previstos.

Sí se contemplan, dentro del artículo 40.4 RGPD, como elemento necesariamente integrante del contenido que ha de tener todo código de conducta, aquellos mecanismos que posibiliten a la autoridad de control llevar a cabo el control del cumplimiento de sus disposiciones por parte de los responsables o de los encargados del tratamiento que adquieran el compromiso de satisfacerlo.

Por lo demás, los artículos 40.3 RGPD y 46.2.b) RGPD prevén que la adhesión a un determinado código de conducta que haya sido aprobado y que tenga validez general, además de los compromisos contractuales que en él se inserten, vinculantes y exigibles, sean considerados como garantías adecuadas a los efectos contemplados en el artículo 46.1 RGPD. Ello hará posible que, sin necesidad de obtener la autorización de la autoridad de control, las transferencias de datos personales a terceros países u organizaciones internacionales no requieran de una decisión de adecuación al amparo del artículo 45 RGPD.

En cuando al procedimiento para elaborar, modificar o ampliar un código de conducta iniciado por asociaciones y organismos que representan determinadas categorías de promotores o encargados del tratamiento. La preparación del proyecto comporta, en sí, una complejidad notoria. Es, este, un procedimiento que se pretende que sea participativo y que origine una conversación a diferentes niveles con el objetivo de concretar y determinar la posible adecuación con la normativa aplicable, así como la conformidad y potencialidad de las garantías que se pretenden prestar. De ser así, la autoridad pública dará su aprobación al código de conducta, con el grado que corresponda, disponiéndose para ser publicado y registrado.

Si los códigos de conducta únicamente se refieren a actividades de tratamiento desarrolladas en un sólo Estado miembro, el nivel de complejidad inmanente a su elaboración, como es obvio, se verá notablemente reducido. En este sentido, el artículo 40.5 RGPD establece que el proyecto de código de conducta, su modificación o su ampliación, serán presentados a la autoridad de control competente al amparo del artículo 55 RGPD. Esta autoridad de control deberá dictaminar si este proyecto de código, su modificación o ampliación, son adecuadas; de ser aprobados (artículo 40.6 RGPD) de acuerdo con el apartado quinto, la autoridad de control procederá a registrar y publicar el código de conducta atendiendo a las funciones y poderes que le atribuyen los artículos 57 y 58 RGPD.

Si, por el contrario, los códigos de conducta se refieren a actividades de tratamiento desplegadas en varios Estados miembros, el artículo 40.7 RGPD establece que, antes de aprobarse, modificarse o ampliarse, habrán de ser presentados a la autoridad de control competente para que esta los presente al CEPD. Para ello, deberá emplear el mecanismo de coherencia previsto en el artículo 63 RGPD, con el fin de que dicho Comité determine si el proyecto de código de conducta, su modificación o ampliación son conformes con la regulación. Si el dictamen a que alude el artículo 64.1.b) RGPD establece la adecuación a esta normativa, el proyecto de código de conducta podrá considerarse aprobado con el ámbito de aplicación previsto de manera inicial en el proyecto, debiendo el CEPD presentar, a continuación, el dictamen elaborado a la Comisión, como dispone el artículo 40.8 RGPD, a fin de hacer posible el reconocimiento de su validez general. En cambio, si el dictamen tuviera un resultado negativo, cabe la posibilidad de establecer un determinado diálogo que permitirá concluir con la presentación de un proyecto de decisión modificado por parte de la autoridad de control, al amparo del artículo 64.7 RGPD; el objetivo que se perseguiría con ello sería el de obtener una decisión positiva en el sentido, bien de desistir, bien, en caso de mantener su proyecto originario en términos idénticos a pesar del dictamen negativo, de imponer una decisión vinculante, de acuerdo a lo establecido en el artículo 65 RGPD.

Como paso previo a las fases contempladas en los apartados 7 y 8 del artículo 40 RGPD, el apartado 9 contempla que la Comisión tendrá la facultad de decidir, por medio de la adopción de actos de ejecución, que un determinado código de conducta, su modificación o su ampliación, tenga validez general dentro del territorio comunitario, adoptándose dichos actos de ejecución de acuerdo con el procedimiento de examen previsto en el artículo 93.2 RGPD. En este caso, la Comisión dará una publicidad adecuada a los códigos de conducta aprobados, cuya validez general haya sido decidida, a nivel de toda la Unión Europea (artículo 40.10 RGPD).

No obstante, estos principios procedimentales habrán de ser detallados por parte de los responsables públicos, en especial el Comité, con el objetivo de garantizar una aplicación adecuada de la normativa, por medio de la adopción de directrices, recomendaciones y buenas prácticas a que alude el artículo 70.1.e) RGPD, en relación con la letra n) del mismo apartado y precepto. Además, pretendiendo que los códigos de conducta que hayan sido aprobados puedan ser debidamente conocidos en todos los niveles posibles, y con independencia de cualesquiera otros deberes de publicidad que legalmente se impongan, el artículo 40.11 RGPD contempla la obligación del CEPD de archivar en un único registro todos los códigos de conducta, modificaciones y ampliaciones aprobados, poniéndolos a disposición pública a través de un medio que se estime adecuado a estos efectos.

De igual modo, con el fin de que los códigos de conducta que resulten aprobados puedan producir los efectos contemplados y no se limiten a ser una mera declaración de intenciones, es preciso contar con una serie de mecanismos de supervisión y control para garantizar que su cumplimiento es efectivo; de lo contrario, no conseguirán el fin básico de generar la confianza pretendida. En este sentido, es preciso aludir al artículo 41 RGPD, que regula la supervisión de aquellos códigos de conducta que hayan sido previamente aprobados. Su apartado primero establece que, con independencia de los poderes y funciones atribuidos a la autoridad de control competente, estará facultado para vigilar e inspeccionar la correcta ejecución de aquellos códigos de conducta aprobados al amparo del artículo 40 RGPD un organismo que cuente con un nivel aceptable de pericia de acuerdo con el fin perseguido por el código de conducta y que, con carácter previo, haya recibido una acreditación para la consecución de este objetivo por parte de la autoridad de control competente. Este mismo código de conducta, tal y como dispone el artículo 40.4 RGPD, habrá de incluir los mecanismos que hagan posible a este organismo el preceptivo control del cumplimiento de sus disposiciones. Por lo demás, este organismo de supervisión podrá ser acreditado para poder realizar la supervisión del cumplimiento de un código de conducta siempre que se cumplan las siguientes circunstancias (artículo 41.2 RGPD):

a) Que haya podido demostrar suficientemente, a tenor del criterio de la autoridad de control competente, su independencia y su pericia en consideración al código de conducta de que se trate.

b) Que haya confeccionado una serie de procedimientos que le permitan poder realizar una evaluación satisfactoria de la aptitud de los responsables y de los encargados del tratamiento correspondientes para poder aplicar el código de conducta, llevar a cabo la supervisión de la realización de sus disposiciones y analizar de manera regular o periódica su ejecución adecuada.

c) Haber definido todos los procedimientos y estructuras que estime adecuados y satisfactorios para atender todas aquellas reclamaciones que estén relacionadas con incumplimientos del contenido del código de conducta o el modo en que este ha sido o está siendo ejecutado por un determinado responsable o encargado del tratamiento, así como para hacer que dichos procedimientos y estructuras sean transparentes para el público, en general, y para los interesados, en particular.

d) Haber acreditado, de manera suficiente a tenor del criterio de la autoridad de control competente, que las funciones y cometidos que tiene atribuidos no generarán conflicto alguno de intereses.

Es, este, un control preceptivo, de conformidad con el artículo 41.1 RGPD, habiendo de adoptar el organismo de supervisión todas aquellas medidas que resulten apropiadas, con sujeción a garantías adecuadas, para el supuesto en el que se produzca una infracción del código de conducta, incluida la suspensión o exclusión del mismo. Además, será preciso que este control y supervisión lo realice con la diligencia adecuada, ya que, de lo contrario, podrán imponerse multas ciertamente importantes al amparo del artículo 83.4.c) RGPD. En este sentido, conviene hacer mención al error detectado en la versión española del RGPD, publicada en el DOUE, más concretamente, en el artículo 83.4.c) RGPD, ya que, donde alude a las obligaciones que corresponden a la autoridad de control al amparo del artículo 41.4 RGPD, tendría que haberse referido al incumplimiento de las obligaciones que corresponden al organismo de supervisión del código de conducta por mor del artículo 41.4 RGPD.

Por lo que respecta a aquellas medidas que pueden ser adoptadas por el organismo de supervisión del código de conducta para poder realizar la supervisión y, en consecuencia, obligar a su satisfacción por parte de los organismos adheridos, así como el cese en su incumplimiento, serán posibles todas las que resulten adecuadas a este objetivo y, como tales, se hayan contemplado en el código de conducta. Se incluirían, aquí, las auditorías o los procedimientos para reparar el daño ocasionado al interesado como consecuencia de la comisión de una infracción al código de conducta y que, muy probablemente, llevará aparejado un incumplimiento de la normativa sobre protección de datos. En cualquier caso, será necesario, para proceder a adoptar tales medidas (que pueden acarrear la suspensión —cautelar o definitiva— y la exclusión), respetar unas determinadas garantías que sean satisfactorias, relacionadas con el principio de audiencia y de contradicción. Y, esto, teniendo en cuenta las funciones y poderes atribuidos a la autoridad de control competente al amparo de los artículos 57 y 58 RGPD, siendo con esta autoridad de control con la que el organismo de supervisión habrá de estar en permanente contacto, comunicándole, incluso, aquellos posibles incumplimientos de la normativa por cualquier organismo que esté adherido al código de conducta.

Por último, al amparo del artículo 41.6 RGPD, se ha de exceptuar la necesidad de supervisión, por parte de un organismo al amparo del artículo 41 RGPD, a aquellos tratamientos que sean realizados por parte de autoridades y organismos de naturaleza pública.

Como hemos podido observar, el organismo de supervisión ha de contar con un elevado grado de pericia, de conocimiento y de experiencia en el área sujeta a la supervisión, cual es la de protección de datos a través de un instrumento de corregulación. Además de ello, este organismo de supervisión habrá de contar con la acreditación emitida por parte de la autoridad de control competente [artículos 41.1 y 57.1.q), ambos del RGPD).

En cuanto a la naturaleza y a los efectos que conllevan los códigos de conducta, del modo en que se configuran en la normativa actual, no responden a un fenómeno de autorregulación en el sentido estricto del término, al menos no como un sistema de control endogámico. También se encuentra la resolución de la autoridad de control, en virtud de la cual un código de conducta habrá de ser impugnado por medio de las vías de recursos pertinentes. Al amparo de los citados elementos, puede concluirse que los códigos de conducta constituyen un fenómeno de corregulación.

En cuanto a los principales efectos que pueden conllevar estos códigos de conducta, podemos subrayar los siguientes:

a) El efecto clarificador que presentan y su finalidad orientada a garantizar una correcta satisfacción del contenido de la normativa sobre protección de datos.

b) La presunción de cumplimiento asociada a la adhesión a un determinado código de conducta aprobado.

c) La consecuente percepción que la adhesión a un determinado código de conducta comporta como circunstancia atenuante (aunque, como dijimos, también podría resultar agravante) de la responsabilidad de naturaleza administrativa.

d) La exigencia de que sea tomado en consideración el cumplimiento de los códigos de conducta en la evaluación de impacto relativa a la protección de datos (artículo 35.8 RGPD).

e) La posibilidad de que la adhesión a un código de conducta pueda llegar a dar cobertura a la realización de transferencias de datos personales a terceros países u organizaciones internacionales, al amparo del apartado artículo 46.2 RGPD.

f) Como efecto fundamental, que sobrepasa lo estrictamente jurídico, el potencial que tiene la adhesión a un determinado código de conducta para suscitar la necesaria confianza y seguridad jurídica a la persona titular de los datos, ya que permite una protección favorable de los derechos que le corresponden. También para los operadores económicos, toda vez que un código de conducta, al concretar y determinar los principios de la normativa sobre protección de datos para el área de actividad concreta a que se dedican, podrá aportar un marco de certeza que contribuirá favorablemente a la evolución de la economía digital.

En definitiva, los códigos de conducta están configurados para contribuir positivamente a clarificar aspectos de obligado cumplimiento, abordando, de manera adecuada, problemas específicos originados por el tratamiento de datos personales del interesado en un ámbito concreto de actividad, aportando respuestas y generando confianza, además de imprimir efectos favorables para los propios obligados adheridos, ya que, de otro modo, carecería de alicientes suficientes para poder implementar el arduo camino que conlleva la elaboración o la adhesión.

Por último, el artículo 38 LOPDGDD, partiendo de la previsión expuesta por el RGPD, dispone lo siguiente:

> «1. Los códigos de conducta regulados por la Sección 5.ª del Capítulo IV del Reglamento (UE) 2016/679 serán vinculantes para quienes se adhieran a los mismos.
> Dichos códigos podrán dotarse de mecanismos de resolución extrajudicial de conflictos.
> 2. Dichos códigos podrán promoverse, además de por las asociaciones y organismos a los que se refiere el artículo 40.2 del Reglamento (UE) 2016/679, por empresas o grupos de empresas así como por los responsables o encargados a los que se refiere el artículo 77.1 de esta ley orgánica.
> Asimismo, podrán ser promovidos por los organismos o entidades que asuman las funciones de supervisión y resolución extrajudicial de conflictos a los que se refiere el artículo 41 del Reglamento (UE) 2016/679.
> Los responsables o encargados del tratamiento que se adhieran al código de conducta se obligan a someter al organismo o entidad de supervisión las reclamaciones que les fueran

formuladas por los afectados en relación con los tratamientos de datos incluidos en su ámbito de aplicación en caso de considerar que no procede atender a lo solicitado en la reclamación, sin perjuicio de lo dispuesto en el artículo 37 de esta ley orgánica. Además, sin menoscabo de las competencias atribuidas por el Reglamento (UE) 2016/679 a las autoridades de protección de datos, podrán voluntariamente y antes de llevar a cabo el tratamiento, someter al citado organismo o entidad de supervisión la verificación de la conformidad del mismo con las materias sujetas al código de conducta.
En caso de que el organismo o entidad de supervisión rechace o desestime la reclamación, o si el responsable o encargado del tratamiento no somete la reclamación a su decisión, el afectado podrá formularla ante la Agencia Española de Protección de Datos o, en su caso, las autoridades autonómicas de protección de datos.
La autoridad de protección de datos competente verificará que los organismos o entidades que promuevan los códigos de conducta, han dotado a estos códigos de organismos de supervisión que reúnan los requisitos establecidos en el artículo 41.2 del Reglamento (UE) 2016/679.
3. Los códigos de conducta serán aprobados por la Agencia Española de Protección de Datos o, en su caso, por la autoridad autonómica de protección de datos competente.
4. La Agencia Española de Protección de Datos o, en su caso, las autoridades autonómicas de protección de datos someterán los proyectos de código al mecanismo de coherencia mencionado en el artículo 63 de Reglamento (UE) 2016/679 en los supuestos en que ello proceda según su artículo 40.7. El procedimiento quedará suspendido en tanto el Comité Europeo de Protección de Datos no emita el dictamen al que se refieren los artículos 64.1.b) y 65.1.c) del citado reglamento.
Cuando sea una autoridad autonómica de protección de datos la que someta el proyecto de código al mecanismo de coherencia, se estará a lo dispuesto en el artículo 60 de esta ley orgánica.
5. La Agencia Española de Protección de Datos y las autoridades autonómicas de protección de datos mantendrán registros de los códigos de conducta aprobados por las mismas, que estarán interconectados entre sí y coordinados con el registro gestionado por el Comité Europeo de Protección de Datos conforme al artículo 40.11 del citado reglamento.
El registro será accesible a través de medios electrónicos.
6. Mediante real decreto se establecerán el contenido del registro y las especialidades del procedimiento de aprobación de los códigos de conducta».

Por lo que respecta a los mecanismos de certificación, la inclusión de los mismos en la normativa actual sobre protección de datos constituye una novedad. En nuestro país, conviene aludir al caso del Plan Estratégico 2015/2019, donde la AEPD introdujo la certificación en su eje estratégico relacionado con la prevención para una protección más adecuada y efectiva, en el que indicaba que "[…] los esquemas de certificación se presentan cada vez más, como herramientas útiles para conseguir en la práctica mayores niveles de protección", previendo que una de las actuaciones más importantes a acometer consistiría en la evaluación de los modelos de certificación y de acreditación del cumplimiento de la nueva regulación sobre la materia.

Así las cosas, el artículo 42.1 RGPD establece que cada uno de los Estados miembros, las autoridades de control, el Comité y la Comisión Europea promoverán la creación de mecanismos de certificación sobre protección de datos, así como de sellos y marcas de protección de datos, con el objetivo de acreditar el cumplimiento por responsables y los encargados del tratamiento. De modo general, podríamos conceptualizar la certificación como aquella acción implementada por parte de un organismo independiente a las partes interesadas a través de la cual se pone de manifiesto que una determinada organización, producto, proceso o servicio, satisface las exigencias contempladas en unas normas o especificaciones técnicas determinadas. Conviene precisar que estos organismos de certificación tendrán que reunir determinadas características esenciales, no sólo en lo que atañe a sus propiedades o aptitudes, reuniendo la pericia y experiencia exigidas, sino también en relación con su actuación profesional, garantizando que estemos en presencia de organismos que cuenten con un prestigio públicamente reconocido.

Tal y como establece el precepto 42.3 RGPD, estos mecanismos de certificación tendrán carácter optativo, voluntario, estando a disposición por medio de un procedimiento caracterizado por la transparencia. En cuanto a la validez temporal de estos mecanismos, el artículo 42.7 RGPD indica que esta será de un máximo de tres años, si bien existe la posibilidad de que sean renovados bajo la condición de que las exigencias requeridas inicialmente sigan siendo satisfechas.

Atendiendo a los mecanismos de certificación, se contempla, de un modo específico, la certificación en materia de protección de datos con la finalidad de demostrar los siguientes aspectos:

a) El cumplimiento por responsables y encargados del tratamiento, tal y como dispone el artículo 42.1 RGPD.

b) La presencia de garantías apropiadas propuestas por responsables o encargados del tratamiento que no estén sujetos al contenido de esta nueva normativa de acuerdo con el artículo 42.3 RGPD, en el contexto de transferencias internacionales de datos personales, de conformidad con lo establecido por el artículo 46.2.f) RGPD (artículo 42.2 RGPD).

Los mecanismos de certificación deberán asumir un rol esencial en materia de protección de datos, lo que se traduce en la obligación de que tanto las autoridades de control como el Comité los promuevan. Más específicamente, estos mecanismos constituyen un elemento compacto para, además de otras finalidades, incrementar la claridad y la satisfacción con la nueva regulación, tal y como establece el considerando 100 RGPD, teniendo en cuenta todo lo que ello implica de cara a la protección eficaz de los titulares de los datos.

Por lo demás, serán los organismos o entidades de certificación acreditados, tal y como establece el artículo 42.5 RGPD, quienes expidan la certificación. Para ello, deberán estar homologados. Sin embargo, conviene tener presente que este artículo establece que la certificación podrá llegar a ser emitida por estos organismos de certificación o, incluso, por parte de la autoridad de control competente.

Asimismo, se establece que, en relación con los organismos de certificación, la emisión de la certificación habrá de hacerse al amparo de los requisitos que hayan sido establecidos y aprobados por parte de la autoridad de control, haciendo remisión a las funciones que a esta corresponden al amparo del artículo 58.3, o por parte del Comité, de acuerdo con lo establecido en el artículo 63, ambos del RGPD.

Tal y como establece el artículo 43.2 RGPD, el organismo de certificación habrá de aglutinar una serie de requisitos con el fin de llegar a ser acreditado por parte de las autoridades competentes. En concreto:

a) Habrán de ser independientes, siguiendo el artículo 43.2.a) RGPD.

b) Tendrán que ser también transparentes, requisito, este, que habrá de respetarse no sólo en lo que respecta al procedimiento de certificación (artículo 42.3 RGPD), sino también en aquellos procesos y estructuras necesarias para poder interponer reclamaciones relacionadas con las infracciones de la certificación o a cómo haya sido o esté siendo esta ejecutada por parte de los responsables del tratamiento o encargados del tratamiento [artículo 43.2.d) RGPD].

c) Deberán actuar con la pericia exigida [artículo 43.2.a) RGPD].

d) Deberán realizar su actividad de manera profesional, lo que se traduce, entre otros aspectos, en que acaten las exigencias impuestas por la autoridad de control o por el Comité [artículo 43.2.b) RGPD].

e) Habrán de reunir los medios necesarios para llevar a cabo la actividad que le es propia. Más específicamente, será obligatorio que hayan implementado procesos para la expedición, revisión y retirada de certificaciones [artículo 43.2.c) RGPD], así el análisis y resolución de las reclamaciones relacionadas con incumplimientos o con el modo en que esta ha sido o esté siendo objeto de incumplimiento.

f) Habrán de demostrar que sus funciones y cometidos no ocasionan conflicto de intereses [artículo 43.2.e) RGPD].

Por lo que respecta a las funciones que habrán de ser desempeñadas, el artículo 42.6 RGPD alude al deber de los responsables o de los encargados del tratamiento de proporcionar toda la información y acceso en relación con sus actividades de tratamiento que sean necesarios para poder atender el procedimiento de certificación.

Asimismo, en el artículo 43.1 RGPD se establece el deber que corresponde a cada uno de los países que integran la Unión Europea de asegurar la acreditación, siempre que se satisfagan las exigencias requeridas, por parte de la autoridad de control, el organismo nacional de certificación o, incluso, los dos. En este sentido, de conformidad con lo establecido por el artículo 43.3 RGPD, hay que tener en cuenta que, en función del organismo que lleve a cabo la acreditación al organismo de certificación, deberá respetar, tratándose de una autoridad de control, las exigencias aprobadas por esta o por parte del Comité; en cambio, si quien lleva a cabo la acreditación es un organismo nacional de acreditación, las exigencias impuestas por la autoridad de control y/o el Comité deberán complementar las previstas en el Reglamento (CE) nº 765/2008 del Parlamento Europeo y del Consejo, de 9 de julio de 2008, por el que se establecen los requisitos de acreditación y vigilancia del mercado relativos a la comercialización de los productos y por el que se deroga el Reglamento (CEE) nº 339/93 (DOUE L 218/30, de 13 de agosto de 2008), así como las normas técnicas que detallan los mecanismos y los procesos de los organismos de certificación.

No obstante, la acreditación efectuada a un organismo de certificación podrá ser anulada, de acuerdo al artículo 43.7 RGPD, por parte de autoridad de control o del organismo nacional de acreditación en el supuesto de que no sean satisfechas las exigencias necesarias para proceder a dicha acreditación o hayan dejado de cumplirse, o si la actuación de dicho organismo de certificación infringe el RGPD. Entre estas obligaciones se incluyen las relacionadas con la obligación de responder de la correcta evaluación de cara a la certificación o revocación de la certificación (artículo 43.4 RGPD), así como con el deber de comunicar a las autoridades de control competentes los motivos de la emisión de la certificación solicitada o de su revocación (artículo 43.5 RGPD).

También hay que destacar que el Reglamento General de Protección de Datos contempla una serie de funciones y poderes, tanto de las autoridades de control como del Comité, en relación con la certificación.

Por lo que respecta a las autoridades de control, se incorporan las siguientes funciones:

a) Fomentar la creación de mecanismos de certificación [artículo 57.1.n) RGPD].

b) Aprobar los criterios de certificación [artículo 57.1.n) RGPD].

c) Revisar, de forma periódica, las certificaciones expedidas [artículo 57.1.o) RGPD].

d) Elaborar y publicar los criterios establecidos para poder otorgar la acreditación [artículo 57.1.p) RGPD].

e) Acreditar a los organismos de certificación [artículo 57.1.q) RGPD].

Y los siguientes poderes:

a) Revisar las certificaciones que hayan sido emitidas [artículo 58.1.c) RGPD].

b) Retirar u ordenar que se retiren las certificaciones expedidas, así como ordenar la no emisión [artículo 58.2.h) RGPD].

c) Acreditar a los organismos de certificación [artículo 58.3.b) RGPD].

d) Expedir certificaciones [artículo 58.3.f) RGPD].

e) Aprobar criterios de certificación[artículo 58.3.f) RGPD].

En cuanto al Comité, en el supuesto de que una autoridad de control configure un proyecto de decisión que persiga la aprobación de criterios aplicables a la acreditación de un organismo de acuerdo con el artículo 41.3 RGPD, o a un organismo de certificación, de conformidad con el artículo 43.3 RGPD, el Comité habrá de emitir un dictamen [artículo 64.1.c) RGPD].

Para concluir, conviene aludir a la regulación complementaria que, respecto de estos mecanismos de certificación, prevé el artículo 39 LOPDGDD. De acuerdo con este precepto, "[…] sin perjuicio de las funciones y poderes de acreditación de la autoridad de control competente en virtud de los artículos 57 y 58 del Reglamento (UE) 2016/679, la acreditación de las instituciones de certificación a las que se refiere el artículo 43.1 del citado reglamento podrá ser llevada a cabo por la Entidad Nacional de Acreditación (ENAC), que comunicará a la Agencia Española de Protección de Datos y a las autoridades de protección de datos de las comunidades autónomas las concesiones, denegaciones o revocaciones de las acreditaciones, así como su motivación».

VIII. EL REGLAMENTO EUROPEO DE PROTECCIÓN DE DATOS. DELEGADOS DE PROTECCIÓN DE DATOS (DPD, DPO, O *DATA PROTECTION OFFICER*)

Cuando la figura del DPO fue incorporada por primera vez a nivel comunitario en la DPDP, su designación no se estableció con carácter obligatorio, si bien sí constituyó una condición necesaria para poder llevar a cabo una simplificación excepcional del deber de notificación a la autoridad de control.

A ello, se añade que ni en el texto normativo anterior ni en el actual se procede a definir los contornos esenciales de esta figura. En ese sentido, con independencia de otras posibles conceptualizaciones que pudieran llevarse a cabo, una definición específica ha sido la proporcionada por el Documento relativo a la Evaluación de Impacto de la Comisión Europea sobre la Propuesta de Reglamento (Comisión Europea, *Commission staff working paper, impact assessment, accompanying the document regulation of the European Parliament and of the Council on the protection of individuals with regard to the processing of personal data and on the free movement of such data —General Data Protection Regulation— and Directive of the European Parliament and of the Council on the protection of individuals with regard to the processing of personal data by competent authorities for the purposes of prevention, investigation, detection or prosecution of criminal offences or the execution of criminal penalties, and the free movement of such data, op. cit.*). En este documento, se define al DPO como aquella persona responsable en el seno de una organización de realizar la supervisión y monitorización, de forma independiente, de la aplicación interna y de garantizar el respeto a las normas en materia de protección de datos personales.

1. *Designación. Proceso de toma de decisión. Formalidades en el nombramiento, renovación y cese. Análisis de conflicto de intereses*

Una vez analizado quién puede ser designado como DPO, conviene abordar aquellos supuestos que propiciarán su designación, designación que, como podemos anticipar, deberá producirse de manera obligatoria, pero que también podrá tener lugar de modo voluntario.

Conviene aludir a un importante hecho, como es que la redacción definitiva del artículo 37 RGPD, que establece aquellos supuestos de designación obligatoria de esta figura, es el resultado final de una decisión trascendental de política pública, decisión que, desde sus orígenes, fue considerada por la Comisión Europea tras un minucioso análisis de impacto a la hora de incorporar la figura del Delegado de Protección de Datos. Sobre esta base, y al amparo de lo establecido en los apartados primero y cuarto del artículo 37 RGPD y primero del artículo 34 LOPDGDD, cabe señalar que la obligación de designar un DPO recae sobre aquellos responsables o encargados del tratamiento que incurran en alguna de las circunstancias que, a continuación, se exponen:

a) Tratamiento de datos personales llevado a cabo por autoridades u organismos públicos, a excepción de los tribunales que actúen en ejercicio de su función judicial [artículo 37.1.a) RGPD].

La normativa actual habla de autoridad u organismo público, si bien no contempla una definición en torno a qué se entiende por tales. Así las cosas, para concretar el alcance de estos términos hemos de acudir al artículo 2 de la Ley 39/2015, de 1 de octubre, del Procedimiento Administrativo Común de las Administraciones Públicas (BOE núm. 236, de 02 de octubre de 2015), que, al regular el ámbito subjetivo de aplicación de la precitada Norma, concreta qué se ha de considerar cuando hablamos de sector público. En este sentido, establece que el sector público estará comprendido por la Administración General del Estado, la Administración de las Comunidades Autónomas, las Entidades que integran la Administración Local y, por último, el sector público institucional. Por tanto, serán autoridades u organismos públicos todos aquellos que se integren en cualesquiera de los niveles de la Administración antes enumerados, con la excepción realizada en relación con los tribunales que actúen en ejercicio de su función judicial. A ello, conviene añadir la precisión realizada por el GTA29 ["Directrices sobre los Delegados de Protección de Datos (DPD)", *op. cit.*, pág. 7], que advierte de la conveniencia de proceder a designar un DPO, además de a los anteriores organismos de naturaleza pública, a aquellas organizaciones privadas que lleven a cabo el cumplimiento de funciones públicas o que realicen algún tipo de autoridad pública.

b) Tratamiento llevado a cabo por responsables y encargados del tratamiento cuyas actividades principales consistan en operaciones de tratamiento que, atendiendo a su naturaleza, alcance o fines, exijan de una observación habitual y sistemática de interesados a gran escala [artículo 37.1.b) RGPD].

Para comprender este supuesto conviene tener en cuenta qué se entiende por actividad principal. El GTA29 ["Directrices sobre los Delegados de Protección de Datos (DPD)", *op. cit.*, págs. 7 y 8] aclara que la actividad principal se produce en relación con aquellas operaciones que son imprescindibles para el desarrollo de la actividad tanto del responsable como del encargado del tratamiento de cara a la consecución de sus finalidades. A ellas, habrán de añadirse, igualmente, aquellos tratamientos que formen parte indisociable de dichas actividades principales, pero no aquellas otras que sirvan de apoyo o sean secundarias.

De igual modo, conviene precisar el alcance de otro concepto relevante, el de gran escala. Para ello, debemos acudir, de nuevo, al GTA29 ["Directrices sobre los Delegados de Protección de Datos (DPD)", *op. cit.*, págs. 8 y 9], que sostiene que los factores que se deben aplicar son: el número de interesados afectados por el tratamiento (en este punto, se debe tener en cuenta tanto un número determinado, como el porcentaje de interesados afectados en relación con una población concreta y determinada); el alcance geográfico de la actividad (a modo de ejemplo, se podría tener en consideración si el tratamiento se desarrolla a nivel territorial local, provincial, autonómico, estatal, europeo o mundial), el volumen de datos personales que conforman el tratamiento (en consideración al número de interesados y al número de datos que corresponden a cada uno de ellos), y la duración o permanencia de la actividad de tratamiento.

Por último, hemos de delinear los contornos de un tercer concepto relevante, como es el de observación habitual y sistemática. En este sentido, hemos de tener presente el considerando 24 del Reglamento General de Protección de Datos, que lo concibe como cualquier forma de observación y elaboración de perfiles en internet, incluidos los destinados a publicidad comportamental. De nuevo, el GTA29 ["Directrices sobre los Delegados de Protección de Datos (DPD)", *op. cit.*, págs. 9 y 10] ha procedido a establecer los contornos de los conceptos "habitual" y "sistemático":

De un lado, considera que un tratamiento es habitual: cuando el tratamiento realizado sea continuo, o, lo que es lo mismo, se realice en períodos concretos dentro de un tiempo determinado; cuando el tratamiento que se lleve a cabo se produzca en momentos previamente determinados, o cuando el tratamiento de los datos personales sea realizado de una manera constante. De otro lado, para que el tratamiento de los datos personales sea sistemático deberá responder a los siguientes requisitos: que el tratamiento se lleve a cabo de acuerdo con un sistema concreto; que el tratamiento esté establecido de manera previa, sea organizado o metódico; que el tratamiento tenga lugar como parte de un plan general de recogida de datos personales, o que el tratamiento de datos personales responda a una estrategia.

c) Tratamiento llevado a cabo por responsables y encargados del tratamiento cuyas actividades principales consistan en operaciones de tratamiento a gran escala de categorías especiales de datos personales, reguladas en los artículos 9 y 9 LOPDGDD, o de datos personales relativos a condenas e infracciones penales, contemplados en los artículos 10 RGPD y 10 LOPDGDD [artículo 37.1.c) RGPD].

A los tres supuestos generales anteriores se añaden los establecidos, a modo de lista abierta, por el artículo 34.1 LOPDGDD. Serán los que se implementen en los siguientes sectores de actividad:

h) Los colegios profesionales y sus consejos generales.

i) Los centros docentes que ofrezcan enseñanzas en cualquiera de los niveles establecidos en la legislación reguladora del derecho a la educación, así como las Universidades públicas y privadas.

j) Las entidades que exploten redes y presten servicios de comunicaciones electrónicas conforme a lo dispuesto en su legislación específica, cuando traten habitual y sistemáticamente datos personales a gran escala.

k) Los prestadores de servicios de la sociedad de la información cuando elaboren a gran escala perfiles de los usuarios del servicio.

l) Las entidades incluidas en el artículo 1 de la Ley 10/2014, de 26 de junio, de ordenación, supervisión y solvencia de entidades de crédito (BOE núm. 156, de 27 de junio de 2014).

m) Los establecimientos financieros de crédito.

n) Las entidades aseguradoras y reaseguradoras.

o) Las empresas de servicios de inversión, reguladas por la legislación del Mercado de Valores.

p) Los distribuidores y comercializadores de energía eléctrica y los distribuidores y comercializadores de gas natural.

q) Las entidades responsables de ficheros comunes para la evaluación de la solvencia patrimonial y crédito o de los ficheros comunes para la gestión y prevención del fraude, incluyendo a los responsables de los ficheros regulados por la legislación de prevención del blanqueo de capitales y de la financiación del terrorismo.

r) Las entidades que desarrollen actividades de publicidad y prospección comercial, incluyendo las de investigación comercial y de mercados, cuando lleven a cabo tratamientos basados en las preferencias de los afectados o realicen actividades que impliquen la elaboración de perfiles de los mismos.

s) Los centros sanitarios legalmente obligados al mantenimiento de las historias clínicas de los pacientes. Se exceptúan los profesionales de la salud que, aun estando legalmente obligados al mantenimiento de las historias clínicas de los pacientes, ejerzan su actividad a título individual.

t) Las entidades que tengan como uno de sus objetos la emisión de informes comerciales que puedan referirse a personas físicas.

u) Los operadores que desarrollen la actividad de juego a través de canales electrónicos, informáticos, telemáticos e interactivos, conforme a la normativa de regulación del juego.

v) Las empresas de seguridad privada.

w) Las federaciones deportivas cuando traten datos de menores de edad.

En caso de que la designación sea voluntaria, también se deberán satisfacer las exigencias que establece la normativa vigente en materia de protección de datos personales dentro de los artículos 37 a 39 RGPD y 34 a 37 LOPDGDD. Aun siendo este voluntario, el nombramiento de un Delegado de Protección de Datos puede resultar de gran utilidad por muchos aspectos, en especial con el objetivo fundamental de acreditar y poder demostrar el cumplimiento del principio de responsabilidad proactiva; junto a ello, concurren otras circunstancias que pueden aconsejar este nombramiento:

a) La dificultad y complejidad jurídica del tratamiento de datos personales, requiriendo de un especialista en materia de protección de datos que pueda asesorar de manera permanente a responsables y encargados del tratamiento, con el fin de satisfacer de modo riguroso las exigencias que se imponen.

b) Las sanciones que contempla la regulación actual en caso de incumplimiento.

c) La capacidad de afrontar, al producirse una mayor concienciación de los ciudadanos sobre esta materia, el previsible incremento de reclamaciones o de ejercicio de derechos.

Una vez se proceda a esta designación, sea obligatoria o voluntaria, los responsables y encargados del tratamiento comunicarán a la AEPD o, en su caso, a las AAPD, en el plazo de diez días, las designaciones, así como, también, los nombramientos y los ceses de Delegados de Protección de datos.

Ambas autoridades de control mantendrán, en el ámbito de sus respectivas competencias, una lista actualizada de DPO que será accesible por medios electrónicos (apartados tercero y cuarto del artículo 34 LOPDGDD).

Por lo demás, al amparo de la definición recogida en el apartado anterior, llegamos a la conclusión de que esta labor podrá ser desempeñada tanto por un empleado interno como por un consultor externo. Asimismo, conviene aludir a una cuestión relevante, como es aquella que plantea si la designación de la figura del DPD ha de recaer en una persona física o si puede hacerlo también en una persona jurídica. Al respecto, el GTA29 ["Directrices sobre los Delegados de Protección de Datos (DPD)", *op. cit.*, pág. 7] ha establecido unas orientaciones en relación con esta figura, señalando los aspectos que han de concurrir para poder llevar a efecto una externalización de este servicio en una persona jurídica. Ante todo, el responsable del tratamiento y el encargado del tratamiento han de analizar si en el grupo de personas que integran la organización concurren las cualidades profesionales requeridas. Además, y con el objetivo de evitar que se produzcan conflictos de intereses, se opta por hacer una clara distribución de actividades entre los integrantes de la persona jurídica en la que se personifica la externalización del contrato.

Más allá de lo anterior, habrá de tenerse también en cuenta la posibilidad de seleccionar un único DPO o, por el contrario, optar por más de uno. En este sentido, se ha de poner de manifiesto la existencia de aquellas situaciones más habituales con respecto a las cuales cabe plantearse esta cuestión:

a) Supuestos de grupos de empresas, donde podrá elegirse a un solo DPO, siempre y cuando al mismo puedan acceder, de forma clara y fácil, todas las empresas que forman parte integrante del grupo (artículo 37.2 RGPD).

b) Supuestos de responsables del tratamiento que sean autoridades u organismos públicos, donde cabrá la posibilidad de designar a un único DPD para todos estos ellos si, considerando su estructura y tamaño, esta única designación resulta operativa (artículo 38.3 RGPD).

En estos casos, conviene que las organizaciones analicen con carácter previo las características de sus estructuras antes de designar a uno o varios DPD.

Por último, aunque tal definición contiene algunas referencias importantes en torno a las obligaciones esenciales que corresponden al DPO y abre la puerta a la posibilidad de que esta figura pueda ser desempeñada tanto por un empleado interno como por un consultor externo, aspecto este ya contemplado en el apartado sexto del artículo 37 RGPD, no incluye alusión alguna que haga posible responder a la cuestión relativa a quién puede asumir la función del DPO, es decir, a si ha de ser un profesional del ámbito jurídico o es necesario que pertenezca a otros sectores profesionales. En este sentido, resulta imprescindible traer a colación el artículo 37.5 RGPD, que establece que el DPD tendrá que ser nombrado teniendo en consideración sus cualidades profesionales y, en especial, sus conocimientos jurídicos especializados y la práctica en materia de protección de datos personales, así como su capacidad para poder realizar las tareas contempladas en el artículo 39 del mismo Reglamento. El hecho de que el DPO tenga conocimientos en materia de protección de datos invita a deducir la necesidad de que esté familiarizado con la organización y con las prácticas realizadas en la industria o en el ámbito de actividad que corresponda, de forma tal que ello le permita proporcionar el asesoramiento adecuado en materia de protección de datos al responsable o al encargado del tratamiento.

Durante su mandato, como veremos, el DPD únicamente podrá ser destituido si incumple las condiciones exigidas para el desarrollo de sus funciones. Recuérdese aquello que, de nuevo, el GTA29 ["Directrices sobre los Delegados de Protección de Datos (DPD)", *op. cit.*, pág. 17] indicó al respecto:

> «El RGPD prohíbe las sanciones únicamente si se imponen como resultado del desempeño de las funciones del DPD en cuanto tal. Por ejemplo, es posible que un DPD considere que un tratamiento concreto es susceptible de causar un riesgo elevado y aconseje al responsable o al encargado del tratamiento que realice una evaluación de impacto relativa a la protección de datos, pero que el responsable o el encargado del tratamiento no esté de acuerdo con la valoración del DPD. En un caso así, no puede destituirse al DPD por dar ese consejo.
>
> Las sanciones pueden adoptar formas diversas y pueden ser directas o indirectas. Podrían consistir, por ejemplo, en la falta de ascensos o su dilación, en el impedimento de la promoción profesional o en la denegación de prestaciones que otros empleados reciben. No es necesario que dichas sanciones se impongan realmente, una simple amenaza es suficiente siempre que se utilice para penalizar al DPD por motivos relacionados con el desarrollo de sus actividades.
>
> Como norma general de gestión y como sería el caso para cualquier otro empleado o contratista sujeto al derecho contractual, laboral y penal aplicable en cada país, un DPD podría ser destituido legítimamente por motivos distintos del desempeño de sus funciones como DPD (por ejemplo, en caso de robo, acoso físico, psicológico o sexual o falta grave similar).
>
> En este contexto, cabe señalar que el RGPD no especifica cómo o cuándo puede un DPD ser destituido o sustituido por otra persona. No obstante, cuanto más estable sea el contrato del DPD y más garantías existan contra el despido improcedente, más probabilidad habrá de que el DPD pueda actuar con independencia».

Además, podrá desempeñar otras funciones y cometidos, siempre que el responsable o encargado del tratamiento por cuenta del cual actúa garantice que no dan lugar a conflicto de intereses (artículo 38.6 RGPD); al respecto, el GTA29 ["Directrices sobre los Delegados de Protección de Datos (DPD)", *op. cit.*, pág. 18], indica que:

> «Como norma general, los cargos en conflicto dentro de una organización pueden incluir los puestos de alta dirección (tales como director general, director de operaciones, director financiero, director médico, jefe del departamento de mercadotecnia, jefe de recursos humanos o director del departamento de TI) pero también otros cargos inferiores en la estructura organizativa si tales cargos o puestos llevan a la determinación de los fines y medios del tratamiento. Asimismo, también puede surgir un conflicto de intereses, por ejemplo, si se pide a un DPD que represente al responsable o al encargado del tratamiento ante los tribunales en casos relacionados con la protección de datos. Dependiendo de las actividades, tamaño y estructura de la organización, puede ser una práctica recomendable que los responsables y encargados del tratamiento:
> • determinen los puestos que podrían ser incompatibles con la función de DPD;
> • elaboren normas internas a tal efecto con el fin de evitar conflictos de intereses;
> • incluyan una explicación más general sobre los conflictos de intereses;
> • declaren que su DPD no tiene ningún conflicto de intereses con respecto a sus funciones como
> • DPD, como medio de concienciar sobre este requisito;
> • incluyan salvaguardias en las normas internas de la organización y garanticen que el anuncio de convocatoria para el puesto de DPD o el contrato de servicios sea lo suficientemente preciso y detallado para evitar un conflicto de intereses. En este contexto, debe tenerse en cuenta también que los conflictos de intereses pueden adoptar diversas formas en función de si el DPD se contrata interna o externamente».

2. *Obligaciones y responsabilidades. Independencia. Identificación y reporte a dirección*

El estatuto del DPO se contiene en los artículos 38 RGPD y 36 LOPDGDD. El cumplimiento de este precepto implica cumplir con las siguientes exigencias:

a) Poder participar de forma adecuada en la toma de decisiones relativas a la protección de datos de carácter personal. Para ello, se ha de procurar que el DPO tenga un acceso adecuado en tiempo y forma a las cuestiones que, en este contexto, se realicen en el seno de la organización en la que intervenga.

b) Poder apoyar a la organización, que habrá de poner a disposición del DPD las herramientas necesarias para poder desarrollar sus funciones y acceder a los datos personales y a las operaciones de tratamiento que se realicen dentro de la organización. Así, en el ejercicio de sus funciones, deberá tener acceso a los datos personales y a los procesos de tratamiento, no pudiendo oponer a este acceso el responsable o el encargado del tratamiento la existencia de cualquier deber de confidencialidad o secreto.

c) Integrarse en la estructura de dirección de la empresa, rindiendo cuentas tan sólo al más alto nivel jerárquico.

d) No recibir, durante el desempeño de sus funciones, instrucciones del responsable o del encargado del tratamiento, estando prohibido, como hemos señalado anteriormente, que sea cesado o sancionado por este motivo, salvo que incurra en dolo o negligencia grave en su ejercicio.

e) Garantizar su independencia dentro de la organización, debiendo evitarse, también se ha visto, cualquier conflicto de intereses.

f) Cumplir con el deber de secreto profesional y con el deber de confidencialidad.

g) Cumplir sus obligaciones con la máxima diligencia, teniendo en consideración los riesgos asociados a las distintas operaciones de tratamiento y valorando, en cada supuesto, la naturaleza, el alcance, el contexto y los fines del tratamiento.

h) Actuar como interlocutor del responsable o del encargado del tratamiento ante la AEPD y las AAPD. El DPO podrá inspeccionar los procedimientos relacionados con la normativa en materia de protección de datos y emitir recomendaciones en el ámbito de sus competencias.

i) Actuar como punto de contacto del responsable o del encargado del tratamiento ante las reclamaciones que interpongan los interesados antes de acudir a la AEPD o las AAPD. Cuando el responsable o el encargado del tratamiento designen un DPO, el interesado podrá, con carácter previo a la presentación de una reclamación contra aquellos ante la AEPD o, en su caso, ante las AAPD, dirigirse al DPD de la entidad contra la que se reclame. En este caso, el DPO comunicará al afectado la decisión que se hubiera adoptado en el plazo máximo de dos meses, a contar desde la recepción de la reclamación (artículo 37.1 LOPDGDD). De igual modo, cuando el afectado presente una reclamación ante la AEPD o, en su caso, ante las AAPD, estas podrán remitir la reclamación al DPO a fin de que este responda en el plazo de un mes. Si, transcurrido dicho plazo, el Delegado de Protección de Datos no hubiera comunicado a la autoridad de protección de datos competente la respuesta dada a la reclamación, dicha autoridad continuará el procedimiento con arreglo a lo establecido en la normativa de aplicación (artículo 37.2 LOPDGDD).

j) Documentar y comunicar inmediatamente a los órganos de administración y dirección del responsable o del encargado del tratamiento la existencia de una vulneración relevante en materia de protección de datos.

De todas las exigencias anteriores, especialmente importante resulta la obligación de que la organización apoye de un modo pleno al DPO, pues, de lo contrario (es decir, si la organización no se implica y no proporciona los recursos necesarios para el cumplimiento de sus funciones), el DPO carecerá de funcionalidad y no dejará de ser una simple figura formal sin contenido alguno. Otro punto esencial a considerar en relación con el DPO es la independencia de que ha de gozar; en este sentido, es el SEPD quien se ha de encargar de delimitar qué ha de implicar esta independencia, si bien parece obvio que el DPD no deberá recibir instrucciones, ya sea de forma directa o indirecta, sobre el cumplimiento de las funciones que le son propias, lo que determina que se habrán de evitar aquellas situaciones que lo comprometan, en especial respecto a la dirección de la organización, a fin de garantizar la autonomía de esta figura y de evitar condicionantes, intromisiones o, cómo no, conflictos de intereses.

Por lo que respecta a las funciones que corresponden al DPO, el artículo 39.1 RGPD establece aquellas que, como mínimo, ha de ostentar. Conviene resaltar que estas funciones habrán de ser desempeñadas prestando la atención debida a los riesgos que estén asociados a las concretas operaciones de tratamiento, todo ello considerando, repetimos, la naturaleza, el alcance, el contexto y las finalidades perseguidas a la hora de tratar los datos personales del interesado (artículo 39.2 RGPD). Ello debe entenderse, más que como una obligación, como un modo de llevar a cabo las funciones que le corresponden, de tal manera que habrá de otorgar prioridad a aquellas operaciones de tratamiento que pudieran implicar un mayor riesgo, una vez contextualizadas y puestas en relación con su naturaleza, alcance y finalidades, sin dejar de tener en cuenta, resulta obvio, aquellas otras que no presenten el mencionado nivel de riesgo para el tratamiento. Así las cosas, este enfoque basado en el riesgo se erige en una pieza fundamental de cara a la satisfacción de las disposiciones contenidas en la normativa en vigor, pues, con independencia del asesoramiento y colaboración mostrados por el DPO al responsable o al encargado del tratamiento, será preciso que estos, también con la ayuda de aquel, estén en condiciones de poder anticiparse a los riesgos que presenten determinadas operaciones de tratamiento. Tendremos que tener en consideración, por tanto, las características propias de la organización, ya que, por ejemplo, nunca será lo mismo una entidad que realice el tratamiento de grandes cantidades de categorías especiales de datos personales que otra que tan sólo lleve a cabo el tratamiento de pequeños volúmenes de datos personales básicos.

A la vista de todo lo anterior, podemos concluir que se conserva, en lo esencial, la previsión establecida en el artículo 18 DPDP, en el sentido de afirmar que la actividad del DPO tendrá que poder asegurar que los tratamientos de los datos personales de los interesados no conlleven un perjuicio a sus derechos y libertades. En consecuencia, habrá de ser el responsable o el encargado del tratamiento quien, teniendo en cuenta el criterio y el asesoramiento profesional proporcionado por el Delegado de Protección de Datos, adopte aquellas medidas que resulten más adecuadas para proteger el derecho fundamental de los interesados a la protección de sus datos de carácter personal.

Los artículos 38.6 RGPD y 36.2 LOPDGDD contemplan también la posibilidad de que el DPO pueda asumir, además de las previstas, otras funciones, siempre que el responsable o el encargado del tratamiento se encarguen de evitar que ello pueda producir situaciones que originen conflictos de intereses, aspecto, este, esencial para asegurar la independencia de esta figura.

En cuanto a las funciones concretas del Delegado de Protección de Datos, estas se circunscriben a las siguientes:

a) Informar y asesorar al responsable o al encargado del tratamiento y a aquellos empleados que se encarguen del tratamiento, de todas aquellas obligaciones que les corresponden en relación con la normativa aplicable sobre protección de datos personales.

b) Supervisar regularmente que se cumple la citada normativa, amén del resto de regulación, nacional o comunitaria, aplicable y las políticas implementadas por el responsable o por el encargado del tratamiento de cara a garantizar el derecho fundamental del interesado a la protección de sus datos personales, incluyendo, aquí, una adecuada atribución de responsabilidades y la concienciación y formación al personal que interviene en la realización de las operaciones de tratamiento del responsable o del encargado del tratamiento, así como de cara a la realización de las auditorías que corresponda llevar a cabo dentro de la organización.

c) Asesorar, cuando así se le sea solicitado, en torno a la evaluación de impacto relativa a la protección de datos personales, supervisando su aplicación de acuerdo con lo establecido en el artículo 35 del Reglamento General de Protección de Datos.

d) Cooperar, en su caso, con la autoridad de control.

e) Actuar como punto de contacto con la autoridad de control en todos aquellos aspectos relacionados con el tratamiento de los datos personales del interesado, incluyendo, aquí, la consulta previa regulada en el artículo 36 RGPD y la realización de consultas, llegado el caso, sobre cualquier otro asunto relevante sobre esta materia.

Las actividades desarrolladas por el DPO en relación con la autoridad de control se enmarcan en aquello que el GTA29 ["Directrices sobre los Delegados de Protección de Datos (DPD)", *op. cit.*, pág. 20] denomina el papel "facilitador" del DPO. En efecto, con el cumplimiento de estas funciones, esta figura proporciona a la autoridad de control el acceso, imprescindible en muchos casos, a aquella información y documentación necesaria para que esta pueda llevar a cabo las obligaciones que le corresponden, así como aquellas relacionadas con su potestad en materia de investigación o autorización. Y todo ello bajo la obligación permanente del DPD de guardar el debido deber de secreto y confidencialidad, algo que no parece en nada incompatible con esta colaboración a que aludimos con la autoridad de control.

Comoquiera que sea, con el desempeño de esta función colaborativa y de punto de contacto con la autoridad de control, podemos inferir que el DPO se erige en un elemento ciertamente relevante en su papel como nexo de unión entre el responsable o el encargado del tratamiento y la propia autoridad de control. Para ello, como es obvio, será imprescindible que el Delegado de Protección de Datos esté siempre a disposición de la autoridad de control competente, a fin de conseguir una adecuada protección de los datos personales de los interesados.

3. Procedimientos. Colaboración, autorizaciones previas, relación con los interesados y gestión de reclamaciones

Nos remitimos, en relación a este punto, a cuanto se ha indicado en el apartado 2 precedente sobre la labor del DPO como interlocutor y punto de contacto de responsables y encargados del tratamiento frente a los interesados.

4. Comunicación con la autoridad de protección de datos

Nos remitimos, en relación a este punto, a cuanto se ha indicado en el apartado 2 precedente sobre la labor del DPO como interlocutor y punto de contacto de responsables y encargados del tratamiento frente a las autoridades de control competentes.

5. *Competencia profesional. Negociación. Comunicación. Presupuestos*

La alusión anterior a que el DPO deba contar con conocimientos jurídicos especializados puede inducir a interpretar la necesidad de que se trate de profesionales jurídicos, habida cuenta de su formación. No obstante, ello no es óbice para que otros profesionales que hayan adquirido estos conocimientos puedan llegar también a ser nombrados como DPD. Lo ideal, bien es cierto, sería que estos conocimientos especializados fueran el resultado de una formación reglada homologada, con el fin de evitar el desarrollo de prácticas que pudieran conllevar o desembocar en una ausencia de protección adecuada en relación con el derecho fundamental a la protección de datos, por desconocimiento del significado y alcance que ha de tener esta protección por quien pretende desarrollar estas funciones. En este sentido, el artículo 35 LOPDGDD dispone que el cumplimiento de los requisitos establecidos en el artículo 37.5 RGPD para la designación del DPO, sea persona física o jurídica, podrá demostrarse, entre otros medios, a través de mecanismos voluntarios de certificación que tendrán particularmente en cuenta la obtención de una titulación universitaria que acredite conocimientos especializados en el Derecho y la práctica en materia de protección de datos. Además, estos conocimientos han de ser los imprescindibles para, llegado el caso, detectar los riesgos que estén asociados a las operaciones de tratamiento, teniendo en consideración la naturaleza, el alcance, el contexto y los fines del tratamiento, como bien dispone el apartado segundo del artículo 39 del Reglamento.

En definitiva, pese a que nos encontremos ante un derecho fundamental y pese a que el DPO tiene o puede llegar a tener un rol relevante, entre otras cuestiones, a la hora de analizar determinados tratamientos de datos personales y concluir si este puede perjudicar los derechos y libertades de los interesados, habría de ser tenido en cuenta como un elemento indicativo que el DPO sea una persona con una amplia y consistente formación en el ámbito jurídico y, por ende, con un perfil consolidado en este área. Y ello con independencia de que esta figura pueda haber sido elegida como miembro de un equipo multidisciplinar de profesionales, si esta decisión resulta adecuada para la organización, integrando en esta, si procede, a otros profesionales, como, especialmente, el Responsables de Seguridad o el Compliance Officer.

Por lo demás, en el cumplimiento de las obligaciones que corresponden al DPO, los responsables y encargados del tratamiento podrán establecer la dedicación completa o a tiempo parcial de este, atendiendo, entre otros criterios, al volumen de los tratamientos; al tratamiento, en su caso, de categorías especiales de datos personales previstas en los artículos 9 RGPD y 9 LOPDGDD, o a los riesgos que el tratamiento conlleva para los derechos o libertades de los interesados (artículo 34.5 LOPDGDD).

En resumen, amén de tener que satisfacer las exigencias de la regulación vigente sobre protección de datos personales, para poder tener la consideración DPD deviene imprescindible que esta figura se personifique en alguien que cuente con un elevado grado de experiencia profesional, especialmente con un amplio conocimiento y práctica en el mundo jurídico, tanto del Derecho interno de su país, como del Derecho comunitario, en materia de protección de datos personales, reuniendo la cualificación profesional que resulte imprescindible para poder desempeñar sus funciones con destreza y de forma adecuada. Ello implica que tenga un conocimiento profundo tanto del ámbito o sector de actividad de que se trate, como de la organización en la que desarrolla su tarea, conociendo las actividades de tratamiento realizadas, así como las tecnologías de la información y la seguridad de los datos personales. En este sentido, como señalaba el GTA29 ["Directrices sobre los Delegados de Protección de Datos (DPD)", *op. cit.*, pág. 13], "[e]l conocimiento del sector empresarial y de la organización del responsable del tratamiento es también útil. Asimismo, el DPD debe tener un buen conocimiento de las operaciones de tratamiento que se llevan a cabo, así como de los sistemas de información y de las necesidades de seguridad y protección de datos del responsable del tratamiento. En el caso de una autoridad u organismo público, el DPD debe también poseer un conocimiento sólido de las normas y procedimientos administrativos de la organización».

6. *Formación*

De nuevo, el GTA29 ["Directrices sobre los Delegados de Protección de Datos (DPD)", *op. cit.*, pág. 13], ya anticipaba la "[...] utilidad (de) que las autoridades de control promuevan una formación adecuada y periódica para los DPD", pues, continúa posteriormente ["Directrices sobre los Delegados de Protección de Datos (DPD)", *op. cit.*, pág. 16], "[d]ebe darse a los DPD la oportunidad de mantenerse al día con respecto a los avances que se den en el ámbito de la protección de datos. El objetivo debe ser mejorar constantemente el nivel de conocimientos de los DPD y se les debe animar a participar en cursos de formación sobre protección de datos y otras formas de desarrollo profesional, como la participación en foros privados, talleres, etc.».

Lo anterior redunda en el conocimiento que el Delegado de Protección de Datos debe tener de una materia tan cambiante como es relativa al Derecho de las Nuevas Tecnologías y que exige, cuando menos, mantener una formación permanente y actualizada que le permita:

a) Conocer, huelga decirlo, las implicaciones teórico-prácticas del RGPD y de la LOPDGDD.

b) Tener una visión completa, también teórica y práctica, de cualquier otra legislación conexa (sobre e-commerce, firma electrónica, administración digital o ciberseguridad) que, por razón de la materia de o de las características propias de la organización, a esta resulte aplicable.

c) Comprender los tratamientos implementados por la organización, además de los programas y soportes empleados.

d) Entender y manejar adecuadamente las herramientas tecnológicas al servicio del responsable o encargado del tratamiento en lo que concierne al tratamiento de los datos personales.

e) Conocer de manera profunda el funcionamiento de la organización en la que interviene y el sector al que esta pertenece, además de las implicaciones que este funcionamiento y este sector tienen en materia de protección de datos.

f) Saber cuál es la documentación relevante dentro de la entidad en su conexión con la protección de datos.

g) Poseer también un conocimiento adecuado de la vertiente técnica de la protección de datos, a fin de poder interpretar y valorar los resultados de los análisis de riesgos o de las evaluaciones de impacto que hayan de realizarse en el seno de la organización, pública o privada, de que se trate.

7. Habilidades personales, trabajo en equipo, liderazgo, gestión de equipos

De cuanto se ha expuesto hasta ahora en relación con la figura del DPO, podemos concluir la relevancia de que aquel que asuma estas funciones cuente con una serie de habilidades personales, que podemos resumir en las siguientes:

a) Trabajo en equipo. Es fundamental, para la adecuada supervisión, control y asesoramiento a realizar, poder colaborar de manera estrecha con aquellos otros perfiles que, dentro de la organización, coadyuvan a que el DPO cuente con una visión holística de las implicaciones que tiene la actividad del responsable o del encargado del tratamiento que lo ha designado en materia de protección de datos personales. Además, deberá gestionar y coordinar apropiadamente este equipo, asignando tareas y responsabilidades, realizando un adecuado seguimiento de las mismas, controlando avisos y plazos de cumplimiento, planificando las reuniones que resulten necesarias y priorizando las medidas que deban acometerse con mayor urgencia.

b) Liderazgo. Resulta innegable la capacidad que debe tener el DPD para liderar la vigilancia del cumplimiento en materia de protección de datos en que, con carácter esencial, consiste su labor.

c) Dinamismo. Debe fomentar que, de forma constante, se lleve a cabo la actualización formativa antes indicada, de modo que la organización sea siempre consciente de las obligaciones a satisfacer y de las medidas a implementar para poder satisfacerlas en tiempo y forma.

d) Comunicación. También resulta conveniente contar con una adecuada capacidad comunicativa, oral y escrita, ya que será el encargado de transmitir a los distintos departamentos de la organización (donde se incluye, cómo no, la propia Dirección, a la que, además, deberá rendir cuentas), de la manera más inteligible, sencilla, clara, directa y asertiva posible, el estado y el grado de cumplimiento de la normativa aplicable sobre protección de datos y las funciones a desarrollar por cada uno de los miembros de la entidad.

e) Crisis. Deberá gestionar satisfactoriamente las crisis que se originen en materia de protección de datos en el seno de la organización.

f) Eficacia. Asimismo, y dada la urgencia con la que, a menudo, se originan o plasman los múltiples desafíos de una regulación y práctica tan cambiantes como son las relativas a la protección de datos, será altamente recomendable nombrar a un DPO proactivo, diligente y, por supuesto, eficaz, ordenado y sistemático en el desarrollo de las funciones que le son propias y que ya hemos tenido ocasión de detallar.

g) Optimización. De manera implícita a todo lo anterior, tendrá que saber optimizar al máximo los recursos, de todo tipo, con los que la organización cuente y que sean puestos a su disposición.

IX. EL REGLAMENTO EUROPEO DE PROTECCIÓN DE DATOS Y LA LEY ORGÁNICA 3/2018, DE 5 DE DICIEMBRE, DE PROTECCIÓN DE DATOS PERSONALES Y GARANTÍA DE LOS DERECHOS DIGITALES. TRANSFERENCIAS INTERNACIONALES DE DATOS

El Capítulo V del Reglamento General de Protección de Datos abarca los artículos 44 y 50 y, en ellos, se disciplinan las conocidas como "Transferencias de datos personales a terceros países u organizaciones internacionales". Mucho más escueta era, al respecto, la DPDP, que dedicaba a esta cuestión tan sólo los preceptos 25 y 26, es decir, dos artículos frente a los seis de la normativa comunitaria actual. Únicamente teniendo en cuestión este aspecto, podemos observar que el legislador europeo ha adquirido consciencia de la relevancia que supone la realización de transferencias internacionales de datos personales en un panorama globalizado como el actual, pretendiendo contribuir con una mayor clarificación a esta compleja cuestión.

A nivel interno español, los preceptos del Reglamento se verán desarrollados y completados por el Título VI de la LOPDGDD (que comprende los artículos 40 a 43). De este modo, se produce un desplazamiento explícito de las medidas contenidas en los artículos 33 y 34 LOPD e, implícitamente, cuando se opongan, de aquellas previstas en los artículos 65 a 70 y 137 a 144 RDLOPD.

Sin embargo, no se contempla en la regulación vigente una definición que nos permita entender qué es una transferencia internacional de datos personales, siguiendo, en este punto, la línea marcada por la Directiva derogada. Tampoco se incluye definición alguna que haga posible conocer qué se entiende por "tercer país" en este contexto.

Pese a ello, conviene aclarar una cuestión que, por evidente, no está exenta de cierta confusión. Y es que, no tendrán la consideración de transferencia internacional aquellas transmisiones de datos personales que se produzcan en el interior del territorio comunitario. En otras palabras, los tratamientos transfronterizos no serán, en sentido estricto, transferencias internacionales, ya que tienen lugar en el interior de la Unión Europea, cuyo territorio proporciona el mismo nivel de protección en materia de protección de datos. De este modo, las transferencias internacionales comportan un tratamiento de datos personales en el que confluyen, como mínimo, un Estado comunitario y un tercer país u organización internacional situado fuera de la Unión Europea, motivo por el que, quizás, hubiera sido más adecuado definirlas como transferencias supracomunitarias y no como transferencias internacionales, incidiendo, precisamente, en este aspecto.

Una vez aclarada esta cuestión, convendría también precisar la situación en que se encuentran aquellos países ubicados dentro del Espacio Económico Europeo, como son, además de los Estados miembros de la Unión Europea, Islandia, Liechtenstein y Noruega, ya que Suiza se negó a formar parte de este Espacio Económico Europeo merced a un referéndum que tuvo lugar en el año 1992. En otras palabras, resulta adecuado precisar si estos tres países tienen la consideración de tercer país en el sentido antes descrito. Pues bien, la conclusión que se extrae del análisis de la normativa en vigor en materia de protección de datos personales es que Islandia, Liechtenstein y Noruega no serán terceros países de cara a la aplicación del régimen establecido para las transferencias internacionales de datos personales, de modo que, actualizando la afirmación anterior, tendremos que acudir al régimen plasmado en el precitado capítulo V del RGPD cuando confluyan, como mínimo, un territorio ubicado en el Espacio Económico Europeo y un tercer país u organización internacional situado fuera de la Unión Europea.

Además, también procede delinear los contornos que presidirán la relación con Gran Bretaña en materia de datos personales, una vez se ha hecho definitiva su salida tras el referéndum del *Brexit*. Con esta separación formal, Gran Bretaña pasa a tener la consideración de tercer país a todos los efectos, al no estar integrada, ni siquiera, en el Espacio Económico Europeo.

A la vista de lo anterior, el nuevo marco jurídico aplicable pone de manifiesto:

a) De un lado, la clara convicción de que la realización de transferencias de datos personales a terceros países u organizaciones internacionales constituyen una realidad fundamental en la actualidad.

b) De otro, la evidencia (a la que se procura dar respuesta) de los riesgos que tales transferencias internacionales pueden conllevar para los derechos y libertades de las personas físicas titulares de los datos personales.

Merced a ello, se configura un escenario que, siguiendo la herencia marcada por la normativa ya derogada, introduce novedades relevantes, que veremos a largo de los siguientes apartados.

1. El sistema de decisiones de adecuación

La regulación actual pivota en torno a un modelo amparado en la existencia de decisiones de adecuación como elemento necesario para la realización, satisfactoria y jurídicamente adecuada, de transferencias internacionales de datos personales.

En cuanto a la competencia para poder adoptar esta decisión de adecuación, la regulación precedente establecía los cimientos que permitieron que no sólo fuera la Comisión, sino también cada uno de los Estados miembros, quienes tuvieran la facultad de disponer si un determinado país, situado fuera de las fronteras comunitarias, ofrecía un nivel adecuado de protección de los datos personales de los interesados. Empero, la nueva normativa encomendará esta decisión de adecuación únicamente a la Comisión, excluyendo a los Estados miembros. De acuerdo con el apartado primero del artículo 45 y con el considerando 103, ambos del Reglamento General de Protección de Datos, la razón que justifica esta asignación única a la Comisión parece justificarse por la necesidad de aportar, a nivel de toda la Unión Europea, seguridad y uniformidad jurídica en lo que atañe a ese país tercero u organización internacional que deba ofrecer, llegado el caso, el nivel adecuado de protección.

En la actualidad, sin embargo, se ha ampliado de manera expresa el ámbito subjetivo de quienes pueden ser objeto de esta decisión de adecuación. En este sentido, podrán serlo los terceros países o un territorio concreto o uno o varios sectores de manera específica dentro de ese tercer país, así como una organización internacional (artículo 45.1 RGPD). Pese a ello, no se establece definición alguna de territorio o sector específico, de manera tal que esta concreción, en cuanto al alcance de sendos términos, habrá de ser desarrollada en las decisiones de adecuación que, en su caso, sean adoptadas.

Por lo que respecta al procedimiento, el Reglamento General de Protección de Datos asigna a la Comisión la competencia necesaria para poder llevar a cabo la adopción de un acto de ejecución en virtud del cual se establezca la conformidad. Este acto será adoptado de acuerdo con el procedimiento de examen a que alude el artículo 93.2 RGPD, precepto este que, a su vez, hace referencia al artículo quinto del Reglamento (UE) nº 182/2011 del Parlamento Europeo y del Consejo de 16 de febrero de 2011 por el que se incorporan las normas y los principios generales sobre modalidades de control por parte de los Estados miembros y del ejercicio de las competencias de ejecución por la Comisión (DOUE L 55/13, de 28 de febrero de 2011).

Ahora bien, además de la Comisión, el CEPD asumirá, como en su momento asumiera el GTA29, un papel esencial en este proceso. Tanto es así que la letra s) del artículo 70.1 del Reglamento General de Protección de Datos establece que este Comité habrá de facilitar a la Comisión un dictamen para que esta pueda realizar la evaluación de la adecuación en relación con el nivel de protección del tercer país u organización internacional, en especial con la finalidad de poder realizar la evaluación de si este tercer país, un territorio o uno o varios sectores específicos del mismo, así como una organización internacional, llegado el momento, ya no pueden garantizar este nivel satisfactorio de protección. En este sentido, la Comisión deberá proporcionar al CEPD toda la información y documentación que resulte preceptiva, donde se incluya la correspondencia mantenida con el gobierno del tercer país en cuestión.

Desde un punto de vista práctico, estos dictámenes han sido decisivos en el desarrollo de procedimientos para reconocer el nivel de adecuación, al ser imprescindibles dada la perspectiva estrictamente jurídica y técnica que asume el Comité, garantizando, así, un estudio imparcial de cada supuesto. Este dictamen, conviene advertir, será preceptivo, si bien no vinculará a la Comisión para que esta adopte las decisiones que estime oportunas.

Nada se detalla en el Reglamento General de Protección de Datos en cuanto a la manera en que el proceso ha de ser iniciado. Cabría la posibilidad de que el inicio fuera llevado a cabo por la Comisión de oficio o, incluso, a iniciativa del CEPD. De igual modo, podría surgir como resultado de un acuerdo internacional anterior celebrado por la Comisión. No obstante, lo más normal es que sean los países, sus territorios o las organizaciones internacionales que tengan interés en el resultado de la decisión de adecuación los que tomen la iniciativa de presentar su solicitud ante la Unión Europea, originando el análisis de los aspectos a que alude el artículo 45.2 RGPD. En este sentido, el considerando 104 RGPD establece el marco general en que se ha de sustentar este análisis, como son los valores primordiales en que se fundamenta la Unión Europea, especialmente la protección de los derechos humanos. En consecuencia, la Comisión habrá de valorar obligatoriamente determinados elementos que ha de perseguir esta protección eficaz, no únicamente formal, de la protección de los datos personales del interesado. Conviene poner de manifiesto, no obstante, que algunos de estos aspectos son de difícil evaluación en relación con las organizaciones internacionales; tanto es que así que, si advertimos, en el considerando 104 RGPD no se hace alusión alguna a las mismas.

En concreto, los aspectos a tener en cuenta pueden ser agrupados en tres categorías:

a) El marco jurídico general, en sentido amplio [letra a) del artículo 45.2 RGPD]. Se tendrá en cuenta, aquí, que se trate de un Estado de Derecho, que respete los derechos y libertades, que cuente con una legislación adecuada, con jurisprudencia, con el reconocimiento de derechos, etc. Además, se incorpora una alusión específica al acceso de las autoridades públicas a los datos personales y la obligación de proteger las transferencias internacionales de datos que se realicen posteriormente. Ello nos recuerda, en parte, a la enumeración establecida por el TJUE en la sentencia de 06 de octubre del año 2015, asunto C-362/14, en virtud de la cual se declaraba la invalidez de la Decisión de la Comisión de 26 de julio de 2000 con arreglo a la Directiva 95/46/CE del Parlamento Europeo y del Consejo, sobre la adecuación de la protección conferida por los principios de puerto seguro para la protección de la vida privada y las correspondientes preguntas más frecuentes, publicadas por el Departamento de Comercio de Estados Unidos de América (DOCE L 215/7, de 25 de agosto de 2000); en la misma línea, la sentencia del TJUE en el asunto C-311/18, que invalidó la posterior Decisión de Ejecución (UE) 2016/1250 de la Comisión de 12 de julio de 2016 con arreglo a la Directiva 95/46/CE del Parlamento Europeo y del Consejo, sobre la adecuación de la protección conferida por el Escudo de la privacidad UE-EE. UU. (DOUE L 207/1, de 01 de agosto de 2016).

b) La existencia y funcionamiento eficaz de una o varias autoridades de control en el tercer país, territorio u organización internacional [letra b) del artículo 45.2 RGPD]. Estas autoridades de control tendrán la obligación de cooperar con las autoridades de la Unión Europea y de los Estados miembros. En este sentido, el considerando 104 RGPD establece la obligación de que el control ejercido por estas autoridades se produzca de manera eficaz e independiente, destacando la importancia que se atribuye a este aspecto. Ello está alineado, de manera clara, con la obligación de que exista una autoridad de control independiente que pueda garantizar de manera eficaz el derecho fundamental a la protección de datos, haciendo que el principio de control independiente se erija como uno de los más importantes en la configuración de este derecho fundamental.

c) Los compromisos que, a nivel internacional, sean asumidos por el tercer país, territorio u organización internacional, especialmente en materia de protección de datos personales [letra c) del artículo 45.2 RGPD]. Especial importancia adquiere, entre estos compromisos internacionales, la adhesión al Convenio nº 108 y su Protocolo adicional, como bien pone de manifiesto el considerando 105 RGPD.

Una vez remitido el dictamen, la Comisión procederá a la adopción de una decisión de adecuación, de conformidad con lo dispuesto por el artículo 45.3 RGPD. Este acto de ejecución deberá establecer un mecanismo de revisión regular, como mínimo cada cuatro años, que considere todos aquellos acontecimientos importantes sucedidos en el tercer país, territorio u organización internacional de que se trate, especificando su ámbito de aplicación territorial y sectorial y determinando, en su caso, la autoridad de control o autoridades de control a que alude la letra b) del artículo 45.2 RGPD. Por su parte, el artículo 97 del Reglamento General de Protección de Datos establece que, a más tardar el 25 de mayo del año 2020 y, con posterioridad, cada cuatro años, la Comisión deberá presentar al Parlamento Europeo y al Consejo un informe relativo a la evaluación y revisión del RGPD, incluyendo un examen de esta aplicación y del funcionamiento del capítulo V, en especial en relación con las decisiones de adecuación llevadas a cabo en virtud del artículo 45.3 RGPD.

Por último, el apartado octavo del artículo 45 RGPD establece la obligación de la Comisión de publicar, en el DOUE y en su página web, una enumeración de aquellos terceros países, territorios o sectores específicos que forman parte de estos terceros países u organizaciones internacionales, en relación a los cuales se haya adoptado una decisión de adecuación afirmando que los mismos ofrecen, o ya no, un nivel de protección adecuado.

Una vez obtenida la decisión de ejecución, uno de los aspectos más relevantes radica en que la transferencia internacional de datos personales que se realice no conllevará la necesidad de obtener ninguna autorización específica, tal y como establece el artículo 45.1 RGPD. En este sentido, las transferencias internacionales de datos personales se asemejan a los tratamientos transfronterizos, cuya definición se contiene en el artículo 4.23) RGPD.

Por lo demás, a pesar de que la finalidad de la decisión de adecuación adoptada por la Comisión es aportar seguridad y uniformidad jurídicas en todo el territorio de la Unión Europea, la realidad es que las autoridades de control de los Estados miembros cuentan con la habilitación necesaria para poder realizar tareas de investigación en orden a determinar si una transferencia realizada con base en una decisión de adecuación es, o no, conforme con la normativa en materia de protección de datos. Esta capacidad investigadora no abarcará, sin embargo, la facultad de no aplicar una decisión de adecuación que resulte puesta en entredicho.

Por otro lado, la decisión de adecuación exige a la Comisión la supervisión constante de aquellas circunstancias que puedan condicionar una aplicación eficaz de dicha decisión (artículo 45.4 RGPD). Esta norma, únicamente, alude a los países terceros y a las organizaciones internacionales, si bien parece obvio que este análisis habrá de abarcar también aquellas áreas concretas en relación con las cuales se haya reconocido la adecuación.

En cuanto a la derogación, modificación o suspensión de decisiones de adecuación, el artículo 45.5 RGPD establece que, en aquellos casos en que la información disponible (especialmente con posterioridad a la revisión regular de la decisión de adecuación que ha de producirse, como mínimo, cada cuatro años) ponga de manifiesto que ya no se ofrece una protección satisfactoria, la Comisión, por medio de actos de ejecución, procederá a derogar, modificar o suspender, en la medida en que resulte conveniente y sin carácter retroactivo, la decisión de adecuación en cuestión. Además, por razones imperiosas de urgencia que se hallen adecuadamente justificadas, la Comisión podrá adoptar actos de ejecución de aplicación inmediata. De acuerdo con el considerando 106 RGPD, la Comisión deberá tener en cuenta las opiniones y conclusiones emitidas por el Parlamento Europeo y el Consejo, al igual que las provenientes de otros organismos y fuentes que resulten pertinentes. Tan pronto como sea adoptada la decisión, la Comisión deberá llevar a cabo la realización de consultas con el tercer país, el territorio o sector específico del mismo o la organización internacional de que se trate, con miras a solucionar la situación que ha dado lugar a la decisión adoptada de conformidad con el artículo 45.5 RGPD (artículo 45.6 RGPD). Las consecuencias de esta declaración son evidentes: ha de impedirse la realización de transferencias internacionales de datos personales, tal y como establece el considerando 107 RGPD. Cualquier decisión en virtud de la cual se produzca la derogación, modificación o suspensión de la adecuación se habrá de entender con independencia de las transferencias de datos personales en virtud de los artículos 46 a 49 RGPD (artículo 45.7 RGPD).

Por último, el apartado noveno del artículo 45 RGPD alude a aquellas decisiones de adecuación que hubieran sido adoptadas por la Comisión al amparo del artículo 25.6 DPDP, estableciendo que continuarán en vigor hasta tanto no experimenten modificación, sustitución o derogación en virtud de una decisión de la Comisión que fuera adoptada de acuerdo a los apartados tercero o quinto del artículo 45 RGPD. En este caso, no se establece un período concreto dentro del cual se hayan de modificar, sustituir o derogar estas decisiones.

Hasta la fecha, los países que han sido declarados como adecuados son los siguientes:

a) Suiza (Decisión 2000/518/CE de la Comisión, de 26 de julio del año 2000).

b) Canadá (Decisión 2002/2/CE de la Comisión, de 20 de diciembre de 2001, respecto de las entidades sujetas al ámbito de aplicación de la ley canadiense de protección de datos).

c) Argentina (Decisión 2003/490/CE de la Comisión, de 3 de junio de 2003).

d) Guernsey (Decisión 2003/821/CE de la Comisión, de 21 de noviembre de 2003).

e) Isla de Man (Decisión 2004/411/CE de la Comisión, de 28 de abril de 2004).

f) Jersey (Decisión 2008/393/CE de la Comisión, de 8 de mayo 2008).

g) Islas Feroe (Decisión 2010/146/UE de la Comisión, de 5 de marzo del año 2010).

h) Andorra (Decisión 2010/625/UE de la Comisión, de 19 de octubre de 2010).

i) Israel (Decisión 2011/61/UE de la Comisión, de 31 de enero de 2011).

j) Uruguay (Decisión 2012/484/UE, de la Comisión, de 21 de agosto de 2012).

k) Nueva Zelanda (Decisión 2013/65/UE de la Comisión, de 19 de diciembre de 2012).

l) Japón (Decisión de 23 de enero de 2019).

m) Reino Unido (Decisión de 28 de junio de 2021).

n) República de Corea (Decisión de 17 de diciembre de 2021).

o) Estados Unidos (Decisión de 10 de julio de 2023). En esta fecha, la Comisión Europea adoptó la Decisión de Ejecución C(2023) 4745 final, por la que se establece que Estados Unidos garantiza un nivel adecuado de protección de los datos personales transferidos desde la Unión Europea, en virtud del nuevo Marco de Privacidad de Datos UE-EE.UU. (Data Privacy Framework). Esta Decisión se basa en el artículo 45 RGPD y permite que las transferencias de datos personales desde la Unión Europea hacia organizaciones ubicadas en Estados Unidos que figuren en la Data Privacy Framework List se realicen sin necesidad de aplicar garantías adicionales previstas en el artículo 46 RGPD.

A diferencia de mecanismos anteriores como el Privacy Shield (anulado por la sentencia Schrems II del TJUE en 2020), el nuevo marco incorpora un mecanismo de reparación independiente y accesible para ciudadanos europeos, incluyendo una instancia de revisión externa e independiente en materia de vigilancia nacional. Si el destinatario de los datos en Estados Unidos no figura en la lista, no podrá acogerse a la Decisión de adecuación y deberán emplearse otros instrumentos del artículo 46 RGPD (como cláusulas contractuales tipo o normas corporativas vinculantes).

El Comité Europeo de Protección de Datos ha emitido una nota informativa que aclara el alcance de la Decisión de adecuación y los derechos que asisten a los interesados, destacando que las organizaciones europeas pueden transferir datos a entidades certificadas sin aplicar medidas adicionales de seguridad; los interesados pueden presentar reclamaciones ante su autoridad nacional de protección de datos, incluso en contextos de vigilancia nacional, y que el mecanismo de revisión por motivos de seguridad nacional está disponible para cualquier interesado, sin necesidad de probar que ha sido objeto de vigilancia. La Comisión ha previsto una primera revisión de este régimen al año de su adopción y, posteriormente, al menos, cada cuatro años, en colaboración con el Comité Europeo de Protección de Datos y los Estados miembros.

2. *Transferencias mediante garantías adecuadas*

Tal y como se expuso en líneas anteriores, la normativa precedente pivotaba sobre la base de la existencia de una decisión de adecuación como presupuesto legal jurídicamente habilitante para poder realizar transferencias internacionales de datos personales. La regulación actual refuerza estas transferencias internacionales por medio de la introducción de una nueva vía que, en defecto de la decisión de adecuación antes aludida, permitiría a responsables y encargados del tratamiento transferir datos personales a terceros países u organizaciones internacionales; esta consistiría en la prestación de garantías adecuadas que, en esa normativa anterior, tan sólo eran consideradas como una excepción a la regla general, dentro del apartado segundo del artículo 26 DPDP.

Así las cosas, y de acuerdo con el artículo 46.1 RGPD, a falta de una decisión de adecuación por parte de la Comisión, el responsable o el encargado del tratamiento únicamente podrán realizar transferencias internacionales de datos personales en el supuesto de que hayan ofrecido determinadas garantías que resulten suficientes y siempre que las personas físicas titulares de los datos personales cuenten con derechos exigibles y acciones legales efectivas. En este sentido, la existencia de garantías adecuadas se erige en el único presupuesto general que, juntamente con la existencia de decisiones de adecuación, ampara la realización de transferencias de datos personales a terceros países u organizaciones internacionales, de modo que el resto de los supuestos constituirían ya excepciones a ambas reglas generales. Además, con independencia de qué garantías sean prestadas, se exige que estas sean eficaces y efectivas para los interesados, ya que estos han de verse respaldados, en todo momento, repetimos, por derechos exigibles y acciones legales efectivas.

En este sentido, el artículo 15.2, al igual que los artículos 13.1.f) y 14.1.f), todos ellos del RGPD, al regular el derecho de acceso y el derecho de información con que cuenta el interesado, respectivamente, establecen la necesidad de que, en el supuesto de que se realicen transferencias internacionales de datos personales, el interesado que ejercite este derecho o que tenga derecho a ser informado, respectivamente, tendrá que ser informado de todas aquellas garantías que resulten adecuadas, al amparo del precitado artículo 46 RGPD.

En definitiva, las garantías adecuadas permiten habilitar la realización de transferencias internacionales cuando no exista una decisión de adecuación por parte de la Comisión (incluidas las aprobadas con base en la DPDP) o en aquellos supuestos en que no concurra ninguna de las excepciones previstas en el artículo 49 RGPD.

La normativa comunitaria distingue dos grupos claramente diferenciados de garantías que pudieran resultar adecuadas: aquellas que no exigen de autorización y aquellas que sí. En este caso, el artículo 46.2 RGPD establece que las garantías adecuadas podrán ser susceptibles de aportación, sin necesidad de requerir autorización específica alguna por parte de la autoridad de control, a través de alguno de los siguientes medios:

a) Instrumentos que sean jurídicamente vinculantes y puedan exigirse entre autoridades u organismos de naturaleza pública. En este sentido, las transferencias internacionales de datos entre autoridades u organismos públicos podrán efectuarse sin la autorización de la autoridad de control sobre la base de la existencia de disposiciones que se incorporen a acuerdos de carácter administrativo y que establezcan el reconocimiento de derechos exigibles y eficaces a las personas físicas titulares de los datos personales.

b) Normas corporativas vinculantes, que desarrollaremos en el siguiente apartado.

c) Cláusulas tipo en materia de protección de datos personales que sean adoptadas por la Comisión. Estas garantías apropiadas habrán de garantizar el cumplimiento y la satisfacción de las exigencias legales y de los derechos que corresponden a los interesados, lo que supone la inclusión del derecho a obtener una reparación de carácter administrativo o judicial eficaz y a ejercer la reclamación de una indemnización, dentro de la Unión Europea o en un país tercero. En especial, habrán de aludir a la satisfacción de los principios generales relativos al tratamiento de los datos personales y a aquellos principios de protección de los datos desde el diseño y por defecto (considerando 108 RGPD).

Como se indica en la web de la AEPD ("Garantías para las transferencias de datos personales a terceros países u organizaciones internacionales"), "[c[on fecha 4 de junio de 2021, la Comisión Europea ha publicado el nuevo conjunto de cláusulas contractuales tipo que, además de sustituir a sus predecesoras, pretenden poder abarcar las transferencias entre responsables, entre responsable y encargado, entre encargados y entre encargado y responsable. Las nuevas cláusulas se adaptan al RGPD incorporando los principios de responsabilidad proactiva y tratan de adoptar los criterios señalados por el Tribunal de Justicia de la Unión Europea (TJUE) en la sentencia del caso Schrems II. No obstante, sigue siendo necesario que el exportador de los datos, en su caso ayudado por el importador, analice el impacto que la legislación y/o la práctica vigente en el país del importador pueda tener en el nivel de protección proporcionado, de forma que sea esencialmente equivalente al que proporciona el marco europeo. Además, adicionalmente, deberán tenerse en cuenta las directrices del Comité Europeo de Protección de Datos sobre las medidas suplementarias que se considere adecuado adoptar para garantizar ese nivel de protección equivalente. Las cláusulas contractuales de las Decisiones de la Comisión Europea 2001/497/CE, 2004/915/CE y 2010/87/UE quedan derogadas a partir del 27 de septiembre de 2021. No obstante, los contratos celebrados antes de dicha fecha con arreglo a las anteriores Decisiones serán válidos hasta el 27 de diciembre de 2022, siempre que las operaciones de tratamiento permanezcan inalteradas y las cláusulas contractuales garanticen que la transferencia de datos personales esté sujeta a garantías adecuadas". Está aludiendo, en definitiva, a la, ya mencionada en este Trabajo, Decisión de Ejecución (UE) 2021/914 de la Comisión de 4 de junio de 2021 relativa a las cláusulas contractuales tipo para la transferencia de datos personales a terceros países de conformidad con el Reglamento (UE) 2016/679 del Parlamento Europeo y del Consejo.

d) Cláusulas tipo en materia de protección de datos adoptadas, en este caso, por parte de una autoridad de control, siendo aprobadas por la Comisión con arreglo al procedimiento de examen a que se refiere el artículo 93.2 RGPD.

e) Códigos de conducta, juntamente con compromisos de carácter vinculante y exigible por el responsable o encargado del tratamiento en el tercer país de aplicar garantías adecuadas, incluyendo aquí aquellas que se refieren a los derechos que corresponden a los interesados.

f) Mecanismos de certificación, además de compromisos vinculantes y exigibles, del mismo modo que los códigos de conducta establecidos en la letra anterior.

Por otro lado, el artículo 46.3 RGPD establece que, siempre que se cuente con la autorización emitida por la autoridad de control competente, las garantías adecuadas también podrán ser aportadas, en su caso, por medio de:

a) Cláusulas contractuales celebradas entre el responsable o el encargado del tratamiento y el responsable del tratamiento, el encargado del tratamiento o el destinatario de los datos personales establecidos en un tercer país u organización internacional.

b) Disposiciones que sean incorporadas en acuerdos de carácter administrativo, suscritas entre las autoridades u organismos de naturaleza pública que reconozcan derechos efectivos y exigibles para las personas físicas titulares de los datos.

Por último, de acuerdo con el artículo 46.5 RGPD, aquellas autorizaciones que se hubieran otorgado por parte de un Estado miembro de la Unión Europea o por parte de una autoridad de control de acuerdo con el artículo 26.2 DPDP habrán de continuar siendo válidas hasta el momento en que experimenten alguna modificación, sustitución o derogación, en el supuesto de que sea procedente, por parte de la autoridad de control. Por su parte, las decisiones adoptadas por la Comisión en virtud del artículo 26.4 DPDP permanecerán vigentes hasta que sean modificadas, sustituidas o derogadas, de ser necesario, por una decisión de la Comisión adoptada de acuerdo con el artículo 46.2 RGPD. Este artículo 46.5 RGPD implica que tales autorizaciones y decisiones habrán de ser objeto de revisión, ya que, de lo contrario, la previsión que recoge carecería de sentido alguno. Por lo que respecta a las autorizaciones efectuadas por los Estados miembros y por las autoridades de control, la normativa actual no se pronuncia. En cambio, de las decisiones adoptadas por la Comisión se hace eco el considerando 106 RGPD, pudiendo considerarse comprendidas en el artículo 97 RGPD. La solución en relación con el primer supuesto puede resultar difícil, ya que no se establece un período para efectuar su revisión, además de la gran cantidad que ya han sido aprobadas; en cuanto a las decisiones adoptadas por parte de la Comisión, habrán de considerarse aprobadas por las cláusulas contractuales tipo para las transferencias internacionales de datos entre responsables del tratamiento o entre responsables y encargados del tratamiento. Una vez efectuada su aprobación con base en el artículo 26.2 DPDP [en la actualidad, merced al artículo 46.2.d) RGPD], habrían de recibir la aprobación por parte de la Comisión.

En nuestro país, y al amparo de este artículo 46 RGPD, nace el artículos 41.1 LOPDGDD. De acuerdo con este precepto, la AEPD y las AAPD podrán adoptar, conforme a lo dispuesto en el artículo 46.2.c) RGPD, cláusulas contractuales tipo para la realización de transferencias internacionales de datos, cláusulas, estas, que se someterán previamente al dictamen del CEPD previsto en el artículo 64 RGPD.

3. Normas Corporativas Vinculantes

Un aspecto fundamental dentro de estas garantías viene constituido, como anticipábamos, por las BCR o Normas Corporativas Vinculantes, que constituyen una de las más relevantes novedades aportadas por la regulación actual sobre protección de datos, quedando recogidas dentro del artículo 47 RGPD.

Pudimos ver que el artículo 4.20) RGPD entiende por normas corporativas vinculantes aquellas "[…] políticas de protección de datos personales asumidas por un responsable o encargado del tratamiento establecido en el territorio de un Estado miembro para transferencias o un conjunto de transferencias de datos personales a un responsable o encargado en uno o más países terceros, dentro de un grupo empresarial o una unión de empresas dedicadas a una actividad económica conjunta". La definición y la configuración de su regulación son el resultado de un proceso evolutivo al que se han visto expuestas estas Normas desde hace, aproximadamente, quince años, momento en el que comenzó a abordarse esta cuestión, especialmente por parte del GTA29. De hecho, conviene recordar la regulación proporcionada por el RDLOPD, que ya incorporó una primera alusión a este instrumento dentro de su artículo 70.4. Ahora, el Reglamento General de Protección de Datos recoge el resultado de un intento por regular de forma eficaz aquellas transferencias internacionales realizadas en el contexto de grandes multinacionales o de grupos de empresas, facilitando su articulación, siempre con la garantía del respeto del derecho fundamental a la protección de datos personales.

Dada la configuración de los *Binding Corporate Rules* como fuente de obligaciones para los responsables y encargados del tratamiento, se analiza su carácter vinculante en cuanto declaración unilateral de voluntad. En este sentido, las posibles dudas que pudieran suscitarse, teniendo en cuenta el sistema configurado por el Código Civil, han de considerarse eliminadas en la actualidad, por cuanto que las Normas Corporativas Vinculantes encuentran regulación específica en una norma jurídica de aplicación directa en los Estados miembros, como es el Reglamento General de Protección de Datos. Ello pone de manifiesto, una vez más, el alcance que presenta la normativa actual en materia de protección de datos personales en nuestro ordenamiento jurídico.

No obstante, teniendo en cuenta la controversia que este instrumento puede suponer en los sistemas jurídicos continentales, el Reglamento establece una regulación pormenorizada con la finalidad principal de proteger el carácter vinculante y garantista de los BCR. En esta línea, el artículo 47.1 RGPD parte de los requisitos que habrán de reunir; así, dispone, la autoridad de control competente deberá aprobarlas de acuerdo con el mecanismo de coherencia regulado en el artículo 63 RGPD, siempre que las mismas:

a) Sean jurídicamente vinculantes y cumplidas por parte de todos los que integran el grupo empresarial o la unión de empresas que se dedican a una actividad económica conjunta, incluyendo también a sus empleados.

b) Confieran a los interesados, de modo expreso, derechos exigibles en relación con el tratamiento que se realice de sus datos personales.

c) Satisfagan las exigencias comprendidas en el artículo 47.2 RGPD. Este apartado segundo del artículo 47 RGPD establece el contenido mínimo que habrán de incluir. Como en otros casos, se advierte la intención del legislador de poner de manifiesto que las Normas Corporativas Vinculantes son, en esencia, herramientas que permiten proteger el derecho fundamental a la protección de datos personales en un contexto complejo, como es el propio en el que estas han de ser aplicadas, con multitud de transferencias de datos personales a terceros países u organizaciones internacionales de naturaleza muy heterogénea.

Así, el artículo 47.2 RGPD incluye el contenido mínimo que habrá de estar recogido en las BCR:

a) La descripción de la estructura presentada por el grupo empresarial o unión de empresas que se dediquen a una actividad económica conjunta, así como los datos de contacto de cada uno de sus integrantes.

b) Las transferencias o conjuntos de transferencias de datos, incluidas las categorías de datos personales, el tipo de tratamientos y sus finalidades, el tipo de interesados que resulten afectados por dicho tratamiento y el nombre del/de los tercer/os país/es de que se trate.

c) El carácter jurídicamente vinculante de estas Normas, tanto a nivel interno como externo.

d) El cumplimiento de los principios rectores del tratamiento de los datos personales, tales como el principio de limitación de la finalidad, de minimización de datos, de limitación de los plazos de conservación, la calidad de los datos, de protección de datos desde el diseño y por defecto, la base jurídica del tratamiento, el tratamiento de categorías especiales de datos personales, las medidas encaminadas a garantizar la seguridad de los datos personales y las exigencias en relación con la realización de transferencias internacionales de datos realizadas con posterioridad a organismos no vinculados por los BCR.

e) Los derechos que corresponden a los interesados en relación con el tratamiento realizado por responsables o encargados del tratamiento y los medios de que disponen para poder ejercerlos, en especial el derecho a no ser objeto de decisiones basadas exclusivamente en un tratamiento automatizado, incluida la elaboración de perfiles, de acuerdo con lo establecido por el artículo 22 RGPD; el derecho a presentar una reclamación ante la autoridad de control competente y ante los Tribunales competentes de los Estados miembros, de acuerdo con el artículo 79 RGPD, y el derecho a obtener una reparación y, cuando proceda, una indemnización, derivada de una violación de los *Binding Corporate Rules.*

f) La aceptación, por parte del responsable o del encargado del tratamiento establecidos en el territorio de un Estado miembro, de la responsabilidad en el caso de cualquier violación de estas Normas por parte de cualquier miembro de que se trate no establecido en la Unión Europea. En este caso, el responsable o el encargado del tratamiento únicamente se verán exonerados de dicha responsabilidad, de un modo total o parcial, si demuestran que el acto que motivó los daños y perjuicios no resulta imputable a ese miembro.

g) El modo en que se proporciona a los interesados una adecuada información en relación con las Normas Corporativas Vinculantes, en especial en lo relativo a las disposiciones contempladas en las letras d), e) y f) del presente artículo 47.2 RGPD, amén de los preceptos 13 y 14 del mismo Reglamento.

h) Las funciones a desempeñar por el DPD que sea nombrado de acuerdo con el artículo 37 RGPD (y, en nuestro país, además, el artículo 34 LOPDGDD), o de cualquier otra persona o entidad encargada de la supervisión del cumplimiento de las Normas Corporativas Vinculantes dentro del grupo empresarial o de la unión de empresas dedicadas a una actividad económica conjunta, así como de la supervisión de la formación y de la tramitación de las reclamaciones.

i) Los procedimientos elaborados para el ejercicio de reclamaciones.

j) Los mecanismos establecidos dentro del grupo empresarial o de la unión de empresas dedicadas a una actividad económica conjunta para garantizar la verificación del cumplimiento de los BCR. Dichos mecanismos deberán incluir la realización de auditorías de protección de datos y métodos para garantizar acciones correctivas con el fin de proteger los derechos de los interesados. Los resultados de esta verificación habrían de ser comunicados a la persona o entidad a que se refiere la letra h) anterior y al consejo de administración de la empresa que controla un grupo empresarial, o de la unión de empresas dedicadas a una actividad económica conjunta, y ponerse a disposición de la autoridad de control competente que lo solicite.

k) Los mecanismos establecidos para poder realizar la comunicación y registro de las modificaciones introducidas en las normas, así como para la notificación de cada una de esas modificaciones a la autoridad de control.

l) El mecanismo de cooperación con la autoridad de control, con el fin de garantizar el cumplimiento por parte de cualquier miembro del grupo empresarial o de la unión de empresas dedicadas a una actividad económica conjunta, en especial poniendo a disposición de la autoridad de control los resultados de las verificaciones de las medidas contempladas en la letra j) anterior.

m) Los mecanismos para poder informar a la autoridad de control competente de cualquier requisito jurídico de aplicación en un tercer país o a un miembro del grupo empresarial o de la unión de empresas dedicadas a una actividad económica conjunta, que, con probabilidad, tengan un efecto adverso en relación con las garantías que se hayan establecido en las Normas Corporativas Vinculantes.

n) La formación en materia de protección de datos personales necesaria para el personal que tenga acceso permanente o habitual a datos personales.

Resulta curioso que el Reglamento General de Protección de Datos no establezca prácticamente nada en relación con el procedimiento de elaboración y aprobación de los *Binding Corporate Rules*, a pesar de que constituyen uno de los aspectos más controvertidos de la regulación actual. Pese a ello, parece evidente que habrá de ser el grupo de empresas en cuestión el que comience a elaborar los BCR, debiendo ser presentadas a la autoridad de control con competencia para su tramitación con el objetivo de que proceda a su aprobación bajo el mecanismo de coherencia, tal y como establece el artículo 47.1, el artículo 57.1.s) y el artículo 58.3.j), todos ellos del Reglamento General de Protección de Datos. En este sentido, se entenderá por autoridad competente, al amparo de lo dispuesto por el artículo 56.1 RGPD, aquella autoridad de control situada en el mismo lugar en el que se encuentra el establecimiento principal o único del responsable o del encargado del tratamiento.

En el procedimiento a desarrollar para poder elaborar y aprobar Normas Corporativas Vinculantes será imprescindible el trabajo llevado a cabo por el CEPD, similar al realizado hasta ahora por el GTA29. Así las cosas, el artículo 64.1.f) RGPD obliga a que este Comité expida un dictamen previo a la aprobación de los BCR. Este dictamen habrá de estar seguido por la autoridad de control, de modo tal que, si no lo hace o no solicita el dictamen, el CEPD emitirá un dictamen vinculante, del modo en que se contempla en el artículo 65.1.c) RGPD. Amén de lo anterior, el artículo 70.1.j) RGPD establece que este Comité deberá emitirá directrices, recomendaciones y buenas prácticas con el fin de especificar, en mayor medida, los criterios y requisitos para las transferencias de datos personales basadas en Normas Corporativas Vinculantes a las que se hayan adherido los responsables del tratamiento y en este tipo de Normas a las que se hayan adherido los encargados del tratamiento y en requisitos adicionales necesarios para garantizar la protección de los datos personales de los interesados a que se refiere el artículo 47 RGPD.

Pese a lo anterior, el artículo 41.2 LOPDGDD sí que precisa algo más este procedimiento a nivel interno español. En este apartado, y tras establecer que la AEPD y las AAPD podrán aprobar BCR de acuerdo con lo previsto en el artículo 47 RGPD, se dispone que el procedimiento se iniciará a instancia de una entidad situada en España y tendrá una duración máxima de nueve meses; a ello, añade que dicho procedimiento quedará suspendido como consecuencia de la remisión del expediente al CEPD para que emita el dictamen al que se refiere el artículo 64.1.f) RGPD, continuando tras su notificación a la AEPD o a la AAPD competente.

4. Excepciones

Por último, el artículo 49 RGPD regula aquellas excepciones que, plasmadas en situaciones específicas, permiten también la realización de transferencias de datos personales a terceros países u organizaciones internacionales. Estas excepciones fueron objeto de interpretación por parte del GTA29 en dos documentos relevantes: en primer lugar, el Documento de Trabajo intitulado "Transferencias de datos personales a terceros países: aplicación de los artículos 25 y 26 de la directiva sobre protección de datos en la UE" (WP 12), adoptado el 24 de julio de 1998; en segundo lugar, el Documento de Trabajo relativo a una interpretación común del artículo 26, apartado uno, de la Directiva 95/46/CE de 24 de octubre de 1995 (WP 114), adoptado el 25 de noviembre de 2005.

Esta vía alternativa hace posible la realización de transferencias internacionales de datos personales sin necesidad de obtener autorización alguna por parte de la autoridad de control. No obstante, el responsable o el encargado del tratamiento habrán de configurar determinadas soluciones que hagan posible a los interesados el ejercicio de derechos exigibles y efectivos en relación con el tratamiento de sus datos personales dentro del territorio comunitario y una vez tenga lugar la transferencia (considerando 114 RGPD).

Atendiendo al artículo 49.1.1º RGPD, podemos subrayar las siguientes modificaciones que, en este contexto, se han producido respecto de la normativa precedente:

a) Por lo que respecta al consentimiento del interesado, se exige que este sea específico y no sólo inequívoco. También que el interesado sea debidamente informado de todos aquellos riesgos que, con probabilidad, puedan afectarle en el caso de realización de estas transferencias internacionales de sus datos personales en ausencia de una decisión de adecuación y de garantías adecuadas establecidas en los artículos 45 y 46 RGPD, respectivamente [letra a) del artículo 49.1 RGPD].

b) En aquellos casos en que la realización de la transferencia internacional de datos personales venga impuesta por razones importantes de interés público, este interés habrá de ser reconocido por la normativa comunitaria o por el Derecho interno de los Estados miembros que resulte de aplicación al responsable del tratamiento (artículo 49.4 RGPD).

c) A la excepción consistente en la existencia de un interés vital del interesado, se incluye aquella otra excepción consistente en la existencia de un interés vital en relación con otras personas, si bien se establece la necesidad de que el interesado esté física o jurídicamente incapacitado para prestar su consentimiento [letra f) del artículo 49.1 RGPD].

d) En el caso de que la realización de la transferencia internacional se produzca desde una registro público, se especifica, en la actualidad, que dicha transferencia no comprenderá todos los datos personales ni categorías enteras de datos personales contenidos en dicho registro. Además, si la finalidad del registro consiste en la consulta por parte de personas que tengan un interés legítimo, la transferencia internacional sólo podrá efectuarse con la solicitud de estas personas o si las mismas hubieran de ser las destinatarias (artículo 49.2 RGPD).

e) El responsable o el encargado del tratamiento deberán documentar en los registros de actividades de tratamiento del artículo 30 RGPD la evaluación y las garantías adecuadas a que alude, como veremos a continuación, el artículo 49.1.2º RGPD (artículo 49.6 RGPD).

Por lo demás, el conjunto de excepciones contempladas en el artículo 49 RGPD es cerrado, de modo que no será posible la aplicación de cualquier otra excepción mediante aplicación analógica. Ahora bien, sucede que algunas de estas excepciones son, en exceso, amplias, y que el artículo 49.1, *in fine*, RGPD permite la realización de transferencias internacionales cuando no resulte de aplicación ninguna de las excepciones contenidas en dicho apartado, bajo la condición de que estas transferencias se realicen dentro de los límites y bajo las condiciones que el artículo 49.1.2º RGPD contempla, que exigen que las citadas transferencias:

a) No sean repetitivas.

b) Afecten únicamente a un número reducido de interesados.

c) Sean imprescindibles a los fines de intereses legítimos imperiosos perseguidos por el responsable del tratamiento sobre los que no prevalezcan los intereses, derechos y libertades del interesado.

d) Además, también será preceptivo que el responsable del tratamiento haya realizado una evaluación previa de todas las circunstancias que concurran en la transferencia y, con base en este análisis, ofrezca garantías adecuadas con respecto a la protección de los datos personales de los interesados.

Por lo demás, el responsable del tratamiento deberá informar a la autoridad de control de la transferencia internacional, así como al interesado (a este último no sólo de la transferencia, sino también de los intereses legítimos imperiosos perseguidos).

Para concluir, pese a que el artículo 49 RGPD alude, en general, a las excepciones que legitimarían la realización de transferencias internacionales de datos personales aun cuando no contaran con una decisión de adecuación o, en su defecto, con la existencia de garantías adecuadas, su apartado quinto comprende una situación que resulta ser la contraria: cuando no exista una decisión en virtud de la cual se constate la adecuación de la protección de los datos personales, el Derecho comunitario o el Derecho interno de los Estados miembros podrá, basándose en la existencia de razones importantes de interés público, establecer, de modo expreso, limitaciones a la realización de transferencias internacionales de categorías especiales de datos personales a un tercer país u organización internacional. Además, en estos casos, los Estados miembros deberán notificar a la Comisión estas disposiciones.

5. Autorización de la autoridad de control

El artículo 42 LOPDGDD aborda los supuestos sometidos a autorización previa de las autoridades de protección de datos. En virtud de este precepto, las transferencias internacionales de datos personales a terceros países u organizaciones internacionales que no cuenten con decisión de adecuación aprobada por la Comisión o que no se amparen en alguna de las garantías previstas en el artículo 41 LOPDGDD y en el artículo 46.2 RGPD, requerirán una previa autorización de la AEPD o, en su caso, de las AAPD, que podrá otorgarse en los siguientes supuestos:

a) Cuando la transferencia pretenda fundamentarse en la aportación de garantías adecuadas con fundamento en cláusulas contractuales que no correspondan a las cláusulas tipo previstas en el artículo 46.2, letras c) y d), RGPD.

b) Cuando la transferencia se lleve a cabo por alguno de los responsables o encargados del tratamiento a que se refiere el artículo 77.1 LOPD-

GDD y se funde en disposiciones incorporadas a acuerdos internacionales no normativos con otras autoridades u organismos públicos de terceros Estados, que incorporen derechos efectivos y exigibles para los afectados, incluidos los memorandos de entendimiento.

El procedimiento tendrá una duración máxima de seis meses. Por lo demás, concluye el precepto, la autorización quedará sometida a la emisión por el CEPD del dictamen al que se refieren los artículos 64.1.e), 64.1.f) y 65.1.c), todos ellos del RGPD. La remisión del expediente al citado Comité implicará la suspensión del procedimiento hasta que el dictamen sea notificado a la AEPD o, por conducto de la misma, a la autoridad de control competente, en su caso.

Junto a este precepto, el artículo 43 LOPDGDD regula los supuestos sometidos a información previa a la autoridad de protección de datos competente. En este caso, dispone el precepto, los responsables del tratamiento deberán informar a la AEPD o, en su caso, a las AAPD de cualquier transferencia internacional de datos que pretendan llevar a cabo sobre la base de su necesidad para fines relacionados con intereses legítimos imperiosos por ellos perseguidos y la concurrencia del resto de los requisitos previstos en el artículo 49.1.2º RGPD; asimismo, deberán informar a los afectados de la transferencia y de los intereses legítimos imperiosos perseguidos. Esta información deberá facilitarse con carácter previo a la realización de la transferencia. Ahora bien, lo anterior no será de aplicación a las actividades llevadas a cabo por las autoridades públicas en el ejercicio de sus poderes públicos, de acuerdo con el artículo 49.3 RGPD.

Por su parte, la disposición adicional decimotercera regula un supuesto específico, como es aquel de las transferencias internacionales de datos tributarios. En ella, se establece que las transferencias de datos de esta naturaleza entre nuestro país y otros Estados o entidades internacionales o supranacionales se regularán en los términos y con los límites establecidos en la normativa sobre asistencia mutua entre los Estados de la Unión Europea o en el marco de los convenios para evitar la doble imposición o de otros convenios internacionales, así como por las normas sobre la asistencia mutua establecidas en el Capítulo VI del Título III de la Ley 58/2003, de 17 de diciembre, General Tributaria (BOE núm. 302, de 18 de diciembre de 2003).

6. *Suspensión temporal*

Son dos los artículos, ya vistos, que hacen referencia a posibles suspensiones temporales de procedimientos en materia de transferencias internacionales de datos personales:

El primero de ellos es el artículo 41.2 LOPDGDD, en el que, tras indicar que la AEPD y las AAPD podrán aprobar normas BCR de conformidad con lo previsto en el artículo 47 RGPD, establece lo siguiente:

> «El procedimiento se iniciará a instancia de una entidad situada en España y tendrá una duración máxima de nueve meses. Quedará suspendido como consecuencia de la remisión del expediente al Comité Europeo de Protección de Datos para que emita el dictamen al que se refiere el artículo 64.1.f) del Reglamento (UE) 2016/679, y continuará tras su notificación a la Agencia Española de Protección de Datos o a la autoridad autonómica de protección de datos competente».

El segundo es el artículo 42 LOPDGDD, que, en su apartado segundo, prevé que la autorización de la AEPD o, en su caso, de la AAPD a la transferencia internacional de datos a países u organizaciones internacionales que no cuenten con decisión de adecuación aprobada por la Comisión o que no se amparen en alguna de las garantías previstas "[...] quedará sometida a la emisión por el Comité Europeo de Protección de Datos del dictamen al que se refieren los artículos 64.1.e), 64.1.f) y 65.1.c) del Reglamento (UE) 2016/679. La remisión del expediente al citado comité implicará la suspensión del procedimiento hasta que el dictamen sea notificado a la Agencia Española de Protección de Datos o, por conducto de la misma, a la autoridad de control competente, en su caso».

Junto a ellos, la disposición adicional quinta de esta misma Ley Orgánica, que regula la autorización judicial en relación con decisiones de la Comisión Europea en materia de transferencia internacional de datos, regulando el supuesto en el que una autoridad de protección de datos considere que una decisión de la Comisión en materia de transferencia internacional de datos, de cuya validez dependa la resolución de un procedimiento concreto, infringe lo dispuesto en el RGPD, menoscabando el derecho fundamental a la protección de datos. En este caso, se establece que la autoridad de protección de datos acordará inmediatamente la suspensión del procedimiento, a fin de solicitar del órgano judicial autorización para declararlo así en el seno del procedimiento que esté conociendo. Esta suspensión deberá ser confirmada, modificada o levantada en el acuerdo de admisión o inadmisión a trámite de la solicitud de la autoridad de protección de datos dirigida al tribunal competente.

De igual modo, añade, las decisiones de la Comisión Europea a las que puede resultar de aplicación este cauce son:

a) Aquellas que declaren el nivel adecuado de protección de un tercer país u organización internacional, en virtud del artículo 45 RGPD.

b) Aquellas por las que se aprueben cláusulas tipo de protección de datos para la realización de transferencias internacionales de datos.

c) Aquellas que declaren la validez de los códigos de conducta.

Asimismo, el apartado segundo de esta disposición adicional establece que la autorización mencionada sólo podrá ser concedida si, previo planteamiento de cuestión prejudicial de validez en los términos del artículo 267 TFUE, la decisión de la Comisión cuestionada fuera declarada inválida por el TJUE. Esta disposición adicional quinta ha supuesto, además, una modificación de la LOPJ (BOE núm. 157, de 02 de julio de 1985), como queda recogido en la disposición final cuarta de la LOPDGDD.

7. Cláusulas contractuales

Nos remitimos, en relación a este punto, a cuanto se ha indicado en el apartado 2 precedente, en el que se analizan las cláusulas contractuales dentro del conjunto de garantías adecuadas que permiten habilitar la realización de transferencias internacionales cuando no exista una decisión de adecuación por parte de la Comisión.

X. EL REGLAMENTO EUROPEO DE PROTECCIÓN DE DATOS Y LA LEY ORGÁNICA 3/2018, DE 5 DE DICIEMBRE, DE PROTECCIÓN DE DATOS PERSONALES Y GARANTÍA DE LOS DERECHOS DIGITALES. AUTORIDADES DE CONTROL

La entrada en vigor de la normativa actual en materia de protección de datos personales persigue cuatro finalidades básicas:

En primer lugar, proceder a su adaptación a las transformaciones experimentadas en las Nuevas Tecnologías de la Información y la Comunicación, especialmente en lo atinente al incremento de la velocidad de la red digital y a las consecuencias que de ello se desprende (buscadores, redes sociales, computación en nube, *Big data, Internet of Things,* etc.).

En segundo lugar, proteger el derecho fundamental del interesado a la protección de sus datos personales, al atribuirle una más amplia capacidad de disposición sobre los datos objeto de tratamiento por parte de responsables y encargados del tratamiento, así como en aquellos supuestos en que los datos personales sean objeto de transferencias a terceros países u organizaciones internacionales. La razón estriba en que la fuerte irrupción tecnológica y sus implicaciones en materia de datos personales (videovigilancia, biometría, etc.) conlleva un palpable aumento de los riesgos para la privacidad y para la seguridad, lo que exige un robustecimiento de la protección de los derechos y de las garantías del interesado.

En tercer lugar, promover el surgimiento de un nuevo mercado digital que favorezca el desarrollo de la actividad económica y de la competitividad de las empresas. La nueva regulación, además de perseguir proteger a los afectados frente al tratamiento que, de sus datos personales, realicen responsables del tratamiento y encargados del tratamiento, busca fomentar, como ya hacía la regulación anterior, la libre circulación de datos personales dentro del mercado único. De este modo, el artículo 1.3 RGPD dispone que la libre circulación de datos personales dentro de la Unión Europea no podrá verse limitada, restringida o prohibida por motivos relacionados con la protección de los interesados en relación con el tratamiento de sus datos personales. Consecuencia de lo anterior, y atendiendo a la inquietud mostrada por el sector industrial y por los mercados, se persigue, de una parte, solventar el fraccionamiento existente entre los distintos Estados miembros, que obstaculizaba sobremanera la comercialización de bienes y servicios, y, de otra, desarrollar políticas de privacidad en todo el territorio comunitario. Simultáneamente, la consecución de un marco más armonizado en materia de protección de datos y la aproximación progresiva al sistema anglosajón, caracterizado por el fomento de instrumentos de autorregulación, promueve, de igual modo, un diálogo económico geográficamente más amplio, ampliando las opciones de crecimiento y de creación de empleo.

En cuarto y último lugar, facilitar la protección de los datos personales, al reducir las cargas de carácter administrativo para el sector empresarial, además de incrementar la responsabilidad proactiva de los sujetos obligados al cumplimiento de cuanto establece la nueva regulación. De esta forma, la normativa actual constituye un modo de simplificación o flexibilización de determinadas obligaciones burocráticas percibidas por los mercados, permitiendo, además, notificar tratamientos y determinados trámites a la hora de realizar transferencias internacionales de datos personales.

En este contexto, y para garantizar el cumplimiento, en los términos expuestos, del RGPD y, también, en nuestro ordenamiento jurídico interno, de la LOPDGDD, se consolida el papel de las autoridades de control, que, como tendremos oportunidad de analizar a continuación, verá incrementada su relevancia en materia de protección de datos en el seno de la Unión Europea.

1. Autoridades de control

La propuesta inicial presentada por la Comisión Europea del Capítulo VI RGPD suponía un fortalecimiento de la independencia asumida por las autoridades de control, tanto en las funciones a desempeñar, como en la facultad con que contaban para establecer cuantiosas sanciones económicas, de modo que pudieran ser más eficaces a la hora de supervisar y aplicar la normativa en materia de protección de datos personales, propiciando, de este modo, una unificación de su capacidad coercitiva y una instauración de mecanismos adecuados y efectivos para facilitar una mayor coherencia a lo largo y ancho del territorio comunitario. Esta propuesta suponía un reconocimiento implícito del modelo tradicional europeo sobre la materia y de la relevancia que, para la protección de los derechos y libertades de interesados, suponía la implantación de una actividad supervisora y de control atribuida a la autoridad de control.

La versión final aprobada del Capítulo VI se refiere a las autoridades de control independientes (artículos 51 a 59 RGPD). A priori, la ubicación que se otorga en el Reglamento a la regulación de las autoridades de control independientes y la redacción y extensión que se les atribuye parecen óptimas, a la vista de cómo se disciplinan las demás cuestiones incorporadas al texto de la Norma. Y es que la nueva regulación dedica un gran número de artículos, acompañados de una gran minuciosidad, a las autoridades de control independientes, en contraposición a la normativa anterior (artículo 28 DPDP), que les otorgaba una atención ciertamente más exigua.

En este sentido, y como la propia denominación del capítulo pone de relieve, un primer aspecto que conviene abordar en relación con las autoridades de control es el de su independencia. Un buen ejemplo de la relevancia que constituye el carácter independiente que ha de presidir, en todo momento, la actuación de las autoridades de control son el artículo 8.3 CDFUE y el artículo 16.2 TFUE, que disponen que el respeto a las normas en materia de protección de datos personales ha de estar sometido en todo momento al control de una autoridad independiente. En este sentido, el artículo 28.1 DPDP, de forma mucho más escueta, simplemente indicaba que los Estados miembros debían contar con una o más autoridades públicas encargadas de velar por la aplicación, en su respectivo territorio, de las disposiciones adoptadas por ellos en aplicación de esta normativa, ejerciendo las funciones que les fueran encomendadas con total y absoluta independencia. No obstante, la Comisión Europea, en relación con la aplicación de dicha Directiva, puso de manifiesto la necesidad de respetar esta independencia en la actuación de las autoridades supervisoras en materia de protección de datos personales.

Pese a que gran parte de estos aspectos se hallaban bien resueltos en el ordenamiento jurídico español, no sucedía lo mismo en todos los países de la Unión Europea. En consecuencia, el Reglamento General de Protección de Datos, al exigir que cada uno de estos Estados comunitarios proteja a su respectiva autoridad de control por medio de un elenco de medidas que garanticen su independencia, incorpora novedades normativas ostensibles. De este modo, se establece, de modo genérico, que cada Estado miembro tendrá que establecer la función que habrán de asumir sus respectivas autoridades públicas independientes, tales como, entre otras, supervisar la aplicación de la normativa con la finalidad de garantizar la protección de los derechos y libertades fundamentales de los interesados en lo relativo al tratamiento o facilitar la libre circulación de los datos dentro del territorio comunitario (artículo 51, apartado primero, RGPD). Para la consecución de dicho objetivo, se refuerza esta independencia al dedicar a esta materia la Sección 1 del Capítulo VI (artículos 51 a 54 RGPD). Junto a ello, de cara a la evaluación de la adecuación del nivel de protección otorgado a un tercer país u organización internacional de cara a la realización de transferencias internacionales de datos personales, amparadas en la existencia de una decisión de adecuación por parte de la Comisión, se subraya que esta habrá de tener en consideración la existencia de una o varias autoridades de control independientes [letras a) y b) del artículo 45.2 RGPD].

Así las cosas, se establece la independencia sustancial de las autoridades de control (lo que se traduce en la ausencia de una relación de tutela, de órdenes y de instrucciones en el ejercicio de las funciones que les corresponden), estableciendo que cada autoridad de control deberá actuar dotada de una total independencia en el ejercicio de las funciones que tienen atribuidas y en el desempeño de sus poderes (artículo 52, apartado primero, RGPD). No obstante, la nueva normativa se pronuncia en términos más específicos que la regulación precedente, al disponer que los integrantes de cada autoridad de control serán ajenos, en la realización de las funciones que les corresponden y en el desempeño de los poderes que les son atribuidos, a toda posible influencia que provenga del exterior, ya sea directa o indirecta, no debiendo solicitar ni admitir instrucción alguna al respecto (artículo 52.2 RGPD).

Por su parte, las garantías funcionales de independencia de las autoridades de control, que se traducen en la necesidad de que estas no puedan estar sometidas a ninguna instrucción en el ejercicio de sus funciones, es una exigencia indispensable para que las autoridades de control se ajusten a este criterio esencial de independencia. Sin embargo, esta independencia funcional no es suficiente por sí misma para proteger a las autoridades de control de cualquier influencia externa. En este sentido, se ha puesto de manifiesto que el mero hecho de que se pueda llegar a influir políticamente en las decisiones adoptadas por la autoridad de control habrá de ser considerado como un hecho más que suficiente para poner en peligro el ejercicio de sus funciones de forma independiente. Y ello, por dos motivos básicos:

a) Porque podría desembocar en una "obediencia anticipada" de las autoridades de control.

b) Por el rol de guardián en materia de protección de datos personales asumido por las autoridades de control, que obliga a que no puedan ser sospechosas de parcialidad alguna en el ejercicio de sus funciones.

En consecuencia, se aporta un mayor desarrollo que la normativa anteriormente vigente a la asignación a las autoridades de control de determinadas garantías de naturaleza formal en materia de independencia. Estas garantías se pueden reunir en dos grupos:

a) Aquellas que afectan a los mismos miembros de la autoridad de control, como son la forma y las exigencias a satisfacer a la hora de nombrar a los integrantes de la autoridad de control, la duración del mandato, su carácter inamovible y los supuestos que hacen incompatibles el desempeño de la función, configurando un verdadero estatuto jurídico de los integrantes de las autoridades de control.

b) Aquellas que aluden al modo de funcionamiento de las autoridades de control, donde se incluye la autonomía de que han de gozar el personal, tanto presupuestaria como financiera, y la disponibilidad de recursos humanos y económicos para poder desarrollar las funciones que les corresponden.

En este sentido, se persigue evolucionar en la configuración de la independencia formal de las autoridades de control, siempre que ello no afecte al principio de autonomía institucional y a la soberanía que corresponde a los Estados miembros.

En cuanto a las garantías que, con carácter formal, protegen la independencia de las autoridades de control, conviene destacar el desarrollo que el artículo 53.1 RGPD atribuye a la forma y a los requisitos para nombrar a los integrantes de la autoridad de control. De acuerdo con este precepto, los Estados miembros deberán disponer que cada integrante de sus respectivas autoridades de control sea objeto de nombramiento por medio de un proceso caracterizado por la transparencia y en el que intervenga su Parlamento, Gobierno, Jefe del Estado u organismo dependiente encargado de dicho nombramiento; de este modo, se atribuye a los países comunitarios la libertad de elección. La intención que con ello se persigue es garantizar el respeto a la autonomía institucional, en un contexto que puede afectar a la soberanía de los Estados miembros y, en determinados supuestos, a su ordenamiento jurídico constitucional o a sus Estatutos de Autonomía.

Pese a ello, será determinante el organismo que proceda al nombramiento de los integrantes de la autoridad de control a los fines de otorgar una mayor o menor independencia y autoridad. Resulta evidente que un nombramiento por parte de un órgano que goce de independencia o de una mayoría cualificada del Parlamento, podrá contribuir de un modo más favorable a la independencia de la autoridad de control que, por el contrario, otro, bien distinto, en el que quien nombre a los integrantes de la autoridad de control sea el Gobierno, más allá de que este elemento no sea el más relevante y de que miembros nombrados por el Gobierno puedan ejercer sus funciones con plena independencia de un modo efectivo.

Ahora, se establecen las exigencias que han de concurrir para poder nombrar a los miembros de la autoridad de control, disponiendo que cada integrante deberá poseer la titulación, la experiencia y las actitudes requeridas, en especial en materia de datos personales, para poder cumplir de un modo satisfactorio las funciones que le corresponden y desarrollar los poderes que tiene atribuidos (artículo 53.2 RGPD). Como puede observarse, se establecen determinadas cualificaciones y condiciones que, de concurrir, suponen prácticamente de un modo automático la adecuación de los miembros de la autoridad de control [artículo 54.1.b) RGPD]. Pese a ello, estamos en un campo en el que existirá un elevado margen de discrecionalidad a la hora de apreciar y valorar si un determinado candidato reúne las cualificaciones y requisitos necesarios para proceder a su nombramiento, limitando, de este modo, el control jurisdiccional, control que, no obstante, habrá de ejercitarse en aquellos casos en los que, de un modo claro y manifiesto, la persona propuesta no poseo la titulación y la experiencia requeridas en materia de protección de datos personales.

Otro aspecto fundamental al hablar de la independencia formal de los integrantes de las autoridades de control radica en la determinación del período del mandato dentro del cual no podrán ser destituidos. En este sentido, no se establece un intervalo concreto de duración del mandato, si bien sí se concreta la duración mínima, duración que no podrá ser inferior a cuatro años [artículo 54.1.d) RGPD]; con esta medida, se impone la obligación a los Estados miembros de respetar este intervalo de tiempo mínimo, ya que, de ser inferior a la duración establecida, la independencia de la autoridad de control quedaría mermada. Gracias a ello, se garantiza, en definitiva, el principio de autonomía institucional de cada Estado miembro, que siempre podrá configurar una duración mayor y reforzar, aún más, la independencia de su respectiva autoridad de control.

Sin embargo, no existe un pronunciamiento sobre la posible renovación o no del mandato de los integrantes de la autoridad de control y, de ser posible, sobre el número de veces que esta renovación puede llegar a producirse [letra e) del artículo 54.1 RGPD]. La razón estriba en que se entiende que esta decisión corresponde únicamente a cada Estado miembro, a lo que se añade el hecho de que, a pesar de ser una decisión importante, no afecta al núcleo esencial de la independencia de las autoridades de control y, por ende, es una cuestión que puede ser decidida a nivel interno.

En cambio, sí se introduce una protección de la inamovilidad de los integrantes de la autoridad de control, al establecer que un miembro sólo podrá ser destituido en el supuesto de que lleve a cabo una conducta irregular de carácter grave o en el caso de que deje de cumplir aquellas condiciones inherentes al cumplimiento de sus funciones (artículo 53.4 RGPD). Así, se refuerza también la independencia de las autoridades de control con una inamovilidad que no estaba prevista en la normativa comunitaria precedente. Comoquiera que sea, la inamovilidad es, posiblemente, el aspecto más relevante que conforma el estatuto jurídico de los integrantes de la autoridad de control. Al respecto, se establecen unas circunstancias concretas que, de darse, propiciarían la conclusión del mandato, al establecer que los integrantes de la autoridad de control finalizarán la realización de las funciones que les corresponden en el supuesto de terminación contractual, dimisión o jubilación de carácter obligatorio, de acuerdo con el Derecho nacional interno (artículo 53.3 RGPD).

Un último aspecto a destacar dentro de la independencia formal de los integrantes de la autoridad de control es el de la incompatibilidad. En este sentido, se dispone que los miembros de la autoridad de control deberán abstenerse de toda actuación que sea incompatible con el desempeño de las funciones que tienen legalmente encomendadas, no pudiendo desarrollar, hasta que se extinga su mandato, ninguna actividad profesional que no resulte compatible con dichas funciones, esté o no remunerada (artículo 52.3 RGPD). De este modo, los integrantes de las autoridades de control deberán proceder con integridad, a fin de proteger la independencia de la propia autoridad de control a la que pertenecen (considerando 121 RGPD).

Por lo demás, se deja a criterio de cada país la concreción del estatuto de los integrantes de la autoridad de control. De este modo, como se ha visto, los Estados miembros podrán disciplinar aquellos aspectos concernientes a las actuaciones, ocupaciones y prestaciones que no sean compatibles con el desempeño del cargo a lo largo del tiempo que dure el mandato y con posterioridad a este, así como aquellas obligaciones de los integrantes de la autoridad de control [letra f) del artículo 54.1 RGPD]. En este caso, la Comisión Europea llevó a cabo una propuesta más específica en este sentido, al establecer que, una vez concluido el mandato, los integrantes de la autoridad de control deberían actuar con integridad y discreción en lo que respecta a la aceptación de cargos y beneficios, alusión general que pretendía impedir que las autoridades de control se dejasen llevar por intereses privados de cualquier tipo.

Dentro del estatuto jurídico de los integrantes de la autoridad de control, la normativa vigente subraya la relevancia del sometimiento a la obligación de secreto profesional, no sólo durante la duración del mandato, sino también después. Y ello en relación con las informaciones de carácter confidencial que estos miembros hayan podido conocer en el desempeño de las funciones que les sean encomendadas o durante el ejercicio de sus poderes. Dentro de este período, la obligación de secreto profesional será de aplicación, en especial, a la información obtenida de personas físicas en relación con infracciones de la regulación vigente (artículo 54.2 RGPD). Pese a que esta obligación de secreto normalmente no ha tenido la consideración de garantía y de independencia formal, contribuye, de un modo indirecto, a la actuación independiente e imparcial de la autoridad de control, respecto al Gobierno y a los sujetos obligados, colocándolos en situación de igualdad y de simetría de información.

A priori, no existen motivos para pensar que los deberes en materia de incompatibilidad y de secreto profesional, así como la protección de la estabilidad en el empleo de los miembros que integran la autoridad de control, hayan de ser muy diversas de las que se establecen para los funcionarios y empleados de la Administración Pública, toda vez que, a pesar de que esta no goza de independencia, sino que está sujeta a la dirección del Gobierno (artículo 97 CE), sus miembros cuentan con un estatuto jurídico que establece que la Administración Pública servirá con objetividad los intereses generales y actuará con imparcialidad (artículo 103 CE).

El Reglamento General de Protección de Datos dispone también de garantías relativas a la independencia formal en relación con el funcionamiento de la misma autoridad de control. Entre ellas, se encuentra la capacidad de disponer de recursos, humanos y económicos, para poder cumplir con sus funciones, así como la autonomía, presupuestaria y financiera, de su personal. Parece evidente que un aspecto imprescindible para garantizar la independencia de la autoridad de control y la satisfacción adecuada de las funciones que le sean encomendadas es la dotación de recursos humanos, técnicos, financieros y organizativos, necesarios. De ahí que la normativa vigente en la materia disponga la necesidad de que cada Estado miembro garantice que sus respectivas autoridades de control cuenten, en todo momento, con tales recursos, así como con los locales y las infraestructuras indispensables para desarrollar satisfactoriamente sus funciones y desempeñar, de un modo adecuado, sus poderes, donde se incluyen aquellos que deban acometer en el contexto de la asistencia mutua y la cooperación y la participación en el Comité (artículo 52.4 y considerando 120, ambos del RGPD).

Se alude, de forma específica, a la autonomía del personal, al establecer que cada país comunitario deberá garantizar que su respectiva autoridad de control pueda elegir y disponer de su propio personal, el cual se hallará sometido exclusivamente a la autoridad de control (artículo 52.5 RGPD). En este sentido, el considerando 121 RGPD proporciona más detalle aún, cuando sostiene que, pese a que la autoridad de control ha de contar con su propio personal, este deberá ser elegido tanto por la autoridad de control en cuestión, como por un organismo independiente establecido por el Derecho nacional interno de los Estados miembros, organismo que estará sujeto, de forma total y exclusiva, al miembro o a los miembros de la autoridad de control respectiva.

Asimismo, se produce un reconocimiento de la autonomía presupuestaria, al establecer que cada país deberá garantizar que su respectiva autoridad de control cuente con un presupuesto anual, público e independiente, que podrá integrarse dentro del presupuesto general del Estado o de otro de ámbito nacional (artículo 52.6 RGPD), aspecto, este último, que se dejará al criterio de los Estados miembros y que no afectará a su autonomía presupuestaria. En esta línea, se encuentra el considerando 118 RGPD, que sostiene que la independencia de las autoridades de control no debe suponer que las mismas no estén sujetas a mecanismos de control o supervisión en relación con sus gastos financieros o de control judicial.

Además, la normativa en vigor resulta conforme con el principio de autonomía institucional, al establecer que cada Estado miembro deberá disponer que corresponde a una o varias autoridades públicas independientes la supervisión de la aplicación de su articulado (artículo 51.1 RGPD).

Por su parte, el considerando 117 RGPD dispone que el establecimiento en los Estados miembros de autoridades de control con capacitación adecuada para llevar a cabo el desempeño de sus funciones y para poder ejercitar sus competencias con plena independencia constituye un elemento esencial de cara a una eficaz protección de los interesados. Así, sostiene literalmente, "[l]os Estados miembros deben tener la posibilidad de establecer más de una autoridad de control, a fin de reflejar su estructura constitucional, organizativa y administrativa". Se procura respetar, pues, la configuración constitucional de cada país, configuración que podrá atender a un modelo de Estado más o menos centralizado, dando lugar, en su caso, al surgimiento de entidades territoriales subordinadas o de Comunidades Autónomas que asuman tales competencias. Resultado de lo anterior, se establece que, en el supuesto de que exista más de una autoridad de control en un mismo país (tal es el caso de España), será este el que deberá establecer cuál de dichas autoridades habrá de representar a todas ellas ante el CEPD (en nuestro país, esta función se encomienda a la AEPD, en virtud del artículo 44.2 LOPDGDD), debiendo cumplir todas las autoridades subnacionales la normativa relativa al mecanismo de coherencia y garantizando una cooperación rápida y fluida con otras autoridades de control, el CEPD y la Comisión (artículo 51.3 y considerando 119, ambos del RGPD).

En relación con esta cuestión, se establece un deber recíproco. Efectivamente, no sólo las autoridades nacionales deberán satisfacer la normativa relativa al mecanismo de coherencia y coadyuvar al cumplimiento coherente de la regulación sobre protección de datos en todo el territorio comunitario (artículo 51.2 RGPD). Será también necesario que aquel Estado miembro que cuente con varias autoridades de control subnacionales establezca los mecanismos que permitan garantizar una participación efectiva de tales autoridades de control en el mecanismo de coherencia, de modo que estas autoridades subnacionales deberán poder forman parte de las decisiones de la autoridad nacional en el CEPD y en los mecanismos de coherencia.

Por lo demás, todas las autoridades de control, incluidas las subnacionales, deberán cooperar para garantizar una aplicación coherente de la normativa en materia de protección de datos en todo el territorio comunitario, aspecto este que exige la cooperación interna y para con la Comisión. Se alude a la cooperación entre autoridades de control en el Capítulo VII (artículos 60 a 76 RGPD), cooperación que será aplicable también a las relaciones entre autoridades estatales y subestatales.

En este sentido, se contempla la autonomía institucional de cada Estado miembro, al otorgarles libertad para aprobar la normativa relacionada con el establecimiento de la autoridad de control. No obstante, existe una reserva de ley respecto de esta cuestión, al señalar que cada país comunitario deberá regular por ley el establecimiento de cada autoridad de control y las condiciones generales que resulten de aplicación a los miembros que la integran, aspecto, este, que comprende las cualificaciones y condiciones de idoneidad imprescindibles para proceder al nombramiento de sus miembros, la normativa y el proceso para dicho nombramiento, la duración del mandato, su posible renovación y el número de veces que puede procederse a la misma, las obligaciones de los miembros que integran la autoridad de control y de su personal y el régimen de incompatibilidades (apartado primero del artículo 54 y considerando 121, ambos del RGPD). Por lo demás, el nombramiento del personal que integra la autoridad de control será conforme a lo dispuesto por el Derecho interno de los Estados miembros.

En nuestro país, el artículo 44 LOPDGDD, complementando y desarrollando el Reglamento General de Protección de Datos, sostiene que la AEPD (autoridad de control nacional) es una autoridad administrativa independiente de ámbito estatal, de las previstas en la LRJSP, con personalidad jurídica y plena capacidad pública y privada, que actúa con plena independencia de los poderes públicos en el ejercicio de sus funciones. Su denominación oficial, de conformidad con lo establecido en el artículo 109.3 LRJSP, será la de "Agencia Española de Protección de Datos, Autoridad Administrativa Independiente". Se relaciona con el Gobierno a través del Ministerio de Justicia. Asimismo, tendrá la condición de representante común de las autoridades de protección de datos del Reino de España en el CEPD. Por último, esta Agencia, junto con el Consejo General del Poder Judicial y, en su caso, la Fiscalía General del Estado, colaborarán en aras del adecuado ejercicio de las respectivas competencias que la LOPJ les atribuye en materia de protección de datos personales en el ámbito de la Administración de Justicia.

Por su parte, el artículo 57 LOPDGDD regula la figura de las AAPD. Estas, indica el precepto, podrán ejercer las funciones y potestades establecidas en los artículos 57 y 58 RGPD, de acuerdo con la normativa autonómica, cuando se refieran a los siguientes aspectos:

a) Tratamientos de los que sean responsables cualesquiera de las entidades integrantes del sector público de la correspondiente Comunidad Autónoma o de las Entidades Locales incluidas en su ámbito territorial o quienes presten servicios a través de cualquier forma de gestión directa o indirecta.

b) Tratamientos llevados a cabo por personas físicas o jurídicas para el ejercicio de las funciones públicas en materias que sean competencia de la correspondiente Administración Autonómica o Local.

c) Tratamientos que se encuentren expresamente previstos, en su caso, en los respectivos Estatutos de Autonomía.

Las AAPD, concluye el precitado precepto, podrán dictar, en relación con los tratamientos sometidos a su competencia, circulares con el alcance y los efectos establecidos para la AEPD en el artículo 55 LOPDGDD.

En cuanto al régimen jurídico de la AEPD, este será regulado por el artículo 45 LOPDGDD, estableciendo que se regirá por lo dispuesto en el RGPD, en la LOPDGDD y en sus disposiciones de desarrollo. Con carácter supletorio, en cuanto sea compatible con su plena independencia y sin perjuicio de lo previsto en el apartado segundo del artículo 63 LOPDGDD, se regirá por las normas citadas en el artículo 110.1 LRJSP. El Gobierno, a propuesta de la AEPD, aprobará su Estatuto mediante real decreto. En este sentido, la disposición adicional vigésima de la LOPDGDD atiende a las especialidades del régimen jurídico de la AEPD, estableciendo que no le será de aplicación la letra c) del apartado segundo del artículo 50 LRJSP. Además, la AEPD podrá adherirse a los sistemas de contratación centralizada establecidos por las Administraciones Públicas y participar en la gestión compartida de servicios comunes prevista en el artículo 85 de la mencionada LRJSP. Finalmente, el extenso artículo 46 LOPDGDD procederá a regular su régimen económico presupuestario y de personal.

Además, tal y como establece el artículo 48 LOPDGDD, tras la modificación operada por la disposición final novena de la Ley 11/2023, de 8 de mayo, de trasposición de Directivas de la Unión Europea en materia de accesibilidad de determinados productos y servicios, migración de personas altamente cualificadas, tributaria y digitalización de actuaciones notariales y registrales; y por la que se modifica la Ley 12/2011, de 27 de mayo, sobre responsabilidad civil por daños nucleares o producidos por materiales radiactivos (BOE núm. 110, de 09 de mayo de 2023):

> «1. La Presidencia de la Agencia Española de Protección de Datos la dirige, ostenta su representación y dicta sus resoluciones, circulares y directrices.
> 2. La Presidencia de la Agencia Española de Protección de Datos estará auxiliada por un Adjunto en el que podrá delegar sus funciones, a excepción de las relacionadas con los procedimientos regulados por el Título VIII de esta ley orgánica, y que la sustituirá en el ejercicio de las mismas en los términos previstos en el Estatuto Orgánico de la Agencia Española de Protección de Datos.
> Ambos ejercerán sus funciones con plena independencia y objetividad y no estarán sujetos a instrucción alguna en su desempeño. Les será aplicable la legislación reguladora del ejercicio del alto cargo de la Administración General del Estado.
> 3. La Presidencia de la Agencia Española de Protección de Datos y su Adjunto serán nombrados por el Gobierno, a propuesta del Ministerio de Justicia, entre personas de reconocida competencia profesional, en particular en materia de protección de datos.
> Dos meses antes de producirse la expiración del mandato o, en el resto de las causas de cese, cuando se haya producido éste, el Ministerio de Justicia ordenará la publicación en el Boletín Oficial del Estado de la convocatoria pública de candidatos.
> Previa evaluación del mérito, capacidad, competencia e idoneidad de los candidatos, el Gobierno remitirá al Congreso de los Diputados una propuesta de Presidencia y Adjunto acompañada de un informe justificativo que, tras la celebración de la preceptiva audiencia de los candidatos, deberá ser ratificada por la Comisión de Justicia en votación pública por mayoría de tres quintos de sus miembros en primera votación o, de no alcanzarse ésta, por mayoría absoluta en segunda votación, que se realizará inmediatamente después de la primera. En este último supuesto, los votos favorables deberán proceder de Diputados pertenecientes, al menos, a dos grupos parlamentarios diferentes.
> 4. La Presidencia y el Adjunto de la Agencia Española de Protección de Datos serán nombrados por el Consejo de Ministros mediante real decreto.
> 5. El mandato de la Presidencia y del Adjunto de la Agencia Española de Protección de Datos tiene una duración de cinco años y puede ser renovado para otro período de igual duración.
> La Presidencia y el Adjunto solo cesarán antes de la expiración de su mandato, a petición propia o por separación acordada por el Consejo de Ministros, por:
> a) Incumplimiento grave de sus obligaciones,
> b) incapacidad sobrevenida para el ejercicio de su función,
> c) incompatibilidad, o
> d) condena firme por delito doloso.
> En los supuestos previstos en las letras a), b) y c) será necesaria la ratificación de la separación por las mayorías parlamentarias previstas en el apartado 3 de este artículo.
> 6. Los actos y disposiciones dictados por la Presidencia de la Agencia Española de Protección de Datos ponen fin a la vía administrativa, siendo recurribles, directamente, ante la Sala de lo Contencioso-administrativo de la Audiencia Nacional».

2. Potestades

Las funciones de la autoridad de control independiente se encuentran comprendidas dentro del artículo 57 RGPD. De entre estas funciones, la más importante, y que corresponde a cada autoridad de control dentro de su territorio respectivo, será la de ejercer el control de la aplicación de la nueva normativa sobre protección de datos personales, así como hacerla aplicar [artículo 57.1.a) RGPD]. Y es la más importante porque todas las demás funciones asumidas por la autoridad de control en esta materia de protección se incardinarían en ella. En cualquier caso, podríamos efectuar una clasificación de las funciones de las autoridades de control de la siguiente manera:

a) Funciones de naturaleza coercitiva

Aglutina aquellas funciones de naturaleza puramente coercitiva, como son las funciones públicas de ejercicio de soberanía que conllevan el desarrollo de poder público y que se atribuyen a cualquier autoridad administrativa. A día de hoy, como pone de manifiesto el considerando 122 RGPD, cada autoridad de control asumirá la competencia, dentro de su respectivo territorio, del ejercicio de los poderes y del desempeño de las funciones que les sean atribuidas de acuerdo con la normativa aplicable, redacción esta que encuentra su origen en el artículo 28.6 de la, ya derogada, DPDP. Y este equilibrio en cuanto a las funciones y poderes atribuidos a las autoridades de control de los distintos Estados miembros resulta relevante para garantizar la protección del principio de igualdad y de la libre competencia entre empresas, así como para la cooperación, por cualquier autoridad de control, con las actividades inspectoras que realicen otras autoridades de control de otros países comunitarios. Esta función de coerción conlleva, a su vez, una función investigadora en relación con el cumplimiento de la normativa por parte de los responsables o encargados del tratamiento, función que podrá comenzar merced a una reclamación interpuesta ante la autoridad de control, de oficio o a instancia de otra autoridad de control.

La primera consecuencia de lo anterior es que correspondería a cada autoridad de control en su respectivo territorio resolver las reclamaciones interpuestas por el interesado o por un organismo, organización o asociación, de acuerdo con el artículo 80 RGPD, así como investigar, en la medida de lo posible, el porqué de dicha reclamación, informando, a quien la interponga, sobre su tramitación y sobre el resultado de la investigación en un período razonable, especialmente si fueran preceptivas nuevas investigaciones o una coordinación más estrecha con otra autoridad de control [artículo 57.1.f) RGPD]. No obstante, la autoridad de control no se limitará a una actuación pasiva de tramitación, sino que, al igual que el responsable del tratamiento, deberá ceñirse al principio de responsabilidad activa del artículo 5.2 RGPD, debiendo facilitar la interposición de reclamaciones por medio de medidas que contribuyan a garantizar dicho objetivo, como formularios para la presentación de reclamaciones que puedan rellenarse vía electrónica o cualquier otro medio de comunicación semejante (artículo 57.2 RGPD).

Además, siguiendo con esta atribución de competencias, corresponderá también a cada autoridad de control, en su respectivo territorio, la llevanza de las investigaciones que tengan por objeto la aplicación de la normativa vigente sobre protección de datos, especialmente cuando se basen en una comunicación efectuada por otra autoridad de control u otra autoridad de naturaleza pública [artículo 57.1.h) RGPD]. Junto a ello, se atribuirá a la autoridad de control la gestión de registros a nivel interno de aquellas infracciones que se produzcan de la normativa en materia de protección de datos, así como de las medidas cuya aplicación se realice de acuerdo con el apartado segundo del artículo 58 RGPD [artículo 57.1.u) RGPD]. También se aplicaría aquí la capacidad que tiene cada autoridad de control de acometer la elaboración y el mantenimiento de un listado relativo al requisito de la evaluación de impacto relativa a la protección de datos [artículo 57.1.k), puesto en relación con los apartados 4 y 5 del artículo 35, todos ellos del RGPD], así como el ofrecimiento de asesoramiento sobre las operaciones de tratamiento previstas en el artículo 36.2 RGPD [artículo 57.1.l) RGPD].

Asimismo, quedaría incluida dentro de esta función de coerción la capacidad de autorizar las garantías que se aporten para la realización de transferencias internacionales, especialmente las de aprobar normas corporativas vinculantes [artículo 54.1.s) RGPD, en relación con el artículo 47 del mismo Reglamento] y la de autorizar las cláusulas contractuales y disposiciones a que se refiere el artículo 46.3 RGPD [artículo 57.1.r) RGPD]. Es este cumplimiento de la actividad de coerción por las autoridades de control el que justifica que se le atribuyan los poderes establecidos en el artículo 58 RGPD.

b) Funciones relativas a la prestación y promoción del derecho a la protección de datos

Al igual que sucede con todo derecho fundamental, se requiere el desarrollo, por parte de los poderes públicos, de una actuación administrativa positiva que favorezca las condiciones necesarias para que el ejercicio del derecho fundamental se produzca de manera real y efectiva, suprimiendo, por ende, los inconvenientes que dificulten su pleno desarrollo. En consecuencia, esta función va encaminada tanto a los responsables del tratamiento y encargados del tratamiento, como a los interesados en general.

En cuanto a las actividades concretas en que se materializa esta función prestadora y promocional, podemos afirmar que cada autoridad de control deberá contribuir a sensibilizar a responsables y encargados del tratamiento en torno a las obligaciones que les corresponden al amparo de la normativa vigente sobre la materia [artículo 57.1.d) RGPD].

Además, incardinadas también dentro de la función promocional, se ubicarían aquellas realizadas por la autoridad de control para promover las herramientas voluntarias de autorregulación que contribuyen a hacer efectivo el derecho fundamental a la protección de datos, fomentando la elaboración de códigos de conducta y favoreciendo que se aprueben aquellos que proporcionen garantías suficientes [artículo 57.1.m) RGPD, en relación con el artículo 40 del mismo Reglamento y, a nivel nacional, con el artículo 38 LOPDGDD]. De igual modo, también corresponderá a la autoridad de control la promoción de la elaboración de mecanismos de certificación en materia de protección de datos y de sellos y marcas de protección de datos, alentando la creación de criterios de certificación y realizando revisiones periódicas de aquellas certificaciones que ya se hayan expedido [artículo 57.1, letras n) y o), en relación con los apartados 5 y 7 del artículo 42, todos ellos del RGPD, así como con el artículo 39 LOPDGDD por lo que respecta al ordenamiento jurídico español]. Asimismo, deberá atribuirse a estas autoridades la elaboración y publicación de aquellos criterios a seguir para poder acreditar a los organismos encargados de supervisar los códigos de conducta y los organismos de certificación [artículo 57.1.p) RGPD, en relación con los artículos 41 y 43 del mismo Reglamento], así como de la ejecución de las acreditaciones de los organismos de supervisión de los códigos de conducta y de los organismos de certificación [artículo 57.1.q), en relación con los artículos 41 y 43, todos ellos del RGPD].

Y, cómo no, deberán encargarse también de facilitar que se cumpla la normativa por responsables del tratamiento y encargados del tratamiento mediante la asunción de cláusulas contractuales tipo a que se refieren los artículos 28.8 y 46.2.d), ambos del RGPD [artículo 57.1.j) RGPD].

La autoridad de control deberá contribuir a sensibilizar al público, haciéndole comprender los riesgos, normas, garantías y derechos relacionados con el tratamiento de sus datos personales. Además, aquellos tratamientos dirigidos de manera específica a los menores de edad habrán de ser atendidos de modo específico [artículo 57.1.b) RGPD]. Resulta llamativo que la primera función de la autoridad de control descrita por la normativa una vez establecida la función de control de su aplicación sea la concienciación de los interesados en torno a los riesgos derivados de los tratamientos realizados sobre sus datos personales, así como los derechos que les corresponden, incidiendo, de manera especial, en los menores de edad. Con ello, se persigue enfatizar en que el control efectivo del derecho a la protección de los datos en el ámbito comunitario se hace depender, en buena medida, de la sensibilización que se lleva a cabo sobre los ciudadanos en torno a este derecho. En esta línea, correspondería a cada autoridad de control, previa solicitud, proporcionar información a cualquier interesado de los derechos que les corresponden al amparo de la normativa sobre protección de datos y, llegado el caso, realizar tareas de cooperación, con este objetivo, con las autoridades de control de otros Estados miembros [artículo 57.1.e) RGPD].

Por último, dentro de la función promocional se encontraría aquella consistente en hacer seguimiento de los cambios que resulten de interés, toda vez que inciden en la protección de datos, especialmente en el desarrollo de las tecnologías de la información y la comunicación y las prácticas comerciales [artículo 57.1.i) RGPD]. Así, todo nuevo tratamiento de datos personales que venga unido a los desarrollos tecnológicos requerirá que las autoridades de control lleven a cabo una evaluación de los riesgos y de las garantías que sean preceptivas para garantizar los datos y que estén dirigidas tanto a los responsables y encargados del tratamiento como a los propios afectados.

c) Funciones orientadas a la cooperación con otras autoridades de control, Administraciones Públicas y otros poderes estatales

Para concluir, procede aludir a la actividad de cooperación que una autoridad de control debe llevar a cabo con otras autoridades de control, con otras Administraciones Públicas y con otros poderes estatales. La normativa actual sobre protección de datos exige a las autoridades de control llevar a cabo esta cooperación, no sólo en el contexto de las actuaciones inspectoras (función coercitiva), sino también a la hora de elaborar criterios comunes sobre vigencia de este derecho fundamental. Así, correspondería a cada autoridad de control realizar esta cooperación, en especial, a la hora de compartir determinada información con otras autoridades de control, así como prestar asistencia mutua con el objetivo último de contribuir a una correcta coherencia a la hora de aplicar y ejecutar la normativa [artículo 57.1.g) RGPD] y coadyuvar a las actuaciones del CEPD [artículo 57.1.t) RGPD].

Garantizar la protección de los interesados frente a los tratamientos realizados sobre sus datos personales no sólo exige que las autoridades de control realicen una actuación supervisora de la aplicación de la normativa, sino que, de igual modo, implica que contribuyan a esta aplicación coherente en todo el territorio comunitario. Resultado de lo anterior, el considerando 123 RGPD establece que, con esta finalidad, las autoridades de control habrán de colaborar entre ellas y con la Comisión, sin que sea obligatorio alcanzar ningún acuerdo entre los Estados miembros en materia de prestación de asistencia mutua ni en relación con la mencionada cooperación. Esta cooperación habrá de extenderse también a otras autoridades de control que se encarguen de la protección de los datos fuera del ámbito comunitario, intercambiando información o realizando investigaciones sobre actuaciones que se realicen fuera de la Unión Europea, al amparo del principio de reciprocidad y de adecuación normativa. Así, la regulación en vigor exige a las autoridades de control llevar a cabo un asesoramiento, de acuerdo con el ordenamiento interno de los países comunitarios, al Parlamento, al Gobierno y a otras instituciones y organismos en relación con las medidas legislativas y administrativas atinentes a la protección de los derechos y libertades de los titulares de los datos personales objeto de protección [artículo 57.1.c) RGPD].

La realización de estas funciones por parte de la autoridad de control es gratuita para los interesados y, en su caso, para el DPO (artículo 57.3 RGPD). Este carácter gratuito del servicio para el individuo se deriva de la consideración de este derecho como fundamental y de la dimensión prestacional de las funciones públicas de soberanía. En cuanto al DPO, esta gratuidad encuentra su justificación en la obligación que tiene de cooperar con la autoridad de control, no sólo sirviendo de punto de referencia y contacto en relación con aspectos propios del tratamiento de los datos personales (como sucede, por ejemplo, con la consulta previa contemplada en el artículo 36 RGPD), sino también cooperando para que se cumpla la normativa dentro de la entidad, informando en relación con las obligaciones que les corresponden y supervisando que se cumplan adecuadamente. Pese a ello, esta ausencia de onerosidad de las funciones que corresponden a la autoridad de control no justifica, en ningún caso, el abuso del derecho; en consecuencia, en aquellos supuestos en que las solicitudes de los interesados sean manifiestamente infundadas o excesivas, en especial dada su repetición, la autoridad de control podrá, bien imponer una tasa razonable basada en los costes administrativos, bien negarse a actuar en relación a dicha solicitud (artículo 57.4 RGPD), recayendo la carga de probar y demostrar el carácter manifiestamente infundado o excesivo de la solicitud en la propia autoridad de control y prevaleciendo, en caso de duda, la postura del interesado solicitante.

Como parece evidente, el cumplimiento de las funciones que corresponden a las autoridades de control no sería posible si estas no fueran acompañadas de la atribución de un conjunto de poderes que, en la normativa europea actual, encuentran desarrollo en el artículo 58 del RGPD y se clasifican en:

a) Poderes de investigación

Por lo que respecta a los poderes de investigación, estos quedan establecidos en el artículo 58.1 RGPD, donde se disponen un conjunto de facultades indispensables:

a. Ordenar al responsable y al encargado del tratamiento y, en su caso, al representante de estos, que proporcionen cualquier información que resulte necesaria para poder desempeñar adecuadamente sus funciones.

b. Proceder a la realización de investigaciones en forma de auditorías de protección de datos personales.

c. Analizar y revisar todas aquellas certificaciones que hayan sido expedidas al amparo del artículo 42.7 RGPD.

d. Notificar al responsable o al encargado del tratamiento las presuntas infracciones que se produzcan de la normativa vigente en la materia.

e. Obtener del responsable y del encargado del tratamiento el acceso a todos los datos personales y a toda la información que resulte necesaria para poder desempeñar adecuadamente las funciones que le corresponden.

f. Obtener el acceso a todos los locales del responsable y del encargado del tratamiento, incluyéndose todo equipo y medios de tratamiento de datos personales, de acuerdo con la normativa procesal comunitaria o interna de los Estados miembros.

El ejercicio de estos poderes de investigación por parte de las autoridades de control conlleva una intromisión en otros derechos, de modo que dicho ejercicio ha de ser coherente con el principio de proporcionalidad. Así las cosas, el acceso a la información, a los datos personales y a los locales, equipos y medios de tratamiento únicamente podrá llevarse a cabo si constituye una medida adecuada, proporcional en sentido estricto e imprescindible para el desarrollo de las funciones que corresponden a la autoridad de control (de tal suerte que no fuera posible satisfacer el interés público perseguido con una medida de investigación que conllevase una menor intromisión en los derechos), suponiendo el acceso imprescindible para la realización de la investigación de que se trate.

De igual modo, se incorporan, entre estos poderes de investigación, determinadas facultades supervisoras en el contexto de la autorregulación, tales como la realización de revisiones de las certificaciones que sean expedidas [artículo 58.1.c) RGPD]. De este modo, se promueve que las autoridades de control creen mecanismos de certificación en materia de protección de datos, al igual que sellos y marcas, que permitan demostrar el cumplimiento de la regulación o la concurrencia de garantías adecuadas. Además de ello, establece que, habida cuenta de que las certificaciones tienen carácter voluntario, habrán de estar disponibles por medio de un procedimiento que sea transparente y deberán someterse a un mecanismo de supervisión, lo que supone que la autoridad de control (no, únicamente, el organismo de certificación) deberá acceder a la información y a todas las actividades de tratamiento que se realicen (artículo 42.7 RGPD).

Por último, se incorpora el deber de notificar al responsable o al encargado del tratamiento todas aquellas posibles infracciones que se produzcan de esta normativa [artículo 58.1.d) RGPD], algo imprescindible para poder realizar, de manera efectiva y adecuada, las tareas de investigación y desarrollar una actividad administrativa sancionadora, si bien no constituye, en sí mismo, un poder de investigación.

En nuestro país, estas potestades de investigación quedan reguladas en la Sección 2ª (artículos 51 a 54) del Capítulo I del Título VII LOPDGDD, intitulada "Potestades de investigación y planes de auditoría preventiva". El primero de los preceptos regula el ámbito personal competente, estableciendo que la AEPD desarrollará su actividad de investigación a través de las actuaciones previstas en el Título VIII y de los planes de auditoría preventivas. Esta actividad de investigación, indica, se llevará a cabo por los funcionarios de la AEPD o por funcionarios ajenos a ella habilitados expresamente por su Presidencia. En los casos de actuaciones conjuntas de investigación conforme a lo dispuesto en el artículo 62 RGPD, el personal de las autoridades de control de otros Estados Miembros de la Unión Europea que colabore con la AEPD ejercerá sus facultades con arreglo a lo previsto en la LOPDGDD y bajo la orientación y en presencia del personal de esta. En cualquier caso, los funcionarios que desarrollen actividades de investigación tendrán la consideración de agentes de la autoridad en el ejercicio de sus funciones y estarán obligados a guardar secreto sobre las informaciones que conozcan con ocasión de dicho ejercicio, incluso después de haber cesado en él.

Para el correcto desenvolvimiento de este poder de investigación, las Administraciones Públicas, incluidas las tributarias y de la Seguridad Social, así como los particulares, estarán obligados a proporcionar a la autoridad de control nacional, los informes, antecedentes y justificantes necesarios para llevar a cabo su actividad de investigación; cuando la información contenga datos personales, la comunicación de dichos datos estará amparada en el cumplimiento de una obligación legal aplicable al responsable del tratamiento [artículo 6.1 c) RGPD].

Asimismo, en el marco de las actuaciones previas de investigación, cuando no haya podido realizar la identificación por otros medios, la AEPD podrá recabar de los órganos anteriores las informaciones y datos que resulten imprescindibles con la exclusiva finalidad de lograr la identificación de los responsables de las conductas que pudieran ser constitutivas de infracción de la normativa, nacional y comunitaria, sobre protección de datos; en el supuesto de las Administraciones tributarias y de la Seguridad Social, la información se limitará a la que resulte necesaria para poder identificar inequívocamente a aquel contra el que debiera dirigirse la actuación de la AEPD en los supuestos de creación de entramados societarios que dificultasen el conocimiento directo del presunto responsable de la conducta contraria a dicha normativa (apartados 1 y 2 del artículo 52 LOPDGDD). Cuando no haya podido realizar la identificación por otros medios, la AEPD podrá recabar de los operadores que presten servicios de comunicaciones electrónicas disponibles al público y de los prestadores de servicios de la sociedad de la información los datos que obren en su poder y que resulten imprescindibles para la identificación del presunto responsable de la conducta contraria al RGPD y a la LOPDGDD, cuando se hubiere llevado a cabo mediante la utilización de un servicio de la sociedad de la información o la realización de una comunicación electrónica. A tales efectos, los datos que la AEPD podrá recabar al amparo de este apartado son los siguientes:

a. Cuando la conducta se hubiera realizado mediante la utilización de un servicio de telefonía fija o móvil: el número de teléfono de origen de la llamada, en caso de que el mismo se hubiese ocultado; el nombre, número de documento identificativo y dirección del abonado o usuario registrado al que corresponda ese número de teléfono, y la mera confirmación de que se ha realizado una llamada específica entre dos números en una determinada fecha y hora.

b. Cuando la conducta se hubiera realizado mediante la utilización de un servicio de la sociedad de la información: la identificación de la dirección de protocolo de Internet desde la que se hubiera llevado a cabo la conducta y la fecha y hora de su realización; si la conducta se hubiese llevado a cabo mediante correo electrónico, la identificación de la dirección de protocolo de Internet desde la que se creó la cuenta de correo y la fecha y hora en que la misma fue creada, y el nombre, número de documento identificativo y dirección del abonado o del usuario registrado al que se le hubiera asignado la dirección de Protocolo de Internet a la que se refieren los dos puntos anteriores.

Estos datos deberán ser cedidos, previo requerimiento motivado de la AEPD, exclusivamente en el marco de actuaciones de investigación iniciadas como consecuencia de una denuncia presentada por un afectado respecto de una conducta de una persona jurídica o respecto a la utilización de sistemas que permitan la divulgación sin restricciones de datos personales. En el resto de los supuestos, la cesión de estos datos requerirá la previa obtención de autorización judicial, otorgada conforme a las normas jurídicas procesales cuando fuera exigible.

Quedan excluidos los datos de tráfico que los operadores estuviesen tratando con la exclusiva finalidad de dar cumplimiento a las obligaciones previstas en la Ley 25/2007, de 18 de octubre, de conservación de datos relativos a las comunicaciones electrónicas y a las redes públicas de comunicaciones (BOE núm. 251, de 19 de octubre de 2007), cuya cesión solamente podrá tener lugar de acuerdo con lo dispuesto en ella, previa autorización judicial solicitada por alguno de los agentes facultados a los que alude el artículo 6 de dicha ley (artículo 52.3 LOPDGDD).

En cuanto al alcance de la actividad de investigación (artículo 53 LOPDGDD), tan sólo se podrán recabar las informaciones precisas para el cumplimiento de las funciones que corresponden a los órganos competentes para: realizar inspecciones; requerir la exhibición o el envío de los documentos y datos necesarios; examinarlos en el lugar en que se encuentren depositados o en donde se lleven a cabo los tratamientos; obtener copia de ellos; inspeccionar los equipos físicos y lógicos, o requerir la ejecución de tratamientos y programas o procedimientos de gestión y soporte del tratamiento sujetos a investigación. No obstante, cuando fuese necesario el acceso al domicilio del inspeccionado, será preciso contar con su consentimiento o haber obtenido la correspondiente autorización judicial. Cuando se trate de órganos judiciales u oficinas judiciales, el ejercicio de las facultades de inspección, se efectuará a través y por mediación del Consejo General del Poder Judicial.

La Ley 11/2023, de 8 de mayo, introduce un artículo 53 bis, que establece lo siguiente:

> «Las actuaciones de investigación podrán realizarse a través de sistemas digitales que, mediante la videoconferencia u otro sistema similar, permitan la comunicación bidireccional y simultánea de imagen y sonido, la interacción visual, auditiva y verbal entre la Agencia Española de Protección de Datos y el inspeccionado. Además, deben garantizar la transmisión y recepción seguras de los documentos e información que se intercambien, y, en su caso, recoger las evidencias necesarias y el resultado de las actuaciones realizadas asegurando su autoría, autenticidad e integridad.
> La utilización de estos sistemas se producirá cuando lo determine la Agencia y requerirá la conformidad del inspeccionado en relación con su uso y con la fecha y hora de su desarrollo».

Finalmente, se establece la posibilidad que tiene la Presidencia de la AEPD de acordar la realización de planes de auditoría preventiva, referidos a los tratamientos de un sector concreto de actividad y que tendrán por objeto el análisis del cumplimiento de las disposiciones de la normativa, nacional y comunitaria, sobre protección de datos, a partir de la realización de actividades de investigación sobre entidades pertenecientes al sector inspeccionado o sobre los responsables objeto de la auditoría. A partir del resultado de estas auditorías, la Presidencia de la AEPD podrá dictar las directrices, generales o específicas, para un concreto responsable o encargado del tratamiento, precisas para asegurar la plena adaptación del sector o responsable a la mencionada regulación. Para la elaboración de estas directrices, se podrá solicitar la colaboración de los organismos de supervisión de los códigos de conducta y de resolución extrajudicial de conflictos, si los hubiere, siendo estas directrices de obligado cumplimiento para el sector o responsable al que se refiera el plan de auditoría (artículo 54 LOPDGDD).

b) Poderes correctivos

Por su parte, los poderes correctivos que corresponden a cada autoridad de control encuentran amparo en el artículo 58.2 RGPD.

El primero de estos poderes consiste en la facultad de sancionar al responsable o al encargado del tratamiento, configurándose, al respecto, dos tipologías de sanciones:

a. La advertencia, para el caso de que las operaciones de tratamiento puedan suponer una infracción del contenido de la normativa sobre protección de datos [artículo 58.2.a) RGPD].

b. El apercibimiento, siempre que las operaciones de tratamiento hayan supuesto, de manera efectiva, una infracción de la regulación [artículo 58.2.b) RGPD].

El segundo de estos poderes correctivos se traduce en la facultad de dictar órdenes que se dirijan al responsable y al encargado del tratamiento. Pueden consistir en:

a. Atender solicitudes de ejercicios de derechos por parte de las personas físicas propietarias de los datos personales [artículo 58.2.c) RGPD].

b. Ajustar las operaciones de tratamiento a lo establecido en la normativa, cuando proceda de una determinada forma y en un plazo especificado [artículo 58.2.d) RGPD].

c. Comunicar al afectado aquellas violaciones de la seguridad que, de sus datos, se produzcan [artículo 58.2.e) RGPD].

d. Rectificar o suprimir datos personales o limitar el tratamiento, siempre que el afectado haya ejercitado el derecho de rectificación y de supresión y el derecho a la limitación del tratamiento, llevando a cabo una notificación de estas medidas a los distintos destinatarios a los que se les hayan comunicado los datos personales [artículo 58.2.g) RGPD].

El tercer poder correctivo consiste en imponer una limitación de carácter temporal o definitiva del tratamiento de los datos personales, incluida su prohibición [artículo 58.2.f) y considerando 129, ambos del RGPD].

Un cuarto poder correctivo, posiblemente el que más importancia presenta, consiste en imponer una multa de carácter administrativo, de acuerdo con los artículos 83 RGPD, a nivel europeo, y, 70 a 78 LOPDGDD, a nivel interno español, junto o en lugar de las medidas mencionadas en el artículo 58.2 RGPD [artículo 58.2.i) RGPD].

El quinto poder correctivo radica en ordenar que se suspendan los flujos de datos personales hacia un destinatario que esté ubicado en otro país u organización internacional [artículo 58.2.j) RGPD].

En sexto poder correctivo tiene que ver con la autorregulación como facultad atribuida a la autoridad de control y consiste en retirar una certificación (u ordenar al organismo de certificación la retirada de la misma) en aquellos casos en que no se satisfagan o se hayan dejado de satisfacer las exigencias de la certificación (artículos 42.7 y 43.7, ambos del RGPD), así como ordenar al organismo de certificación que no emita certificación alguna mientras no se cumplan o cuando hayan dejado de cumplirse las exigencias para la certificación [artículo 58.2.h) RGPD].

Vinculados con los dos poderes ya descritos (poderes de investigación y correctivos), se establece la obligación de cada Estado miembro de garantizar, por ley, que su respectiva autoridad de control pueda poner en conocimiento de las autoridades judiciales todas aquellas infracciones que se produzcan de la normativa sobre protección de datos o iniciar o ejercitar, de otro modo, acciones judiciales, todo con la finalidad de garantizar el cumplimiento normativo (artículo 58.5 RGPD).

c) Poderes de autorización y consultivos

Se encuentran regulados en el artículo 58.3 RGPD. Al respecto, la autoridad de control deberá contar con un conjunto de facultades en relación con aquellos tratamientos de datos que requieran de una consulta previa. De este modo, correspondería a la autoridad de control llevar a cabo el asesoramiento al responsable del tratamiento, de acuerdo con el proceso de consulta previa establecido en el artículo 36 RGPD [artículo 58.3.a) RGPD]. La consulta inicial por el responsable del tratamiento a la autoridad de control, con carácter previo al tratamiento de los datos personales, constituye una obligación en aquellos casos en que la evaluación de impacto realizada muestre que dicho tratamiento supondría un riesgo elevado si el responsable del tratamiento no adopta medidas adecuadas para mitigarlo. De igual modo, atañe a la autoridad de control la autorización del tratamiento a que se refiere el artículo 36.5 RGPD si el Derecho nacional interno del Estado miembro requiere tal autorización previa atendiendo al caso concreto [artículo 58.3.c) RGPD].

También corresponde a la autoridad de control determinadas facultades de autorización, de cara a la realización de transferencias internacionales de datos por medio de garantías adecuadas, así como las disposiciones que sean incorporadas a acuerdos de naturaleza administrativa entre autoridades y organismos de carácter público [artículo 58.3, letras h) e i), RGPD]. En este contexto de transferencias internacionales de datos personales, atañe también a la autoridad de control la aprobación de Normas Corporativas Vinculantes, de acuerdo con el mecanismo de coherencia [artículo 58.3.j), en relación con el artículo 47, ambos del RGPD], lo que constituye una garantía eficiente que posibilita la realización de transferencias de datos sin necesidad de autorización específica por parte de la autoridad de control.

De igual modo, corresponde a la autoridad de control el ejercicio de determinadas facultades de autorización en el contexto de la autorregulación, tales como la emisión de dictámenes y la aprobación de proyectos de códigos de conducta (al igual que su modificación o ampliación), siempre que estime que estos ofrecen garantías suficientes [artículo 58.3.d), en relación con el artículo 40.5, ambos del RGPD], así como la facultad de acreditar a organismos de certificación [artículo 58.3.3) RGPD, en relación con el artículo 43 del mismo Reglamento], expedir certificaciones y aprobar criterios de certificación [artículo 58.3.f) RGPD, en relación con el artículo 42.5 RGPD].

Dentro de estos poderes de autorización y consultivos, el artículo 58.3 RGPD incorpora determinadas facultades para adoptar cláusulas tipo que no constituyen el núcleo de las funciones públicas y de soberanía, sino, más bien, una actividad de promoción del derecho fundamental a la protección de los datos. Tal sería el supuesto de la adopción de cláusulas tipo de protección de datos [artículo 58.3.g) RGPD] para aquellos contratos o actos jurídicos que conlleven la vinculación del encargado del tratamiento respecto del responsable del tratamiento y que concreten el objeto, la duración, la naturaleza y los fines del tratamiento, el tipo de datos objeto de tratamiento, las categorías de los interesados y las obligaciones y derechos que asume el responsable del tratamiento (artículo 28.8 RGPD). De igual modo, atañe a la autoridad de control la adopción de cláusulas tipo de protección de datos que supongan la aportación de garantías suficientes para la realización de transferencias internacionales de datos, de modo que no sea necesaria la autorización específica por parte de la autoridad de control [artículo 46.2.d) RGPD]; en este sentido, pese a que adoptar una cláusula tipo es algo que, únicamente, puede realizar una Administración Pública, el hecho de que los responsables del tratamiento y encargados del tratamiento puedan celebrar contratos de encargo del tratamiento (artículos 28 RGPD y 33 LOPDGDD) sin la obligación de utilizar esta cláusula tipo o que el responsable o el encargado del tratamiento puedan realizar transferencias internacionales de datos con otras garantías adecuadas distintas de las propuestas por la autoridad de control (como son otras cláusulas contractuales o la adhesión a un código de conducta o a un mecanismo de certificación), pone de relieve que la asunción de estas cláusulas tipo no conllevan, de forma expresa, el ejercicio de un poder público.

En esta línea, tampoco parece necesario regular de forma conjunta los poderes de autorización y consultivos en aquellos casos en que la naturaleza de uno y otro no sea similar. Dentro del poder consultivo se encontraría la facultad de emitir, ya sea por iniciativa propia o previa solicitud, dictámenes al Parlamento y al Gobierno de cada Estado miembro o a otras instituciones y organismos, de conformidad con el Derecho interno de los países comunitarios en relación con cualquier aspecto relacionado con la protección de datos [artículo 58.3.b) RGPD]. Son, estos, dictámenes que, en determinadas ocasiones, podrán ser obligatorios, pero que nunca serán vinculantes.

En el supuesto de dictámenes que se dirijan al público [artículo 58.3.a) RGPD], hay que poner de manifiesto que la AEPD ha subrayado habitualmente que las consultas resueltas por su asesoría jurídica no tienen carácter vinculante; en consecuencia, las facultades que corresponden a la autoridad de control no conllevan, en sí mismas, el ejercicio de un poder público y son, en esencia, la manifestación de la *auroritas* del órgano de control (es decir, de su legitimación al amparo de la competencia y especialización técnica y de la independencia política) y no de su *potestad.*

Para concluir, conviene poner de manifiesto que el ejercicio de los poderes que corresponden a la autoridad de control, especialmente de los poderes de investigación y correctivos, se encuentran sometidos a determinadas garantías, donde se incluye el derecho a la tutela judicial efectiva y el respeto a las garantías procesales establecidas en el Derecho comunitario y de los Estados miembros, de acuerdo con la CDFUE, debiendo ejercerse estos poderes de manera imparcial, equitativa y en un periodo razonable (artículo 58.4 RGPD). En este sentido, el considerando 129 RGPD recuerda las garantías en el ejercicio de estos poderes por parte de la autoridad de control; en concreto, establece que toda medida adoptada habrá de ser adecuada, necesaria y proporcionada con el fin de garantizar el cumplimiento de la normativa vigente, teniendo en consideración las circunstancias específicas de cada supuesto concreto, además de respetar el derecho de todas las personas a ser oídas con anterioridad al momento en el que se adopte cualquier medida que pueda afectarles de manera negativa y evitar costes superfluos y molestias excesivas para las personas afectadas.

Además, toda medida que sea jurídicamente vinculante habrá de registrarse por escrito, además de ser clara e inequívoca, indicando la autoridad de control que estableció la medida y el momento en que se estableció, incluyendo la firma del director o de un miembro de la autoridad de control autorizado por este, especificando los motivos de la medida y mencionando el derecho a la tutela judicial efectiva. Se añade, por último, que esto no deberá obstaculizar la posibilidad de que puedan imponerse requisitos adicionales, de acuerdo con el Derecho procesal interno de los distintos Estados miembros.

En definitiva, todas las autoridades de control habrán de contar con los poderes de investigación, correctivos y de autorización y consultivos, contenidos en el artículo 58 RGPD. Asimismo, se faculta a cada Estado miembro a asignar, por ley, otros poderes a su respectiva autoridad de control, si bien su ejercicio no podrá constituir un obstáculo para el correcto funcionamiento de los mecanismos de cooperación y coherencia (artículo 58.6 RGPD).

Además, el artículo 59 RGPD establece la obligación que tiene cada autoridad de control de proceder a la elaboración de un informe anual de actividad, informe que constituye una obligación de transparencia con respecto a la población y que encuentra su origen en la publicación de un informe anual sobre sus actividades, contemplado en el artículo 28.5 de la, ya derogada, DPDP. Dicho informe podrá comprender una lista de aquellas infracciones notificadas y de las medidas adoptadas por la autoridad de control en el desempeño de sus poderes correctivos; no se trata, en este caso, de una publicidad de las resoluciones sancionadoras que incluya al infractor como pena añadida, sino de tipos de infracciones y de medidas contenidas en el artículo 58.2 RGPD. Los informes se remitirán al Parlamento nacional, al Gobierno y a las demás autoridades designadas, al amparo del Derecho interno de los Estados miembros. De igual modo, serán puestas a disposición del público en general, de la Comisión y del CEPD.

3. Régimen sancionador

El régimen sancionador contemplado en los artículos 83 y 84 RGPD (Capítulo VIII) y en los artículos 70 a 78 LOPDGDD (Título IX) incorpora relevantes novedades en relación con lo contemplado en la normativa comunitaria y en la legislación interna española precedentes. En este sentido, podemos advertir que estamos en presencia de una regulación abundante que suscita cuestiones de interés en determinados aspectos, que serán analizados seguidamente.

De acuerdo con lo establecido en el considerando 11 RGPD, una garantía en la protección de los datos personales en el ámbito comunitario impone, además de otras cuestiones, que las infracciones de los deberes contemplados en la normativa sean castigadas con sanciones equivalentes.

Esto constituye, específicamente, uno de los más importantes fines que se busca con la regulación actual: lograr una armonización que imposibilite divergencias.

En relación con esta cuestión, se han pronunciado los considerandos 148 y 150 RGPD, al establecer que toda infracción habrá de verse castigada con sanciones, incluidas multas de naturaleza administrativa, con independencia de que sean atendidas las circunstancias específicas de cada supuesto. Lo que se persigue, en definitiva, es que todas las autoridades de control tengan la facultad de interponer multas administrativas derivadas de la realización o comisión de infracciones, de modo que no imperen los conocidos como "paraísos de datos" dentro del territorio comunitario, que, en cierto modo, dificulten la libre circulación de los mismos, obstruyan el ejercicio de las actividades económicas y falseen la competencia (considerando 9 RGPD).

Sin embargo, la normativa comunitaria vigente no completa toda la disciplina del régimen sancionador, ya que, en determinados aspectos, deja margen, en mayor o menor medida, a los Estados miembros para que lo completen con su propia normativa nacional interna. Es, entonces, cuando aparecen los artículos 70 a 78 LOPDGDD, el primero de los cuales establece que estarán sujetos al régimen sancionador establecido en el RGPD y en la LOPDGDD: los responsables de los tratamientos, los encargados de los tratamientos, los representantes de los responsables o encargados de los tratamientos no establecidos en el territorio de la Unión Europea, las entidades de certificación y las entidades acreditadas de supervisión de los códigos de conducta; en cambio, no será de aplicación al DPO.

Constituirán infracciones los actos y conductas a las que se refieren los apartados 4, 5 y 6 del artículo 83 RGPD, así como las que resulten contrarias a la LOPDGDD (artículo 71 LOPDGDD). El artículo 83 RGPD, al tiempo que dispone que cada autoridad de control garantizará que la imposición de las multas administrativas con arreglo al presente artículo por las infracciones de la normativa sean, en cada caso individual, efectivas, proporcionadas y disuasorias, establece que se impondrán en función de las circunstancias concurrentes en cada caso individual, a título adicional o sustitutivo de las medidas contempladas en el artículo 58, apartado 2, letras a) a h) y j), RGPD. Al decidir la imposición de una multa administrativa y su cuantía en cada circunstancia concreta será considerada:

a) La naturaleza, gravedad y duración de la infracción, teniendo en cuenta la naturaleza, alcance o propósito de la operación de tratamiento de que se trate, así como el número de interesados afectados y el nivel de los daños y perjuicios del titular de los datos.

b) La intencionalidad o negligencia en la infracción.

c) Cualquier medida tomada por el responsable o encargado del tratamiento para paliar los daños y perjuicios de los interesados.

d) El grado de responsabilidad del responsable o del encargado del tratamiento, habida cuenta de las medidas técnicas u organizativas que hayan aplicado en virtud de los artículos 25 y 32 RGPD.

e) Toda infracción anterior cometida por el responsable o encargado del tratamiento.

f) El grado de cooperación con la autoridad de control con el fin de poner remedio a la infracción y mitigar sus posibles efectos adversos.

g) Las categorías de los datos de carácter personal afectados por la infracción.

h) La forma en que la autoridad de control tuvo conocimiento de la infracción, en particular si el responsable o el encargado del tratamiento la notificó y, en tal caso, en qué medida.

i) Cuando las medidas indicadas en el artículo 58, apartado 2, RGPD, hayan sido ordenadas previamente contra el responsable o el encargado del tratamiento de que se trate en relación con el mismo asunto, el cumplimiento de dichas medidas.

j) La adhesión a códigos de conducta (artículo 40 RGPD) o a mecanismos de certificación (artículo 42 RGPD).

k) Cualquier otro factor agravante o atenuante aplicable a las circunstancias del caso, como los beneficios financieros obtenidos o las pérdidas evitadas, directa o indirectamente, merced a la infracción.

Por lo demás, añade, si un responsable o encargado del tratamiento incumpliera de forma intencionada o negligente, para las mismas operaciones de tratamiento u operaciones vinculadas, diversas disposiciones de la normativa, la cuantía total de la multa administrativa no será superior a la prevista para las infracciones que tengan la consideración de más graves.

De acuerdo con el artículo 75 LOPDGDD, modificado por la Ley 11/2023, de 8 de mayo:

> «Interrumpirá la prescripción la iniciación, con conocimiento del interesado, del procedimiento sancionador, reiniciándose el plazo de prescripción si el expediente sancionador estuviere paralizado durante más de seis meses por causas no imputables al presunto infractor.

Cuando la Agencia Española de Protección de Datos ostente la condición de autoridad de control principal y deba seguirse el procedimiento previsto en el artículo 60 del Reglamento (UE) 2016/679 interrumpirá la prescripción el conocimiento formal por el interesado del acuerdo de inicio».

A nivel interno español, los artículos 72 a 74 LOPDGDD realizan una distinción entre infracciones muy graves, graves y leves, que, por su relevancia, pasamos a enumerar:

De acuerdo con el artículo 72 LOPDGDD, partiendo de lo que establece el artículo 83.5 RGPD, se consideran muy graves y prescribirán a los tres años las infracciones derivadas de:

a) El tratamiento de datos personales vulnerando los principios y garantías establecidos en el artículo 5 RGPD.

b) El tratamiento de datos personales sin que concurra alguna de las condiciones de licitud del tratamiento establecidas en el artículo 6 RGPD.

c) El incumplimiento de los requisitos exigidos por el artículo 7 RGPD para la validez del consentimiento.

d) La utilización de los datos para una finalidad que no sea compatible con aquella para la que fueron recogidos, sin contar con el consentimiento del afectado o con una base legal para ello.

e) El tratamiento de datos personales de categorías especiales de datos personales a las que se refiere el artículo 9 RGPD sin que concurra alguna de las circunstancias previstas en dicho precepto y en el artículo 9 LOPDGDD.

f) El tratamiento de datos personales relativos a condenas e infracciones penales o medidas de seguridad conexas fuera de los supuestos permitidos por los artículos 10 RGPD y 10 LOPDGDD.

g) El tratamiento de datos personales relacionados con infracciones y sanciones administrativas fuera de los supuestos permitidos por el artículo 27 LOPDGDD.

h) La omisión del deber de informar al afectado acerca del tratamiento de sus datos personales conforme a lo dispuesto en los artículos 13 y 14 RGPD y 12 LOPDGDD.

i) La vulneración del deber de confidencialidad establecido en el artículo 5 LOPDGDD.

j) La exigencia del pago de un canon para facilitar al afectado la información a la que se refieren los artículos 13 y 14 RGPD o por atender las solicitudes de ejercicio de derechos de los afectados previstos en los artículos 15 a 22 RGPD, fuera de los supuestos establecidos en su artículo 12.5 RGPD.

k) El impedimento o la obstaculización o la no atención reiterada del ejercicio de los derechos establecidos en los artículos 15 a 22 RGPD.

l) La transferencia internacional de datos personales a un destinatario que se encuentre en un tercer país o a una organización internacional cuando no concurran las garantías, requisitos o excepciones establecidos en los artículos 44 a 49 RGPD.

m) El incumplimiento de las resoluciones dictadas por la autoridad de protección de datos competente en ejercicio de los poderes que le confiere el artículo 58.2 RGPD.

n) El incumplimiento de la obligación de bloqueo de los datos establecida en el artículo 32 LOPDGDD cuando la misma sea exigible.

o) No facilitar el acceso del personal de la autoridad de protección de datos competente a los datos personales, información, locales, equipos y medios de tratamiento que sean requeridos por esta para el ejercicio de sus poderes de investigación.

p) La resistencia u obstrucción del ejercicio de la función inspectora por la autoridad de protección de datos competente.

q) La reversión deliberada de un procedimiento de anonimización a fin de permitir la reidentificación de los afectados.

Tendrán la misma consideración y también prescribirán a los tres años las infracciones a las que se refiere el artículo 83.6 RGPD.

De acuerdo con lo establecido en el artículo 73 LOPDGDD y en función de lo que establece el artículo 83.4 RGPD, se consideran graves y prescribirán a los dos años las infracciones derivadas de:

a) El tratamiento de datos personales de un menor de edad sin recabar su consentimiento, cuando tenga capacidad para ello, o el del titular de su patria potestad o tutela, conforme al artículo 8 RGPD.

b) No acreditar la realización de esfuerzos razonables para verificar la validez del consentimiento prestado por un menor de edad o por el titular de su patria potestad o tutela sobre el mismo, conforme a lo requerido por el artículo 8.2 RGPD.

c) El impedimento o la obstaculización o la no atención reiterada de los derechos de acceso, rectificación, supresión, limitación del tratamiento o a la portabilidad de los datos en tratamientos en los que no se requiere la identificación del afectado, cuando este, para el ejercicio de esos derechos, haya facilitado información adicional que permita su identificación.

d) La falta de adopción de aquellas medidas técnicas y organizativas que resulten apropiadas para aplicar de forma efectiva los principios de protección de datos desde el diseño, así como la no integración de las garantías necesarias en el tratamiento, en los términos exigidos por el artículo 25 RGPD.

e) La falta de adopción de las medidas técnicas y organizativas apropiadas para garantizar que, por defecto, sólo se traten los datos personales necesarios para cada uno de los fines específicos del tratamiento, conforme a lo exigido por el artículo 25.2 RGPD.

f) La falta de adopción de aquellas medidas técnicas y organizativas que resulten apropiadas para garantizar un nivel de seguridad adecuado al riesgo del tratamiento, en los términos exigidos por el artículo 32.1 RGPD.

g) El quebrantamiento, como consecuencia de la falta de la debida diligencia, de las medidas técnicas y organizativas que se hubiesen implantado conforme a lo exigido por el artículo 32.1 RGPD.

h) El incumplimiento de la obligación de designar un representante del responsable o encargado del tratamiento no establecido en el territorio de la Unión Europea, conforme a lo previsto en el artículo 27 RGPD.

i) La falta de atención por el representante en la Unión del responsable o del encargado del tratamiento de las solicitudes efectuadas por la autoridad de protección de datos o por los afectados.

j) La contratación por el responsable de un encargado de tratamiento que no ofrezca las garantías suficientes para aplicar las medidas técnicas y organizativas apropiadas conforme a lo establecido en el Capítulo IV del RGPD.

k) El encargar el tratamiento de datos a un tercero sin la previa formalización de un contrato u otro acto jurídico escrito con el contenido exigido por el artículo 28.3 RGPD.

l) La contratación por un encargado del tratamiento de otros encargados sin contar con la autorización previa del responsable, o sin haberle informado sobre los cambios producidos en la subcontratación cuando fueran legalmente exigibles.

m) La infracción por un encargado del tratamiento de lo dispuesto en el RGPD y en la LOPDGDD al determinar los fines y los medios del tratamiento, conforme a lo dispuesto en el artículo 28.10 RGPD.

n) No disponer del registro de actividades de tratamiento establecido en el artículo 30 RGPD.

o) No poner a disposición de la autoridad de protección de datos que lo haya solicitado el registro de actividades de tratamiento conforme al apartado 4 del artículo 30 RGPD.

p) No cooperar con las autoridades de control en el desempeño de sus funciones en los supuestos no previstos en el artículo 72 LOPDGDD.

q) El tratamiento de datos personales sin llevar a cabo una previa valoración de los elementos mencionados en el artículo 28 LOPDGDD.

r) El incumplimiento del deber del encargado de notificar al responsable del tratamiento las violaciones de seguridad de las que tuviera conocimiento.

s) El incumplimiento del deber de notificación a la autoridad de protección de datos de una violación de seguridad de los datos personales de conformidad con el artículo 33 RGPD.

t) El incumplimiento del deber de comunicación al afectado de una violación de la seguridad de los datos de conformidad con el artículo 34 del RGPD si el responsable del tratamiento hubiera sido requerido por la autoridad de protección de datos para llevar a cabo dicha notificación.

u) El tratamiento de datos personales sin haber llevado a cabo la evaluación del impacto de las operaciones de tratamiento en la protección de datos personales en los supuestos en que la misma sea exigible.

v) El tratamiento de datos personales sin haber consultado previamente a la autoridad de protección de datos en los casos en que dicha consulta resultase preceptiva conforme al artículo 36 RGPD o cuando la ley establezca la obligación de llevar a cabo esa consulta.

w) El incumplimiento de la obligación de designar un DPO cuando sea exigible su nombramiento de acuerdo con los artículos 37 RGPD y 34 LOPDGDD.

x) No posibilitar la efectiva participación del DPO en todas las cuestiones relativas a la protección de datos personales, no respaldarlo o interferir en el desempeño de sus funciones.

y) La utilización de un sello o certificación en materia de protección de datos que no haya sido otorgado por una entidad de certificación debidamente acreditada o en caso de que la vigencia del mismo hubiera expirado.

z) Obtener la acreditación como organismo de certificación presentando información inexacta sobre el cumplimiento de los requisitos exigidos por el artículo 43 RGPD.

aa) El desempeño de funciones que el RGPD reserva a los organismos de certificación, sin haber sido debidamente acreditado conforme al artículo 39 LOPDGDD.

bb) El incumplimiento, por parte de un organismo de certificación, de los principios y deberes a los que está sometido según lo previsto en los artículos 42 y 43 RGPD.

cc) El desempeño de funciones que el artículo 41 RGPD reserva a los organismos de supervisión de códigos de conducta sin haber sido previamente acreditado por la autoridad de protección de datos competente.

dd) La falta de adopción por parte de los organismos acreditados de supervisión de un código de conducta de las medidas que resulten oportunas en caso de que se hubiera producido una infracción del código, conforme exige el artículo 41.4 RGPD.

Por último, atendiendo al contenido del artículo 74 LOPDGDD, se consideran leves y prescribirán al año las restantes infracciones de carácter meramente formal de los artículos mencionados en los apartados 4 y 5 del artículo 83 RGPD y, en particular, las que se enumeran a continuación:

a) El incumplimiento del principio de transparencia de la información o el derecho de información del afectado por no facilitar toda la información exigida por los artículos 13 y 14 RGPD.

b) La exigencia del pago de un canon para facilitar al afectado la información exigida por los artículos 13 y 14 RGPD o por atender las solicitudes de ejercicio de derechos de los afectados previstos en los artículos 15 a 22 RGPD, cuando así lo permita su artículo 12.5 RGPD, si su cuantía excediese el importe de los costes afrontados para facilitar la información o realizar la actuación solicitada.

c) No atender las solicitudes de ejercicio de los derechos establecidos en los artículos 15 a 22 RGPD, salvo que resultase de aplicación lo dispuesto en el artículo 72.1.k) LOPDGDD.

d) No atender los derechos de acceso, rectificación, supresión, limitación del tratamiento o a la portabilidad de los datos en tratamientos en los que no se requiere la identificación del afectado, cuando este, para el ejercicio de esos derechos, haya facilitado información adicional que permita su identificación, salvo que resultase de aplicación lo dispuesto en el artículo 73.c) LOPDGDD.

e) El incumplimiento de la obligación de notificación relativa a la rectificación o supresión de datos personales o la limitación del tratamiento exigida por el artículo 19 RGPD.

f) El incumplimiento de la obligación de informar al afectado, cuando así lo haya solicitado, de los destinatarios a los que se hayan comunicado los datos personales rectificados, suprimidos o respecto de los que se ha limitado el tratamiento.

g) El incumplimiento de la obligación de suprimir los datos referidos a una persona fallecida cuando fuera exigible conforme al artículo 3 LOPDGDD.

h) La falta de formalización por los corresponsables del tratamiento del acuerdo que determine las obligaciones, funciones y responsabilidades respectivas con respecto al tratamiento de datos personales y sus relaciones con los afectados al que se refiere el artículo 26 RGPD o la inexactitud en la determinación de las mismas.

i) No poner a disposición de los afectados los aspectos esenciales del acuerdo formalizado entre los corresponsables del tratamiento, conforme al artículo 26.2 RGPD.

j) La falta del cumplimiento de la obligación del encargado del tratamiento de informar al responsable del tratamiento acerca de la posible infracción por una instrucción recibida de este de las disposiciones del RGPD o de la LOPDGDD, conforme al artículo 28.3 RGPD.

k) El incumplimiento por el encargado de las estipulaciones impuestas en el contrato o acto jurídico que regula el tratamiento o las instrucciones del responsable del tratamiento, salvo que esté legalmente obligado a ello conforme al RGPD y a la LOPDGDD o en los supuestos en que fuese necesario para evitar la infracción de la legislación en materia de protección de datos y se hubiese advertido de ello al responsable o encargado del tratamiento.

l) Disponer de un registro de actividades de tratamiento que no incorpore toda la información exigida por el artículo 30 RGPD.

m) La notificación incompleta, tardía o defectuosa a la autoridad de protección de datos de la información relacionada con una violación de seguridad de los datos personales de conformidad con lo previsto en el artículo 33 RGPD.

n) El incumplimiento de la obligación de documentar cualquier violación de seguridad, exigida por el artículo 33.5 RGPD.

o) El incumplimiento del deber de comunicación al afectado de una violación de la seguridad de los datos que entrañe un alto riesgo para los derechos y libertades de los afectados, conforme a lo exigido por el artículo 34 RGPD, salvo que resulte de aplicación lo previsto en el artículo 73.s) LOPDGDD.

p) Facilitar información inexacta a la autoridad de protección de datos, en los supuestos en los que el responsable del tratamiento deba elevarle una consulta previa, conforme al artículo 36 RGPD.

q) No publicar los datos de contacto del DPO, o no comunicarlos a la autoridad de protección de datos, cuando su nombramiento sea exigible de acuerdo con los artículos 37 RGPD y 34 LOPDGDD.

r) El incumplimiento por los organismos de certificación de la obligación de informar a la autoridad de protección de datos de la expedición, renovación o retirada de una certificación, conforme a lo exigido por los apartados 1 y 5 del artículo 43 RGPD.

s) El incumplimiento por parte de los organismos acreditados de supervisión de un código de conducta de la obligación de informar a las autoridades de protección de datos acerca de las medidas que resulten oportunas en caso de infracción del código, conforme exige el artículo 41.4 RGPD.

4. Comité Europeo de Protección de Datos

El CEPD se erige en uno de los ejes fundamentales en torno a los cuales se orienta el nuevo marco normativo sobre protección de datos personales a lo largo y ancho del territorio comunitario. Este Comité asume gran parte de las funciones hasta ahora encomendadas al GTA29, tales como la función de asesorar a la Comisión en proyectos de naturaleza legislativa o en el ámbito de la realización de transferencias internacionales de datos personales. Asimismo, se le atribuye el deber de garantizar una aplicación normativa uniforme a través del mecanismo de coherencia, al igual que todo un conjunto de funciones asimiladas o relacionadas.

La aparición del Comité constituye un auténtico salto evolutivo en materia de cooperación entre las autoridades de control y en la aplicación transfronteriza de la normativa. Simplemente observando el conjunto de funciones asignadas al CEPD y al GTA29, se pone de manifiesto la relevancia de esta modificación: 25 funciones se atribuyen al CEPD, mientras que seis eran asignadas al GTA29.

Junto a este relevante y significativo incremento de las funciones y competencias asignadas al Comité, uno de los aspectos más relevantes que lo distingue su predecesor reside en la naturaleza jurídica que ambos presentan, toda vez que, mientras este último, más allá del prestigio y relevancia adquirida a lo largo de los años, desde un punto de vista técnico, tan sólo constituía un grupo más del centenar de grupos de expertos con funciones de asesoramiento a la Comisión Europea, el artículo 68 RGPD procede a definir al CEPD como un organismo que goza de personalidad pública propia. Este aspecto constituye una de las más importantes distinciones entre el texto de la propuesta de la Comisión del año 2012 y la versión definitiva del Reglamento General de Protección de Datos aprobado; así, mientras que la propuesta de la Comisión establecía, dentro de su artículo 64, una asimilación del CEPD con la situación jurídica instaurada para el GTA29, el Parlamento y el Consejo insistieron en la obligación de incorporar un órgano comunitario que gozara de personalidad jurídica propia.

En España, y en virtud del artículo 56 LOPDGDD, la AEPD asume una importancia trascendental respecto de esta cuestión. En efecto, de acuerdo con dicho precepto, corresponde a la AEPD la titularidad y el ejercicio de las funciones relacionadas con la acción exterior del Estado en materia de protección de datos. Asimismo, a las Comunidades Autónomas, a través de las AAPD, les compete ejercitar las funciones como sujetos de la acción exterior en el marco de sus competencias de conformidad con lo dispuesto en la Ley 2/2014, de 25 de marzo, de la Acción y del Servicio Exterior del Estado (BOE núm. 74, de 26 de marzo de 2014), así como celebrar acuerdos internacionales administrativos en ejecución y concreción de un tratado internacional y acuerdos no normativos con los órganos análogos de otros sujetos de Derecho internacional, no vinculantes jurídicamente para quienes los suscriben, sobre materias de su competencia en el marco de la Ley 25/2014, de 27 de noviembre, de Tratados y otros Acuerdos Internacionales (BOE núm. 288, de 28 de noviembre de 2014). Junto a lo anterior, la AEPD será el organismo competente para la protección de los interesados en lo relativo al tratamiento de sus datos personales derivado de la aplicación de cualquier convenio internacional en el que sea parte nuestro país que atribuya a una autoridad nacional de control esa competencia y la representante común de las autoridades de protección de datos en el CEPD, conforme a lo dispuesto en el artículo 68.4 RGPD; en este sentido, la AEPD informará a las AAPD acerca de las decisiones adoptadas en el CEPD y recabará su parecer cuando se trate de materias de su competencia. El artículo 56 LOPDGDD concluye estableciendo que, sin perjuicio de lo dispuesto en los párrafos anteriores, la AEPD:

a) Participará en reuniones y foros internacionales de ámbito distinto al de la Unión Europea establecidos de común acuerdo por las autoridades de control independientes en materia de protección de datos.

b) Participará, como autoridad española, en las organizaciones internacionales competentes en materia de protección de datos, en los comités o grupos de trabajo, de estudio y de colaboración de organizaciones internacionales que traten materias que afecten al derecho fundamental a la protección de datos personales y en otros foros o grupos de trabajo internacionales, en el marco de la acción exterior del Estado.

c) Colaborará con autoridades, instituciones, organismos y Administraciones de otros Estados a fin de impulsar, promover y desarrollar el derecho fundamental a la protección de datos, en particular en el ámbito iberoamericano, pudiendo suscribir acuerdos internacionales administrativos y no normativos en la materia.

Uno de los aspectos que sí se ha conservado en todo momento en la Propuesta de la Comisión es que el SEPD habrá de encargarse de la Secretaría del CEPD. Sin embargo, peticionado por el Consejo, se incorporaron dentro del artículo 75 RGPD dos garantías específicas que permiten proteger el carácter independiente del CEPD frente al SEPD: de un lado, la obligación de contar con un superior a nivel jerárquico diferente sobre el personal del SEPD que desarrolle las funciones atribuidas al CEPD (artículo 75.3 RGPD); de otro, el deber de clarificar que la Secretaría del CEPD deberá ejercer sus funciones atendiendo, de manera exclusiva, las directrices marcadas por el Presidente del CEPD (artículo 75.2 RGPD). De este modo, se evitaría toda posible injerencia por parte del SEPD en relación con el personal adscrito al funcionamiento del CEPD.

De acuerdo con lo establecido por artículo 75.4 RGPD, el CEPD, en consulta con el SEPD, deberá elaborar un memorando de entendimiento que tendrá que especificar los términos en que habrá de producirse su cooperación y que será de aplicación al personal del SEPD que tenga que participar en el desempeño de las funciones asignadas al CEPD. Con ello, se pone de manifiesto que, como resultado de la incorporación del Comité y de las exigencias establecidas al respecto por el artículo 75 RGPD, la

Secretaría del SEPD tendrá que acoger tres secciones distintas: el personal adscrito de manera exclusiva a las tareas del SEPD, el personal adscrito de manera exclusiva a las funciones asignadas al CEPD y el personal de apoyo (recursos humanos, finanzas y presupuesto, administración, tecnologías de la información, archivos y otras funciones de carácter horizontal), que tendrá la obligación de prestar sus servicios a las dos secciones precitadas, de acuerdo con lo que establezca el memorando de entendimiento.

Como pone de manifiesto el considerando 117 RGPD, el establecimiento y la incorporación de autoridades de control independientes se erige en un factor fundamental en materia de protección de datos. Ello ha encontrado un fiel exponente, no sólo en el artículo 69 RGPD, que establece la independencia total y absoluta del CEPD en términos generales, sino también en cuestiones específicas, tales como el funcionamiento mismo de la Secretaría del CEPD.

Al contrario que el GTA29, que contemplaba una reducida duración en la presidencia a un total de dos años con carácter renovable, el artículo 73.1 RGPD establece que el mandato del presidente y de los vicepresidentes será de un total de cinco años y podrá ser renovado tan sólo una vez. Las funciones que corresponden al Presidente del CEPD son las frecuentes (convocatoria de las reuniones y preparación del orden del día, además de la firma y la notificación de las decisiones del CEPD) y no afectan a cuestiones en materia de personal y aquellas otras de naturaleza estrictamente administrativa, toda vez que la responsabilidad de la Secretaría del CEPD reside, por completo, en el SEPD.

El artículo 72.1 RGPD establece que el proceso a seguir para la adopción de decisiones habrá de ser por mayoría simple, si bien, en relación con determinadas decisiones relevantes del mecanismo de coherencia o con la aprobación misma del reglamento interno del CEPD, se establece la obligación de que concurra, necesariamente, una mayoría de dos tercios.

Como resulta frecuente en relación con este tipo de órganos comunitarios, el artículo 71 RGPD establece, de igual modo, que el CEPD deberá elaborar un informe con carácter anual, que tendrá que ser público y que deberá transmitirse al Parlamento Europeo, al Consejo y a la Comisión. La Comisión participará en las actividades del CEPD sin derecho a voto.

Tal y como establece el artículo 70.1 RGPD, la función más importante asumida por el CEPD consistirá en garantizar una aplicación coherente de la nueva normativa sobre protección de datos personales. Es, esta, una misión mucho más concreta que la que establecía el artículo 30 DPDP, en virtud de la cual el GTA29 tenía la obligación de estudiar cualquier cuesción relacionada con la aplicación de las disposiciones internas nacionales adoptadas en orden a la aplicación de dicho texto comunitario, con el objetivo de contribuir a una aplicación homogénea del mismo. De este modo, pasamos de contribuir a una aplicación homogénea a garantizar una aplicación coherente.

Con el fin de asegurar una aplicación coherente de la regulación en vigor, se asigna al CEPD un amplio conjunto de funciones, enumeradas de manera alfabética de la a) a la y) dentro del artículo 70.1 RGPD, funciones que podemos agrupar dentro de algunas de las siguientes categorías:

a) Funciones que guardan relación con el mecanismo de coherencia [letras a) y t) del artículo 70.1 RGPD].

b) Funciones de asesoramiento en relación con propuestas legislativas en materia de protección de datos [artículo 70.1.b) RGPD].

c) Funciones de asesoramiento en relación con las transferencias de datos personales a terceros países u organizaciones internacionales [letras c), i), j) y s) del artículo 70.1 RGPD].

d) Funciones relacionadas con la certificación, acreditación y aprobación de códigos de conducta [letras n), o), p), q), r) y x) del artículo 70 RGPD].

e) Funciones relacionadas con la elaboración de directrices en materia de seguridad [letras g) y h) del artículo 70.1 RGPD].

f) Funciones relacionadas con el intercambio de información entre autoridades de control [letras u), v), w) e y) del artículo 70.1 RGPD], concernientes, de manera respectiva, a la promoción genérica de los intercambios de información y buenas prácticas, promoción de formaciones comunes en intercambios de personal, promociones del intercambio de conocimiento y de documentación sobre legislación y buenas prácticas en materia de protección de datos y, por último, la llevanza de un registro electrónico, de acceso público, de las decisiones adoptadas por parte de las autoridades de control y de los tribunales en relación con asuntos realizados en el contexto del mecanismo de coherencia.

g) Cualquier otra cuestión relacionada con la aplicación de la normativa en materia de protección de datos personales [letras d), e), f), k), l) y m) del artículo 70.1 RGPD]. Se incluye, aquí, la elaboración de directrices en relación con la aplicación del artículo 17 RGPD, que alude al derecho al olvido de los interesados [letra d) del artículo 70.1 RGPD]; la elaboración de directrices para especificar los criterios y exigencias de aquellas decisiones que se amparan en perfiles, de acuerdo con el apartado segundo del artículo 22 RGPD [letra f) del artículo 70.1 RGPD]; la elaboración de directrices dirigidas a las autoridades de control en relación con los poderes de investigación, colectivos, de autorización y consultivos establecidos en el artículo 58 RGPD, al igual que la función de fijar las multas de naturaleza administrativa de acuerdo con lo establecido en el artículo 83 RGPD [letra k) del artículo 70.1 RGPD], o la elaboración de directrices concernientes a la obligación de secreto profesional que corresponde a los miembros y al personal integrante de las autoridades de control [letra m) del artículo 70.1 RGPD].

De todo lo expuesto, podemos concluir que la incorporación del CEPD como órgano comunitario con personalidad jurídica propia y con facultades para la adopción de decisiones vinculantes en relación con los operadores jurídicos constituye un aspecto evolutivo ciertamente relevante dentro del procedimiento de elaboración comunitaria en el contexto de la protección de los datos. Este Comité Europeo constituye algo mucho más importante que una simple modificación del GTA29. Las autoridades de control internas evolucionan del mero asesoramiento a la Comisión desde un grupo de expertos a erigirse en la garantía para una aplicación uniforme de la normativa, que equivale, en la práctica, a ponerse a la altura de la Comisión Europea en su calidad de protectora de los tratados y de la regulación sobre protección de datos.

En esta nueva responsabilidad colectiva, atribuida a las autoridades de control, la anterior modalidad de funcionamiento del GTA29, en la que la perspectiva interna se encontraba siempre fuertemente presente, deviene obsoleta, instaurándose una modalidad de funcionamiento íntegramente comunitaria, transfronteriza, de investigaciones conjuntas y resoluciones que sean aplicables de manera directa en todos los Estados miembros. En este nuevo contexto de funcionamiento, el SEPD, como institución comunitaria y como proveedora de la Secretaría del CEPD, habrá de proceder a asistir a las autoridades de control internas con el objetivo de cumplir su función, haciendo respetar, obviamente, su propia independencia, si bien incorporando un conocimiento y una labor coordinadora que serán determinantes.

5. *Procedimientos seguidos por la AEPD*

Los artículos 63 a 69 LOPDGDD regulan los procedimientos en caso de posible vulneración de la normativa de protección de datos tramitados, como bien indica el primero de estos preceptos, por la AEPD en los supuestos en los que un afectado reclame que no ha sido atendida su solicitud de ejercicio de los derechos reconocidos en los artículos 15 a 22 RGPD, así como en los que aquella investigue la existencia de una posible infracción de lo dispuesto en el mencionado Reglamento y en la LOPDGDD. Estos procedimientos se regirán por lo dispuesto en el Reglamento General de Protección de Datos, en la LOPDGDD, por las disposiciones reglamentarias dictadas en su desarrollo y, siempre que no las contradigan, y con carácter subsidiario, por las normas generales sobre los procedimientos administrativos. Por lo demás, se encomienda al Gobierno la regulación, por real decreto, de los procedimientos que tramite la AEPD al respecto, asegurando, en todo caso, los derechos de defensa y audiencia de los interesados.

En cuanto a la forma de iniciación del procedimiento y a la duración del mismo, el artículo 64 LOPDGDD, tras la modificación operada por la Ley 11/2023, de 8 de mayo, sostiene que:

> «1. Cuando el procedimiento se refiera exclusivamente a la falta de atención de una solicitud de ejercicio de los derechos establecidos en los artículos 15 a 22 del Reglamento (UE) 2016/679 del Parlamento Europeo y del Consejo, de 27 de abril de 2016, se iniciará por acuerdo de admisión a trámite, que se adoptará conforme a lo establecido en el artículo 65 de esta ley orgánica.
>
> En este caso el plazo para resolver el procedimiento será de seis meses a contar desde la fecha en que hubiera sido notificado al reclamante el acuerdo de admisión a trámite. Transcurrido ese plazo, el interesado podrá considerar estimada su reclamación.
>
> 2. Cuando el procedimiento tenga por objeto la determinación de la posible existencia de una infracción de lo dispuesto en el Reglamento (UE) 2016/679 del Parlamento Europeo y del Consejo, de 27 de abril de 2016, y en la presente ley orgánica, se iniciará mediante acuerdo de inicio, adoptado por propia iniciativa o como consecuencia de reclamación, que le será notificado al interesado.
>
> Si el procedimiento se fundase en una reclamación formulada ante la Agencia Española de Protección de Datos, con carácter previo, esta decidirá sobre su admisión a trámite, conforme a lo dispuesto en el artículo 65 de esta ley orgánica.
>
> Admitida a trámite la reclamación, así como en los supuestos en que la Agencia Española de Protección de Datos actúe por propia iniciativa, con carácter previo al acuerdo de inicio podrá existir una fase de actuaciones previas de investigación, que se regirá por lo previsto en el artículo 67 de esta ley orgánica.
>
> El procedimiento tendrá una duración máxima de doce meses a contar desde la fecha del acuerdo de inicio. Transcurrido ese plazo se producirá su caducidad y, en consecuencia, el archivo de actuaciones.
>
> 3. Cuando así proceda en atención a la naturaleza de los hechos y teniendo debidamente en cuenta los criterios establecidos en el artículo 83.2 del Reglamento (UE) 2016/679 del Parlamento Europeo y del Consejo, de 27 de abril de 2016, la Agencia Española de Protección de Datos, previa audiencia al responsable o encargado del tratamiento, podrá dirigir un apercibimiento, así como ordenar al responsable o encargado del tratamiento que adopten las

> medidas correctivas encaminadas a poner fin al posible incumplimiento de la legislación de protección de datos de una determinada manera y dentro del plazo especificado.
> El procedimiento tendrá una duración máxima de seis meses a contar desde la fecha del acuerdo de inicio. Transcurrido ese plazo se producirá su caducidad y, en consecuencia, el archivo de actuaciones.
> Será de aplicación en este caso lo dispuesto en los párrafos segundo y tercero del apartado 2 de este artículo.
> 4. El procedimiento podrá también tramitarse como consecuencia de la comunicación a la Agencia Española de Protección de Datos por parte de la autoridad de control de otro Estado miembro de la Unión Europea de la reclamación formulada ante la misma, cuando la Agencia Española de Protección de Datos tuviese la condición de autoridad de control principal para la tramitación de un procedimiento conforme a lo dispuesto en los artículos 56 y 60 del Reglamento (UE) 2016/679 del Parlamento Europeo y del Consejo, de 27 de abril de 2016. Será en este caso de aplicación lo dispuesto en los apartados 1, 2 y 3 de este artículo.
> 5. Los plazos de tramitación establecidos en este artículo así como los de admisión a trámite regulados por el artículo 65.5 y de duración de las actuaciones previas de investigación previstos en el artículo 67.2, quedarán automáticamente suspendidos cuando deba recabarse información, consulta, solicitud de asistencia o pronunciamiento preceptivo de un órgano u organismo de la Unión Europea o de una o varias autoridades de control de los Estados miembros conforme con lo establecido en el Reglamento (UE) 2016/679 del Parlamento Europeo y del Consejo, de 27 de abril de 2016, por el tiempo que medie entre la solicitud y la notificación del pronunciamiento a la Agencia Española de Protección de Datos.
> 6. El transcurso de los plazos de tramitación a los que se refiere el apartado anterior se podrá suspender, mediante resolución motivada, cuando resulte indispensable recabar información de un órgano jurisdiccional».

El precepto siguiente, por su parte, regula la admisión a trámite de reclamaciones. En estos casos, cuando se presentase ante la AEPD una reclamación, esta deberá evaluar su admisibilidad a trámite, inadmitiendo las reclamaciones presentadas cuando no versen sobre cuestiones de protección de datos personales, cuando carezcan manifiestamente de fundamento, cuando sean abusivas o cuando no aporten indicios racionales de la existencia de una infracción; también podrá inadmitir la reclamación cuando el responsable o encargado del tratamiento, previa advertencia formulada por esta Agencia, adopte las medidas correctivas dirigidas a acabar con el incumplimiento de la normativa aplicable y no se haya causado perjuicio al afectado en el caso de las infracciones previstas en el artículo 74 de esta ley orgánica o el derecho del afectado quede plenamente garantizado mediante la aplicación de las medidas. Por lo demás, antes de resolver sobre la admisión a trámite de la reclamación, la AEPD podrá remitir la misma al DPD que hubiera, en su caso, designado el responsable o encargado del tratamiento o al organismo de supervisión establecido para la aplicación de los códigos de conducta a los efectos previstos en los artículos 37 y 38.2 LOPDGDD; asimismo, esta autoridad de control podrá remitir también la reclamación al responsable o encargado del tratamiento cuando la designación de esta figura no se hubiera producido ni tampoco estuviera adherido a mecanismos de resolución extrajudicial de conflictos, en cuyo caso el responsable o encargado deberá dar respuesta a la reclamación en el plazo de un mes. Por último, la decisión sobre la admisión o inadmisión a trámite, así como la que determine, en su caso, la remisión de la reclamación a la autoridad de control principal que se estime competente, deberá notificarse al reclamante en el plazo de tres meses; si finalizado dicho plazo no se produjera tal notificación, se entenderá que prosigue la tramitación de la reclamación a partir de la fecha en que se cumpliesen tres meses desde que la reclamación tuvo entrada en la AEPD.

Por lo que respecta a la determinación del alcance territorial (artículo 66 LOPDGDD), se establece, tras la reforma operada por la Ley 11/2023, de 8 de mayo, lo siguiente:

> «1. Salvo en los supuestos a los que se refiere el artículo 64.4 de esta ley orgánica, la Agencia Española de Protección de Datos deberá, con carácter previo a la realización de cualquier otra actuación, incluida la admisión a trámite de una reclamación o el comienzo de actuaciones previas de investigación, examinar su competencia y determinar el carácter nacional o transfronterizo, en cualquiera de sus modalidades, del procedimiento a seguir.
> 2. Si la Agencia Española de Protección de Datos considera que no tiene la condición de autoridad de control principal para la tramitación del procedimiento remitirá, sin más trámite, la reclamación formulada a la autoridad de control principal que considere competente, a fin de que por la misma se le dé el curso oportuno. La Agencia Española de Protección de Datos notificará esta circunstancia a quien, en su caso, hubiera formulado la reclamación.
> El acuerdo por el que se resuelva la remisión a la que se refiere el párrafo anterior implicará el archivo provisional del procedimiento, sin perjuicio de que por la Agencia Española de Protección de Datos se dicte, en caso de que así proceda, la resolución a la que se refiere el apartado 8 del artículo 60 del Reglamento (UE) 2016/679».

Otro aspecto importante será el de las actuaciones previas de investigación. En este caso, el artículo 67 LOPDGDD, también modificado por la precitada Ley 11/2023, sostiene que:

> «1. Antes de la adopción del acuerdo de inicio de procedimiento, y una vez admitida a trámite la reclamación si la hubiese, la Agencia Española de Protección de Datos podrá llevar a cabo actuaciones previas de investigación a fin de lograr una mejor determinación de los hechos y las circunstancias que justifican la tramitación del procedimiento.
> La Agencia Española de Protección de Datos actuará en todo caso cuando sea precisa la investigación de tratamientos que implique un tráfico masivo de datos personales.
> 2. Las actuaciones previas de investigación se someterán a lo dispuesto en la sección 2.ª del capítulo I del título VII de esta ley orgánica y no podrán tener una duración superior a dieciocho meses a contar desde la fecha del acuerdo de admisión a trámite o de la fecha del acuerdo por el que se decida su iniciación cuando la Agencia Española de Protección de Datos actúe por propia iniciativa».

El acuerdo de inicio del procedimiento para el ejercicio de la potestad sancionadora es abordado por el artículo 68 LOPDGDD. De acuerdo con este precepto:

> «1. Concluidas, en su caso, las actuaciones a las que se refiere el artículo anterior, corresponderá a la Presidencia de la Agencia Española de Protección de Datos, cuando así proceda, dictar acuerdo de inicio de procedimiento para el ejercicio de la potestad sancionadora, en que se concretarán los hechos, la identificación de la persona o entidad contra la que se dirija el procedimiento, la infracción que hubiera podido cometerse y su posible sanción.
> 2. Cuando la Agencia Española de Protección de Datos ostente la condición de autoridad de control principal y deba seguirse el procedimiento previsto en el artículo 60 del Reglamento (UE) 2016/679, el proyecto de acuerdo de inicio de procedimiento sancionador se someterá a lo dispuesto en el mismo».

Por último, el Título VIII de la LOPDGDD concluye con el artículo 69, que regula las medidas provisionales y de garantía de los derechos, estableciendo que, mientras se estén realizando las actuaciones previas de investigación o iniciado un procedimiento para el ejercicio de la potestad sancionadora, la AEPD podrá acordar motivadamente las medidas provisionales que resulten necesarias y sea proporcionadas para salvaguardar el derecho fundamental a la protección de datos y, en especial, las previstas en el artículo 66.1 RGPD, el bloqueo cautelar de los datos y la obligación inmediata de atender el derecho solicitado. Asimismo, cuando esta Agencia entienda que la continuación del tratamiento de los datos personales, su comunicación o transferencia internacional supone un menoscabo grave de este derecho fundamental, podrá ordenar a los responsables o encargados de los tratamientos afectados el bloqueo de los datos y la cesación de su tratamiento, orden, esta, que, de incumplirse, podrá comportar su inmovilización. Además, en el caso de que se hubiese presentado ante la AEPD una reclamación que se refiriese, entre otras cuestiones, a la falta de atención en plazo de los derechos de los interesados previstos en los artículos 15 a 22 RGPD, dicha autoridad de control "[...] podrá acordar en cualquier momento, incluso con anterioridad a la iniciación del procedimiento para el ejercicio de la potestad sancionadora, mediante resolución motivada y previa audiencia del responsable del tratamiento, la obligación de atender el derecho solicitado, prosiguiéndose el procedimiento en cuanto al resto de las cuestiones objeto de la reclamación».

6. La tutela jurisdiccional

El derecho del interesado a presentar un recurso judicial en aquellos casos en que entienda que se ha vulnerado su derecho fundamental a la protección de datos se incorporó en la Propuesta inicial de la Directiva del Consejo sobre protección de las personas en lo relativo al tratamiento de sus datos personales del año 1990 como un derecho complementario. Más concretamente, dentro del Capítulo IV de esta precitada Propuesta de Directiva, relacionado con los derechos del interesado, se incorporaba al artículo 14, por nombre "Derechos complementarios del interesado". Así, entre los derechos que los Estados miembros debían reconocer a los interesados se incluía el derecho a disponer de una vía de recurso judicial para cualquier violación de los derechos contemplados en dicho precepto.

Este derecho complementario a disponer de una vía de recurso judicial se traduciría ulteriormente, como resultado de las diversas modificaciones experimentadas en la Propuesta, en el artículo 22 DPDP, concerniente a los recursos judiciales, dentro del Capítulo III. Así, frente a la Propuesta inicial, esta Propuesta modificada de Directiva sobre protección de datos contemplaba la madurez del derecho al recurso, tras su concepción inicial como derecho complementario, si bien separándolo de los demás derechos. En consecuencia, se producía una ampliación del derecho del titular de los datos al recurso judicial, constituyendo, de igual modo, un mecanismo para garantizar la protección de los demás derechos que fueran reconocidos al interesado. En relación con esta cuestión, el considerando 55 DPDP sostenía que las legislaciones internas habrían de promover un recurso judicial para aquellos supuestos en los que el responsable del tratamiento no respetara los derechos que corresponden al interesado. De este modo, desde su consideración como derecho complementario en la Propuesta inicial hasta su final incorporación en un nuevo precepto concerniente a los recursos judiciales en la DPDP, se experimenta una patente evolución que ha vivido una nueva ampliación dentro del Reglamento General de Protección de Datos.

Imprescindible es atender, de igual modo, al hecho de que, desde que este derecho al recurso expuesto en la Propuesta inicial de Directiva, hasta la nueva normativa comunitaria en materia protección de datos, el derecho a tutela judicial efectiva se ha incorporado también en la CDFUE. Es por ello por lo que el derecho al recurso es un instrumento eficaz para el aseguramiento del derecho fundamental a la protección de datos personales, al dotar del imprescindible acceso a la justicia al interesado.

El recurso judicial ha venido, pues, constituyendo una garantía para el titular de los datos personales cuando los mismos son objeto de tratamiento, estableciendo el, ya derogado, artículo 22 DPDP que, con independencia de cualesquiera otros recursos administrativos o judiciales, los Estados miembros deberían establecer que todo interesado cuente con un recurso judicial en el supuesto en el que se produzca una violación de los derechos que les sean garantizados por las disposiciones de Derecho nacional aplicables al tratamiento de que se trate en relación con sus datos personales. En otras palabras, si la persona que ha efectuado una solicitud a un responsable del tratamiento, de acuerdo con la normativa en materia de protección de datos, no ha quedado satisfecho con la respuesta emitida por el responsable del tratamiento, deberá contar con la facultad de interponer una reclamación ante un tribunal nacional. A este respecto, que sea o no obligatorio dirigirse a una autoridad de supervisión con anterioridad al momento en que se recurra a un tribunal constituido es una cuestión que habrá de determinarse por la legislación interna. En esta misma línea, el artículo 28 DPDP también establecía que las decisiones de la autoridad de control que fueran lesivas para los derechos podrían ser objeto de recurso jurisdiccional.

En consecuencia, el recurso jurisdiccional se erige en una última instancia y se encuentra ciertamente justificado, toda vez que constituye un beneficio para los interesados que ejerzan sus derechos de protección de datos, al poder recurrir, primero, a la autoridad de supervisión, ya que los procedimientos para la solicitud de asistencia han de ser gratuitos y escasamente burocráticos. Los conocimientos especializados que se documentan en la resolución de la autoridad de supervisión pueden, de igual modo, facultar al titular de los datos para ejercer sus derechos ante los tribunales.

En este contexto, podemos afirmar que las previsiones relativas al derecho al recurso judicial se ven ampliadas en la nueva normativa en materia de protección de datos, habida cuenta de que el párrafo segundo del considerando 143 RGPD establece que, si una autoridad de control rechaza o desestima una reclamación, el reclamante podrá ejercitar una acción ante los tribunales del mismo país comunitario. En la actualidad, el derecho al recurso judicial opera frente a las decisiones de la autoridad de control y frente a responsables o encargados del tratamiento en aquellos supuestos en que el interesado considere que se ha producido una vulneración de sus derechos. En el primer supuesto, de acuerdo con los apartados primero y segundo del artículo 78 RGPD, el titular de los datos, sin perjuicio de cualquier otro recurso administrativo o extrajudicial, podrá recurrir, respectivamente:

a) Una decisión que sea jurídicamente vinculante de una autoridad de control que le concierna.

b) En el supuesto de que la autoridad de control, con competencias al amparo de los artículos 55 y 56 RGPD, no atienda una reclamación o no informe al titular de los datos dentro del plazo establecido (tres meses) sobre el curso del resultado de la reclamación presentada.

Estas acciones jurisdiccionales habrán de ser ejercitadas ante los tribunales del Estado miembro en el que se establezca la autoridad de control, tal y como establece el artículo 78.3 RGPD.

Además, con independencia de los recursos a disposición, incluido el derecho a presentar una reclamación ante una autoridad de control, como establece el apartado primero del artículo 79 RGPD, el interesado cuenta con el derecho a la tutela judicial efectiva en aquellos casos en que estime que sus derechos, al amparo de la normativa en materia de protección de datos, se han visto vulnerados como resultado de un tratamiento de sus datos personales. En este caso, el recurso judicial será presentado ante los tribunales del Estado miembro en el que el responsable o el encargado del tratamiento tenga un establecimiento, tal y como dispone el artículo 79.2 RGPD. Sin embargo, la normativa actual establece, dentro de ese mismo apartado, que, alternativamente, tales acciones podrán ser ejercitadas ante los tribunales del Estado miembro en el que el titular de los datos tenga su residencia habitual, siempre que el responsable o el encargado del tratamiento sea una autoridad pública de un país comunitario que intervenga en ejercicio de sus poderes públicos.

Por tanto, la nueva regulación incorpora las previsiones que, de acuerdo con el artículo 47 CDFUE, desarrollan el derecho a la tutela judicial efectiva, con independencia de que el titular de los datos personales haya de agotar previamente la posibilidad de recurrir a cualquier otro recurso de naturaleza administrativa o extrajudicial que esté a su disposición, toda vez que constituyen mecanismos habilitados de manera específica para proporcionar una rápida y efectiva respuesta a su situación.

7. El derecho de indemnización

El artículo 82.2 RGPD dispone la responsabilidad del responsable del tratamiento que participe en la operación de tratamiento y que habrá de responder de los daños y perjuicios ocasionados en el supuesto de que esta operación no satisfaga lo establecido por la normativa vigente en materia de protección de datos. En otras palabras, este apartado configura la responsabilidad del responsable del tratamiento en aquellos casos de participación en una operación de tratamiento y de no cumplimiento, ya sea por una actuación activa o pasiva, de lo establecido en la regulación vigente sobre protección de los datos personales.

Aun cuando el artículo 82 RGPD disciplina la responsabilidad del encargado del tratamiento de un modo más limitado, pues tan sólo responderá de los daños y perjuicios ocasionados por el tratamiento en aquellos casos en que no haya satisfecho las obligaciones impuestas por la normativa, encaminadas de manera específica a los encargados del tratamiento, o haya intervenido al margen o contrariamente a las instrucciones legales impuestas por el responsable del tratamiento, la realidad es que tales deberes o instrucciones podrán ser fácticos, jurídicos, activos o pasivos, de modo que no desvirtúa la regulación del encargado del tratamiento el principio del régimen general que establece el Reglamento General de Protección de Datos.

Por lo que respecta al hecho de que un tratamiento de los datos no satisfaga lo establecido en la regulación actual sobre esta materia, el Reglamento General de Protección de Datos aclara que ello abarcará aquellos tratamientos que infrinjan, además de las disposiciones de este texto, los actos delegados y de ejecución que se implementen, así como las normas de los Estados miembros que sean objeto de adopción desarrollando o cumpliendo el citado Reglamento.

Por lo que respecta al sistema de responsabilidad del responsable y/o del encargado del tratamiento, la RGPD establece que será el responsable o el encargado del tratamiento ilícito quien habrá de responder de los daños ocasionados por la operación de tratamiento. El Reglamento General de Protección de Datos configura, así, la responsabilidad directa de aquel que incurra en un tratamiento ilícito que origine daños al titular de los datos personales, ya sea porque el tratamiento fue realizado por él mismo directamente (responsable del tratamiento), ya sea por medio de un tercero siguiendo sus instrucciones (encargado del tratamiento); en este último caso, el encargado del tratamiento cuenta con una responsabilidad ciertamente más restringida, habida cuenta de que únicamente va a responder de los daños ocasionados en aquellos casos en que no cumpla las obligaciones marcadas por la normativa en materia de protección de datos, que son más reducidas que las que recaen sobre el responsable del tratamiento, si bien también responderá cuando no obedezca las instrucciones marcadas por este. Esta limitación de la responsabilidad que recae en el encargado del tratamiento tiene una razón de ser, pues no debemos olvidar que el encargado del tratamiento de los datos personales debe intervenir siempre bajo el mandato del responsable del tratamiento.

También estamos en presencia de un sistema de responsabilidad subjetiva que requiere de la convergencia de dolo, culpa o negligencia, donde se considera incluida la conocida como *culpa in vigilando*. El sistema configurado por nuestro país acoge el principio de responsabilidad subjetiva tanto en Derecho civil como en Derecho penal, si bien no procede de igual forma en Derecho administrativo, en el que se incorpora una palpable distinción en relación con los Estados de nuestro alrededor, toda vez que, en España, la Administración Pública habrá de responder por los daños ocasionados con su actuación, activa o pasiva, por medio de actos jurídicos o de actuaciones fácticas, más allá de que sus agentes intervengan con dolo, culpa o negligencia; de este modo, se establece la responsabilidad objetiva derivada del funcionamiento normal o anormal de los servicios públicos. Pues bien, la nueva regulación sobre protección de datos, en cuanto al Derecho indemnizatorio, se asemeja más a la responsabilidad subjetiva, por dolo, culpa o negligencia, que resulta de aplicación para determinar la responsabilidad extracontractual de las instituciones y organismos comunitarios, de conformidad con lo establecido por el artículo 340 TFUE. De este modo, el artículo 82.3 RGPD exime de responsabilidad por los daños ocasionados en las operaciones de tratamiento de datos personales al responsable y/o al encargado del tratamiento en aquellos casos en que puedan demostrar que no son, de ninguna manera, responsables del hecho que haya originado tales daños o perjuicios.

Además, atendiendo al principio de reparación integral de los daños producidos con la operación de tratamiento, de conformidad con el artículo 82.1 RGPD, serán objeto de indemnización aquellos daños y perjuicios de naturaleza material o inmaterial, de modo que se proporciona una reparación total que abarca tanto los daños físicos y patrimoniales, como también los morales. Ya en los considerandos de la normativa comunitaria actual se establece que el concepto de daños y perjuicios ha de concebirse en un sentido amplio, de acuerdo con la jurisprudencia del TJUE, de tal forma que se hagan respetar de manera plena los fines perseguidos por el Reglamento. Con ello, se pone de manifiesto la necesidad de respetar el objetivo último de alcanzar una reparación integral de los daños ocasionados como consecuencia de las operaciones de tratamiento realizadas.

Por lo demás, y como es obvio, aun cuando el artículo 82 RGPD no lo diga expresamente, el daño tendrá que ser efectivo, real, evaluable de manera económica e individualizable con relación a un individuo o grupo de individuos, como también ocurre con el Derecho nacional. Algunas veces, cuando el daño sea hipotético o no se haya producido de manera real, habida cuenta del escaso intervalo en que los datos fueron objeto de exposición, los tribunales se han opuesto a esta indemnización, bajo la premisa de que la reparación de la lesión del derecho fundamental a la protección de los datos personales se ha producido con la sentencia declarativa. El artículo 82 RGPD no disciplina una presunción de existencia de perjuicio en aquellos casos en que sea acreditada la infracción de la normativa contenida en el propio Reglamento. Resultado de lo anterior, será necesaria la prueba de la concurrencia del daño ocasionado, al igual que la relación de causalidad existente entre la actuación u omisión y el daño efectivamente ocasionado.

En cuanto a la responsabilidad extracontractual en favor de los titulares de los datos personales, la regulación proporcionada por la regulación en vigor sobre protección de datos conlleva una garantía para los interesados cuyos datos personales se someten a operaciones de tratamiento, aun cuando no intervenga un contrato entre el titular de los datos (interesado) y el responsable o el encargado del tratamiento. Así, se instruye, de manera novedosa, la obligatoria indemnización que habrá de proporcionarse como consecuencia de los daños ocasionados por tratamientos que no sean adecuados a lo establecido legalmente. Estamos en presencia, por ende, de la responsabilidad por daños, con finalidad resarcitoria, que no se origina por un incumplimiento contractual y que, en consecuencia, no persigue un resarcimiento de este incumplimiento.

Importante será también la responsabilidad solidaria del responsable y/o del encargado del tratamiento. El artículo 82 RGPD, en sus apartados cuarto y quinto, aborda de manera específica la regulación de la responsabilidad del responsable y/o del encargado del tratamiento. En concreto, el artículo 82.4 dispone que cada responsable o encargado del tratamiento tendrá la consideración de responsable de la totalidad de los daños y perjuicios, con el objetivo de garantizar una indemnización efectiva del titular de los datos personales, de modo que proporciona una regulación de la responsabilidad solidaria, caracterizada, precisamente, por esa opción que tiene el interesado que se vea perjudicado de acudir al responsable o al encargado de tratamiento para exigirle la satisfacción total de la indemnización que proceda. A su vez, como resulta evidente dentro de la responsabilidad solidaria, el artículo 82.5 RGPD establece que aquel que llevó a cabo la satisfacción integral de la indemnización tendrá derecho de repetición contra el resto de los sujetos responsables por la parte que a cada uno de ellos le corresponda satisfacer. El objetivo perseguido consiste, por tanto, en hacer posible que el interesado que ha padecido un daño derivado de un tratamiento ilícito de sus datos personales no se vea obligado, para conseguir la satisfacción integral de la indemnización, a tener que acudir a cada uno de los responsables una vez obtenida una resolución judicial favorable que le reconoce un derecho de indemnización.

Habrá, por último, una acción de reclamación de responsabilidad por daños. El artículo 82.6 RGPD dispone el lugar al que debe dirigirse el titular de los datos personales afectado para poder interponer una reclamación de responsabilidad patrimonial, aludiendo a los tribunales competentes de los Estados miembros y remitiéndose a lo establecido en el apartado segundo del artículo 79 del mismo Reglamento. Este apartado establece que las acciones frente al responsable y/o encargado del tratamiento habrán de interponerse, en primer lugar, ante los tribunales nacionales competentes en los que estos responsables o encargados de los tratamientos tengan su establecimiento. No obstante, seguidamente, establece que, de manera alternativa, estas acciones podrán ser ejercitadas ante los tribunales del Estado miembro donde el titular de los datos tenga su residencia habitual, siempre que el responsable o el encargado del tratamiento no sea una autoridad pública de un Estado miembro que intervenga en el ejercicio de sus poderes públicos. La cuestión que se plantea al analizar este apartado radica en determinar si se refiere a los tribunales de los Estados miembros en los que el responsable o el encargado del tratamiento tenga su establecimiento o a los tribunales en los que tenga su domicilio el que interpone la acción de reclamación de responsabilidad. Nuevamente, los considerandos del Reglamento General de Protección de Datos nos permiten interpretar, de un modo más claro, los apartados sexto y segundo de los artículos 82 y 79, respectivamente. Así pues, el legislador comunitario establece que quien interpone la reclamación debe tener la posibilidad de ejercitar las acciones frente al responsable o al encargado del tratamiento ante los tribunales de los Estados miembros en los que estos tengan su establecimiento o, si así lo prefiere, ante los tribunales de los países comunitarios en los que el mismo reclamante tenga su domicilio. No obstante, esta posibilidad del reclamante tan sólo se vería suprimida en el caso de que el responsable o el encargado del tratamiento sea una autoridad pública de un Estado miembro que intervenga en ejercicio de sus poderes públicos; en este caso, el reclamante de indemnización tendrá que interponer su acción frente a los tribunales competentes del Estado miembro de la autoridad pública, únicos competentes para poder conocer la responsabilidad por daños derivados del tratamiento ilícito de los datos personales del interesado. Ello puede interpretarse, de forma contraria, en el sentido de que, en aquellos casos en que la Administración no intervenga en ejercicio de sus poderes públicos, el titular de los datos afectado por el tratamiento ilícito tendrá la posibilidad de interponer la acción de responsabilidad en el Estado miembro en el que tuviese su domicilio.

Aun cuando la normativa actual en materia de protección de datos introduce el concepto amplio de establecimiento del responsable y del encargado del tratamiento que ha elaborado a lo largo del tiempo la jurisprudencia del TJUE, también es cierto que el legislador pone de manifiesto que el concepto de establecimiento habrá de determinarse atendiendo a las circunstancias de cada supuesto específico. En consecuencia, con el objetivo de posibilitar la máxima que orienta la regulación del derecho a indemnización por los daños originados por un tratamiento ilícito de los datos personales, cual es proteger una indemnización efectiva, se opta por otorgar al interesado la posibilidad de interponer su acción de reclamación, no sólo ante los tribunales de los Estados miembros en los que el responsable o encargado del tratamiento tienen su establecimiento, sino, además, posibilitar que la acción de reclamación se interponga ante los tribunales competentes del país comunitario donde el mismo interesado tenga su domicilio. Lo anterior supone, parece evidente, un avance importante en la tutela del derecho fundamental a la protección de los datos personales, que suprime el impedimento que comportaba, para la efectividad del derecho a la indemnización, la obligación de tener que interponer la reclamación ante otro Estado miembro diferente de aquel en el que el titular de los datos personales tuviera su domicilio.

XI. DIRECTRICES DE INTERPRETACIÓN DEL RGPD

Dentro de este apartado, haremos alusión específica a aquellas decisiones que, repartidas a lo largo del presente Trabajo, se han ido mencionando y que proceden, en esencia, de los tres órganos interpretativos más relevantes a lo largo de la reciente historia de la protección de los datos personales en el territorio de la Unión Europea. Nos referimos al GTA29, al CEPD y a los jueces y Tribunales que, con sus pronunciamientos en forma de guías, opiniones y criterios, han ido aportando claridad a aquellos aspectos que, en suma, han permitido sentar, de forma progresiva, las bases de este derecho fundamental.

1. Guías del GT artículo 29

El GTA29 nace de la mano de la derogada DPDP. Es su artículo 29, intitulado "Grupo de protección de las personas en lo que respecta al tratamiento de datos personales", el que reguló el nacimiento de este Grupo de Trabajo, y lo hizo, dentro de su apartado primero, en los siguientes términos:

> «Se crea un grupo de protección de las personas en lo que respecta al tratamiento de datos personales, en lo sucesivo denominado "Grupo».
> Dicho GTA29 tendrá carácter consultivo e independiente».

El GTA29 estaba compuesto por un representante de la autoridad o de las autoridades de control designadas por cada Estado miembro, por un representante de la autoridad o autoridades creadas por las instituciones y organismos comunitarios y por un representante de la Comisión Europea. Cada miembro era designado por la institución, autoridad o autoridades a la que representaba. Asimismo, cuando un Estado miembro hubiera designado varias autoridades de control, estas nombrarían a un representante común. Lo mismo harían las autoridades creadas por las instituciones y organismos comunitarios.

Este Grupo tomaba sus decisiones por mayoría simple y elegía a su presidente, cuyo mandato tenía una duración de dos años, renovable. Por su parte, la Comisión desempeñaba las funciones de secretaría del GTA29.

De igual modo, aprobaba su reglamento interno y examinaba los asuntos incluidos en el orden del día por su Presidente, ya fuera por iniciativa propia, previa solicitud de un representante de las autoridades de control o por solicitud de la Comisión.

En cuanto a sus cometidos, el GTA29 se encargaba de (artículo 30 DPDP):

> «a) estudiar toda cuestión relativa a la aplicación de las disposiciones nacionales tomadas para la aplicación de la presente Directiva con vistas a contribuir a su aplicación homogénea;
> b) emitir un dictamen destinado a la Comisión sobre el nivel de protección existente dentro de la Comunidad y en los países terceros;
> c) asesorar a la Comisión sobre cualquier proyecto de modificación de la presente Directiva, cualquier proyecto de medidas adicionales o específicas que deban adoptarse para salvaguardar los derechos y libertades de las personas físicas en lo que respecta al tratamiento de datos personales, así como sobre cualquier otro proyecto de medidas comunitarias que afecte a dichos derechos y libertades;
> d) emitir un dictamen sobre los códigos de conducta elaborados a escala comunitaria».

Además, por iniciativa propia, podía formular recomendaciones sobre cualquier asunto relacionado con la protección de los datos personales de los interesados. Por último, debía elaborar un informe anual, a publicar, sobre la situación de esta protección en la Unión Europea y en los países terceros, que debía transmitir al Parlamento Europeo, al Consejo y a la Comisión.

Más allá de su funcionamiento interno y de las funciones que estaba llamado a desempeñar, el GTA29 ha sido, en lo que aquí respecta, el grupo de trabajo europeo, independiente, que se ha ocupado de cuestiones relacionadas con la protección de los datos personales hasta el momento de su desaparición y reemplazo en favor del CEPD. Todos los documentos relacionados con el anterior GTA29 están disponibles en el siguiente enlace: http://ec.europa.eu/justice/article-29/documentation/index_en.htm. A través del mismo, podemos comprobar que la labor de este Grupo ha sido ingente a lo largo de sus años de vigencia. Fruto de este trabajo, han surgido multitud de directrices que han contribuido a facilitar la interpretación que se ha de proporcionar a diversos aspectos, destacando las siguientes:

En primer lugar, las "Directrices sobre los Delegados de Protección de Datos (DPD)", que han sido ciertamente detalladas en páginas anteriores.

En segundo lugar, las directrices en materia de notificación de violaciones de seguridad ("Directrices sobre la notificación de las violaciones de la seguridad de los datos personales de acuerdo con el Reglamento 2016/679", WP 250 rev.01, de 03 de octubre de 2017). El GTA29 tuvo ocasión de pronunciarse sobre esta cuestión; lo hizo en relación con la exigencia impuesta por el RGPD de introducir el requisito de que toda violación de la seguridad se notifique a la autoridad de control competente y, en determinados casos, que se comunique a los interesados cuyos datos personales se hayan visto afectados por la brecha. Al respecto, el Grupo de Trabajo recuerda que, dentro del concepto de violación de la seguridad, se encuadran aquellos supuestos en que se ve afectada la dimensión de la confidencialidad (acceso a la información por terceros no autorizados), de la integridad (alteración de la información por terceros no autorizados) o de la disponibilidad (obstaculización en el acceso a la información o destrucción de la misma por terceros no autorizados) de los datos personales; además, subraya la necesidad de que se hayan implantado mecanismos y protocolos que permitan, de una parte, determinar, de manera inmediata, si se ha producido o no una violación y, de otra, actuar frente a ella. Además, aclara que la notificación de la violación ha de producirse desde que el responsable del tratamiento tenga un razonable grado de certeza respecto de la producción de un incidente de seguridad que pueda implicar que los datos se hayan visto comprometidos (en alguna de las dimensiones antes citadas), aun cuando, en ese momento inicial, no se tenga información suficiente acerca del alcance real de la misma. Asimismo, cuando el incidente se produzca en una situación de tratamiento transfronterizo, la notificación deberá realizarse, sostiene el Grupo de Trabajo, a la autoridad de control principal, sin perjuicio de que pueda hacerse también, en paralelo, a la autoridad de control nacional. Finalmente, el GTAA29 determina en qué casos no es necesario proceder a notificar la violación, fijando qué elementos deben ser tenidos en cuenta para analizar si existe o no un riesgo para los derechos y libertades del interesado.

En tercer lugar, las directrices relacionadas con las decisiones automatizadas y elaboración de perfiles ("Directrices sobre decisiones individuales automatizadas y elaboración de perfiles a los efectos del Reglamento 2016/679", 17/ES, WP 251 rev. 01, de 03 de octubre de 2017). Partiendo de la constatación de que existe una amplia disponibilidad de datos personales en Internet, el GTA29 entiende que es perfectamente posible "[...] hallar correlaciones y crear vínculos, (permitiendo) determinar, analizar y predecir ciertos aspectos de la personalidad o el comportamiento, los intereses y los hábitos de una persona". Y, si bien esto puede ser beneficioso tanto para los interesados como para las empresas (en forma de una mayor eficiencia o un más eficiente ahorro de recursos), también puede entrañar riesgos importantes para los derechos y libertades de las personas, lo que conlleva la necesidad de establecer las debidas salvaguardias. Al respecto, el Grupo de Trabajo:

a) Hace una distinción entre las nociones de elaboración de perfiles (artículo 4.4 RGPD), decisiones automatizadas basadas en perfiles y decisiones basadas únicamente en tratamientos automatizados, incluidos perfiles, que producen efectos jurídicos en los interesados o que les afectan significativamente de modo similar (artículo 22.1 RGPD).

b) Incide en cómo se ha de efectuar la aplicación de los principios relativos al tratamiento a la elaboración de perfiles y a las decisiones automatizadas (sobre todo, los de lealtad, transparencia, minimización de datos y limitación del plazo de conservación).

c) Pormenoriza cuáles son las bases de legitimación (artículo 6 RGPD) a emplear en la elaboración de perfiles y en las decisiones automatizadas, haciendo especial referencia a la causa de legitimación del interés legítimo y al necesario equilibrio entre dicho interés legítimo y los intereses o derechos y libertades fundamentales del afectado.

d) Concreta cómo operan los derechos que el Reglamento General de Protección de Datos (acceso, rectificación, supresión, limitación del tratamiento, portabilidad de los datos, oposición y a no ser objeto de decisiones individuales automatizadas, incluida la elaboración de perfiles) reconoce los afectados en el contexto de la elaboración de perfiles y las decisiones automatizadas, aclarando que, no sólo es posible acceder a los datos, sino también al perfil que, con ellos, se elabore, pudiendo rectificar tales perfiles e, incluso, oponerse a los mismos.

e) Efectúa varias cuestiones sobre las decisiones basadas únicamente en tratamientos automatizados, incluidos perfiles, reguladas en el citado artículo 22 RGPD, indicando que, con carácter general, están prohibidas, si bien existen excepciones a tal prohibición, de modo que, cuando una de esas excepciones sea de aplicación, deberán establecerse mecanismos que protejan los derechos fundamentales, las libertades públicas y los legítimos intereses del interesado (además, se detiene en explicar qué se entiende con la expresión "que les afectan significativamente de modo similar").

f) Subraya que las decisiones basadas únicamente en tratamientos automatizados, incluidos los perfiles (que, de acuerdo con el considerando 71 RGPD, no serán aplicables a los menores), no constituyen una prohibición absoluta, siguiendo el contenido del precepto anterior. No obstante, recomienda reducir, al mínimo posible, aquellos casos en que se acuda a alguna de las excepciones previstas para justificar tales decisiones.

En cuarto lugar, las directrices sobre la aplicación y la fijación de multas administrativas a efectos del RGPD. La finalidad de las "Directrices sobre la aplicación y la fijación de multas administrativas a efectos del Reglamento 2016/679" (17/ES, WP 253, de 03 de octubre de 2017) es que las autoridades de control se sirvan de ellas para garantizar una mejora de la aplicación y ejecución de la normativa vigente sobre protección de datos personales, pues expresan el entendimiento común de las disposiciones del artículo 83 RGPD y su interrelación con los artículos 58 y 70 RGPD y sus correspondientes considerandos. Más concretamente, el documento contiene una serie de pautas que tienen por finalidad que las autoridades de control garanticen una mejora de la aplicación y ejecución del Reglamento, sobre la constatación de que: el incumplimiento de la normativa aplicable debe dar lugar a la imposición de sanciones equivalentes; al igual que todas las medidas correctivas implementadas por las autoridades de control, las multas administrativas deben ser efectivas, proporcionadas y disuasorias; la autoridad de control competente deberá realizar una evaluación de cada caso individual, y un planteamiento armonizado de las multas administrativas en el ámbito de la protección de datos personales requiere la participación activa y el intercambio de información entre las autoridades de control.

En quinto lugar, las directrices en materia de consentimiento informado ("Directrices sobre el consentimiento con arreglo al Reglamento

2016/679", WP 259 rev.01, de 28 de noviembre de 2017), actualizadas posteriormente por el CEPD en sus "Directrices 5/2020 sobre el consentimiento en el sentido del Reglamento (UE) 2016/679", de 04 de mayo de 2020. En ellas, el GTA29 establece:

a) Que el consentimiento es una de las bases jurídicas que habilita el tratamiento de los datos personales, si bien no es la única aplicable.

b) Que la existencia del consentimiento no basta, pues es necesario, también, proceder al cumplimiento de los demás principios relativos al tratamiento, especialmente los de lealtad y transparencia y el de minimización.

c) Que el consentimiento no será libre cuando se exija como condición para ejecutar un contrato o prestar un servicio, especialmente si se tiene en cuenta que la letra b) del apartado primero del artículo sexto del Reglamento ya considera la ejecución de un contrato como una de las bases jurídicas que determinan la licitud del tratamiento de los datos.

d) Que el consentimiento no será válido en aquellos casos en que no prestarlo puede suponer un perjuicio para el titular de los datos.

e) Que el consentimiento debe ser específico en relación a cada una de las finalidades del tratamiento de los datos.

f) Que la información que, con carácter de mínimos, debe proporcionarse al afectado para que el consentimiento sea informado tiene que incluir, entre otros aspectos, la identidad del responsable del tratamiento, la finalidad del tratamiento o la existencia de un derecho a la revocación del consentimiento (revocación que, además, debe ser tan sencilla como la prestación misma).

En sexto lugar, las directrices en materia de transparencia. En este caso, el GTA29 ("Directrices sobre la transparencia en virtud del Reglamento (UE) 2016/679", WP 260 rev.01, de 29 de noviembre de 2017):

a) Establece que la transparencia debe apreciarse en un triple nivel: en relación a la forma en la que se suministra la información a los titulares de los datos, en relación al modo en el que se ejercitan los derechos y en relación a la manera en la que el responsable del tratamiento entabla relación con los afectados.

b) Vincula el deber de transparencia con el concepto de responsabilidad proactiva, de modo que las medidas que, al respecto, se adopten deben incluir información precisa sobre qué datos personales son objeto de tratamiento, con qué fin se lleva a cabo el tratamiento, cuáles son los efectos que trae consigo el mismo y qué instrumentos se ponen a disposición del interesado para garantizar la protección de sus datos personales.

c) Subraya la relevancia de emplear un lenguaje claro y sencillo, sin acudir a expresiones poco claras o precisas o que induzcan a error en el afectado; al efecto, proporciona, incluso, ejemplos de cláusulas cuyo empleo entiende adecuado (por ejemplo, "Conservaremos y evaluaremos información sobre sus visitas recientes a nuestro sitio web y cómo navega por las distintas secciones del mismo con el fin de analizar y comprender el uso que las personas hacen de nuestro sitio web y poder hacerlo más intuitivo").

d) Prevé distintas alternativas en relación al modo en el que se puede proporcionar la información al titular de los datos.

e) Pone de relieve la relevancia de que la información al afectado se lleve a cabo también en aquellos casos en que se implementen tratamientos no previstos inicialmente.

f) Indaga en los casos en los que los responsables del tratamiento que no obtuvieron los datos directamente del interesado no deben cumplir con el deber de información.

2. *Opiniones del Comité Europeo de Protección de Datos*

Dentro del apartado correspondiente a las autoridades de control, se han analizado los contornos fundamentales de este nuevo órgano, a los que nos remitimos. En cuanto a las opiniones emitidas hasta la fecha por el CEPD, estas pueden ser consultadas en el siguiente enlace: https://edpb.europa.eu/our-work-tools/documents/our-documents_es

De ellas, destacan, por su relevancia, las siguientes:

En primer lugar, las "Directrices 1/2018 sobre la certificación y la determinación de los criterios de certificación de conformidad con los artículos 42 y 43 del Reglamento", de 04 de junio de 2019. Como explícitamente sostienen, estas Directrices tienen un fin esencial, cual es el de "[...] identificar los requisitos y criterios generales que puedan resultar pertinentes para todo tipo de mecanismos de certificación emitidos con arreglo a los artículos 42 y 43 del RGPD. A tal fin, las directrices: estudian el fundamento de la certificación como una herramienta de rendición de cuentas; explican los principales conceptos de las disposiciones sobre certificación recogidas en los artículos 42 y 43; así como explican el ámbito de lo que puede certificarse en virtud de los artículos 42 y 43 y el propósito de la certificación; facilitan que el resultado de la certificación sea significativo, inequívoco, tan reproducible como sea posible y comparable con independencia de quién emita la certificación (comparabilidad)».

En segundo lugar, las, antes mencionadas, "Directrices 5/2020 sobre el consentimiento en el sentido del Reglamento (UE) 2016/679", que, con respecto a su predecesora, elaborada por el GTA29, introduce (y así lo anuncia en su página 4) "[...] clarificaciones adicionales, en relación específicamente con dos cuestiones: 1. La validez del consentimiento facilitado por el interesado al interactuar con las denominadas barreras de cookies o "cookie walls" (acceso supeditado a la aceptación de cookies); 2. El ejemplo 16 sobre el desfile de la información y el consentimiento».

En tercer lugar, las "Directrices 6/2020 sobre la interacción de la Segunda Directiva sobre servicios de pago y el Reglamento general de protección de datos", de 15 de diciembre de 2020, que pretenden proporcionar orientaciones adicionales sobre los aspectos de la protección de datos en el contexto de la Directiva (UE) 2015/2366 del Parlamento Europeo y del Consejo, de 25 de noviembre de 2015, sobre servicios de pago en el mercado interior y por la que se modifican las Directivas 2002/65/CE, 2009/110/CE y 2013/36/UE y el Reglamento (UE) nº 1093/2010 y se deroga la Directiva 2007/64/CE (DOUE L 337/35, de 23 de diciembre de 2015), en particular sobre la relación entre las disposiciones pertinentes del RGPD y la mencionada Directiva. Así, se centran, fundamentalmente, en el tratamiento de datos personales por parte de los proveedores de información sobre cuentas y los proveedores de servicios de iniciación de pagos, abordando las condiciones para conceder acceso a los proveedores de servicios de pago gestores de cuentas a información de las cuentas de pago y para el tratamiento de los datos personales por parte de los dos primeros tipos de proveedores, así como los requisitos y las garantías en relación con el tratamiento de los datos personales que lleven a cabo para fines distintos de los iniciales para los que se han recogido los datos, especialmente cuando se han recogido en el contexto de la prestación de un servicio de información sobre cuentas; de igual modo, las Directrices analizan las diferentes nociones de consentimiento explícito, el tratamiento de "datos de partes silenciosas", el tratamiento de categorías especiales de datos personales y la aplicación de los principales principios de protección de datos establecidos por el Reglamento General de Protección de Datos.

En cuarto lugar, y en materia de transferencias internacionales de datos personales:

De un lado, las "Directrices 2/2018 sobre las excepciones contempladas en el artículo 49 del Reglamento 2016/679", de 25 de mayo de 2018, que, como su propio nombre indica, persiguen, tomando como referencia las aportaciones realizadas por el GTA29 ("Documento de trabajo relativo a una interpretación común del artículo 26, apartado 1, de la Directiva 95/46/CE", WP 114, de 24 de octubre de 1995, 25 de noviembre de 2005), orientar la aplicación de este precepto, relativo a las excepciones en el marco de las transferencias de datos personales a terceros países.

De otro, el, en este caso, Dictamen, 5/2023 relativo al borrador de la Decisión de la Comisión Europea sobre la adecuación del nivel de protección de los datos personales dentro del marco de privacidad de datos entre la UE y los EEUU., de 28 de febrero de 2023. En palabras de la AEPD ("El CEPD publica el Dictamen que analiza el proyecto de Decisión de la Comisión Europea dentro del nuevo marco de privacidad UE-EEUU", dentro de la web de la propia Agencia):

> «Este nuevo marco de privacidad, negociado entre la Comisión Europea y el Gobierno de EEUU, pretende dar cobertura legal a los intercambios de datos personales entre la Unión Europea y EEUU, solucionando las deficiencias del marco anterior puestas de manifiesto por el Tribunal de Justicia de la Unión Europea en la sentencia por la que se invalidó.
>
> El dictamen del Comité Europeo de Protección de Datos sobre el nuevo marco reconoce los aspectos positivos incorporador tras la negociación, al tiempo que señala determinadas deficiencias que, a juicio del Comité, no han sido resueltas, representando riesgos desde la óptica de la protección de datos personales.
>
> Dichas deficiencias afectan tanto a la parte comercial de dicho marco, es decir, a las transferencias de datos desde las empresas en Europa a las empresas en EEUU, como al acceso que desde las autoridades de seguridad gubernamentales de EEUU se prevé a los datos personales que se transfieran a EEUU.
>
> El Comité Europeo de Protección de Datos ha presentado su dictamen al Parlamento Europeo, dando así continuidad al proceso de tramitación de dicho acuerdo en la Unión Europea hasta su posible aprobación definitiva».

3. *Criterios de órganos jurisdiccionales*

Más allá de lo expuesto en relación con la tutela jurisdiccional, que ya hemos analizado, es evidente que, además de lo dispuesto en la normativa en vigor en materia de protección de datos personales y en las orientaciones de los órganos consultivos anteriores, resulta preciso acudir a los pronunciamientos emitidos por los órganos jurisdiccionales en su labor de interpretación y decisión. En este sentido, el considerando 115 RGPD subraya que:

> «Algunos países terceros adoptan leyes, reglamentaciones y otros actos jurídicos con los que se pretende regular directamente las actividades de tratamiento de personas físicas y jurídicas bajo jurisdicción de los Estados miembros. Esto puede incluir sentencias de órganos jurisdiccionales o decisiones de autoridades administrativas de terceros países que obliguen

a un responsable o un encargado del tratamiento a transferir o comunicar datos personales, y que no se basen en un acuerdo internacional, como un tratado de asistencia judicial mutua, en vigor entre el tercer país requirente y la Unión o un Estado miembro. La aplicación extraterritorial de dichas leyes, reglamentaciones y otros actos jurídicos puede ser contraria al Derecho internacional e impedir la protección de las personas físicas garantizada en la Unión en virtud del presente Reglamento. Las transferencias solo deben autorizarse cuando se cumplan las condiciones del presente Reglamento relativas a las transferencias a terceros países. Tal puede ser el caso, entre otros, cuando la comunicación sea necesaria por una razón importante de interés público reconocida por el Derecho de la Unión o de los Estados miembros aplicable al responsable del tratamiento».

En la misma línea, la LOPDGDD constata que:

«En los últimos años de la pasada década se intensificaron los impulsos tendentes a lograr una regulación más uniforme del derecho fundamental a la protección de datos en el marco de una sociedad cada vez más globalizada. Así, se fueron adoptando en distintas instancias internacionales propuestas para la reforma del marco vigente. Y en este marco la Comisión lanzó el 4 de noviembre de 2010 su Comunicación titulada "Un enfoque global de la protección de los datos personales en la Unión Europea", que constituye el germen de la posterior reforma del marco de la Unión Europea. Al propio tiempo, el Tribunal de Justicia de la Unión ha venido adoptando a lo largo de los últimos años una jurisprudencia que resulta fundamental en su interpretación».

Múltiples han sido las resoluciones que han adoptado los órganos jurisdiccionales, nacionales y comunitarios, en este intervalo. De ellas, nos remitimos a las que, por su relevancia, son citadas a lo largo de esta obra, a las que debemos acudir para conocer más adecuadamente el contexto en el que han sido referenciadas.

XII. NORMATIVAS SECTORIALES AFECTADAS POR LA PROTECCIÓN DE DATOS

Son variadas las manifestaciones o implicaciones que el derecho fundamental a la protección de datos tiene en regulaciones sectoriales que, como veremos a continuación, afectan a aspectos muy heterogéneos. Algunos de ellos inciden en el elemento objetivo de los datos personales tratados, como sucede con la normativa publicitaria o con la propia de las Telecomunicaciones; otras, en cambio, se centran en el elemento subjetivo del afectado por el tratamiento en cuestión, donde podemos mencionar aquella aplicable al sector sanitario o la que persigue la protección de los menores de edad como sujetos especialmente vulnerables. Veamos las más relevantes.

1. Sanitaria, Farmacéutica, Investigación

Analizar las repercusiones que la protección de datos personales tiene en este ámbito pasa por analizar los conceptos básicos de datos genéticos [artículo 4.13) RGPD], datos biométricos [artículo 4.14) RGPD] y, cómo no, datos relativos a la salud [artículo 4.15) RGPD], todos los cuales han sido definidos al inicio de este Trabajo, por lo que nos remitimos a él para evitar reiteraciones innecesarias. De igual modo, es preciso acudir a la normativa aplicable, donde se sitúa a la LAP, cuya Exposición de Motivos ya alude a la protección de datos cuando, pese a referirse a las, ya derogadas DPDP y LOPD (que, en la actualidad, habrá de interpretar conforme a las exigencias del RGPD y de la LOPDGDD), sostiene que:

> «La atención que a estas materias otorgó en su día la Ley General de Sanidad supuso un notable avance como reflejan, entre otros, sus artículos 9, 10 y 61. Sin embargo, el derecho a la información, como derecho del ciudadano cuando demanda la atención sanitaria, ha sido objeto en los últimos años de diversas matizaciones y ampliaciones por Leyes y disposiciones de distinto tipo y rango, que ponen de manifiesto la necesidad de una reforma y actualización de la normativa contenida en la Ley General de Sanidad. Así, la Ley Orgánica 15/1999, de 13 de diciembre, de Protección de Datos de Carácter Personal, califica a los datos relativos a la salud de los ciudadanos como datos especialmente protegidos, estableciendo un régimen singularmente riguroso para su obtención, custodia y eventual cesión.
> Esta defensa de la confidencialidad había sido ya defendida por la Directiva comunitaria 95/46, de 24 de octubre, en la que, además de reafirmarse la defensa de los derechos y libertades de los ciudadanos europeos, en especial de su intimidad relativa a la información relacionada con su salud, se apunta la presencia de otros intereses generales como los estudios epidemiológicos, las situaciones de riesgo grave para la salud de la colectividad, la investigación y los ensayos clínicos que, cuando estén incluidos en normas de rango de Ley, pueden justificar una excepción motivada a los derechos del paciente. Se manifiesta así una concepción comunitaria del derecho a la salud, en la que, junto al interés singular de cada individuo, como destinatario por excelencia de la información relativa a la salud, aparecen también otros agentes y bienes jurídicos referidos a la salud pública, que deben ser considerados, con la relevancia necesaria, en una sociedad democrática avanzada. En esta línea, el Consejo de Europa, en su Recomendación de 13 de febrero de 1997, relativa a la protección de los datos médicos, después de afirmar que deben recogerse y procesarse con el consentimiento del afectado, indica que la información puede restringirse si así lo dispone una Ley y constituye una medida necesaria por razones de interés general».

Si acudimos a su articulado, tenemos que referirnos a:

En primer lugar, el artículo 8 LAP, que se sirve del consentimiento del interesado como base jurídica necesaria para el tratamiento de sus datos de salud, al afirmar, en su apartado primero, que este será necesario para toda actuación en el ámbito de la salud de un paciente, que no es sino "la persona que requiere asistencia sanitaria y está sometida a cuidados profesionales para el mantenimiento o recuperación de su salud" (artículo 3 LAP). Este consentimiento deberá cumplir los requisitos de los artículo 4.11), 7 y 8 RGPD y 6 y 7 LOPDGDD, donde destaca (además de su posible y libre revocación —artículo 8.5 LAP—) la exigencia de que el interesado sea informado, por lo que debemos acudir, a su vez, al artículo 4 LAP, que reconoce el derecho de los pacientes "[...] a conocer, con motivo de cualquier actuación en el ámbito de su salud, toda la información disponible sobre la misma, salvando los supuestos exceptuados por la Ley. Además, toda persona tiene derecho a que se respete su voluntad de no ser informada. La información, que como regla general se proporcionará verbalmente dejando constancia en la historia clínica, comprende, como mínimo, la finalidad y la naturaleza de cada intervención, sus riesgos y sus consecuencias. La información clínica forma parte de todas las actuaciones asistenciales, será verdadera, se comunicará al paciente de forma comprensible y adecuada a sus necesidades y le ayudará a tomar decisiones de acuerdo con su propia y libre voluntad. El médico responsable del paciente le garantiza el cumplimiento de su derecho a la información. Los profesionales que le atiendan durante el proceso asistencial o le apliquen una técnica o un procedimiento concreto también serán responsables de informarle". Será necesario, pues, cohonestar también el artículo 4 LAP con los artículos 12 y 13 RGPD y 11 LOPDGDD para determinar la información que, como mínimo, se ha de proporcionar al paciente en estos casos con el fin de obtener su posterior consentimiento, donde se deberá incluir, además, en su caso, "[...] la posibilidad de utilizar los procedimientos de pronóstico, diagnóstico y terapéuticos que se le apliquen en un proyecto docente o de investigación, que en ningún caso podrá comportar riesgo adicional para su salud" (artículo 8.4 LAP).

Por lo demás, el consentimiento será, como regla general, verbal, si bien será necesariamente escrito en caso de intervención quirúrgica, en los procedimientos diagnósticos y terapéuticos invasores y, en general, en aplicación de procedimientos que supongan riesgos o inconvenientes de notoria y previsible repercusión negativa sobre la salud del paciente, "[...] dejando a salvo la posibilidad de incorporar anejos y otros datos de carácter general, y tendrá información suficiente sobre el procedimiento de aplicación y sobre sus riesgos" (artículo 8, apartados 2 y 3, LAP).

En segundo lugar, el artículo 16 LAP, que, respecto de los usos de la historia clínica (entendida, esta, como un instrumento dirigido, de manera específica, a garantizar una asistencia adecuada al paciente y que, según el artículo 3, integra "todo dato, cualquiera que sea su forma, clase o tipo, que permite adquirir o ampliar conocimientos sobre el estado físico y la salud de una persona, o la forma de preservarla, cuidarla, mejorarla o recuperarla"), se establece, en su apartado tercero (cuya modificación más reciente tuvo lugar el 06 de diciembre de 2018), que el acceso a la historia clínica con fines judiciales, epidemiológicos, de salud pública, de investigación o de docencia, se regirá por lo establecido en el RGPD y en la LOPDGDD y en la LGS, y demás normas de aplicación en cada caso. El acceso a la historia clínica con estos fines, continúa, exige salvaguardar los datos de identificación personal del paciente, separados de los de carácter clinicoasistencial (alude, por tanto, a al seudonimización, no a la anonimización, pese a que el término "anonimato" pueda inducir a error, ya que, de emplear esta última técnica, se imposibilitaría la posterior y eventual reversión de los datos del paciente), de manera que, como regla general, quede asegurado el anonimato, salvo que el propio paciente haya dado su consentimiento para no separarlos. Se exceptúan, aquí:

a) Los supuestos de investigación previstos en el apartado 2 de la disposición adicional decimoséptima de la LOPDGDD.

b) Los supuestos de investigación de la autoridad judicial en los que se considere necesario que los datos identificativos y los datos clinicoasistenciales estén unidos, estando, en este supuesto, a cuanto dispongan los jueces y tribunales competentes. El acceso a los datos y documentos de la historia clínica quedará limitado, no obstante, a lo estrictamente necesario a los fines específicos de cada caso (en cumplimiento último del principio de limitación de la finalidad —artículo 5.1.b) RGPD—).

Por último, señala el precepto que, cuando sea imprescindible para prevenir un riesgo o un peligro grave para la salud de la población, las Administraciones sanitarias incluidas en la LGSP tendrán la posibilidad de acceso a los datos identificativos de los pacientes atendiendo a motivos epidemiológicos o de protección de la salud pública. Ahora bien, este acceso sólo podrá producirse por un profesional sanitario sujeto al secreto profesional o por otra persona sobre la que recaiga una obligación equivalente de secreto, previa motivación por parte de la Administración que solicitase el acceso a los datos.

En tercer lugar, el artículo 17 LAP, que define los criterios y requisitos aplicables a la conservación de la documentación clínica, definida (artículo 3) como "el soporte de cualquier tipo o clase que contiene un conjunto de datos e informaciones de carácter asistencial". Al respecto, y en materia de protección de datos personales, será de aplicación el principio de integridad y confidencialidad del artículo 5.1.f) RGPD, que, vía interpretativa (se desconoce por qué, en este caso, no se ha efectuado también una actualización del precepto), vendría a sustituir la referencia que el apartado sexto de este precepto de la LPA hace a "[…] las medidas técnicas de seguridad establecidas por la legislación reguladora de la conservación de los ficheros que contienen datos de carácter personal y, en general, por la Ley Orgánica 15/1999, de Protección de Datos de Carácter Personal". En consecuencia, se ha de entender ahora necesario realizar el oportuno análisis de riesgos vía artículo 32 RGPD para determinar aquellas medidas de seguridad que resulten necesarias para proteger la integridad, la disponibilidad y la confidencialidad de los datos personales que consten en la documentación clínica del paciente, documentación que deberá ser conservada "[…] en condiciones que garanticen su correcto mantenimiento y seguridad, aunque no necesariamente en el soporte original, para la debida asistencia al paciente durante el tiempo adecuado a cada caso y, como mínimo, cinco años contados desde la fecha del alta de cada proceso asistencial" (artículo 17.1 LAP).

Junto a la LAP, es preciso acudir también a la LGS, modificada por la disposición final quinta de la LOPDGDD, que añade un nuevo capítulo II a dicha Ley, dentro del cual se ubica el, relevante, artículo 105 bis, que, para el tratamiento de datos de la investigación en salud, nos remite, a su vez, a la disposición adicional decimoséptima de la LOPDGDD. El texto de esta última disposición adicional incorpora una serie de criterios, pautas o, en definitiva, obligaciones, a los que se tendrá que ceñir el responsable del tratamiento (que, en estos casos, vendrá representado normalmente, por las autoridades sanitarias o por los centros universitarios); estas obligaciones, que atienden por momentos a supuestos diversos, son las siguientes:

> «a) El interesado o, en su caso, su representante legal podrá otorgar el consentimiento para el uso de sus datos con fines de investigación en salud y, en particular, la biomédica. Tales finalidades podrán abarcar categorías relacionadas con áreas generales vinculadas a una especialidad médica o investigadora».

De este modo, la base legal que habilita al responsable del tratamiento a tratar los datos de salud para investigaciones científicas, generales o específicas, podrá residir en el consentimiento del interesado, recogido en los artículos 6.1.a) y 9.2.a), ambos RGPD. No obstante, hay que señalar que deben cumplirse todas las condiciones para el consentimiento expreso, en particular las que figuran, además de en los preceptos anteriores, en los artículos 4.11) y 7 de la norma comunitaria; en particular, el consentimiento debe ser libre, específico, informado e inequívoco, y debe hacerse mediante una declaración o una acción afirmativa clara. Ahora bien, los investigadores deben ser conscientes de que, si el consentimiento se utiliza como base legal para el tratamiento, debe existir la posibilidad de que los individuos retiren ese consentimiento en cualquier momento (artículo 7.3 RGPD), de forma que, si lo hacen, todas las operaciones de tratamiento de datos basadas hasta ese momento en el consentimiento seguirán siendo lícitas, pero el responsable del tratamiento deberá detenerlas y, si no existe ningún otro fundamento lícito que justifique la retención de los datos para su tratamiento ulterior, deberá suprimirlos.

> «b) Las autoridades sanitarias e instituciones públicas con competencias en vigilancia de la salud pública podrán llevar a cabo estudios científicos sin el consentimiento de los afectados en situaciones de excepcional relevancia y gravedad para la salud pública».

Relacionada con la previsión anterior, se añade aquella otra que permite al responsable del tratamiento, cuando este sea un grupo de investigación (no sólo de naturaleza pública), realizar estudios científicos sin necesidad (a diferencia del supuesto precedente) de contar con el consentimiento del interesado, siempre que la excepcionalidad, relevancia y gravedad de la situación para la salud pública así lo aconseje. Es este supuesto el que podría legitimar la investigación científica a llevar a cabo para corregir, por ejemplo, efectos como los del Coronavirus, toda vez que las especiales circunstancias derivadas del contexto provocado por esta pandemia justifican, más que sobradamente, la legitimación del tratamiento sin necesidad de basarse en el consentimiento del interesado [artículos 6.1.a) y 9.2.a), ambos RGPD]. En este caso, la legitimación podría ser diversa [consentimiento para la anterior finalidad o interés público] y la excepción a la regla de prohibición general se encontraría en el artículo 9.2.j) RGPD, que exige, no obstante, que el tratamiento que se realice sea "[...] proporcional al objetivo perseguido, respetar en lo esencial el derecho a la protección de datos y establecer medidas adecuadas y específicas para proteger los intereses y derechos fundamentales del interesado". Aplicado al caso, estaríamos ante el supuesto, por ejemplo, de un estudio basado en una gran población y realizado con gráficos médicos de pacientes de COVID-19. A este respecto, resultan fundamentales las conclusiones aportadas por el Comité de Bioética de España ("Informe del Comité de Bioética de España sobre los requisitos ético-legales en la investigación con datos de salud y muestras biológicas en el marco de la pandemia de COVID-19", 2020, págs. 14-20), que estableció que:

> «[...] con carácter general, el uso secundario de los datos de salud y muestras biológicas se somete a un régimen muy estricto, al tratarse de datos especialmente protegidos. Por ello, tal uso secundario, distinto de aquél para el que fue recabado el dato o tomada la muestra (véase, asistencia sanitaria) en circunstancias de normalidad, exigiría la autorización expresa de los pacientes y, en su caso, representantes legales.

> Sin embargo, tal regla general encuentra excepciones en nuestro ordenamiento jurídico, lo que permite el uso secundario sin necesidad de recabar un nuevo consentimiento ad hoc o incluso sin contar con un consentimiento amplio (*broad consent*) en el que se haya autorizado el uso de los datos y muestras para otros fines y en relación con líneas de investigación vinculadas a la enfermedad que provocó la asistencia sanitaria y recabar tales datos y muestras.
> [...] Así pues, en situaciones de excepcional relevancia y gravedad para la salud pública, contexto que evidentemente concurre en el momento actual, se autorizan dos tipos de actuaciones. Por un lado, las autoridades sanitarias e instituciones públicas con competencias en vigilancia de la salud pública podrán llevar a cabo estudios científicos sin el consentimiento de los afectados e incluso manteniéndose los datos de identificación del sujeto fuente (DA 17.ª 2 b). Por tanto, cabría un uso secundario muy amplio, no sujeto ni al requisito del nuevo consentimiento, ni al de la anonimización, ni tampoco, incluso, al de la seudonimización, al que nos vamos a referir a continuación. Eso sí, se trataría de estudios que estuvieran enmarcados en el estricto ámbito de las autoridades públicas.
> Por otro lado, como también prevé dicha norma en el apartado 2 d), los grupos de investigación, no solo enmarcados dentro del sistema sanitario y de investigación públicos, pueden llevar a cabo un uso secundario de los datos de salud, como serían los existentes en las historias clínicas de los pacientes atendidos por infección por SARSCoV-2 en los centros sanitarios públicos y privados, sin requerirse un nuevo consentimiento, y exigiéndose, en este caso, tanto proceder a la seudonimización de los datos desde su origen como a solicitar la autorización del correspondiente Comité de Ética de la Investigación (DA 17.ª 2 d). Ello, siempre que los fines del estudio fueran de interés para la salud pública, requisito que, en muchos de los proyectos, puede perfectamente acreditarse en el contexto actual».

De este modo, y como podemos observar, se habilita el uso de los datos con estos fines a sistemas de investigación de naturaleza tanto pública como privada.

> «c) Se considerará lícita y compatible la reutilización de datos personales con fines de investigación en materia de salud y biomédica cuando, habiéndose obtenido el consentimiento para una finalidad concreta, se utilicen los datos para finalidades o áreas de investigación relacionadas con el área en la que se integrase científicamente el estudio inicial.
> En tales casos, los responsables deberán publicar la información establecida por el artículo 13 del Reglamento (UE) 2016/679 del Parlamento Europeo y del Consejo, de 27 de abril de 2016, relativo a la protección de las personas físicas en lo que respecta al tratamiento de sus datos personales y a la libre circulación de estos datos, en un lugar fácilmente accesible de la página web corporativa del centro donde se realice la investigación o estudio clínico, y, en su caso, en la del promotor, y notificar la existencia de esta información por medios electrónicos a los afectados. Cuando estos carezcan de medios para acceder a tal información, podrán solicitar su remisión en otro formato.
> Para los tratamientos previstos en esta letra, se requerirá informe previo favorable del comité de ética de la investigación».

Aquí, nos encontramos con estudios de investigación posteriores que, teniendo como base de licitud y excepción de los artículos 6.1.e) y 9.2.j), ambos del RGPD, respectivamente, provienen de estudios previos amparados en el consentimiento del interesado [artículos 6.1.a) y 9.2.a), ambos RGPD], pues la finalidad, en los dos, se considera perfectamente compatible. Esto nos remite al artículo 6.4 RGPD, que contempla expresamente esta posibilidad de tratar datos con fines distintos de los inicialmente previstos, siempre que ambos sean compatibles, compatibilidad que podrá determinarse atendiendo a los siguientes factores: a) cualquier relación entre los fines para los cuales se hayan recogido los datos personales y los fines del tratamiento ulterior previsto; b) el contexto en que se hayan recogido los datos personales, en particular, por lo que respecta a la relación entre los interesados y el responsable del tratamiento; c) la naturaleza de los datos personales, en concreto, cuando se traten categorías especiales de datos personales, de conformidad con los artículos 9 RGPD y 9 LOPDGDD, o datos personales relativos a condenas e infracciones penales, de conformidad con los artículos 10 RGPD y 10 LOPDGDD; d) las posibles consecuencias para los interesados del tratamiento ulterior previsto, y e) la existencia de garantías adecuadas, que podrán incluir el cifrado o la seudonimización. No obstante, esta cuestión queda resuelta cuando el artículo 5.1.b), *in fine*, RGPD, de acuerdo con el artículo 89.1 del mismo Reglamento, dispone que el tratamiento ulterior de los datos personales con fines de archivo en interés público, fines de investigación científica e histórica o fines estadísticos no se considerará incompatible con los fines iniciales. En esta línea, la disposición transitoria sexta LOPDGDD establece que se considerará lícita y compatible la reutilización, con fines de investigación en salud y biomédica, de datos personales recogidos lícitamente con anterioridad a la entrada en vigor de esta ley cuando dichos datos personales se utilicen para la finalidad concreta para la que se hubiera prestado consentimiento o, habiéndose obtenido el consentimiento para una finalidad concreta, se utilicen tales datos para finalidades o áreas de investigación relacionadas con la especialidad médica o investigadora en la que se integrase científicamente el estudio inicial.

> «d) Se considera lícito el uso de datos personales seudonimizados con fines de investigación en salud y, en particular, biomédica.
>
> El uso de datos personales seudonimizados con fines de investigación en salud pública y biomédica requerirá:
>
> 1ª. Una separación técnica y funcional entre el equipo investigador y quienes realicen la seudonimización y conserven la información que posibilite la reidentificación.
>
> 2º. Que los datos seudonimizados únicamente sean accesibles al equipo de investigación cuando:
>
> i) Exista un compromiso expreso de confidencialidad y de no realizar ninguna actividad de reidentificación.

> ii) Se adopten medidas de seguridad específicas para evitar la reidentificación y el acceso de terceros no autorizados.
> Podrá procederse a la reidentificación de los datos en su origen, cuando con motivo de una investigación que utilice datos seudonimizados, se aprecie la existencia de un peligro real y concreto para la seguridad o salud de una persona o grupo de personas, o una amenaza grave para sus derechos o sea necesaria para garantizar una adecuada asistencia sanitaria».

En mi opinión, más que de licitud, debería hablarse de seguridad. El motivo está en que el empleo de datos seudonimizados podrá considerarse seguro por cuanto que la seudonimización es una medida técnica que puede resultar acorde al riesgo que este tipo de tratamientos de datos de salud con fines de investigación científica comporta, sobre la base de los artículos 32 y 35 RGPD. Sin embargo, con ello, daríamos cumplimiento al principio de integridad y confidencialidad [artículo 5.1.f) RGPD], pero no al principio de licitud, lealtad y transparencia [artículo 5.1.a) RGPD], que exige que el tratamiento venga justificado por alguna de las causas previstas en el artículo 6.1 RGPD y, tratándose de datos de salud, además, por alguna de las excepciones del artículo 9.2 RGPD. Por lo demás, sí que podemos poner de relieve que, en contextos de, por ejemplo, emergencia sanitaria, podría llegar a darse el caso de que datos de salud seudonimizados por motivos de seguridad y utilizados con fines de investigación tengan que exponerse a técnicas de reidentificación si resulta preciso para atender adecuadamente al paciente que resulta infectado.

> «e) Cuando se traten datos personales con fines de investigación en salud, y en particular la biomédica, a los efectos del artículo 89.2 del Reglamento (UE) 2016/679, podrán excepcionarse los derechos de los afectados previstos en los artículos 15, 16, 18 y 21 del Reglamento (EU) 2016/679 cuando:
> 1º. Los citados derechos se ejerzan directamente ante los investigadores o centros de investigación que utilicen datos anonimizados o seudonimizados.
> 2º. El ejercicio de tales derechos se refiera a los resultados de la investigación.
> 3º. La investigación tenga por objeto un interés público esencial relacionado con la seguridad del Estado, la defensa, la seguridad pública u otros objetivos importantes de interés público general, siempre que en este último caso la excepción esté expresamente recogida por una norma con rango de Ley».

En este caso, se suprime el ejercicio satisfactorio de determinados derechos del interesado (en concreto, los derechos de acceso, rectificación, limitación del tratamiento y oposición) o, lo que es lo mismo, se reconoce al responsable del tratamiento el derecho a oponerse al ejercicio de esos mismos derechos, cuando concurran, cumulativamente, los requisitos anteriores. Se persigue, en definitiva, no obstaculizar la consecución de resultados científicos relevantes y lícitos cuando sirvan para alcanzar avances importantes en la lucha perseguida.

> «f) Cuando conforme a lo previsto por el artículo 89 del Reglamento (UE) 2016/679, se lleve a cabo un tratamiento con fines de investigación en salud pública y, en particular, biomédica se procederá a:
> 1°. Realizar una evaluación de impacto que determine los riesgos derivados del tratamiento en los supuestos previstos en el artículo 35 del Reglamento (UE) 2016/679 o en los establecidos por la autoridad de control. Esta evaluación incluirá de modo específico los riesgos de reidentificación vinculados a la anonimización o seudonimización de los datos.
> 2°. Someter la investigación científica a las normas de calidad y, en su caso, a las directrices internacionales sobre buena práctica clínica.
> 3°. Adoptar, en su caso, medidas dirigidas a garantizar que los investigadores no acceden a datos de identificación de los interesados.
> 4°. Designar un representante legal establecido en la Unión Europea, conforme al artículo 74 del Reglamento (UE) 536/2014, si el promotor de un ensayo clínico no está establecido en la Unión Europea. Dicho representante legal podrá coincidir con el previsto en el artículo 27.1 del Reglamento (UE) 2016/679».

Coherente con lo establecido hasta ahora, parece lógico concluir que, al igual que sucede con el resto de los tratamientos de datos de salud con otros fines, también aquí, cuando el objetivo sea investigar científicamente, deberá realizarse una evaluación de impacto al amparo de los artículos 35.3.b) RGPD (partiendo del volumen de los datos investigados) y/o 28.2.d) LOPDGDD (si, además, persiguen elaborar perfiles). Esto se acompañará, además, de otras medidas de seguridad, como la seudonimización o el control de accesos, para impedir que los investigadores conozcan la identidad del interesado.

> «g) El uso de datos personales seudonimizados con fines de investigación en salud pública y, en particular, biomédica deberá ser sometido al informe previo del comité de ética de la investigación previsto en la normativa sectorial.
> En defecto de la existencia del mencionado Comité, la entidad responsable de la investigación requerirá informe previo del delegado de protección de datos o, en su defecto, de un experto con los conocimientos previos en el artículo 37.5 del Reglamento (UE) 2016/679».

Dada las implicaciones que estos tratamientos tienen, parece necesario, efectivamente, someterlos al comité de ética de la investigación que corresponda o, en su defecto, al informe previo del DPO o experto equivalente en materia de protección de datos.

> «h) En el plazo máximo de un año desde la entrada en vigor de esta ley, los comités de ética de la investigación, en el ámbito de la salud, biomédico o del medicamento, deberán integrar entre sus miembros un delegado de protección de datos o, en su defecto, un experto con conocimientos suficientes del Reglamento (UE) 2016/679 cuando se ocupen de actividades de

investigación que comporten el tratamiento de datos personales o de datos seudonimizados o anonimizados».

En cuanto a la LGSP, norma también relevante en este sector, destaca:

En primer lugar, el artículo 7, que confirma que las actuaciones de salud pública deberán estar sujetas, en lo que respecta a la información personal tratada, a la normativa en vigor sobre protección de datos (alude, aún, a la LOPD, que deberá entenderse implícitamente reemplazada por, en esencia, el RGPD y la LOPDGDD).

En segundo lugar, el artículo 9, que establece lo siguiente:

> «1. Las personas que conozcan hechos, datos o circunstancias que pudieran constituir un riesgo o peligro grave para la salud de la población los pondrán en conocimiento de las autoridades sanitarias, que velarán por la protección debida a los datos de carácter personal.
> 2. Lo dispuesto en el apartado anterior se entiende sin perjuicio de las obligaciones de comunicación e información que las leyes imponen a los profesionales sanitarios».

En tercer lugar, el artículo 41, que, al regular la organización de los sistemas de información, sostiene que las autoridades sanitarias podrán requerir a los servicios y profesionales sanitarios, para garantizar una mejor tutela de la salud de la población, informes, protocolos u otros documentos con fines de información sanitaria. Para el tratamiento de estos datos de salud y, en su caso, su cesión a otras Administraciones públicas sanitarias, no requerirán el consentimiento de los afectados, siempre que sea estrictamente necesario para tutelar la salud poblacional. Asimismo, prosigue, las personas, públicas o privadas, tendrán la obligación de ceder, previo requerimiento, los datos personales que resulten necesarios para la toma de decisiones en salud pública a la autoridad sanitaria, de conformidad con lo establecido en (de nuevo, se produce una actualización normativa implícita) el RGPD y la LOPDGDD.

En cuarto y último lugar, el artículo 43, que exige la adopción de las medidas que resulten necesarias para garantizar la seguridad de los datos, imponiendo, al mismo tiempo, un deber de secreto a los trabajadores de centros y servicios públicos y privados y demás personas que, por razón de su actividad, tengan acceso a los datos del sistema de información.

2. *Protección de los menores*

Hablar de menores exige analizar las referencias que se contienen en la LOPJM, de aplicación a los menores de dieciocho años que se encuentren en territorio español, salvo que, en virtud de la ley que les resulte aplicable, hayan alcanzado anteriormente la mayoría de edad (artículo 1), como sucede, precisamente, en materia de protección de datos personales, como hemos podido ver anteriormente. Entre estas referencias, debemos destacar las que se realizan en los siguientes preceptos:

En primer lugar, en el artículo 4, que, en lo que aquí interesa, regula el derecho del menor a su propia imagen (apartado primero), afirmando que "[l]a difusión de información o la utilización de imágenes o nombre de los menores en los medios de comunicación que puedan implicar una intromisión ilegítima en su intimidad, honra o reputación, o que sea contraria a sus intereses, determinará la intervención del Ministerio Fiscal, que instará de inmediato las medidas cautelares y de protección previstas en la Ley y solicitará las indemnizaciones que correspondan por los perjuicios causados" (apartado segundo), considerándose intromisión ilegítima en este derecho "[...] cualquier utilización de su imagen o su nombre en los medios de comunicación que pueda implicar menoscabo de su honra o reputación, o que sea contraria a sus intereses incluso si consta el consentimiento del menor o de sus representantes legales" (apartado tercero); vemos, pues, que el mero consentimiento puede no bastar para posibilitar el tratamiento de los datos personales de estos menores cuando afecte negativamente a su honra o reputación o sea contrario a sus intereses, sean los que sean.

En segundo lugar, en el artículo 5, que, al regular el derecho de información de los menores, explicita que estos tendrán derecho a (apartado primero) "[...] buscar, recibir y utilizar la información adecuada a su desarrollo. Se prestará especial atención a la alfabetización digital y mediática, de forma adaptada a cada etapa evolutiva, que permita a los menores actuar en línea con seguridad y responsabilidad y, en particular, identificar situaciones de riesgo derivadas de la utilización de las nuevas tecnologías de la información y la comunicación así como las herramientas y estrategias para afrontar dichos riesgos y protegerse de ellos", añadiendo, en su apartado tercero, el deber de las Administraciones Públicas de velar "[...] porque los medios de comunicación en sus mensajes dirigidos a menores promuevan los valores de igualdad, solidaridad, diversidad y respeto a los demás, eviten imágenes de violencia, explotación en las relaciones interpersonales, o que reflejen un trato degradante o sexista, o un trato discriminatorio hacia las personas con discapacidad. En el ámbito de la autorregulación, las autoridades y organismos competentes impulsarán entre los medios de comunicación, la generación y supervisión del cumplimiento de códigos de conducta destinados a salvaguardar la promoción de los valores anteriormente descritos, limitando el acceso a imágenes y contenidos digitales lesivos para los menores, a tenor de lo contemplado en los códigos de autorregulación de contenidos aprobados. Se garantizará la accesibilidad, con los ajustes razonables precisos, de dichos materiales y servicios, incluidos los de tipo tecnológico, para los menores con discapacidad».

En tercer lugar, en el artículo 21 bis.j), que regula el derecho de los menores acogidos, una vez alcanzada la mayoría de edad, de acceder a su expediente y conocer los datos sobre sus orígenes y parientes biológicos.

En cuarto lugar, en el artículo 22 quáter, que, regulando específicamente el tratamiento de datos personales, dispone que:

> «1. Para el cumplimiento de las finalidades previstas en el capítulo I del título II de esta ley, las Administraciones Públicas competentes podrán proceder, sin el consentimiento del interesado, a la recogida y tratamiento de los datos que resulten necesarios para valorar la situación del menor, incluyendo tanto los relativos al mismo como los relacionados con su entorno familiar o social.
> Los profesionales, las Entidades Públicas y privadas y, en general, cualquier persona facilitarán a las Administraciones Públicas los informes y antecedentes sobre los menores, sus progenitores, tutores, guardadores o acogedores, que les sean requeridos por ser necesarios para este fin, sin precisar del consentimiento del afectado.
> 2. Las entidades a las que se refiere el artículo 13 podrán tratar sin consentimiento del interesado la información que resulte imprescindible para el cumplimiento de las obligaciones establecidas en dicho precepto con la única finalidad de poner dichos datos en conocimiento de las Administraciones Públicas competentes o del Ministerio Fiscal.
> 3. Los datos recabados por las Administraciones Públicas podrán utilizarse única y exclusivamente para la adopción de las medidas de protección establecidas en la presente ley, atendiendo en todo caso a la garantía del interés superior del menor y sólo podrán ser comunicados a las Administraciones Públicas que hubieran de adoptar las resoluciones correspondientes, al Ministerio Fiscal y a los órganos judiciales.
> 4. Los datos podrán ser igualmente cedidos sin consentimiento del interesado al Ministerio Fiscal, que los tratará para el ejercicio de las funciones establecidas en esta ley y en la normativa que le es aplicable.
> 5. En todo caso, el tratamiento de los mencionados datos quedará sometido a lo dispuesto en la Ley Orgánica 15/1999, de 13 de diciembre, de Protección de Datos de Carácter Personal y sus disposición de desarrollo, siendo exigible la implantación de las medidas de seguridad de nivel alto previstas en dicha normativa».

De nuevo, y por lo que respecta a este último apartado, será imprescindible la realización de un análisis de riesgos (sobre la base del artículo 32 RGPD) para determinar aquellas medidas de seguridad que sean acordes a tratamientos, como este, altamente sensibles, y que resulten necesarias para proteger la integridad, la disponibilidad y la confidencialidad de los datos personales de los menores de edad empleados para los fines descritos en este precepto.

En quinto y último lugar, en el artículo 32, que, al regular la supervisión y control del ingreso del menor en el centro de protección específico, establece que será necesario remitir un informe motivado que incluya las entradas del Libro de Registro de Incidencias. Seguidamente, y en lo que aquí interesa, añade que este Libro de Registro de Incidencias deberá "[...] respetar, respecto a los cesionarios de datos, la adopción de las medidas de seguridad de nivel medio establecidas en la legislación vigente en materia de protección de datos de carácter personal". Una vez más, procede realizar la misma aclaración del párrafo anterior en orden a la concreción de las medidas de seguridad aplicables a tenor del RGPD y de la LOPDGDD.

3. Solvencia Patrimonial

Opera, en este caso, lo dispuesto en el artículo 20 LOPDGDD (el RGPD no contiene alusión específica alguna a esta cuestión), que, respecto de los sistemas de información crediticia y en conexión con la Ley 16/2011, de 24 de junio, de contratos de crédito al consumo (BOE núm. 151, de 25 de junio de 2011), establece lo siguiente:

> «1. Salvo prueba en contrario, se presumirá lícito [sobre la base del interés público (artículo 6.1.e) RGPD)] el tratamiento de datos personales relativos al incumplimiento de obligaciones dinerarias, financieras o de crédito por sistemas comunes de información crediticia cuando se cumplan los siguientes requisitos:
> a) Que los datos hayan sido facilitados por el acreedor o por quien actúe por su cuenta o interés.
> b) Que los datos se refieran a deudas ciertas, vencidas y exigibles, cuya existencia o cuantía no hubiese sido objeto de reclamación administrativa o judicial por el deudor o mediante un procedimiento alternativo de resolución de disputas vinculante entre las partes.
> c) Que el acreedor haya informado al afectado en el contrato o en el momento de requerir el pago acerca de la posibilidad de inclusión en dichos sistemas, con indicación de aquéllos en los que participe.
> La entidad que mantenga el sistema de información crediticia con datos relativos al incumplimiento de obligaciones dinerarias, financieras o de crédito deberá notificar al afectado la inclusión de tales datos y le informará sobre la posibilidad de ejercitar los derechos establecidos en los artículos 15 a 22 del Reglamento (UE) 2016/679 dentro de los treinta días siguientes a la notificación de la deuda al sistema, permaneciendo bloqueados los datos durante ese plazo.
> d) Que los datos únicamente se mantengan en el sistema mientras persista el incumplimiento, con el límite máximo de cinco años desde la fecha de vencimiento de la obligación dineraria, financiera o de crédito.
> e) Que los datos referidos a un deudor determinado solamente puedan ser consultados cuando quien consulte el sistema mantuviese una relación contractual con el afectado que implique el abono de una cuantía pecuniaria o este le hubiera solicitado la celebración de un contrato que suponga financiación, pago aplazado o facturación periódica, como sucede,

entre otros supuestos, en los previstos en la legislación de contratos de crédito al consumo y de contratos de crédito inmobiliario.

Cuando se hubiera ejercitado ante el sistema el derecho a la limitación del tratamiento de los datos impugnando su exactitud conforme a lo previsto en el artículo 18.1.a) del Reglamento (UE) 2016/679, el sistema informará a quienes pudieran consultarlo con arreglo al párrafo anterior acerca de la mera existencia de dicha circunstancia, sin facilitar los datos concretos respecto de los que se hubiera ejercitado el derecho, en tanto se resuelve sobre la solicitud del afectado.

f) Que, en el caso de que se denegase la solicitud de celebración del contrato, o este no llegara a celebrarse, como consecuencia de la consulta efectuada, quien haya consultado el sistema informe al afectado del resultado de dicha consulta.

2. Las entidades que mantengan el sistema y las acreedoras, respecto del tratamiento de los datos referidos a sus deudores, tendrán la condición de corresponsables del tratamiento de los datos, siendo de aplicación lo establecido por el artículo 26 del Reglamento (UE) 2016/679. Corresponderá al acreedor garantizar que concurren los requisitos exigidos para la inclusión en el sistema de la deuda, respondiendo de su inexistencia o inexactitud.

3. La presunción a la que se refiere el apartado 1 de este artículo no ampara los supuestos en que la información crediticia fuese asociada por la entidad que mantuviera el sistema a informaciones adicionales a las contempladas en dicho apartado, relacionadas con el deudor y obtenidas de otras fuentes, a fin de llevar a cabo un perfilado del mismo, en particular mediante la aplicación de técnicas de calificación crediticia».

4. Telecomunicaciones

Al analizar las repercusiones que el sector de las Telecomunicaciones tiene en materia de protección de datos personales, debemos indagar en torno a las interrelaciones que se producen entre el RGPD, la LOPDGDD y la LGT.

El antecedente más inmediato de la actual LGT se encuentra en la Ley 9/2014, de 9 de mayo, General de Telecomunicaciones (BOE núm. 114, de 10 de mayo de 2014), norma, esta última, que regulaba las Telecomunicaciones en nuestro país, comprensivas de la explotación de las redes y de la prestación de los servicios de comunicaciones electrónicas y los recursos asociados, de conformidad con el artículo 149.1.21.ª CE (quedando excluidos, en cambio, los servicios de comunicación audiovisual, los contenidos audiovisuales transmitidos a través de las redes y el régimen básico de los medios de comunicación social de naturaleza audiovisual a que se refiere el artículo 149.1.27.ª CE, además de los servicios que suministrasen contenidos transmitidos mediante redes y servicios de comunicaciones electrónicas, las actividades que consistieran en el ejercicio del control editorial sobre dichos contenidos y los servicios de la sociedad de la información que no consistieran, en su totalidad o principalmente, en el transporte de señales a través de redes de comunicaciones electrónicas —artículo 1 Ley 9/2014—).

Un primer artículo troncal que recogía las principales obligaciones en materia de protección de datos en este sector era el 41 de la Ley 9/2014. De este precepto (que se complementaba, por momentos, con los dos siguientes, relativos a la conservación y cesión de datos relativos a las comunicaciones electrónicas y a las redes públicas de comunicaciones y al cifrado en las redes y servicios de comunicaciones electrónicas, respectivamente), y en lo que aquí interesa, se podían extraer varias consideraciones importantes:

En primer lugar, la confirmación de que la normativa de Telecomunicaciones está estrechamente ligada, como se ha dicho, con la propia de la protección de datos. Así lo confirmaba el apartado cuarto de este artículo 41, que indicaba lo siguiente:

> «Lo dispuesto en el presente artículo será sin perjuicio de la aplicación de la Ley Orgánica 15/1999, de 13 de diciembre, de Protección de Datos de Carácter Personal y su normativa de desarrollo».

Esta referencia a la regulación anterior, como viene siendo habitual, había de entenderse derogada en favor del RGPD, a nivel europeo, y de la LOPDGDD, a nivel interno español.

En segundo lugar, la relevancia que, para proteger la integridad, la disponibilidad y la confidencialidad de los datos personales en la actuación de los operadores que explotasen redes públicas de comunicaciones electrónicas o que prestasen servicios de comunicaciones electrónicas disponibles al público, tiene la adopción de medidas de seguridad adecuadas. Al respecto, el apartado primero del artículo 41 Ley 9/2014, que conectaba de manera específica con los artículos 5.1.f) y 32 RGPD, establecía que:

> «Los operadores que exploten redes públicas de comunicaciones electrónicas o que presten servicios de comunicaciones electrónicas disponibles al público, incluidas las redes públicas de comunicaciones que den soporte a dispositivos de identificación y recopilación de datos, deberán adoptar las medidas técnicas y de gestión adecuadas para preservar la seguridad en la explotación de su red o en la prestación de sus servicios, con el fin de garantizar la protección de los datos de carácter personal. Dichas medidas incluirán, como mínimo:
> a) La garantía de que sólo el personal autorizado tenga acceso a los datos personales para fines autorizados por la Ley.
> b) La protección de los datos personales almacenados o transmitidos de la destrucción accidental o ilícita, la pérdida o alteración accidentales o el almacenamiento, tratamiento, acceso o revelación no autorizados o ilícitos.
> c) La garantía de la aplicación efectiva de una política de seguridad con respecto al tratamiento de datos personales.

La Agencia Española de Protección de Datos, en el ejercicio de su competencia de garantía de la seguridad en el tratamiento de datos de carácter personal, podrá examinar las medidas adoptadas por los operadores que exploten redes públicas de comunicaciones electrónicas o que presten servicios de comunicaciones electrónicas disponibles al público y podrá formular recomendaciones sobre las mejores prácticas con respecto al nivel de seguridad que debería conseguirse con estas medidas».

En tercer lugar, la necesidad de controlar los posibles efectos adversos de una brecha o incidencia de seguridad de la red pública o del servicio de comunicaciones electrónicas que afectase en los datos personales de los interesados tratados por el operador que explotase dicha red o prestase el mencionado servicio. Sobre esta cuestión se ocupaban los apartados segundo y tercero del artículo 41 Ley 9/2014, en estrecha relación con los actuales artículos 33 y 34 RGPD:

«2. En caso de que exista un riesgo particular de violación de la seguridad de la red pública o del servicio de comunicaciones electrónicas, el operador que explote dicha red o preste el servicio de comunicaciones electrónicas informará a los abonados sobre dicho riesgo y sobre las medidas a adoptar.

3. En caso de violación de los datos personales, el operador de servicios de comunicaciones electrónicas disponibles al público notificará sin dilaciones indebidas dicha violación a la Agencia Española de Protección de Datos. Si la violación de los datos pudiera afectar negativamente a la intimidad o a los datos personales de un abonado o particular, el operador notificará también la violación al abonado o particular sin dilaciones indebidas.

La notificación de una violación de los datos personales a un abonado o particular afectado no será necesaria si el proveedor ha probado a satisfacción de la Agencia Española de Protección de Datos que ha aplicado las medidas de protección tecnológica convenientes y que estas medidas se han aplicado a los datos afectados por la violación de seguridad. Unas medidas de protección de estas características podrían ser aquellas que convierten los datos en incomprensibles para toda persona que no esté autorizada a acceder a ellos.

Sin perjuicio de la obligación del proveedor de informar a los abonados o particulares afectados, si el proveedor no ha notificado ya al abonado o al particular la violación de los datos personales, la Agencia Española de Protección de Datos podrá exigirle que lo haga, una vez evaluados los posibles efectos adversos de la violación.

En la notificación al abonado o al particular se describirá al menos la naturaleza de la violación de los datos personales y los puntos de contacto donde puede obtenerse más información y se recomendarán medidas para atenuar los posibles efectos adversos de dicha violación. En la notificación a la Agencia Española de Protección de Datos se describirán además las consecuencias de la violación y las medidas propuestas o adoptadas por el proveedor respecto a la violación de los datos personales.

Los operadores deberán llevar un inventario de las violaciones de los datos personales, incluidos los hechos relacionados con tales infracciones, sus efectos y las medidas adoptadas al respecto, que resulte suficiente para permitir a la Agencia Española de Protección de Datos verificar el cumplimiento de las obligaciones de notificación reguladas en este apartado. Mediante real decreto podrá establecerse el formato y contenido del inventario.

> A los efectos establecidos en este artículo, se entenderá como violación de los datos personales la violación de la seguridad que provoque la destrucción, accidental o ilícita, la pérdida, la alteración, la revelación o el acceso no autorizados, de datos personales transmitidos, almacenados o tratados de otro modo en relación con la prestación de un servicio de comunicaciones electrónicas de acceso público.
> La Agencia Española de Protección de Datos podrá adoptar directrices y, en caso necesario, dictar instrucciones sobre las circunstancias en que se requiere que el proveedor notifique la violación de los datos personales, sobre el formato que debe adoptar dicha notificación y sobre la manera de llevarla a cabo, con pleno respeto a las disposiciones que en su caso sean adoptadas en esta materia por la Comisión Europea».

Junto al artículo 41 Ley 9/2014 se encontraba también el artículo 48 de la misma Ley, que regulaba el derecho a la protección de datos personales. El apartado primero de este precepto regulaba el consentimiento y los derechos a no ser objeto de decisiones individuales automatizadas y de oposición. En concreto, disponía que:

> «Respecto a la protección de datos personales y la privacidad en relación con las comunicaciones no solicitadas los usuarios finales de los servicios de comunicaciones electrónicas tendrán los siguientes derechos:
> a) A no recibir llamadas automáticas sin intervención humana o mensajes de fax, con fines de comunicación comercial sin haber prestado su consentimiento previo e informado para ello.
> b) A oponerse a recibir llamadas no deseadas con fines de comunicación comercial que se efectúen mediante sistemas distintos de los establecidos en la letra anterior y a ser informado de este derecho».

Son varias las consideraciones que, al hilo de lo anterior, debíamos tener en consideración:

La primera es que estamos ante un supuesto de comunicaciones comerciales no solicitadas.

La segunda es que se partía del consentimiento como base jurídica que permitía, o impedía, el tratamiento de los datos personales de los afectados con tales fines. A su vez, en la Ley 9/2014, este consentimiento se vinculaba: de un lado, con el derecho, contemplado actualmente en los artículos 22 RGPD y 18 LOPDGDD, a no ser objeto de una decisión basada exclusivamente en el tratamiento automatizado de los datos personales del interesado, incluida la elaboración de perfiles, que produzca determinados efectos jurídicos en él o le repercuta significativamente de manera similar; de otro, con el derecho de oposición, recogido y regulado en los artículos 21 RGPD y 18 LOPDGDD.

El apartado segundo del artículo 48 Ley 9/2014 aludía, por su parte, al derecho de supresión y principio de limitación del plazo de conservación, y lo hacía en los siguientes términos:

> «Respecto a la protección de datos personales y la privacidad en relación con los datos de tráfico y los datos de localización distintos de los datos de tráfico, los usuarios finales de los servicios de comunicaciones electrónicas tendrán los siguientes derechos:
> a) A que se hagan anónimos o se cancelen sus datos de tráfico cuando ya no sean necesarios a los efectos de la transmisión de una comunicación. Los datos de tráfico necesarios a efectos de la facturación de los abonados y los pagos de las interconexiones podrán ser tratados únicamente hasta que haya expirado el plazo para la impugnación de la factura del servicio, para la devolución del cargo efectuado por el operador, para el pago de la factura o para que el operador pueda exigir su pago.
> b) A que sus datos de tráfico sean utilizados para promoción comercial de servicios de comunicaciones electrónicas o para la prestación de servicios de valor añadido, en la medida y durante el tiempo necesarios para tales servicios o promoción comercial únicamente cuando hubieran prestado su consentimiento informado para ello. Los usuarios finales dispondrán del derecho de retirar su consentimiento para el tratamiento de los datos de tráfico en cualquier momento y con efecto inmediato.
> c) A que sólo se proceda al tratamiento de sus datos de localización distintos a los datos de tráfico cuando se hayan hecho anónimos o previo su consentimiento informado y únicamente en la medida y por el tiempo necesarios para la prestación, en su caso, de servicios de valor añadido, con conocimiento inequívoco de los datos que vayan a ser sometidos a tratamiento, la finalidad y duración del mismo y el servicio de valor añadido que vaya a ser prestado. Los usuarios finales dispondrán del derecho de retirar su consentimiento en cualquier momento y con efecto inmediato para el tratamiento de los datos de localización distintos de tráfico. Los usuarios finales no podrán ejercer este derecho cuando se trate de llamadas de emergencia a través del número 112 o comunicaciones efectuadas a entidades que presten servicios de llamadas de urgencia que se determinen por el Ministerio de Industria, Energía y Turismo».

Junto a la posibilidad de retirar el consentimiento cuando fuera esta la circunstancia que legitimaba los tratamientos indicados, se aludía, como se anunciaba, al principio de limitación del plazo de conservación [artículo 5.1.e) RGPD] y, siquiera de manera indirecta, al derecho de supresión, contemplado en los artículos 17 RGPD y 15 LOPDGDD.

Por último, el artículo 48.3 Ley 9/2014 regulaba el principio de transparencia, al establecer que:

> «Respecto a la protección de datos personales y la privacidad en relación con las guías de abonados, los usuarios finales de los servicios de comunicaciones electrónicas tendrán los siguientes derechos:
> a) A figurar en las guías de abonados.
> b) A ser informados gratuitamente de la inclusión de sus datos en las guías, así como de la finalidad de las mismas, con carácter previo a dicha inclusión.

> c) A no figurar en las guías o a solicitar la omisión de algunos de sus datos, en la medida en que tales datos sean pertinentes para la finalidad de la guía que haya estipulado su proveedor».

De este modo, en el contexto de las guías de abonados, los artículos 5.1.a) y 12 a 14 RGPD y 11 LOPDGDD se debían complementar y enriquecer con la información que, preceptivamente, exigía el artículo 48.3 Ley 9/2014.

Tiempo después, surge la actual LGT, cuya disposición derogatoria única deroga la Ley 9/2014, "[...] a excepción de su disposición adicional decimosexta y las disposiciones transitorias séptima, novena y duodécima. No obstante, la derogación de las disposiciones finales primera, segunda, tercera, cuarta, quinta y séptima de la Ley 9/2014, de 9 de mayo, no afectará a los contenidos de las normas legales modificadas por las mismas, que se mantienen en sus términos actualmente vigentes". El objetivo de la nueva Ley, en línea con su antecesora, reside en regular las Telecomunicaciones, donde se incluye "[...] la instalación y explotación de las redes de comunicaciones electrónicas, la prestación de los servicios de comunicaciones electrónicas, sus recursos y servicios asociados, los equipos radioeléctricos y los equipos terminales de telecomunicación, de conformidad con el artículo 149.1.21.ª de la Constitución" (artículo 1 LGT).

Las referencias a la protección de datos personales son, de nuevo, relevantes:

El más importante es el artículo 60 LGT, que se manifiesta en términos prácticamente idénticos a los previstos en el artículo 41 Ley 9/2014. Por este motivo, nos remitimos a cuanto se ha expuesto respecto de este último precepto.

Algo similar sucede con el artículo 66 LGT, equivalente del anterior artículo 48 Ley 9/2014, con pequeñas diferencias que pasamos a transcribir:

> «1. Respecto a la protección de datos personales y la privacidad en relación con las comunicaciones no solicitadas los usuarios finales de los servicios de comunicaciones interpersonales disponibles al público basados en la numeración tendrán los siguientes derechos:
> a) a no recibir llamadas automáticas sin intervención humana o mensajes de fax, con fines de comunicación comercial sin haber prestado su consentimiento previo para ello;
> b) a no recibir llamadas no deseadas con fines de comunicación comercial, salvo que exista consentimiento previo del propio usuario para recibir este tipo de comunicaciones comerciales o salvo que la comunicación pueda ampararse en otra base de legitimación de las previstas en el artículo 6.1 del Reglamento (UE) 2016/679 de tratamiento de datos personales.
> 2. Respecto a la protección de datos personales y la privacidad en relación con los datos de tráfico y los datos de localización distintos de los datos de tráfico, los usuarios finales de los

servicios de comunicaciones interpersonales disponibles al público basados en la numeración tendrán los siguientes derechos:
a) a que se hagan anónimos o se cancelen sus datos de tráfico cuando ya no sean necesarios a los efectos de la transmisión de una comunicación. Los datos de tráfico necesarios a efectos de la facturación de los abonados y los pagos de las interconexiones podrán ser tratados únicamente hasta que haya expirado el plazo para la impugnación de la factura del servicio, para la devolución del cargo efectuado por el operador, para el pago de la factura o para que el operador pueda exigir su pago;
b) a que sus datos de tráfico sean utilizados para promoción comercial de servicios de comunicaciones electrónicas o para la prestación de servicios de valor añadido, en la medida y durante el tiempo necesarios para tales servicios o promoción comercial únicamente cuando hubieran prestado su consentimiento para ello. Los usuarios finales dispondrán del derecho de retirar su consentimiento para el tratamiento de los datos de tráfico en cualquier momento y con efecto inmediato;
c) a que sólo se proceda al tratamiento de sus datos de localización distintos a los datos de tráfico cuando se hayan hecho anónimos o previo su consentimiento y únicamente en la medida y por el tiempo necesarios para la prestación, en su caso, de servicios de valor añadido, con conocimiento inequívoco de los datos que vayan a ser sometidos a tratamiento, la finalidad y duración del mismo y el servicio de valor añadido que vaya a ser prestado. Los usuarios finales dispondrán del derecho de retirar su consentimiento en cualquier momento y con efecto inmediato para el tratamiento de los datos de localización distintos de tráfico. Los usuarios finales no podrán ejercer este derecho cuando se trate de comunicaciones de emergencia a través del número de emergencia 112 o comunicaciones de emergencia efectuadas a entidades que presten servicios de emergencia que se determinen por el Ministerio de Asuntos Económicos y Transformación Digital.
3. Respecto a la protección de datos personales y la privacidad en relación con las guías de abonados y los servicios de información sobre números de abonado, los usuarios finales de los servicios de comunicaciones interpersonales disponibles al público basados en la numeración tendrán los siguientes derechos:
a) a figurar en las guías de abonados y a que sus datos sean usados para la prestación de los servicios de información sobre números de abonado;
b) a ser informados gratuitamente de la inclusión de sus datos en las guías y en los servicios de información sobre números de abonado, así como de la finalidad de las mismas, con carácter previo a dicha inclusión;
c) a no figurar en las guías o a solicitar la omisión de algunos de sus datos, en la medida en que tales datos sean pertinentes para la finalidad de la guía que haya estipulado su proveedor o para la finalidad de los servicios de información sobre números de abonados que se presenten en el mercado.
4. Lo establecido en las letras a) y c) del apartado 2 se entiende sin perjuicio de las obligaciones establecidas en la Ley 25/2007, de 18 de octubre, de conservación de datos relativos a las comunicaciones electrónicas y a las redes públicas de comunicaciones.
5. Lo dispuesto en este artículo será sin perjuicio de la aplicación del Reglamento (UE) 2016/679 del Parlamento Europeo y del Consejo, de 27 de abril de 2016 y de la Ley Orgánica 3/2018, de 5 de diciembre, de Protección de Datos Personales y garantía de los derechos digitales, y su normativa de desarrollo, y, en particular, de la aplicación del concepto de consentimiento que figura en la misma».

5. Videovigilancia

Más allá de cuanto se ha indicado al respecto en el apartado relativo al consentimiento informado, conviene, ahora, aludir de manera específica a la videovigilancia y a los desafíos que tratamientos con estos fines plantean a la protección de datos personales. Con anterioridad, y partiendo de que ni la LOPD ni, con posterioridad, el RDLOPD regulaban esta cuestión, la videovigilancia fue abordada por la Instrucción 1/2006, de 8 de noviembre, de la Agencia Española de Protección de Datos, sobre el tratamiento de datos personales con fines de vigilancia a través de sistemas de cámaras o videocámaras (BOE núm. 296, de 12 de diciembre de 2006), que debe considerarse desplazada con la aplicación del RGPD a partir del 25 de mayo de 2018.

En la actualidad, sin embargo, la LOPDGDD sí que introduce un precepto que, de manera completa y detallada, disciplina los tratamientos con fines de videovigilancia. Este es el artículo 22, que merece los siguientes comentarios a cada uno de los apartados:

> «1. Las personas físicas o jurídicas, públicas o privadas, podrán llevar a cabo el tratamiento de imágenes a través de sistemas de cámaras o videocámaras con la finalidad de preservar la seguridad de las personas y bienes, así como de sus instalaciones».

En este primer apartado se establece el objetivo que, necesariamente, debe perseguir el empleo de sistemas de videovigilancia y el consecuente tratamiento de aquellos datos personales (más concretamente, de aquellas imágenes) que se vean afectados por el objetivo de procurar la seguridad de las personas, de los bienes y/o de las instalaciones. Al respecto, hace extensible el ámbito de aplicación de este precepto a personas físicas y jurídicas y a personas de naturaleza pública y privada.

> «2. Solo podrán captarse imágenes de la vía pública en la medida en que resulte imprescindible para la finalidad mencionada en el apartado anterior.
> No obstante, será posible la captación de la vía pública en una extensión superior cuando fuese necesario para garantizar la seguridad de bienes o instalaciones estratégicos o de infraestructuras vinculadas al transporte, sin que en ningún caso pueda suponer la captación de imágenes del interior de un domicilio privado».

Se delimita, pues, el alcance que podrá alcanzar la captación de imágenes mediante cámaras de videovigilancia, que, coherente, entre otros, con el principio de minimización de datos [artículo 5.1.c) RGPD], se ha reducir al mínimo imprescindible y no alcanzar una extensión superior, salvo que resulte estrictamente necesario a los fines perseguidos y siempre que se justifique adecuadamente.

> «3. Los datos serán suprimidos en el plazo máximo de un mes desde su captación, salvo cuando hubieran de ser conservados para acreditar la comisión de actos que atenten contra la integridad de personas, bienes o instalaciones. En tal caso, las imágenes deberán ser puestas a disposición de la autoridad competente en un plazo máximo de setenta y dos horas desde que se tuviera conocimiento de la existencia de la grabación.
> No será de aplicación a estos tratamientos la obligación de bloqueo prevista en el artículo 32 de esta ley orgánica».

Este apartado alude, por su parte, a otro principio relativo al tratamiento, como es el de limitación del plazo de conservación, concretando (en lo que constituye una práctica poco habitual en la normativa vigente sobre protección de datos personales) el período concreto que, una vez transcurrido, impone al responsable del tratamiento la obligación de supresión de las imágenes captadas con fines de videovigilancia. Este plazo será de un mes desde la captación de las imágenes, si bien se prevé la posibilidad de ampliarlo en el caso de que la conservación resulte necesaria para poder probar que se cometieron actos contrarios al objetivo perseguido de garantizar la seguridad de las personas, de los bienes y/o de las instalaciones; de ser así, se establece una obligación adicional, consistente en poner a disposición de la autoridad competente las imágenes en un plazo máximo de setenta y dos horas, a contar desde el momento en el que se tuvo constancia de la existencia de la grabación.

Asimismo, añade que no resultará de aplicación el deber de bloqueo que establece el artículo 32 LOPDGDD, analizado en páginas anteriores.

> «4. El deber de información previsto en el artículo 12 del Reglamento (UE) 2016/679 se entenderá cumplido mediante la colocación de un dispositivo informativo en lugar suficientemente visible identificando, al menos, la existencia del tratamiento, la identidad del responsable y la posibilidad de ejercitar los derechos previstos en los artículos 15 a 22 del Reglamento (UE) 2016/679. También podrá incluirse en el dispositivo informativo un código de conexión o dirección de internet a esta información.
> En todo caso, el responsable del tratamiento deberá mantener a disposición de los afectados la información a la que se refiere el citado reglamento».

De nuevo, se alude a otro principio relativo al tratamiento, en este caso, al principio de transparencia, cuya manifestación principal se encuentra en el deber de información del responsable del tratamiento (artículos 12 a 14 RGPD y 11 LOPDGDD). En concreto, dentro de este apartado se alude, como ya hiciera la propia AEPD en su "Guía para el cumplimiento del deber de informar", a la distinción entre primera y segunda capa a la hora de articular el mencionado deber, haciendo constar que: en la primera, bastará con colocar un dispositivo informativo en el que se incluya, cuando menos, el tratamiento implementado, la identidad del responsable del tratamiento y los derechos con que cuenta el interesado (artículos 15 a 22 RGPD y 12 a 18 LOPDGDD, algunos de los cuales —es el caso, por ejemplo, del derecho de rectificación— no serán aplicables en materia de videovigilancia, como bien aclara la AEPD en la "Guía sobre el uso de videocámaras para seguridad y otras finalidades"); en la segunda, deberá incluirse la información completa y detallada del tratamiento, debiendo ser puesta a disposición del afectado para el supuesto de que solicite acceder a ella.

> «5. Al amparo del artículo 2.2.c) del Reglamento (UE) 2016/679, se considera excluido de su ámbito de aplicación el tratamiento por una persona física de imágenes que solamente capten el interior de su propio domicilio.
> Esta exclusión no abarca el tratamiento realizado por una entidad de seguridad privada que hubiera sido contratada para la vigilancia de un domicilio y tuviese acceso a las imágenes».

El apartado quinto, a diferencia del primero, alude a aquellos otros tratamientos que quedan excluidos del ámbito de aplicación del artículo 22 LOPDGDD, como serán los que se refieran a captaciones de imágenes que una persona física realice en el interior de su propio domicilio, al entender que se trata de un tratamiento "efectuado [...] en el ejercicio de actividades exclusivamente personales o domésticas" [artículo 2.2.c) RGPD]. Empero, no tendrá esta consideración y, por ende, no formará parte de esta exclusión, el que lleve a cabo una entidad de seguridad privada contratada, que, para vigilar un domicilio con fines de seguridad, tenga acceso a las imágenes captadas.

> «6. El tratamiento de los datos personales procedentes de las imágenes y sonidos obtenidos mediante la utilización de cámaras y videocámaras por las Fuerzas y Cuerpos de Seguridad y por los órganos competentes para la vigilancia y control en los centros penitenciarios y para el control, regulación, vigilancia y disciplina del tráfico, se regirá por la legislación de transposición de la Directiva (UE) 2016/680, cuando el tratamiento tenga fines de prevención, investigación, detección o enjuiciamiento de infracciones penales o de ejecución de sanciones penales, incluidas la protección y la prevención frente a las amenazas contra la seguridad pública. Fuera de estos supuestos, dicho tratamiento se regirá por su legislación específica y supletoriamente por el Reglamento (UE) 2016/679 y la presente ley orgánica».

Junto con el apartado quinto, el sexto excluye también del artículo 22 LOPDGDD aquellos tratamientos que impliquen la captación de imágenes y sonidos por las Fuerzas y Cuerpos de Seguridad y por los órganos competentes para la vigilancia y control en los centros penitenciarios y para el control, regulación, vigilancia y disciplina del tráfico. Estos tratamientos, únicamente cuando tengan por finalidad la prevención, investigación, detección o enjuiciamiento de infracciones penales o de ejecución de sanciones penales, incluidas la protección y la prevención frente a las amenazas contra la seguridad pública, se regirán por la Ley Orgánica 7/2021, de 26 de mayo, de protección de datos personales tratados para fines de prevención, detección, investigación y enjuiciamiento de infracciones penales y de ejecución de sanciones penales (BOE, núm. 126, de 27 de mayo de 2021), que, como indica su disposición final undécima, transpone, en nuestro ordenamiento jurídico interno, la Directiva (UE) 2016/680. Fuera de estos supuestos, dicho tratamiento se regirá por su legislación específica (Ley Orgánica 4/1997, de 4 de agosto, por la que se regula la utilización de videocámaras por las Fuerzas y Cuerpos de Seguridad en lugares públicos —BOE núm. 186, de 05 de agosto de 1997— y Real Decreto 596/1999, de 16 de abril, por el que se aprueba el Reglamento de desarrollo y ejecución de la Ley Orgánica 4/1997, de 4 de agosto, por la que se regula la utilización de videocámaras por las Fuerzas y Cuerpos de Seguridad en lugares públicos —BOE núm. 93, de 19 de abril de 1999—) y, supletoriamente, por el RGPD y la LOPDGDD.

> «7. Lo regulado en el presente artículo se entiende sin perjuicio de lo previsto en la Ley 5/2014, de 4 de abril, de Seguridad Privada y sus disposiciones de desarrollo».

Se incluye, por tanto, una nueva norma que deberá aplicarse de manera coordinada y coherente con el RGPD y la LOPDGDD.

> «8. El tratamiento por el empleador de datos obtenidos a través de sistemas de cámaras o videocámaras se somete a lo dispuesto en el artículo 89 de esta ley orgánica».

A este artículo ya nos hemos referido en el presente Trabajo, por lo que nos remitimos a él a la hora de conocer en profundidad el alcance de este último apartado. No obstante, conviene precisar que, en dicho precepto, se alude al artículo 20.3 del Real Decreto Legislativo 2/2015, de 23 de octubre, por el que se aprueba el texto refundido de la Ley del Estatuto de los Trabajadores (BOE, núm. 255, de 24/10/2015), cuyo contenido deberá cohonestarse con la normativa en materia de protección de datos personales.

Por lo demás, hay que destacar que la AEPD ha elaborado un documento de referencia, ya mencionado ("Guía sobre el uso de videocámaras para seguridad y otras finalidades"), que, formando parte de un conjunto de publicaciones sectoriales (iniciadas con las Guías "Protección de datos y administración de fincas", "Protección de datos y Administración Local" y "Guía para centros educativos"), analiza el uso de las videocámaras con fines de seguridad, incluyendo también el análisis de supuestos específicos (como sucede con la videovigilancia en comunidades de propietarios, donde habrá que estar a lo dispuesto por la LPH; con la Ley 8/2011, de 28 de abril, por la que se establecen medidas para la protección de las infraestructuras críticas —BOE núm. 102, de 29 de abril de 2011—, o con la Ley 19/2007, de 11 de julio, contra la violencia, el racismo, la xenofobia y la intolerancia en el deporte —BOE núm. 166, de 12 de julio de 2007—), y recogiendo numerosos casos en que las videocámaras se utilizan para finalidades diferentes al de la seguridad; además, concreta la base jurídica que legitima el tratamiento con fines de videovigilancia, como es el cumplimiento de una misión realizada en interés público [artículo 6.1.e) RGPD]. También ha incluido en la sede electrónica de la AEPD información relacionada con esta cuestión ("Videovigilancia", dentro de la web de la Agencia), donde se incluyen fichas de videovigilancia, un modelo del cartel a emplear o diversos informes jurídicos.

Para concluir, conviene aludir a las "Directrices 3/2019 sobre el tratamiento de datos personales mediante dispositivos de vídeo", del CEPD, de 29 de enero de 2020. Su objetivo, en línea con la precitada Guía de la AEPD, reside en ofrecer una orientación sobre el modo de aplicar el Reglamento General de Protección de Datos en relación con el tratamiento de datos personales a través de dispositivos de vídeo.

6. *Seguros*

Más allá de las obligaciones que las entidades aseguradoras y reaseguradoras deberán cumplir en virtud de la normativa en vigor en materia de protección de datos personales [recuérdese, por ejemplo, la obligación de designar un DPO al amparo de lo dispuesto por el artículo 34.1.g) LOPDGDD], en este punto, hemos de acudir a la Ley 50/1980, de 8 de octubre, de Contrato de Seguro (BOE núm. 250, de 17 de octubre de 1980). Dentro de esta Ley, interesa destacar el plazo de prescripción de las acciones derivadas del contrato de seguro, que será de dos años, si se trata de seguro de daños, y de cinco años, si el seguro es de personas (artículo 23); ello condicionará, por tanto, el plazo de conservación de los datos personales tratados con esta finalidad [artículo 5.1.e) RGPD], que deberá cubrir, como mínimo, tales intervalos.

7. *Publicidad, etc.*

Hemos podido comprobar que las entidades que desarrollen actividades de publicidad y prospección comercial, incluyendo las de investigación comercial y de mercados, cuando lleven a cabo tratamientos basados en las preferencias de los afectados o realicen actividades que impliquen la elaboración de perfiles de los mismos, deberán cumplir, entre otras, con la obligación específica de designar un Delegado de Protección de Datos [artículo 34.1.k) LOPDGDD].

Junto a lo anterior, una de las cuestiones más relevantes que surgen si hablamos de publicidad es la concerniente a publicidad no deseada, a la que la AEPD dedica todo un apartado en su web ("Publicidad no deseada"). Dentro de este apartado, ocupa un punto relevante el relativo a la Lista Robinson, gestionada por la Asociación Española de Economía Digital.

Respecto de las comunicaciones comerciales electrónicas, hemos de acudir a los artículos 6 a 8 DCE y 19 a 22 LSSICE, que establecen que las mismas englobarán todas aquellas formas de comunicación destinadas a promocionar, ya sea directa o indirectamente, los bienes, servicios o imagen de una empresa, organización o persona que realiza una actividad comercial, industrial, artesanal o profesional. En consecuencia, estamos ante un servicio de la sociedad de la información que, representando una actividad económica, directa o indirecta, para su prestador, no es remunerado por su destinatario.

El primero de los preceptos anteriores establece los requisitos que habrán de cumplir las comunicaciones comerciales para poder ser válidas. Estos requisitos serán, de forma resumida y cumulativa, los siguientes:

a) Que sean claramente identificables como tales, no pudiendo ocultarse bajo otro nombre distinto que induzca a error a quien las recibe.

b) Que se identifique con exactitud la persona, física o jurídica, en nombre de la cual se envían tales comunicaciones comerciales.

c) Que se detallen con precisión las ofertas promocionales y los concursos o juegos promocionales de que, en su caso, se hagan acompañar, siempre que estén permitidos en el Estado miembro en que esté establecido el prestador, sean fácilmente accesibles y se presenten de manera clara e inequívoca las condiciones que han de cumplirse para poder obtenerlos.

Pues bien, una de las cuestiones más problemáticas viene determinada por el envío masivo e indiscriminado de comunicaciones comerciales virtuales de carácter publicitario o promocional por correo electrónico u otro medio equivalente que, con carácter previo, no hayan sido solicitadas o expresamente autorizadas por los destinatarios de las mismas (actividad, esta, conocida como *spamming*). En este sentido, dos han sido, tradicionalmente, las opciones de política legislativa en orden a establecer su licitud o ilicitud:

Una primera, que agrupa a los denominados sistemas *opt-out*, que permite enviar mensajes publicitarios no solicitados a todos los destinatarios que no hayan optado por no recibirlos, habiendo de dar al receptor la posibilidad de exigir que no se le envíen nuevos mensajes.

Una segunda, que engloba a los denominados sistemas *opt-in*, donde el mensaje publicitario sólo es lícito si, con anterioridad, el destinatario ha optado por recibir comunicaciones comerciales, de modo que no es suficiente con no oponerse (sistema *opt-out*), sino que ha de existir una solicitud expresa o un rechazo palmario a su envío.

El artículo 21 LSSICE opta por la segunda opción y contempla una prohibición taxativa del envío de comunicaciones comerciales, publicitarias o promocionales, por correo electrónico u otro medio equivalente, "[...] que previamente no hubieran sido solicitadas o expresamente autorizadas por los destinatarios de las mismas" (la base jurídica residirá, por tanto, en el consentimiento —artículo 6.1.a) RGPD—). Constituye una excepción a esta regla general la contenida en el artículo 21.2 LSSICE, en virtud del cual el envío de publicidad a través de la Red resultará válido cuando exista una relación contractual previa entre el emisor (responsable del tratamiento, en materia de protección de datos personales) y el receptor (afectado, en cuanto titular de los datos) del mensaje [al amparo, en este caso, del artículo 6.1.f) RGPD], siempre que aquel hubiera obtenido los datos de contacto del destinatario de manera lícita y los emplee tan sólo a los efectos de envío de comunicaciones comerciales relativas a productos o servicios de su propia empresa que sean similares a aquellos que, en su momento, fueron objeto de contratación con el cliente; en todo caso, el prestador tendrá la obligación de ofrecer al destinatario la posibilidad de oponerse al tratamiento de sus datos (derecho de oposición —artículos 21 RGPD y 18 LOPDGDD—) con fines promocionales mediante un procedimiento sencillo y gratuito, tanto en el momento de la recogida de los datos como en cada una de las comunicaciones comerciales que le dirija (además, cuando las comunicaciones comerciales se remitan por correo electrónico, este medio deberá incluir, necesariamente, una dirección de *e-mail* u otra dirección electrónica válida en la que el interesado pueda ejercitar este derecho, quedando prohibido el envío de comunicaciones que no incluyan dicha dirección).

Partiendo de estas premisas, el artículo 23 LOPDGDD regula los sistemas de exclusión publicitaria, y lo hace en los siguientes términos:

> «1. Será lícito el tratamiento de datos personales que tenga por objeto evitar el envío de comunicaciones comerciales a quienes hubiesen manifestado su negativa u oposición a recibirlas.

A tal efecto, podrán crearse sistemas de información, generales o sectoriales, en los que solo se incluirán los datos imprescindibles para identificar a los afectados. Estos sistemas también podrán incluir servicios de preferencia, mediante los cuales los afectados limiten la recepción de comunicaciones comerciales a las procedentes de determinadas empresas.
2. Las entidades responsables de los sistemas de exclusión publicitaria comunicarán a la autoridad de control competente su creación, su carácter general o sectorial, así como el modo en que los afectados pueden incorporarse a los mismos y, en su caso, hacer valer sus preferencias.
La autoridad de control competente hará pública en su sede electrónica una relación de los sistemas de esta naturaleza que le fueran comunicados, incorporando la información mencionada en el párrafo anterior. A tal efecto, la autoridad de control competente a la que se haya comunicado la creación del sistema lo pondrá en conocimiento de las restantes autoridades de control para su publicación por todas ellas.
3. Cuando un afectado manifieste a un responsable su deseo de que sus datos no sean tratados para la remisión de comunicaciones comerciales, este deberá informarle de los sistemas de exclusión publicitaria existentes, pudiendo remitirse a la información publicada por la autoridad de control competente.
4. Quienes pretendan realizar comunicaciones de mercadotecnia directa, deberán previamente consultar los sistemas de exclusión publicitaria que pudieran afectar a su actuación, excluyendo del tratamiento los datos de los afectados que hubieran manifestado su oposición o negativa al mismo. A estos efectos, para considerar cumplida la obligación anterior será suficiente la consulta de los sistemas de exclusión incluidos en la relación publicada por la autoridad de control competente.
No será necesario realizar la consulta a la que se refiere el párrafo anterior cuando el afectado hubiera prestado, conforme a lo dispuesto en esta ley orgánica, su consentimiento para recibir la comunicación a quien pretenda realizarla».

XIII. NORMATIVA ESPAÑOLA CON IMPLICACIONES EN PROTECCIÓN DE DATOS

Además de la regulación sectorial del apartado anterior, existen otras normas generales que, a nivel nacional, afectan o inciden en el derecho fundamental a la protección de los datos personales de los interesados. Veamos cuáles son algunas de ellas.

1. LSSI, Ley 34/2002, de 11 de julio, de servicios de la sociedad de la información y de comercio electrónico

En España, como hemos podido ver, es la LSSICE la encargada de incorporar al ordenamiento jurídico interno el contenido de la DCE. Esta Ley tiene como objeto (artículo 1) la regulación del régimen jurídico de los servicios de la sociedad de la información en lo atinente a las obligaciones y consiguiente régimen sancionador de los prestadores, las comunicaciones comerciales virtuales, la información (previa y posterior) que han de proporcionar estos profesionales, la validez y la eficacia de los contratos de naturaleza electrónica. Las disposiciones contenidas en este texto, prosigue el precepto, "[...] se entenderán sin perjuicio de lo dispuesto en otras normas estatales o autonómicas ajenas al ámbito normativo coordinado, o que tengan como finalidad la protección de la salud y seguridad pública, incluida la salvaguarda de la defensa nacional, los intereses del consumidor, el régimen tributario aplicable a los servicios de la sociedad de la información, la protección de datos personales y la normativa reguladora de defensa de la competencia". De este modo, partiendo de la aplicación a las actividades realizadas por medios electrónicos de las normas tanto generales como especiales que las regulan, la LSSICE se ocupará de aquellos aspectos que, por las peculiaridades que implica su ejercicio online, no se hallan cubiertos por dicha regulación.

Por lo demás, siguiendo la línea marcada por el artículo 1.4 y 5 DCE, el artículo 5.1 LSSICE establece que, siendo servicios de la sociedad de la información, se verán excluidos de su ámbito de aplicación tanto los prestados por notarios y registradores de la propiedad y mercantiles en el ejercicio de sus respectivas funciones públicas, como los proporcionados por abogados y procuradores en el ejercicio de las propias de representación y defensa en juicio; todos ellos se regirán por su normativa específica. Las restantes materias contenidas en el artículo 1.5 DCE [apartados a), b) y c)], pero no en el artículo 5.1 LSSICE, correrán, en mi opinión, la misma suerte, dada la aplicación extensiva del Derecho comunitario. Por su parte, el apartado segundo del mismo precepto advierte que las disposiciones de la presente Ley, con la excepción de lo establecido en el artículo 7.1 LSSICE, serán aplicables a los servicios de la sociedad de la información relativos a juegos de azar que impliquen apuestas de valor económico, sin perjuicio de cuanto se disponga en su legislación específica, ya sea estatal o autonómica; ello supone una aparente contradicción con lo dispuesto en el considerando 16 DCE, después plasmado en el tercer punto de su artículo 1.5.d), donde se establece, expresamente, la exclusión del ámbito de aplicación de la norma comunitaria de las actividades de juegos de azar que impliquen una participación con valor monetario, incluidas loterías y apuestas.

Junto a la LSSICE/DCE, surge, en el marco de la Unión Europea, un paquete normativo dirigido a disciplinar la actividad de las plataformas que, en el sector digital, actúan como prestadores de servicios de la sociedad de la información que intermedian y coordinan las relaciones que se producen en su espacio entre los usuarios profesionales y los usuarios finales. Este paquete, que forma parte del denominado *The Digital Services Act package*, está compuesto por dos instrumentos:

En primer lugar, el Reglamento (UE) 2022/1925 del Parlamento Europeo y del Consejo de 14 de septiembre de 2022 sobre mercados disputables y equitativos en el sector digital y por el que se modifican las Directivas (UE) 2019/1937 y (UE) 2020/1828 (también conocido como Reglamento de Mercados Digitales o, simplemente, como DMA, acrónimo que hace referencia a su denominación en inglés *Digital Markets Act* —DOUE L 265/1, de 12 de octubre de 2022—), que se une, en aras de proteger la equidad en las relaciones entre la plataforma y los usuarios finales, al Reglamento (UE) 2019/1150 del Parlamento Europeo y del Consejo de 20 de junio de 2019 sobre el fomento de la equidad y la transparencia para los usuarios profesionales de servicios de intermediación en línea (conocido como Reglamento P2B o *Platform to Business* —DOUE L 186/57, de 11 de julio de 2019—).

En segundo lugar, el Reglamento (UE) 2022/2065 del Parlamento Europeo y del Consejo de 19 de octubre de 2022 relativo a un mercado único de servicios digitales y por el que se modifica la Directiva 2000/31/CE (conocido como Reglamento de Servicios Digitales o, también, DSA, acrónimo que alude a su denominación en inglés *Digital Services Act* —DOUE L 277/1, de 27 de octubre de 2022—).

Como se ha podido ver, son múltiples las referencias que se han ido realizando a la DCE y a la LSSICE a lo largo de esta obra, reflejo de las repercusiones que sus articulados tienen en materia de protección de datos personales. A ellas nos remitimos en aras de contar con una visión completa y detallada de sus implicaciones.

2. LGT, Ley 9/2014, de 9 de mayo, General de Telecomunicaciones

Ya se ha analizado profusamente el apartado relativo a las Telecomunicaciones, al diseccionar las normativas sectoriales afectadas por la protección de datos, donde se incluye un estudio de la LGT. Por este motivo, nos remitimos a cuanto se ha expuesto en dicho apartado en aras de contar con una visión completa de este punto, sin duda complemento fundamental para adquirir una perspectiva de conjunto de los efectos y repercusiones que esta legislación complementaria tiene en la esfera personal de los interesados.

3. Ley firma-e, Ley 59/2003, de 19 de diciembre, de firma electrónica

Habida cuenta de la seguridad adicional que requiere el empleo efectivo de cuantas posibilidades comunicativas posibilita el uso de Internet, no es de extrañar que el sector de las firmas electrónicas fuera objeto de la regulación más temprana de entre el conjunto de actividades relacionadas con el comercio electrónico, tanto en el ámbito estatal como en el comunitario e internacional. En este punto, partimos de la normativa comunitaria originaria, plasmada en la DFE, que ha tenido una gran incidencia en el sistema jurídico de nuestro país, pionero (junto con Alemania e Italia) en la adopción de normas en materia de firma electrónica dentro de la Unión Europea. Estructurada en un total de quince artículos, esta Directiva es el resultado de un conjunto de acciones comunitarias previas en materia de firma electrónica, que nacen con un primer anuncio de propuesta legislativa sobre la materia efectuado en una Comunicación, intitulada "El fomento de la seguridad y la confianza en la comunicación electrónica - Hacia un marco europeo para la firma digital y el cifrado" [COM (97) 503, de 8 de octubre de 1997].

La DFE, en vigor desde la fecha de su publicación en el DOCE (artículo 14), constituye un primer paso en la pretendida coherencia en el Derecho de los Estados miembros en materia de firma electrónica. Su finalidad residía en "[...] facilitar el uso de la firma electrónica y contribuir a su reconocimiento jurídico", creando, a tales efectos, un marco jurídico para dicha firma y para determinados servicios de certificación, con el fin de garantizar el correcto funcionamiento del mercado interior (artículo 1 DFE).

En nuestro país, la regulación inicial sobre firma electrónica tuvo lugar merced al Real Decreto-Ley 14/1999, de 17 de septiembre, sobre firma electrónica (BOE núm. 224, de 18 de septiembre de 1999), que, invocando (en mi opinión, erróneamente) razones de urgencia, fue aprobado, incluso, semanas antes de la versión definitiva de la DFE, colocándose a la cabeza de la Unión Europea en lo que a esta regulación se refiere, pero originando, a cambio, un riesgo de descoordinación patente respecto de la pretendida armonización comunitaria. Las carencias (de forma, pero también de contenido) que presentaba el texto propiciaron la ulterior promulgación de la LFE, que llevó a cabo, ahora sí, la transposición al ordenamiento jurídico español de la DFE y, por consiguiente, la derogación del RDLFE "[...] y cuantas disposiciones de igual o inferior rango se op[usieran] a lo dispuesto en esta ley" (disposición derogatoria única LFE). Se conseguía, de este modo, una mayor transparencia en la tramitación y el debate de una materia de especial trascendencia, como es la firma electrónica, aportando, además, una revisión de la terminología, una modificación de la sistemática y una simplificación del texto, "[...] facilitando su comprensión y dotándolo de una estructura más acorde con nuestra técnica legislativa" (apartado III de la Exposición de Motivos de la LFE).

Con la finalidad de propiciar la expansión de la firma electrónica como instrumento capaz de generar confianza en las transacciones telemáticas, agilizando el comercio electrónico y confiriendo seguridad a las comunicaciones efectuadas a través de Internet, la LFE tiene como objeto esencial la regulación de la firma electrónica, su eficacia jurídica y la prestación de servicios de confianza, todo ello sin alterar "[...] las normas relativas a la celebración, formalización, validez y eficacia de los contratos y cualesquiera otros actos jurídicos ni las relativas a los documentos en que unos y otros consten" (artículo 1 LFE, en línea con el artículo 1.2.1º RDLFE). Al igual que la DFE en la que se inspira, la Ley regula la utilización de la firma electrónica en general, no sólo los aspectos relativos a sus usos comerciales, de modo que también abarca todas aquellas comunicaciones de datos efectuadas por medios electrónicos.

Tiempo después, aparece la normativa europea en materia de identificación electrónica y servicios de confianza. Más concretamente, el 28 de agosto de 2014 tiene lugar la publicación del Reglamento eIDAS, que, derogando el texto de la DFE (artículo 50.1), instaura un nuevo sistema. Su entrada en vigor se produjo veinte días después de su publicación; no obstante, las disposiciones en él contenidas experimentarán, como regla general, una aplicación diferida al 01 de julio de 2016, a excepción de una serie de artículos que, contenidos en el apartado segundo del artículo 52, comenzaron a aplicarse en un momento diferente. Hasta dicha fecha, cabía entender no producido el efecto derogatorio o de inaplicación pretendido, de modo que tanto la DFE como la LFE resultaban vigentes y plenamente aplicables a todos los efectos.

Una de las principales innovaciones que trae consigo el nuevo texto radica en el instrumento jurídico utilizado: la figura del reglamento sustituye ahora a la de la directiva. De este modo, con la adopción del reglamento se persigue uniformizar, en lugar de armonizar, el Derecho sobre la materia, eliminando aquellas pequeñas diferencias que no harían sino dificultar el objetivo final de interoperabilidad técnico-jurídica para el conjunto de los Estados miembros.

Se persigue, así, incrementar, a lo largo y ancho del territorio europeo, el nivel de seguridad y de confianza de todos los agentes del mercado (consumidores, empresas y Administraciones Públicas) en el entorno en línea, favoreciendo la progresiva consolidación de un espacio único digital capaz de posibilitar, de un modo verdaderamente eficaz, la realización de transacciones por vía electrónica y el desarrollo de nuevos negocios online. El texto, si bien mantiene el régimen regulatorio de la firma electrónica, incorpora en su objeto otros mecanismos, también de gran relevancia desde la óptica de la seguridad y de la confianza en el marco del comercio electrónico, como sucede con los sellos electrónicos, los sellos de tiempo electrónicos, los servicios de entrega electrónica certificada y los servicios de certificados para la autenticación de sitios web; ello responde al hecho de que, frente al modelo anterior encarnado en la Directiva, el Reglamento busca proporcionar un marco global capaz de garantizar unas transacciones electrónicas fiables, al tiempo que persigue eliminar los obstáculos existentes para el uso transfronterizo de los medios de identificación electrónica empleados en los Estados miembros como instrumentos de autenticación, al menos en lo que respecta a los servicios públicos.

También, y fruto de la labor de desarrollo encomendada a la Comisión, ha tenido lugar la promulgación de una serie de actos de ejecución que persiguen complementar el Reglamento en aspectos concretos; algunos de estos son, por orden cronológico, los siguientes: Decisión de ejecución (UE) 2015/296 de la Comisión de 24 de febrero de 2015 por la que se establecen las modalidades de procedimiento para la cooperación entre los Estados miembros en materia de identificación electrónica con arreglo al artículo 12, apartado 7, del Reglamento (UE) nº 910/2014 del Parlamento Europeo y del Consejo relativo a la identificación electrónica y los servicios de confianza para las transacciones electrónicas en el mercado interior (DOUE L 53/14, de 25 de febrero de 2015); Reglamento de ejecución (UE) 2015/806 de la Comisión de 22 de mayo de 2015 por el que se establecen especificaciones relativas a la forma de la etiqueta de confianza "UE" para servicios de confianza cualificados (DOUE L 128/13, de 23 de mayo de 2015); el Reglamento de ejecución (UE) 2015/1502 de la Comisión de 8 de septiembre de 2015 sobre la fijación de especificaciones y procedimientos técnicos mínimos para los niveles de seguridad de medios de identificación electrónica con arreglo a lo dispuesto en el artículo 8, apartado 3, del Reglamento (UE) nº 910/2014 del Parlamento Europeo y del Consejo, relativo a la identificación electrónica y los servicios de confianza para las transacciones electrónicas en el mercado interior (DOUE L 235/7, de 09 de septiembre de 2015); el Reglamento de ejecución (UE) 2015/1501 de la Comisión de 8 de septiembre de 2015 sobre el marco de interoperabilidad de conformidad con el artículo 12, apartado 8, del Reglamento (UE) nº 910/2014 del Parlamento Europeo y del Consejo, relativo a la identificación electrónica y los servicios de confianza para las transacciones electrónicas en el mercado interior (DOUE L 235/1, de 09 de septiembre de 2015); Decisión de ejecución (UE) 2015/1505 de la Comisión de 8 de septiembre de 2015 por la que se establecen las especificaciones técnicas y los formatos relacionados con las listas de confianza de conformidad con el artículo 22, apartado 5, del Reglamento (UE) nº 910/2014 del Parlamento Europeo y del Consejo, relativo a la identificación electrónica y los servicios de confianza para las transacciones electrónicas en el mercado interior (DOUE L 235/26, de 09 de septiembre de 2015); Decisión de ejecución (UE) 2015/1506 de la Comisión de 8 de septiembre de 2015 por la que se establecen las especificaciones relativas a los formatos de las firmas electrónicas avanzadas y los sellos avanzados que deben reconocer los organismos del sector público de conformidad con los artículos 27, apartado 5, y 37, apartado 5, del Reglamento (UE) nº 910/2014 del Parlamento Europeo y del Consejo, relativo a la identificación electrónica y los servicios de confianza para las transacciones electrónicas en el mercado interior (DOUE L 235/37, de 09 de septiembre de 2015); Decisión de ejecución (UE) 2015/1984 de la Comisión de 3 de noviembre de 2015 por la que se definen las circunstancias, formatos y procedimientos de notificación con arreglo al artículo 9, apartado 5, del Reglamento (UE) nº 910/2014 del Parlamento Europeo y del Consejo, relativo a la identificación electrónica y los servicios de confianza para las transacciones electrónicas en el mercado interior (DOUE L 289/18, de 05 de noviembre de 2015) o la Decisión de ejecución (UE) 2016/650 de la Comisión de 25 de abril de 2016 por la que se fijan las normas para la evaluación de la seguridad de los dispositivos cualificados de creación de firmas y sellos con arreglo al artículo 30, apartado 3, y al artículo 39, apartado 2, del Reglamento (UE) nº 910/2014 del Parlamento Europeo y del Consejo, relativo a la identificación electrónica y los servicios de confianza para las transacciones electrónicas en el mercado interior (DOUE L 109/40, de 26 de abril de 2016).

Como efecto más inmediato, la entrada en vigor del Reglamento eIDAS provocó en nuestro país el desplazamiento intrínseco de la LFE en todo aquello regulado por el Reglamento, haciendo necesaria la inmediata adaptación o derogación definitiva de una norma que nació para incorporar la DFE al ordenamiento jurídico español. En este contexto, y en aras de una mayor certeza y seguridad jurídica, tuvo lugar el 04 de abril de 2017 una propuesta legislativa que perseguía sustituir la normativa anterior en materia de firma electrónica por una nueva ley que se ajustase a la incipiente regulación comunitaria, eliminando los preceptos incompatibles con el Reglamento. Surge, de este modo, la LSEC que complementa el

Reglamento eIDAS al regular determinados aspectos de los servicios electrónicos de confianza (artículo 1).

En cuanto a las referencias a la protección de datos personales, destaca, como punto de partida, el considerando 11 del Reglamento eIDAS, que establece que su contenido deberá "[...] aplicarse de forma que se cumplan plenamente los principios relativos a la protección de los datos personales establecidos en la Directiva 95/46/CE del Parlamento Europeo y del Consejo. A tal efecto, visto el principio de reconocimiento mutuo que establece el presente Reglamento, la autenticación a efectos de un servicio en línea debe implicar exclusivamente el tratamiento de los datos identificativos que sean adecuados, pertinentes y no excesivos para la concesión del acceso al servicio en línea de que se trate. Por otra parte, los prestadores de servicios de confianza y el organismo de supervisión deben respetar asimismo los requisitos de confidencialidad y seguridad del tratamiento previstos en la Directiva 95/46/CE"; huelga decirlo, las referencias a la DPDP deberán entenderse realizadas al RGPD. Sobre esta base, aparecen los artículos 12.3.d), en relación con la cooperación y la interoperabilidad; 17.4.f), al regular los organismos de supervisión; 19.2, sobre violaciones de seguridad, o 20.2, que aborda la supervisión de los prestadores cualificados de servicios de confianza.

Por su parte, el artículo 8 LSEC introduce, específicamente, un artículo sobre protección de datos personales, que dispone lo siguiente:

> «1. El tratamiento de los datos personales que precisen los prestadores de servicios electrónicos de confianza para el desarrollo de su actividad y los órganos administrativos para el ejercicio de las funciones atribuidas por esta Ley se sujetará a lo dispuesto en la legislación aplicable en materia de protección de datos de carácter personal.
> 2. Los prestadores de servicios electrónicos de confianza que consignen un pseudónimo en un certificado electrónico deberán constatar la verdadera identidad del titular del certificado y conservar la documentación que la acredite.
> 3. Dichos prestadores de servicios de confianza estarán obligados a revelar la citada identidad cuando lo soliciten los órganos judiciales y otras autoridades públicas en el ejercicio de funciones legalmente atribuidas, con sujeción a lo dispuesto en la legislación aplicable en materia de protección de datos personales».

Recientemente, se ha publicado el Reglamento (UE) 2024/1183 del Parlamento Europeo y del Consejo, de 11 de abril de 2024, por el que se modifica el Reglamento (UE) nº 910/2014 en lo que respecta al establecimiento del marco europeo de identidad digital (DOUE núm. 1183, de 30 de abril de 2024). Este Reglamento tiene como objetivo proporcionar a todas las personas que residen en la Unión una identidad digital accesible, segura y confiable, que les permita utilizar una amplia variedad de servicios en línea y fuera de línea, protegida contra los riesgos de ciberseguridad y los delitos cibernéticos, tales como la violación de la seguridad de los datos y la suplantación o manipulación de identidad. Para ello, establece un marco de identidad digital armonizado que reduzca las barreras digitales entre los Estados miembros y empodere a los ciudadanos y a los residentes en la Unión para que disfruten de los beneficios de la digitalización, incrementando, al mismo tiempo, la transparencia y la protección de sus derechos. Con este propósito, el nuevo Reglamento introduce la figura de la "cartera europea de identidad digital" como un medio de identificación electrónica que permite al usuario almacenar, gestionar y validar de manera segura datos de identificación personal y declaraciones electrónicas de atributos con el fin de proporcionarlos a las partes usuarias y a otros usuarios de carteras europeas de identidad digital, así como firmar mediante firmas electrónicas cualificadas o sellar mediante sellos electrónicos cualificados.

XIV. NORMATIVA EUROPEA CON IMPLICACIONES EN PROTECCIÓN DE DATOS

Junto a la normativa prevista en el apartado anterior, podríamos incluir, a nivel europeo, varias Directivas que resultan relevantes cuando hablamos de protección de datos personales. Seguidamente, se analizan algunas de las más importantes.

1. *Directiva e-Privacy: Directiva 2002/58/CE del Parlamento Europeo y del Consejo de 12 de julio de 2002, relativa al tratamiento de los datos personales y a la protección de la intimidad en el sector de las comunicaciones electrónicas (Directiva sobre privacidad y las comunicaciones electrónicas) o Reglamento e-Privacy cuando se apruebe*

La DPCE, modificada por la Directiva 2009/136/CE [Directiva, esta última, a la que se añade el Reglamento (UE) 2021/1232 del Parlamento Europeo y del Consejo de 14 de julio de 2021 por el que se establece una excepción temporal a determinadas disposiciones de la Directiva 2002/58/CE en lo que respecta al uso de tecnologías por proveedores de servicios de comunicaciones interpersonales independientes de la numeración para el tratamiento de datos personales y de otro tipo con fines de lucha contra los abusos sexuales de menores en línea (DOUE L 274/41, de 30 de julio de 2021)], está actualmente en vigor, si bien, en el seno de la Unión Europea, se halla en fase de tramitación la Propuesta de Reglamento del Parlamento Europeo y del Consejo sobre el respeto de la vida privada y la protección de los datos personales en el sector de las comunicaciones electrónicas y por el que se deroga la Directiva 2002/58/CE (Reglamento sobre la privacidad y las comunicaciones electrónicas) [COM/2017/010 final - 2017/03 (COD)]. Y es que, como bien indica el texto de la Propuesta (p. 2), "[u] no de los objetivos de la Estrategia para el Mercado Único Digital [...] es aumentar la seguridad de los servicios digitales y la confianza que los ciudadanos depositan en ellos". Por este motivo, se contempla la revisión de la Directiva "[...] con el fin de garantizar un elevado nivel de protección de la intimidad a los usuarios de servicios de comunicaciones electrónicas y condiciones de competencia equitativas para todos los agentes del mercado».

En nuestro país, el contenido de la DPCE se transpuso mediante la, ya derogada, Ley 32/2003, de 3 de noviembre, General de Telecomunicaciones (BOE núm. 264, de 04 de noviembre de 2003), en la medida en que afectaba a las redes y servicios de comunicaciones electrónicas (Exposición de Motivos). También a través: de una parte, del Real Decreto 424/2005, de 15 de abril, por el que se aprueba el Reglamento sobre las condiciones para la prestación de servicios de comunicaciones electrónicas, el servicio universal y la protección de los usuarios (BOE núm. 102, de 29 de abril de 2005), que regulaba las condiciones para la prestación de servicios o la explotación de redes de comunicaciones electrónicas, en desarrollo del capítulo I del título II de la, supra citada, Ley (artículo 1); de otra, del Real Decreto 2296/2004, de 10 de diciembre, por el que se aprueba el Reglamento sobre mercados de comunicaciones electrónicas, acceso a las redes y numeración (BOE núm. 314, de 30 de diciembre de 2004), que se dictó en desarrollo de los capítulos II, III y IV del título II de la Ley 32/2003 (artículo 1).

Comoquiera que sea, esta Directiva, sobre la base del respeto de los derechos enunciados en los artículos 7 y 8 CDFUE, supone (artículo 1) una armonización de las disposiciones de los países de la Unión Europea con el fin de garantizar un nivel equivalente entre ellos por lo que respecta a la protección de las libertades y los derechos fundamentales y, en especial, del derecho a la intimidad, en relación con el tratamiento de los datos personales en el sector de las comunicaciones electrónicas, así como la libre circulación de tales datos y de los equipos y servicios de comunicaciones electrónicas a nivel comunitario. Supone, pues, una especificación y complemento de la normativa en materia de protección de datos personales. De hecho, el considerando 173 RGPD establece que "[...] a todas las cuestiones relativas a la protección de los derechos y las libertades fundamentales en relación con el tratamiento de datos personales que no están sujetas a obligaciones específicas con el mismo objetivo establecidas en la Directiva 2002/58/CE del Parlamento Europeo y del Consejo, incluidas las obligaciones del responsable del tratamiento y los derechos de las personas físicas. Para aclarar la relación entre el presente Reglamento y la Directiva 2002/58/CE, esta última debe ser modificada en consecuencia. Una vez que se adopte el presente Reglamento, debe revisarse la Directiva 2002/58/CE, en particular con objeto de garantizar la coherencia con el presente Reglamento"; en la misma línea, el artículo 95 RGPD, que añade que este Reglamento "[...] no impondrá obligaciones adicionales a las personas físicas o jurídicas en materia de tratamiento en el marco de la prestación de servicios públicos de comunicaciones electrónicas en redes públicas de comunicación de la Unión en ámbitos en los que estén sujetas a obligaciones específicas con el mismo objetivo establecidas en la Directiva 2002/58/CE».

Por lo que respecta a la necesaria interrelación de esta Directiva con la regulación del derecho fundamental contemplado en el artículo 18.4 CE, resulta primordial hacerse eco del artículo 13 DPCE, que, en relación con las comunicaciones no solicitadas de las que ya nos hemos hecho eco en páginas anteriores al analizar la DCE y la LSSICE, establece cuanto sigue:

> «1. Sólo se podrá autorizar la utilización de sistemas de llamada automática sin intervención humana (aparatos de llamada automática), fax o correo electrónico con fines de venta directa respecto de aquellos abonados que hayan dado su consentimiento previo.
> 2. No obstante lo dispuesto en el apartado 1, cuando una persona física o jurídica obtenga de sus clientes la dirección de correo electrónico, en el contexto de la venta de un producto o de un servicio de conformidad con la Directiva 95/46/CE, esa misma persona física o jurídica podrá utilizar dichas señas electrónicas para la venta directa de sus propios productos o servicios de características similares, a condición de que se ofrezca con absoluta claridad a los clientes, sin cargo alguno y de manera sencilla, la posibilidad de oponerse a dicha utilización de las señas electrónicas en el momento en que se recojan las mismas y, en caso de que el cliente no haya rechazado inicialmente su utilización, cada vez que reciban un mensaje ulterior.
> 3. Los Estados miembros tomarán las medidas adecuadas para garantizar, que, sin cargo alguno, no se permitan las comunicaciones no solicitadas con fines de venta directa en casos que no sean los mencionados en los apartados 1 y 2, bien sin el consentimiento del abonado, bien respecto de los abonados que no deseen recibir dichas comunicaciones. La elección entre estas dos posibilidades será determinada por la legislación nacional.
> 4. Se prohibirá, en cualquier caso, la práctica de enviar mensajes electrónicos con fines de venta directa en los que se disimule o se oculte la identidad del remitente por cuenta de quien se efectúa la comunicación, o que no contengan una dirección válida a la que el destinatario pueda enviar una petición de que se ponga fin a tales comunicaciones.
> 5. Los apartados 1 y 3 se aplicarán a los abonados que sean personas físicas. Los Estados miembros velarán asimismo, en el marco del Derecho comunitario y de las legislaciones na-

> cionales aplicables, por la suficiente protección de los intereses legítimos de los abonados que no sean personas físicas en lo que se refiere a las comunicaciones no solicitadas».

Dos son, por tanto, las referencias que, de manera directa, se realizan a cuestiones básicas en materia de protección de datos personales: de un lado, al consentimiento del interesado como base jurídica aplicable para los tratamientos descritos; de otro, al ejercicio del derecho de oposición que, en todo momento, se ha de reconocer al interesado cuando el tratamiento sea llevado a cabo sobre la base del interés legítimo (recuérdese, al respecto, cuanto ya se dijo sobre el artículo 21 LSSICE). Como resulta evidente, las referencias a la DPDP en este precepto deberán interpretarse como realizadas, en la actualidad, al RGPD y, también, en nuestro ordenamiento jurídico interno, a la LOPDGDD.

Por lo que respecta a la Propuesta de Reglamento e-Privacy, el 11 de febrero de 2025, la Comisión Europea reveló en el Programa de Trabajo 2025 [COM(2025) 45 final] que procederá a su retirada, ya que "[n]o hay acuerdo previsible, no se espera ningún acuerdo de los colegisladores. Además, la propuesta está desactualizada en vista de algunas legislas recientes tanto en el panorama tecnológico como en el legislativo". De este modo, la actual Directiva de privacidad electrónica y sus leyes nacionales de transposición permanecerán en vigor.

2. *Directiva 2009/136/CE del Parlamento Europeo y del Consejo, de 25 de noviembre de 2009, por la que se modifican la Directiva 2002/22/CE relativa al servicio universal y los derechos de los usuarios en relación con las redes y los servicios de comunicaciones electrónicas, la Directiva 2002/58/CE relativa al tratamiento de los datos personales y a la protección de la intimidad en el sector de las comunicaciones electrónicas y el Reglamento (CE) nº 2006/2004 sobre la cooperación en materia de protección de los consumidores*

La Directiva 2009/136/CE destaca por introducir un cambio relevante en relación con la regulación de las *cookies*, entendidas como pequeños fragmentos de texto que los sitios web que el usuario visita envían al navegador, permitiéndoles recordar información sobre tales visitas y facilitando, por ende, que se puedan volver a producir de manera más eficaz. En concreto, en su artículo 2.5), modifica la redacción del artículo 5.3 DPCE, para pasar de un sistema *opt-out* a *opt-in*. La redacción anterior venía a establecer, sobre esta cuestión, lo siguiente:

> «Los Estados miembros velarán por que únicamente se permita el uso de las redes de comunicaciones electrónicas con fines de almacenamiento de información o de obtención de acceso a la información almacenada en el equipo terminal de un abonado o usuario a condición de que se facilite a dicho abonado o usuario información clara y completa, en particular sobre los fines del tratamiento de los datos, con arreglo a lo dispuesto en la Directiva 95/46/CE y de que el responsable del tratamiento de los datos le ofrezca el derecho de negarse a dicho tratamiento. La presente disposición no impedirá el posible almacenamiento o acceso de índole técnica al solo fin de efectuar o facilitar la transmisión de una comunicación a través de una red de comunicaciones electrónicas, o en la medida de lo estrictamente necesario a fin de proporcionar a una empresa de información un servicio expresamente solicitado por el usuario o el abonado».

Tras la modificación, la redacción queda como sigue:

> «Los Estados miembros velarán por que únicamente se permita el almacenamiento de información, o la obtención de acceso a la información ya almacenada, en el equipo terminal de un abonado o usuario, a condición de que dicho abonado o usuario haya dado su consentimiento después de que se le haya facilitado información clara y completa, en particular sobre los fines del tratamiento de los datos, con arreglo a lo dispuesto en la Directiva 95/46/CE. Lo anterior no impedirá el posible almacenamiento o acceso de índole técnica al solo fin de efectuar la transmisión de una comunicación a través de una red de comunicaciones electrónicas, o en la medida de lo estrictamente necesario a fin de que el proveedor de un servicio de la sociedad de la información preste un servicio expresamente solicitado por el abonado o el usuario».

El motivo de esta modificación se recoge en el considerando 66 de la Directiva 2009/136/CE, que establece que:

> «Puede que haya terceros que deseen almacenar información sobre el equipo de un usuario o acceder a información ya almacenada, con distintos fines, que van desde los fines legítimos (como algunos tipos de cookies) hasta aquellos que suponen una intrusión injustificada en la esfera privada (como los programas espía o los virus). Resulta, por tanto, capital que los usuarios reciban una información clara y completa cuando realicen una acción que pueda dar lugar a dicho almacenamiento u obtención de acceso. El modo en que se facilite la información y se ofrezca el derecho de negativa debe ser el más sencillo posible para el usuario. Las excepciones a la obligación de facilitar información y proponer el derecho de negativa deben limitarse a aquellas situaciones en las que el almacenamiento técnico o el acceso sean estrictamente necesarios con el fin legítimo de permitir el uso de un servicio específico solicitado específicamente por el abonado o usuario. Cuando sea técnicamente posible y eficaz, de conformidad con las disposiciones pertinentes de la Directiva 95/46/CE, el consentimiento del usuario para aceptar el tratamiento de los datos puede facilitarse mediante el uso de los parámetros adecuados del navegador o de otra aplicación. La aplicación de estos requisitos debe ganar en eficacia gracias a las competencias reforzadas concedidas a las autoridades nacionales».

Sobre esta base, en España, el artículo 22.2 LSSICE establece, en su versión actual, que:

> «Los prestadores de servicios podrán utilizar dispositivos de almacenamiento y recuperación de datos en equipos terminales de los destinatarios, a condición de que los mismos hayan dado su consentimiento después de que se les haya facilitado información clara y completa sobre su utilización, en particular, sobre los fines del tratamiento de los datos, con arreglo a lo dispuesto en la Ley Orgánica 15/1999, de 13 de diciembre, de protección de datos de carácter personal.
> Cuando sea técnicamente posible y eficaz, el consentimiento del destinatario para aceptar el tratamiento de los datos podrá facilitarse mediante el uso de los parámetros adecuados del navegador o de otras aplicaciones.
> Lo anterior no impedirá el posible almacenamiento o acceso de índole técnica al solo fin de efectuar la transmisión de una comunicación por una red de comunicaciones electrónicas o, en la medida que resulte estrictamente necesario, para la prestación de un servicio de la sociedad de la información expresamente solicitado por el destinatario».

Por último, en el año 2022, la AEPD elaboró la "Guía sobre el uso de las cookies", que ofrece orientaciones sobre cómo cumplir las obligaciones previstas en el precitado apartado de la LSSICE, en relación con el RGPD y la LOPDGDD. En 2024 ha surgido una actualización de esta Guía. En 2024 ha surgido una actualización de esta Guía, que introduce importantes precisiones sobre la forma de obtener el consentimiento y cómo presentar la información a los usuarios. Esta actualización responde tanto a los criterios del Comité Europeo de Protección de Datos como a las prácticas detectadas por las autoridades durante sus tareas de supervisión. Entre los aspectos más relevantes se encuentra la exigencia de que los mecanismos para aceptar y rechazar cookies estén al mismo nivel, con botones equivalentes en visibilidad y formato, prohibiéndose la utilización de diseños que induzcan al consentimiento (por ejemplo, colores o contrastes engañosos). Además, se clarifica que no es válido obtener el consentimiento mediante la mera navegación, ni tampoco considerar que consultar la segunda capa informativa o gestionar las preferencias sea una acción afirmativa. La Guía refuerza también los requisitos de transparencia, insistiendo en que debe proporcionarse una información clara, estructurada en capas y fácilmente accesible, incluso después de haber aceptado o rechazado las cookies. De igual modo, se exige que el panel de configuración permita una gestión granular por finalidades (como análisis, publicidad, personalización, etc.) y que se explique claramente cómo guardar la selección. Asimismo, se recuerda que las cookies exceptuadas del consentimiento (como las técnicas o de personalización elegidas por el usuario) no deben utilizarse para otras finalidades y que, en caso de que se empleen cookies polivalentes, deben activarse únicamente para las finalidades aceptadas por el usuario. Finalmente, se refuerzan las obligaciones de información sobre las transferencias internacionales de datos, cuando estas existan, y sobre la elaboración de perfiles que impliquen decisiones automatizadas con efectos jurídicos o significativamente similares, en cuyo caso será necesario aportar información adicional conforme al artículo 13.2.f) RGPD.

3. *Directiva (UE) 2016/680 del Parlamento Europeo y del Consejo de 27 de abril de 2016 relativa a la protección de las personas físicas en lo que respecta al tratamiento de datos personales por parte de las autoridades competentes para fines de prevención, investigación, detección o enjuiciamiento de infracciones penales o de ejecución de sanciones penales, y a la libre circulación de dichos datos y por la que se deroga la Decisión Marco 2008/977/JAI del Consejo*

Como ya se ha indicado en esta obra, la protección de las personas físicas en lo que respecta al tratamiento de sus datos personales por parte de las autoridades competentes a efectos de la prevención, investigación, detección o enjuiciamiento de infracciones penales o de la ejecución de sanciones penales, incluida la protección frente a las amenazas contra la seguridad pública y la libre circulación de estos datos y su prevención, es objeto de regulación merced a la Directiva (UE) 2016/680, que se transpone, en el ordenamiento jurídico español, a través de la Ley Orgánica 7/2021. El RGPD no debe, pues, aplicarse a las actividades de tratamiento destinadas a tales fines; no obstante, los Estados miembros pueden encomendar a las autoridades competentes funciones distintas de las anteriores, "[...] de tal forma que el tratamiento de datos personales para estos otros fines, en la medida en que esté incluido en el ámbito del Derecho de la Unión, entra en el ámbito de aplicación del presente Reglamento».

De conformidad con esta Directiva, los países de la Unión Europea tendrán la obligación de proteger los derechos y libertades fundamentales de las personas físicas y, en particular, su derecho a la protección de los datos personales, además de garantizar que el intercambio de datos personales por parte de las autoridades competentes en el interior del territorio comunitario, en el supuesto de que el Derecho europeo o del Estado miembro exijan dicho intercambio, no quede restringido ni prohibido por motivos relacionados con dicha protección de datos (artículo 1.2). Por lo demás, nos remitimos a cuanto se ha expuesto en relación con la Directiva (UE) 2016/680 para una visión completa de este punto, esencial de cara a tener una perspectiva más completa de los efectos y repercusiones que la normativa europea complementaria tiene en el ámbito de la protección de los datos personales.

Capítulo Segundo

Responsabilidad activa

SUMARIO: I. Análisis y gestión de riesgos de los tratamientos de datos personales. II. Metodologías de análisis y gestión de riesgos. III. Programa de cumplimiento de Protección de Datos y Seguridad en una organización. IV. Seguridad de la información. V. Evaluación de Impacto de Protección de Datos "EIDP".

I. ANÁLISIS Y GESTIÓN DE RIESGOS DE LOS TRATAMIENTOS DE DATOS PERSONALES

Todo tratamiento de datos personales debe ir acompañado de determinadas medidas de seguridad que, siguiendo lo establecido en el principio de integridad y confidencialidad [artículo 5.1.f) RGPD], garanticen "[...] una seguridad adecuada de los datos personales, incluida la protección contra el tratamiento no autorizado o ilícito y contra su pérdida, destrucción o daño accidental". Como veremos, el nivel de seguridad proporcionado deberá ser acorde al nivel de riesgo que conlleve el tratamiento. Por este motivo, resulta necesario analizar qué se entiende por riesgo, exponer el enfoque que proporciona la regulación vigente y diseccionar cuál es el procedimiento a seguir para poder obtener dicho riesgo.

1. Introducción. Marco general de la evaluación y gestión de riesgos. Conceptos generales

Un buen punto de partida a la hora de profundizar en la seguridad en el tratamiento de los datos personales es el concepto de riesgo. En términos generales, el riesgo viene a traducirse como la probabilidad de que se materialice una amenaza y el impacto que tendría en caso de que se materializara, entendiendo por amenaza, en lo que aquí interesa, todo elemento susceptible de causar un daño o perjuicio a los afectados cuyos datos personales sean objeto de tratamiento. Consecuentemente, el análisis de riesgos consistirá en el "[...] estudio de las consecuencias previsibles de un posible incidente de seguridad, considerando su impacto en la organización (en la protección de sus activos, en su misión, en su imagen o reputación, o en sus funciones) y la probabilidad de que ocurra", partiendo de que un incidente de seguridad alude a cualquier "suceso inesperado o no deseado con consecuencias en detrimento de la seguridad de las redes y sistemas de información", sistemas, estos últimos, que se identifican con "cualquiera de los elementos siguientes: 1.º Las redes de comunicaciones electrónicas que utilice la entidad del ámbito de aplicación de este real decreto sobre las que posea capacidad de gestión. 2.º Todo dispositivo o grupo de dispositivos interconectados o relacionados entre sí, en el que uno o varios de ellos realicen, mediante un programa, el tratamiento automático de datos digitales. 3.º Los datos digitales almacenados, tratados, recuperados o transmitidos mediante los elementos contemplados en los números 1.º y 2.º anteriores, incluidos los necesarios para el funcionamiento, utilización, protección y mantenimiento de dichos elementos" (anexo IV del ENS). El riesgo siempre estará presente (el "riesgo cero" no existe, en especial, cuando nos referimos a aquellos que puedan originar los tratamientos de datos personales, de suerte que siempre existirá un riesgo inicial implícito y un riesgo posterior residual en todo tratamiento) y condicionará cualquier tipo de decisión que debamos tomar, lo que determina la necesidad de identificar el riesgo y proceder a su evaluación y gestión para, de este modo, poder minorarlo.

En materia protección de datos personales, el riesgo consistiría, así, en la probabilidad de que suceda un daño para el interesado y el impacto que este tendría como resultado de la realización de operaciones de tratamiento sobre sus datos personales en relación con sus derechos y libertades fundamentales, en especial el derecho fundamental a la protección de sus datos personales. De este modo, es crucial tener en cuenta el riesgo que implica cualquier actividad de tratamiento que pueda acarrear daños y perjuicios físicos, materiales o inmateriales para las personas físicas, tales como pérdida de control sobre sus datos personales o limitaciones de sus derechos, discriminación, usurpaciones de identidad, pérdidas financieras, reversiones no autorizadas de la seudonimización, daños para la reputación, revelación de información sometida al deber de confidencialidad y de secreto profesional o demás perjuicios de naturaleza económica o social relevantes para el interesado.

No se proporciona una definición legal en torno a qué ha de entenderse por riesgo elevado o, más comúnmente, alto riesgo, siendo aconsejable que, en línea con el considerando 77 RGPD, se emitan directrices relativas a los tratamientos que no conlleven un riesgo elevado en relación con los derechos y libertades del titular de los datos personales, indicando, de igual modo, qué medidas pueden ser suficientes, en estos casos, para hacer frente al riesgo. Pese a ello, la normativa actual sí que proporciona determinados criterios para entender en qué consiste un riesgo elevado, tales como la sensibilidad del dato o los efectos que, para el interesado, puede conllevar el hecho de que se traten sus datos personales, lo que implica que el responsable del tratamiento habrá de efectuar una evaluación de impacto y, en su caso, una consulta previa a la autoridad de control.

La aproximación basada en el riesgo no constituye una novedad, ya que se incorporaba a la DPDP, si bien es ahora cuando, como elemento nuclear del principio de responsabilidad proactiva, adquiere su más alto exponente, incluyendo la seguridad de los datos (más concretamente, la protección de las dimensiones de la integridad y de la confidencialidad —se desconoce por qué no se hace alusión específica a la disponibilidad, como aspecto, también, esencial—) entre los principios rectores del tratamiento. Por lo demás, el germen de la necesidad de amoldar la seguridad del tratamiento al riesgo se encuentra en el artículo 32 RGPD, que, sobre la base del precitado artículo 5.1.f) del mismo Reglamento, establece lo siguiente:

> «1. Teniendo en cuenta el estado de la técnica, los costes de aplicación, y la naturaleza, el alcance, el contexto y los fines del tratamiento, así como riesgos de probabilidad y gravedad variables para los derechos y libertades de las personas físicas, el responsable y el encargado del tratamiento aplicarán medidas técnicas y organizativas apropiadas para garantizar un nivel de seguridad adecuado al riesgo, que en su caso incluya, entre otros:
> a) la seudonimización y el cifrado de datos personales;
> b) la capacidad de garantizar la confidencialidad, integridad, disponibilidad y resiliencia permanentes de los sistemas y servicios de tratamiento;
> c) la capacidad de restaurar la disponibilidad y el acceso a los datos personales de forma rápida en caso de incidente físico o técnico;
> d) un proceso de verificación, evaluación y valoración regulares de la eficacia de las medidas técnicas y organizativas para garantizar la seguridad del tratamiento.
> 2. Al evaluar la adecuación del nivel de seguridad se tendrán particularmente en cuenta los riesgos que presente el tratamiento de datos, en particular como consecuencia de la destrucción, pérdida o alteración accidental o ilícita de datos personales transmitidos, conservados o tratados de otra forma, o la comunicación o acceso no autorizados a dichos datos.
> 3. La adhesión a un código de conducta aprobado a tenor del artículo 40 o a un mecanismo de certificación aprobado a tenor del artículo 42 podrá servir de elemento para demostrar el cumplimiento de los requisitos establecidos en el apartado 1 del presente artículo.
> 4. El responsable y el encargado del tratamiento tomarán medidas para garantizar que cualquier persona que actúe bajo la autoridad del responsable o del encargado y tenga acceso a datos personales solo pueda tratar dichos datos siguiendo instrucciones del responsable, salvo que esté obligada a ello en virtud del Derecho de la Unión o de los Estados miembros».

Junto al RGPD, se encuentra el, ya mencionado, Real Decreto 311/2022, que regula el Esquema Nacional de Seguridad previsto en el artículo 156.2 LRJSP, Esquema que establece la política de seguridad en la utilización de medios electrónicos en el ámbito de dicha Ley y está integrado por los principios básicos y requisitos mínimos que garanticen adecuadamente la seguridad de la información tratada en el ámbito de las Administraciones Públicas. Al respecto, la disposición adicional primera de la LOPDGDD añade que los responsables enumerados en su artículo 77.1 (órganos constitucionales o con relevancia constitucional e instituciones de las Comunidades Autónomas análogas a los mismos; órganos jurisdiccionales; Administración General del Estado, Administraciones de las Comunidades Autónomas y las Entidades que integran la Administración Local; organismos públicos y entidades de Derecho público vinculadas o dependientes de las Administraciones Públicas; autoridades administrativas independientes; Banco de España; corporaciones de Derecho público cuando las finalidades del tratamiento se relacionen con el ejercicio de potestades de Derecho público; fundaciones del sector público; Universidades Públicas; consorcios, y grupos parlamentarios de las Cortes Generales y Asambleas Legislativas autonómicas, así como grupos políticos de las Corporaciones Locales) "[...] deberán aplicar a los tratamientos de datos personales las medidas de seguridad que correspondan de las previstas en el Esquema Nacional de Seguridad, así como impulsar un grado de implementación de medidas equivalentes en las empresas o fundaciones vinculadas a los mismos sujetas al Derecho privado. En los casos en los que un tercero preste un servicio en régimen de concesión, encomienda de gestión o contrato, las medidas de seguridad se corresponderán con las de la Administración pública de origen y se ajustarán al Esquema Nacional de Seguridad».

La AEPD ha publicado una Guía que, bajo el título "Gestión del riesgo y evaluación de impacto en tratamientos de datos personales", incorpora la experiencia acumulada en la aplicación de la gestión del riesgo en el ámbito de la protección de datos desde la aplicación de la normativa actual sobre protección de datos y añade las interpretaciones de la propia autoridad de control, del CEPD y del SEPD; a tal efecto, proporciona una visión de conjunto de la gestión de riesgos y de las evaluaciones de impacto, además de facilitar la integración de la primera en los procesos de gestión y gobernanza de las entidades, siendo aplicable a cualquier tratamiento, con independencia de su nivel de riesgo, si bien, cuando este sea elevado, será preciso acudir a las orientaciones propias de la evaluación de impacto. Junto a ella, pone a disposición las herramientas "Evalúa_riesgo RGPD", que "[...] tiene como objeto servir de ayuda a responsables y encargados a identificar los factores de riesgo para los derechos y libertades de los interesados cuyos datos están presentes en el tratamiento, hacer una primera evaluación del riesgo intrínseco, incluyendo la necesidad de realizar una EIPD, y estimar el riesgo residual si se utilizan medidas y garantías para mitigar los factores de riesgos específicos"; "Facilita RGPD", que es una "[h] erramienta de ayuda para empresas que realicen un tratamiento de datos personales de escaso riesgo para el cumplimiento del Reglamento General de Protección de Datos" o "Facilita Emprende", que "[...] persigue servir de apoyo a personas emprendedoras y *startups* cuyos tratamientos se caracterizan por un fuerte componente innovador que hace uso de nuevas tecnologías».

2. *Evaluación de riesgos. Inventario y valoración de activos. Inventario y valoración de amenazas. Salvaguardas existentes y valoración de su protección. Riesgo resultante*

Como sabemos, el riesgo es una consecuencia de la exposición frente a amenazas. Más concretamente, la amenaza y el consecuente riesgo se hallan intrínsecamente imbricados, de tal suerte que la identificación de los riesgos siempre comporta la consideración de las amenazas que los pueden originar; estas amenazas, atendiendo a la protección de datos personales, pueden:

a) Modificar información personal del interesado sin autorización, aludiendo al daño derivado de que el dato personal presentara un contenido alterado y afectando, con ello, a la dimensión de la integridad, concebida, siguiendo la definición empleada por el Esquema Nacional de Seguridad (anexo IV), como aquella "propiedad o característica consistente en que el activo de información no ha sido alterado de manera no autorizada", entendiendo el activo, dentro del mismo texto, como el "componente o funcionalidad de un sistema de información susceptible de ser atacado deliberada o accidentalmente con consecuencias para la organización. Incluye: información, datos, servicios, aplicaciones (software), equipos (hardware), comunicaciones, recursos administrativos, recursos físicos y recursos humanos».

b) Suponer un acceso ilegítimo a información personal del interesado, haciendo referencia al impacto que provocaría el hecho de que los datos personales fueran conocidos por individuos no autorizados y afectando, con ello, a la dimensión de la confidencialidad, concebida, siguiendo la definición empleada por el ENS (glosario), como aquella "propiedad o característica consistente en que la información ni se pone a disposición, ni se revela a individuos, entidades o procesos no autorizados". A esta dimensión se refiere también el artículo 5 LOPDGDD, que impone el deber de confidencialidad a los responsables del tratamiento, a los encargados del tratamiento y a todas las personas que intervengan en cualquier fase del mismo, viéndose complementada con el deber de secreto profesional; ambos, confidencialidad y secreto profesional, se mantendrán aun cuando ya hubiese concluido la relación del obligado con el responsable o encargado del tratamiento.

c) Conllevar una eliminación de información personal del interesado, atendiendo al perjuicio que se desencadenaría por no tener un dato personal determinado o por no poder utilizarlo, afectando, con ello, a la dimensión de la disponibilidad, concebida, siguiendo la definición empleada por el citado Esquema (glosario), como aquella "propiedad o característica de los activos consistente en que las entidades o procesos autorizados tienen acceso a los mismos cuando lo requieren».

Evaluar un riesgo supone tener en cuenta los distintos escenarios en que este riesgo podría llegar a materializarse; en otras palabras, se traduce en valorar la repercusión a exponerse a una determinada amenaza, así como la posibilidad de que dicha amenaza llegue a producirse. El impacto se determina con base en los daños presumibles que pueden llegar a ocasionarse si la amenaza se hace efectiva. En este sentido, un impacto podría eludirse si se advierte que no tiene consecuencias sobre el titular de los datos personales; en cambio, podría ser relevante si las consecuencias que ocasionaría en los derechos y libertades del interesado resultan críticas y evidentes. Es por ello por lo que, dependiendo de la probabilidad y del impacto que estén asociados a una amenaza, será factible concretar lo que se conoce como "nivel de riesgo inherente", entendido como aquel que existe de manera intrínseca y que no puede ser eliminado.

La normativa actual en materia de protección de datos personales busca servirse de las ventajas que proporciona la gestión de riesgos, si bien incorpora una perspectiva en la que el foco no se centra en los aspectos que amenazan a la organización, sino en aquellos que se ciernen sobre los derechos y libertades del titular de los datos; por este motivo, la evaluación de los riesgos implica la necesidad de reflexionar en torno a las consecuencias que el tratamiento tiene sobre los titulares de dichos datos.

Consecuencia de lo anterior, la evaluación del riesgo tiene dos finalidades claras: de un lado, optimizar el esfuerzo empleado para reducir y gestionar proporcionalmente los riesgos; de otro, concretar si el riesgo es elevado, en cuyo caso, será preciso atender a cuanto disponen los artículos 35 y 36 RGPD. Evaluar el nivel de riesgo asociado a un determinado tratamiento exige llevar a cabo varias actuaciones:

En primer lugar, una identificación de los factores de riesgo (es decir, de las amenazas, que pueden derivar del propio tratamiento implementado por responsables o encargados del tratamiento o de aspectos externos a la propia organización) para el titular de los datos personales.

Esta identificación de las amenazas implica una detección del origen susceptible de generar un evento que pueda llegar a impactar en los derechos y libertades de los afectados. En la normativa en vigor sobre protección de datos, así como en las directrices del GTA29, del CEPD y de la AEPD, se han identificado amenazas concretas; como ejemplos, podemos citar los siguientes (AEPD, "Gestión del riesgo y evaluación de impacto en tratamientos de datos personales", págs. 34 a 36):

En cuanto al RGPD, ya hemos visto que el artículo 32.2 hace referencia a los riesgos derivados de "[...] la destrucción, pérdida o alteración accidental o ilícita de datos personales transmitidos, conservados o tratados de otra forma, o la comunicación o acceso no autorizados a dichos datos". Junto a dicho precepto, el artículo 35.3.a) RGPD afirma que tendrá un riesgo elevado cualquier tratamiento que incorpore una "evaluación sistemática y exhaustiva de aspectos personales de personas físicas que se base en un tratamiento automatizado, como la elaboración de perfiles, y sobre cuya base se tomen decisiones que produzcan efectos jurídicos para las personas físicas o que les afecten significativamente de modo similar". Por tanto, se concretan varias amenazas, como: el empleo de técnicas que afectan a la naturaleza del tratamiento (tratamiento automatizado y elaboración de perfiles), las modalidades de datos personales relacionados con la naturaleza del tratamiento (aspectos personales), la amplitud del ámbito de tratamiento (evaluación sistemática y exhaustiva) y los fines del tratamiento (toma de decisiones con efectos jurídicos o similares). De combinarse todos ellos, el impacto se traducirá en un riesgo elevado que, de conformidad con la regulación vigente, requerirá de una evaluación de impacto, exigiendo una gestión del riesgo que concrete las medidas y garantías que disminuyan el riesgo asociado a dichas amenazas; de no hacerlo, en cambio, el nivel de riesgo no sería, en principio, alto. A ambos preceptos se añaden los anunciados por el considerando 75 RGPD: "[...] casos en los que el tratamiento pueda dar lugar a problemas de discriminación, usurpación de identidad o fraude, pérdidas financieras, daño para la reputación, pérdida de confidencialidad de datos sujetos al secreto profesional, reversión no autorizada de la seudonimización o cualquier otro perjuicio económico o social significativo; casos en los que se prive a los interesados de sus derechos y libertades o se les impida ejercer el control sobre sus datos personales; casos en los que los datos personales tratados revelen el origen étnico o racial, las opiniones políticas, la religión o creencias filosóficas, la militancia en sindicatos y el tratamiento de datos genéticos, datos relativos a la salud o datos sobre la vida sexual, o las condenas e infracciones penales o medidas de seguridad conexas; casos en los que se evalúen aspectos personales, en particular el análisis o la predicción de aspectos referidos al rendimiento en el trabajo, situación económica, salud, preferencias o intereses personales, fiabilidad o comportamiento, situación o movimientos, con el fin de crear o utilizar perfiles personales; casos en los que se traten datos personales de personas vulnerables, en particular niños; o casos en los que el tratamiento implique una gran cantidad de datos personales y afecte a un gran número de interesados».

Por su parte, el artículo 28.2.d) LOPDGDD alude a los mayores riesgos derivados de aquellos tratamientos que impliquen "[...] una evaluación de aspectos personales de los afectados con el fin de crear o utilizar perfiles personales de los mismos, en particular mediante el análisis o la predicción de aspectos referidos a su rendimiento en el trabajo, su situación económica, su salud, sus preferencias o intereses personales, su fiabilidad o comportamiento, su solvencia financiera, su localización o sus movimientos».

Por lo que respecta al GTA29, en sus "Directrices sobre la evaluación de impacto relativa a la protección de datos (EIPD) y para determinar si el tratamiento 'entraña probablemente un alto riesgo' a efectos del Reglamento (UE) 2016/679" (WP 248 rev.01, adoptado el 04 de abril de 2017), sostiene (p. 12) que "[...] algunas aplicaciones del "Internet de las cosas" podrían tener un impacto significativo sobre la vida diaria y la privacidad de las personas y, por tanto, requieren una EIPD».

Por último, la AEPD, en sus "Listas de tipos de tratamientos de datos que requieren evaluación de impacto relativa a protección de datos (art. 35.4)", alude, de forma no exhaustiva, a tratamientos que, por presentar un riesgo elevado, requerirán de esta evaluación de impacto.

En segundo lugar, un análisis de la probabilidad de que tales amenazas tengan lugar y, de ser así, el impacto que ocasionarían en el afectado, a fin de poder avaluar el nivel de riesgo inmanente a cada una de estas amenazas.

Este nivel de riesgo inherente es el que se obtiene de la evaluación del nivel de riesgo con carácter previo a la implantación de medidas y garantías para minorar el riesgo derivado de cada uno de los factores de riesgo; para ello, será preciso tomar en consideración el efecto global de todas las posibles amenazas en los distintos escenarios en los que estas podrían llegar a plasmarse con una concreta probabilidad, generando un concreto impacto.

En tercer lugar, una evaluación del nivel global del riesgo que conlleva el tratamiento de los datos personales sobre el interesado.

El riesgo residual será aquel que resulte de la evaluación del nivel de riesgo tras la adopción de aquellas medidas y garantías encaminadas a disminuir el riesgo derivado de cada una de las fuentes de riesgo. El fin último reside en reducir el riesgo residual a un nivel de riesgo que sea asumible.

3. Gestión de riesgos. Conceptos. Implementación. Selección y asignación de salvaguardas a amenazas. Valoración de la protección. Riesgo residual, riesgo aceptable y riesgo inasumible

Resulta conveniente analizar terminológicamente el concepto de gestión de riesgos, que alude a aquellas actuaciones que hacen posible el control de la incertidumbre relativa a una amenaza por medio de un conjunto ordenado de actividades que incorporan la identificación del riesgo y la evaluación del riesgo, así como el conjunto de medidas necesarias para que este se reduzca o mitigue; en otras palabras, y siguiendo la definición, más lacónica, que proporciona el glosario del anexo IV del ENS, nos referimos a aquellas "[...] actividades coordinadas para dirigir y controlar a una organización con respecto a los riesgos».

Como sostiene la AEPD en su Guía "Gestión del riesgo y evaluación de impacto en tratamientos de datos personales" (p. 12), la gestión de riesgo (para los derechos y libertades de los interesados) vendrá integrada por un conjunto ordenado y sistematizado de actuaciones tendentes al control de posibles impactos que una determinada actividad puede tener sobre los activos a proteger. Esto pasa, añade, por analizar, crítica y objetivamente, el tratamiento y por adoptar los controles que reduzcan el impacto (en forma de medidas técnicas y organizativas que, revisadas periódicamente, garanticen y, además, permitan demostrar la protección de estos derechos y libertades) hasta un nivel que, a juicio de la organización, resulte aceptable.

Por tanto, una vez identificados y evaluados los riesgos, debemos proceder a la gestión de los mismos. Esta fase tiene como finalidad disminuir el nivel de exposición a los riesgos por medio de la aplicación de medidas de control que hagan posible la reducción de la probabilidad y/o del impacto de que tales riesgos lleguen a materializarse. De este modo, el riesgo inherente puede ser tratado para disminuirlo o mitigarlo, dependiendo de cuál sea la opción elegida, consiguiendo situar el riesgo residual en un punto que se considere adecuado y tolerable. En este sentido, hay múltiples maneras de tratar un determinado riesgo:

a) Impedir el desarrollo de aquellas circunstancias que propicien el riesgo.

b) Minorar la probabilidad de que suceda, aplicando medidas adecuadas.

c) Reducir el impacto de las consecuencias que el riesgo podría llegar a provocar en la organización.

d) Trasladar el riesgo a un tercero, por medio de la contratación del servicio o de un determinado seguro de cobertura.

e) Aceptar un determinado riesgo y las consecuencias que este pueda tener. En múltiples ocasiones, se aceptan riesgos operacionales porque estos son inevitables para el acometimiento de actuaciones que podrían reportar beneficios a la organización y que, en términos generales, compensan dichos riesgos. Ahora bien, debemos tener en cuenta el riesgo inasumible, que será aquel que, como su propio nombre indica, no podrá ser aceptado ni tolerado por la organización, la cual habrá de encontrar la manera de remediarlo.

Así, valorando probabilidad e impacto, podremos priorizar los riesgos. Las organizaciones deben procurar no emplear más recursos de los necesarios, de forma que el punto en el que el coste de protección sea el adecuado para mantener los riesgos por debajo del umbral fijado de riesgo será el coste de equilibrio, punto que dependerá del umbral de riesgo de acuerdo con los objetivos marcados por la organización, pública o privada, de que se trate. Pese a ello, conviene aclarar, como hace la AEPD ("Gestión del riesgo y evaluación de impacto en tratamientos de datos personales", pág. 19), que "[e]l balance coste/beneficio, en términos económicos o financieros, derivado de la falta de cumplimiento normativo en materia de protección de datos no debe interpretarse, en ningún caso, como una gestión del riesgo para los derechos y libertades de las personas físicas, sino que, incluso, podría ser considerado por la Autoridad de Control como un posible beneficio obtenido de la propia infracción y un posible factor agravante».

En materia de protección de datos personales, la normativa actual no establece un criterio práctico ni define una metodología concreta para gestionar los riesgos, dejando abierta la posibilidad de que se opte por la que se considere más adecuada a cada caso particular y en relación con los demás recursos que afectan a las políticas y gobernanza de la entidad (en especial, a la política, planificación y revisión del tratamiento). Tampoco impone ninguna exigencia formal específica en la implementación de esta gestión de riesgos, más allá de las que el principio de responsabilidad proactiva lleva consigo y de los requisitos mínimos previstos para tratamientos que conlleven un riesgo elevado (recuérdese, los propios de la evaluación de impacto prevista en los artículos 35 y 36 RGPD).

No obstante, sí que se establece la necesidad de tomar en consideración, para la gestión de los riesgos, no sólo al titular de los datos que se están tratando, sino también a todos aquellos individuos afectados y a los colectivos implicados en el tratamiento (GTA29, Declaración sobre la función de un enfoque basado en el riesgo de los marcos jurídicos sobre protección, de datos —WP 218, de 30 de mayo de 2014—). Además, la gestión de los riesgos deberá atender al contexto actual y al potencial y habrá de estar presidida por los principios de eficiencia y de eficacia.

En cuanto a las etapas que se repiten en todo proceso de gestión de riesgos, estas serán las siguientes:

a) Analizar y describir los tratamientos a implementar y los requisitos de cumplimiento de las previsiones contenidas en la normativa aplicable sobre protección de datos personales.

b) Describir el tratamiento en relación con la naturaleza, ámbito, contexto y finalidades perseguidas con el mismo.

c) Identificar y analizar los riesgos del tratamiento.

d) Evaluar el nivel de riesgo y determinar si es, o no, imprescindible acometer una evaluación de impacto.

e) Tratar el riesgo.

f) Seguir y verificar la eficacia de las medidas de seguridad acometidas y decidir la periodicidad con la que se deben revisar, reevaluar y, en su caso, mejorar tales acciones.

De todas ellas, resulta importante detenerse en la etapa del tratamiento del riesgo propiamente dicha, pues es la que se centra en la adopción de medidas y en la implementación de garantías encaminadas, de manera específica, a reducir, eliminar o asumir, de forma controlada, el nivel de riesgo identificado que el tratamiento conlleva en los derechos y libertades de los interesados. Esta disminución del riesgo (sea o no elevado) se puede obtener reduciendo la probabilidad de que el riesgo se materialice y/o el impacto que tendría de hacerlo.

Algunas de estas medidas ya aparecen recogidas en la propia normativa. Es lo que sucede, por ejemplo, con la aplicación, por parte del responsable del tratamiento, de las oportunas políticas de protección de datos (artículo 24.2 RGPD), con la seudonimización y el cifrado de datos personales [artículo 32.1.a) RGPD] o con el deber de notificar una violación de la seguridad de los datos personales a la autoridad de control o de comunicarla a los interesados (artículos 33 y 34 RGPD). En este sentido, como sostiene la propia AEPD ("Gestión del riesgo y evaluación de impacto en tratamientos de datos personales", pág. 37), "[...] encargarse de los factores de riesgo del tratamiento se trata de un proceso iterativo que se realiza fundamentalmente durante las etapas de concepción y el diseño del ciclo de vida de este. En cada iteración, se aplicarán controles para reducir la probabilidad o el impacto de los factores de riesgos identificados y se evaluará nuevamente el riesgo residual tantas veces como pueda ser necesario hasta alcanzar un nivel de riesgo aceptable. Las medidas de control se deben considerar de forma independiente para cada riesgo identificado, aunque más tarde se evalúe su efecto combinado, estableciéndose tantas medidas de control como sean necesarias hasta lograr un nivel de riesgo aceptable. Los controles derivados de la gestión del riesgo pueden aplicarse a múltiples operaciones de tratamiento que sean similares. Algunos de los controles podrían también formar parte de los controles aplicados desde otras estrategias de protección de datos de una organización».

Por lo que respecta a las medidas concretas que se podrían aplicar para minorar el riesgo, estas podrían clasificarse atendiendo a criterios diversos:

En primer lugar, si atendemos a la posible prevención de que el riesgo se materialice o a la posible activación para responder de un riesgo cuya materialización ya se ha producido, las medidas se pueden dividir en proactivas o preventivas, de detección y reactivas o correctivas.

En segundo lugar, si ponemos la atención en la estrategia a adoptar para hacer frente al riesgo, podemos hablar de medidas dirigidas a reducirlo o mitigarlo (adoptando, como ya se ha dicho, medidas que minoren la probabilidad y/o el impacto vinculados al riesgo inmanente), de medidas orientadas a evitarlo o eliminarlo (abandonado las operaciones de tratamiento previstas o, cuando menos, modificando la naturaleza, el alcance, el contexto y los fines del tratamiento) o de medidas encaminadas a aceptarlo o asumirlo (cuando el riesgo inherente sea menor que el riesgo asumible).

En tercer lugar, si nos centramos en la naturaleza del riesgo, podríamos distinguir las medidas organizativas de las legales y las técnicas. Las primeras están relacionadas con el procedimiento, la organización y/o el gobierno de la organización e implican la adopción de políticas de protección de datos personales. Las segundas, por su parte, adoptan la forma de garantías jurídicas que pueden ser imprescindibles, como podría ser el diseño de cláusulas de confidencialidad o de compromisos de no reidentificación. Las terceras, por último, engloban las medidas de protección desde el diseño, medidas de seguridad o medidas para auditoría automática, entre otras.

Partiendo del modelo de *accountability* previsto en la normativa en vigor sobre la materia, los controles a implementar para reducir los riesgos asociados al tratamiento de datos personales se pueden agrupar en un total de cuatro categorías (AEPD, "Gestión del riesgo y evaluación de impacto en tratamientos de datos personales", págs. 104 a 117):

a) Medidas sobre el concepto y diseño del tratamiento, que son aquellas que actúan en la propia definición de la naturaleza (cambiar, reordenar o reorganizar las fases del tratamiento; eliminar alguna fase del tratamiento; aislar y segregar fases del tratamiento entre sí para que traten datos de una forma más limitada; revisar los procedimientos de tratamiento de datos; cambiar las elecciones técnicas para implementar las operaciones del tratamiento por tecnologías menos invasivas y/o más maduras; cambiar, en el sentido anterior, por tecnologías con mayor fiabilidad desde el punto de vista de protección de datos; reemplazar tratamientos automatizados por tratamientos manuales que incorporen procedimientos de supervisión y control; llevar a cabo la supervisión humana de las decisiones automatizadas; utilizar personal especialmente cualificado en determinadas fases del tratamiento, especialmente en su supervisión; rediseñar los procedimientos de recogida, enriquecimiento o generación de datos personales; reorganizar los espacios físicos donde se ejecuta el tratamiento; rediseñar la orientación del trabajo en local, online o teletrabajo; verificar la posibilidad de implementar medios alternativos de tratamiento, o limitar el acceso a los datos personales que es necesario que estén bajo la gestión de encargados del tratamiento), ámbito (orientar el tratamiento a un número menor de sujetos, a cubrir un menor número de ámbitos de la vida de los sujetos o a una extensión geográfica limitada; limitar el número de intervinientes o participantes; limitar, en la concepción del tratamiento, el tiempo en el que el tratamiento trata datos de los mismos sujetos; limitar el grado interacción o vinculación del tratamiento con otros tratamientos de la misma entidad, o limitar de la extensión del tratamiento a sujetos considerados vulnerables —ancianos, menores o personas con discapacidad—), contexto (delimitar los contextos sociales o económicos en los que se aplicará el tratamiento; definir casos de uso restrictivos orientados a sectores específicos; seleccionar los encargados de tratamiento para minimizar riesgos legales, sociales o políticos, o limitar vínculos o relaciones con tratamientos de otros responsables del tratamiento) o fines del tratamiento (limitar o redefinir los fines del tratamiento; eliminar fines secundarios en el tratamiento, o definir, dentro del tratamiento, casos de uso concretos con fines independientes), es decir, en la esencia misma del tratamiento, tal y como está concebido y diseñado.

b) Medidas de gobernanza y políticas de protección de datos, como parte de la gobernanza del tratamiento: existencia de un mandato y compromiso concreto de la dirección de la organización con relación a la gestión del riesgo para los derechos y libertades de los interesados; integración de la gestión del riesgo para los derechos y libertades de los interesados en los procesos de gestión de la organización; existencia de una referencia explícita a la política de gestión del riesgo para los derechos y libertades en el marco de gestión del riesgo de la organización; diferenciación de las medidas que implementan las políticas de gestión de riesgos para los derechos y libertades de las políticas de gestión del riesgo de cumplimiento, legal o del riesgo de responsabilidad civil y penal; definición de los roles y asignación de responsabilidades y recursos necesarios para garantizar la protección de datos en la organización; disponibilidad de los recursos necesarios para garantizar la protección de datos en la organización; definición del procedimiento sobre el ciclo de mejora continua que permita garantizar la efectividad y adecuación de las políticas de protección de datos a la naturaleza, el contexto, el alcance y los objetivos de los distintos tratamientos a lo largo de su ciclo de vida; existencia de indicadores tangibles sobre la implementación efectiva de las políticas de protección de datos; adopción de medidas de protección de datos por defecto y desde el diseño; implementación de medidas de prevención y gestión de brechas de datos personales/medidas de seguridad; nombramiento del DPD o definición del órgano colegiado que ejercerá las funciones del DPO en la organización aun no siendo obligatorio; implicación del Delegado de Protección de Datos en los procedimientos de decisión y definición de los tratamientos; definición de los canales internos para la comunicación con el DPD, la asesoría en protección de datos y/o los responsables de la gestión de los riesgos para los derechos y libertades; adopción de acciones para que los integrantes de la organización conozcan el rol del DPD, la asesoría en protección de datos y/o el responsable de la gestión de los riesgos para los derechos y libertades sus funciones y los canales para comunicarse con él; definición de las obligaciones de asesoría y supervisión del DPO o de la asesoría en protección de datos que se extienden al desarrollo, mantenimiento y supervisión de las políticas de protección de datos; inclusión, en los procedimientos de concepción, diseño e implementación de nuevos tratamientos, estrategias de responsabilidad activa para la protección de datos: la gestión del riesgo para los derechos y libertades, la protección de datos desde el diseño, la protección de datos por defecto, la transparencia del tratamiento y la seguridad desde el diseño y por defecto; inclusión, en los procedimientos de adquisición de productos, sistemas o servicios que van a implementar operaciones dentro de la actividad de tratamiento el requerir información y garantías para asegurar y poder demostrar que dicho tratamiento cumple con la normativa en vigor sobre protección de datos; designación de los puntos de contacto dentro de la organización para cada tratamiento de datos personales; diseño de los buzones de denuncia para implementar la gestión de abusos en temas de protección de datos; integración de la protección de datos en los procedimientos de trabajo en local, remoto y teletrabajo; existencia de una política BYOD (*Bring Your Own Device*) en la que se integran los requisitos de protección de datos; establecimiento, en la política de gestión del tratamiento, de las condiciones para la verificación y tratamiento de la gestión del riesgo para los derechos y libertades de las personas; establecimiento, en la política de gestión del tratamiento, de cláusulas de caducidad en las condiciones del tratamiento; disponibilidad de procedimientos para la atención de derechos que vayan más allá de los mínimos establecidos en el RGPD y en la LOPDGDD; disposición de políticas de transparencia que vayan más allá de los mínimos establecidos en la normativa aplicable; disposición de canales de comunicación con los interesados con relación a la protección de su privacidad; existencia de procedimientos de consulta a los interesados con relación a la protección de sus derechos; referencia a la gestión del riesgo para los derechos y libertades en la política de la seguridad aplicable a los tratamientos de datos personales, así como en la política general de seguridad que fuera aplicable a la organización; integración de la protección de los derechos y libertades en el SGSI; correcta diferenciación de roles entre el DPD y los responsables TIC o de seguridad de la información; implementación de la necesaria coordinación entre el Delegado de Protección de Datos y el responsable de seguridad de la organización, del sistema de información y otros en función de la entidad; clara definición del alcance de la participación del DPO en los comités de seguridad; establecimiento de compromisos de confidencialidad para aquellos que tengan acceso a datos de carácter personal; establecimiento de garantías a los encargados que vayan más allá de lo establecido en los artículo 28 RGPD y 33 LOPDGDD; compromisos para no llevar a cabo esfuerzos que pudieran dar lugar a la reidentificación de las personas en conjuntos de datos disociados; habilitación de instrumentos con validez jurídica que protejan los derechos y libertades de los interesados en caso de materialización de riesgos específicos; habilitación de instrumentos con validez jurídica que compensen equilibradamente a los interesados (no al responsable del tratamiento) de los daños a sus derechos y libertades en caso de materialización de riesgos específicos; establecimiento de medidas de concienciación y formación del personal implicado en la definición o concepción de nuevos tratamientos; establecimiento de medidas de concienciación y formación del personal implicado en las operaciones de tratamiento de datos personales; inclusión, en las guías orientadas a trabajadores, según sus roles específicos, de información con relación a las obligaciones relativas a la protección de datos, con relación a cómo actuar ante reclamaciones de derechos, con relación a cómo actuar ante una brecha de datos personales y con relación a sus derechos y canales de denuncia relativos a protección de datos; inclusión, en los modelos de contratos de encargado del tratamiento, de la referencia a las cláusulas contractuales aplicables en las relaciones responsable-encargado; inclusión, en los procedimientos de contratación de encargados del tratamiento, de las obligaciones de los artículo 28 RGPD y 33 LOPDGDD; definición, en los procedimientos de contratación de encargados, de procedimientos de evaluación del encargado que garantizarán que se elegirá únicamente un encargado que ofrezca garantías suficientes para aplicar medidas técnicas y organizativas apropiadas en función del riesgo del tratamiento; extensión de las cláusulas contractuales más allá de los requisitos establecidos en los artículo 28 RGPD y 33 LOPDGDD para la adecuada gestión del riesgo del tratamiento; inclusión, en las cláusulas contractuales, de elementos que pueden ayudar al encargado a comprender los riesgos para los derechos y libertades de los datos derivados del tratamiento; inclusión, en las cláusulas contractuales, de medidas de seguridad aplicables al tratamiento; inclusión, en las cláusulas contractuales, de la obligación del encargado de obtener la aprobación del responsable con anterioridad a realizar cualquier cambio sobre las medidas de seguridad y de la obligación del responsable de revisar dichas medidas periódicamente en función del riesgo; inclusión, en los procedimientos de contratación, de diligencias adicionales para garantizar el cumplimiento de la normativa de datos personales; realización, por el responsable, de auditorías propias sobre los encargados con relación al tratamiento; previsión de que terceros independientes auditan o certifican al encargado con relación al tratamiento; existencia de mecanismos para tener trazabilidad de las comunicaciones de datos personales realizadas por el responsable y encargado a encargados, subencargados y terceros; definición de procedimientos para la definición de mecanismos, garantías y límites aplicables a las transferencias internacionales de datos para cada tratamiento y para la referencia a las

BCR que se aplicasen a la organización, con detalle de aquellos ámbitos y tratamientos específicos aplicables, así como sus límites; definición de documentos que permiten al responsable demostrar el cumplimiento; inclusión de la gestión del riesgo para los derechos y libertades; trazabilidad y control de versiones de la documentación de gestión del riesgo para los derechos y libertades que se vaya generando; definición de procedimientos para detectar brechas, incidentes o errores en los tratamientos de datos personales y para el papel del DPD en relación a la gestión de brechas de datos personales; existencia de procedimientos definidos para reaccionar ágilmente, a nivel de organización, ante brechas, incidentes o errores en los tratamientos de datos personales; definición de los canales de comunicación, información y consulta sobre brechas de datos e incidentes con las partes implicadas en los tratamientos de datos personales; definición de las medidas para identificar, en las comunicaciones de los propios interesados al responsable/encargado, información sobre brechas, incidencias o errores; existencia de procedimientos para la notificación de brechas de datos personales a la autoridad de control; existencia de procedimientos para la comunicación a los interesados de brechas de datos personales; previsión de escenarios concretos de potenciales brechas, errores o incidentes de especial gravedad, y definición de la forma de gestionarlos, específicamente, para proteger los derechos y libertades de los interesados; existencia de conexión entre los procedimientos para la gestión de brechas e incidentes en el tratamiento y el proceso de gestión riesgos, incluyendo la gestión de los controles asociados; realización de una evaluación de impacto aun no siendo esta obligatoria; existencia de procedimientos internos que hacen necesaria la evaluación de impacto con independencia de que exista o no obligación legal de llevarla a cabo; implementación de planes de auditorías internas o externas que evalúen el cumplimento de las políticas de protección de datos; establecimiento de políticas de certificación en protección de datos; identificación, en su caso, de los mecanismos de adhesión a códigos de conducta, o implantación de mecanismos, normas y procedimientos, para detectar cambios en la naturaleza, ámbito, contexto o fines del tratamiento y de mecanismos de decisión para que, en función de los cambios anteriores o incidencias detectadas, se realice un nuevo ciclo de revisión del riesgo.

c) Medidas de protección de datos desde el diseño, a tener en cuenta para los productos, aplicaciones y servicios que se desarrollen. Son un total de seis: por un lado, las tres orientadas a proteger la seguridad de la información, la confidencialidad, la integridad y la disponibilidad; por otro, las específicas de desvinculación (minimización de datos, limitación del plazo de conservación e integridad y confidencialidad), transparencia (licitud, lealtad y transparencia y limitación de la finalidad) y control (limitación de la finalidad, exactitud, integridad y confidencialidad y responsabilidad proactiva). Al respecto, la AEPD ha publicado la "Guía de privacidad desde el diseño", donde se abordan todas estas medidas.

d) Medidas de seguridad para la protección de los derechos y libertades, que se tienen que abordar desde una perspectiva amplia que cubra también amenazas como podrían ser las causas naturales, los accidentes, los errores humanos o los posibles errores en el funcionamiento de los tratamientos automatizados.

Al aplicar estas medidas sobre los riesgos iniciales, se obtendrá el riesgo residual, es decir, aquel que se extrae tras la aplicación de controles que mitiguen y/o reduzcan su nivel de exposición sobre el total de factores de riesgo que, previamente, se hayan identificado.

II. METODOLOGÍAS DE ANÁLISIS Y GESTIÓN DE RIESGOS

Entre las metodologías específicas para la gestión de riesgos se han incluido, tradicionalmente, las siguientes:

h) ISO/IEC 27005, que es una norma internacional con recomendaciones y directrices generales para la gestión de riesgos con respecto a la seguridad de la información, siguiendo los requisitos de la ISO 27001. No recomienda una metodología de gestión de riesgos concreta, pero puede ser de utilidad para elaborar una propia, atendiendo a diversos factores y al SGSI.

i) ISO/IEC 31000. Esta norma internacional abarca pautas para las buenas prácticas en la gestión de riesgos. Su proceso se caracteriza por la identificación, análisis, evaluación, tratamiento, comunicación y seguimiento de cualquier tipo de riesgo que afecte a la organización.

j) MAGERIT, que es una metodología de carácter público que puede ser utilizada libremente y no requiere de autorización previa. Interesa, principalmente, a las entidades en el ámbito de aplicación del ENS para satisfacer el principio de la gestión de la seguridad basada en riesgos, así como el requisito de análisis y gestión de riesgos, considerando la dependencia de las tecnologías de la información para cumplir misiones, prestar servicios y alcanzar los objetivos de la organización.

k) OCTAVE, que proporciona un conjunto de criterios a partir de los cuales se pueden desarrollar distintas metodologías. Está compuesta por las fases de visión de organización, visión tecnológica y planificación de medidas y reducción de los riesgos.

l) NIST 800-30. Esta metodología tiene reconocimiento internacional y busca asegurar a los sistemas de información. Sus pasos básicos para la gestión de riesgos son la caracterización del sistema, la identificación de amenazas y vulnerabilidades, el control de análisis, la determinación del riesgo, el análisis de impacto, la determinación del riesgo, las recomendaciones de control y el resultado de la implementación o documentación.

m) CRAMM. Tiene reconocimiento internacional. Su desarrollo consta de identificación y valoración de activos, valoración de amenazas y vulnerabilidades y selección de contramedidas.

A ellas, se une la, elaborada por la AEPD y ya mencionada, Guía "Gestión del riesgo y evaluación de impacto en tratamientos de datos personales", que, igualmente, deberá ser exhaustivamente analizada.

En todos los casos, la gestión del riesgo se ha de integrar en los procesos de la organización, creando un entorno que exija el seguimiento y la revisión regulares sobre la base de un calendario predefinido que sirva para evaluar el progreso en un contexto de mejora continua, habiendo de mantenerse, además, vigente y adaptarse a los cambios del entorno. La creación de este marco de trabajo exigirá la dotación de los recursos necesarios (personas, procedimientos y herramientas) y la comunicación, interna y externa, oportuna.

III. PROGRAMA DE CUMPLIMIENTO DE PROTECCIÓN DE DATOS Y SEGURIDAD EN UNA ORGANIZACIÓN

Un programa de cumplimiento en materia de protección de datos y seguridad en una organización integra todas aquellas actuaciones que esta planifica con el objetivo de cumplir con la normativa aplicable sobre la materia; en otras palabras, alude a aquellas previsiones que, plasmadas en un documento escrito, establecen el modo en el que una determinada entidad organiza la gestión y protección de los datos concernientes a los interesados y la seguridad de la información.

Todas estas actuaciones pueden considerarse integradas en el, más amplio, concepto de *Compliance*, que, en nuestro país, suele relacionarse con la prevención penal de las organizaciones. En este sentido, hemos de aludir al CP, que, tras las reformas de los años 2010 a 2015, introduce modificaciones que afectan al régimen de responsabilidad de las personas jurídicas. Más concretamente, hemos de acudir al artículo 31 bis CP, que establece cuanto sigue:

> «1. En los supuestos previstos en este Código, las personas jurídicas serán penalmente responsables:
> a) De los delitos cometidos en nombre o por cuenta de las mismas, y en su beneficio directo o indirecto, por sus representantes legales o por aquellos que actuando individualmente o como integrantes de un órgano de la persona jurídica, están autorizados para tomar decisiones en nombre de la persona jurídica u ostentan facultades de organización y control dentro de la misma.
> b) De los delitos cometidos, en el ejercicio de actividades sociales y por cuenta y en beneficio directo o indirecto de las mismas, por quienes, estando sometidos a la autoridad de las personas físicas mencionadas en el párrafo anterior, han podido realizar los hechos por haberse incumplido gravemente por aquéllos los deberes de supervisión, vigilancia y control de su actividad atendidas las concretas circunstancias del caso.
> 2. Si el delito fuere cometido por las personas indicadas en la letra a) del apartado anterior, la persona jurídica quedará exenta de responsabilidad si se cumplen las siguientes condiciones:
> 1.ª el órgano de administración ha adoptado y ejecutado con eficacia, antes de la comisión del delito, modelos de organización y gestión que incluyen las medidas de vigilancia y control idóneas para prevenir delitos de la misma naturaleza o para reducir de forma significativa el riesgo de su comisión;
> 2.ª la supervisión del funcionamiento y del cumplimiento del modelo de prevención implantado ha sido confiada a un órgano de la persona jurídica con poderes autónomos de iniciativa y de control o que tenga encomendada legalmente la función de supervisar la eficacia de los controles internos de la persona jurídica;
> 3.ª los autores individuales han cometido el delito eludiendo fraudulentamente los modelos de organización y de prevención y
> 4.ª no se ha producido una omisión o un ejercicio insuficiente de sus funciones de supervisión, vigilancia y control por parte del órgano al que se refiere la condición 2.ª
> En los casos en los que las anteriores circunstancias solamente puedan ser objeto de acreditación parcial, esta circunstancia será valorada a los efectos de atenuación de la pena.
> 3. En las personas jurídicas de pequeñas dimensiones, las funciones de supervisión a que se refiere la condición 2.ª del apartado 2 podrán ser asumidas directamente por el órgano de administración. A estos efectos, son personas jurídicas de pequeñas dimensiones aquéllas que, según la legislación aplicable, estén autorizadas a presentar cuenta de pérdidas y ganancias abreviada.
> 4. Si el delito fuera cometido por las personas indicadas en la letra b) del apartado 1, la persona jurídica quedará exenta de responsabilidad si, antes de la comisión del delito, ha adoptado y ejecutado eficazmente un modelo de organización y gestión que resulte adecuado para prevenir delitos de la naturaleza del que fue cometido o para reducir de forma significativa el riesgo de su comisión.
> En este caso resultará igualmente aplicable la atenuación prevista en el párrafo segundo del apartado 2 de este artículo.

> 5. Los modelos de organización y gestión a que se refieren la condición 1.ª del apartado 2 y el apartado anterior deberán cumplir los siguientes requisitos:
> 1.º Identificarán las actividades en cuyo ámbito puedan ser cometidos los delitos que deben ser prevenidos.
> 2.º Establecerán los protocolos o procedimientos que concreten el proceso de formación de la voluntad de la persona jurídica, de adopción de decisiones y de ejecución de las mismas con relación a aquéllos.
> 3.º Dispondrán de modelos de gestión de los recursos financieros adecuados para impedir la comisión de los delitos que deben ser prevenidos.
> 4.º Impondrán la obligación de informar de posibles riesgos e incumplimientos al organismo encargado de vigilar el funcionamiento y observancia del modelo de prevención.
> 5.º Establecerán un sistema disciplinario que sancione adecuadamente el incumplimiento de las medidas que establezca el modelo.
> 6.º Realizarán una verificación periódica del modelo y de su eventual modificación cuando se pongan de manifiesto infracciones relevantes de sus disposiciones, o cuando se produzcan cambios en la organización, en la estructura de control o en la actividad desarrollada que los hagan necesarios».

Es, pues, dentro del apartado 2.1.ª anterior donde se incluye la posibilidad de que la persona jurídica quede exonerada de responsabilidad, siempre que reúna los requisitos previstos en el apartado quinto del mismo precepto. Partiendo de esta premisa, surgen las normas internacionales UNE-19601 y UNE-ISO 19600: la primera se circunscribe al ámbito penal y es certificable; la segunda, en cambio, alude al cumplimiento normativo en general y constituye una guía, por lo que no se puede certificar.

Sentado lo anterior, parece evidente que uno de los aspectos que integran los programas de *Compliance* es el propio de la protección de datos. En este sentido, y de conformidad con los artículos 24 y 32 RGPD, se advierte la obligación de responsables y encargados del tratamiento de garantizar la seguridad de los datos personales tratados, sobre la base del principio, aglutinador, de responsabilidad proactiva. Por tanto, será fundamental que la organización de que se trate disponga de un programa de cumplimiento normativo en el que se recojan todas las medidas de gestión y aplicación relacionadas con la protección de datos personales, más allá de que la normativa en vigor en esta materia no prevea, con carácter expreso, la obligación de elaborar y disponer de este documento.

1. El diseño y la implantación del programa de protección de datos en el contexto de la organización

Diseñar e implantar un programa de protección de datos personales en el seno de una organización exige, ante todo, la implicación de la alta dirección y la determinación de los objetivos perseguidos y el alcance de los mismos, que quedarán plasmados en la política de protección de datos personales. Entre estos objetivos se han de incluir, como se puede deducir de cuanto se ha expuesto a lo largo de esta obra, los siguientes:

a) Análisis y cumplimiento de los principios relativos al tratamiento, como base de la que se derivan el conjunto de obligaciones a cumplir por cada responsable o encargado del tratamiento.

b) Concreción de las bases jurídicas que amparan y legitiman el tratamiento de los datos personales, atendiendo al contexto en el que cada uno de estos tratamientos se desarrolla y despliega su eficacia.

c) Cumplimiento del deber de información a los interesados, tanto si los datos personales se han obtenido directamente como si se han extraído de terceros.

d) Diseño de procedimientos para atender a los derechos de los afectados, donde se han de definir los canales de solicitud, tramitación y respuesta dentro de los plazos legalmente establecidos.

e) Control de la relación con prestadores de servicios con acceso a datos personales (encargados del tratamiento), que implica, no sólo la formalización de las relaciones entre las partes, sino el seguimiento en el cumplimiento de las obligaciones que a ambas corresponden y la vigencia temporal de las mismas.

f) Elaboración, en su caso, de un registro de las actividades de tratamiento, en el que se recoja toda la información concerniente a cada uno de los tratamientos que se pretenden acometer (base jurídica, información al interesado, transferencias internacionales, cesiones, medidas de seguridad, etc.).

g) Identificación, evaluación y tratamiento de los riesgos en materia de protección de datos personales que permita determinar las medidas más adecuadas para minorar el riesgo derivado del tratamiento de los datos en atención a las dimensiones, ya conocidas, de integridad, disponibilidad y confidencialidad.

h) Designación, en su caso, de un DPO, en los términos ya analizados, con respeto y cumplimiento de la posición y funciones que a este corresponden.

i) Determinación de los supuestos que posibilitan la realización de transferencias internacionales de datos personales, previendo la vía que permite su realización, sobre la base de la naturaleza y ubicación del importador y del exportador de los datos.

j) Configuración del plan de formación, sensibilización y concienciación de todo el personal que, dentro de la organización, tenga acceso a datos personales.

k) Planificación y activación de las acciones de mejora continua, dentro de las cuales se ha de incluir la gestión de reportes y seguimiento y de incidencias, indicadores, planes de auditoría y revisión de la alta dirección.

2. *Objetivos del programa de cumplimiento*

Como se ha podido constatar, los objetivos de todo programa de cumplimiento normativo en materia de protección de datos personales son múltiples:

En primer lugar, la detección y gestión de los riesgos derivados de tratamientos inadecuados de los datos personales y/o de incumplimiento de las obligaciones que recaen sobre responsables y encargados del tratamiento.

En segundo lugar, el cumplimiento de todas las obligaciones que, atendiendo a la naturaleza del tratamiento y a las características (tamaño, actividad, sector, etc.) de los sujetos que los implementan, resultan aplicables, sobre la base del párrafo anterior, así como la erradicación de posibles incumplimientos, donde se deberá prestar especial atención a la comisión y, en su caso, gestión de incidentes o brechas de seguridad en materia de protección de datos personales.

En tercer lugar, en línea con el principio de *accountability*, la prueba de que este cumplimiento se ha llevado a cabo y que, además, se ha realizado adecuadamente.

En cuarto lugar, la implantación de modelos de vigilancia que permitan controlar y supervisar, con regularidad, el estado de satisfacción de las precitadas exigencias.

En quinto lugar, la planificación de potenciales mejoras y de las actualizaciones que resulten preceptivas o aconsejables, especialmente en aquellos casos en los que se produzcan cambios relevantes (en especial, de carácter económico) en la organización o en la regulación que resulte aplicable.

3. Accountability: *la trazabilidad del modelo de cumplimiento*

Ya sabemos que el principio de responsabilidad proactiva o *accountability* define el modo en el que se cumplen todos los principios relativos al tratamiento y, por tanto, la manera en la que se satisfacen las obligaciones que, de ellos derivadas, recaen sobre responsables y encargados del tratamiento. Se trata, por tanto, de una profunda transformación que afecta al cumplimiento mismo y a la prueba de que este se lleva a cabo.

Por este motivo, es preciso documentar todos los procesos para, así: posibilitar, en primer lugar, la ejecución, eficaz y eficiente, del cumplimiento de las obligaciones que se imponen a quienes tratan datos personales de los interesados y en protección de los derechos y libertades de estos; permitir, en segundo lugar, una posterior demostración de que este cumplimiento se ha llevado a cabo adecuadamente, y, vehicular, en tercer lugar, la necesaria trazabilidad que todo cumplimiento ha de tener a lo largo del tiempo. Al respecto, la documentación debe ser: una herramienta de trabajo (útil, por ende, para la ejecución adecuada de las obligaciones), eficiente (de modo que la carga en la gestión del tratamiento sea la mínima posible), completa (recogiendo todas las decisiones adoptadas en la gestión del cumplimiento, al igual que la justificación de las mismas, que tendrá que ampararse en evidencias objetivas u objetivables), dinámica (es decir, susceptible de permanente actualización y evolución, en respuesta a los cambios que se produzcan en el tratamiento, en el contexto o en las circunstancias, de todo tipo, que afecten a la organización), integrada en la gestión de la entidad (o, lo que es lo mismo, vinculada y cohonestada con cualquier otra documentación vinculada a la gestión del cumplimiento), comunicada (para que los distintos niveles de decisión, de ejecución y de control puedan realizar adecuadamente su labor), transmitida al conjunto de la organización (empleando, para ello, un lenguaje claro y sencillo), no monolítica (adaptada a los distintos destinatarios) y, por último y en lo que aquí interesa, trazable (posibilitando llevar a cabo un seguimiento, a lo largo del tiempo, del proceso de gestión del cumplimiento).

Se impone, pues, no sólo un cumplimiento proactivo por parte de responsables y encargados del tratamiento, sino, tanto más, un cumplimiento proactivo trazable. Ello se traduce en un salto cualitativo que exige, además de llevar a cabo el cumplimiento y posterior prueba del mismo, posibilitar un seguimiento de esta proactividad, que tendrá su reflejo en aspectos como:

a) La configuración de procedimientos que impidan y localicen las filtraciones, procedimientos que podrán inspirarse en aquellos tipificados de gobernanza o de gestión de la seguridad de la información.

b) El nombramiento de Delegados de Protección de Datos que reúnan las cualificaciones, los recursos y las competencias necesarios para poder desarrollar de manera adecuada sus cometidos de control, consejo y supervisión.

c) La implementación regular de programas orientados a formar, educar y sensibilizar a los miembros de la entidad, a fin de que puedan comprender más adecuadamente la normativa que resulte de aplicación en materia de protección de datos personales y los procedimientos elaborados al respecto por la propia organización.

d) La puesta en práctica de controles o auditorías que, realizadas periódicamente y con transparencia por personal externo, cualificado e independiente, posibiliten una verificación del estado de cumplimiento de la normativa y procedimientos anteriores.

e) La configuración de los sistemas de información o de las tecnologías empleadas en el tratamiento de tal manera que se adapte a la normativa aplicable en materia de protección de datos personales, especialmente a la hora de determinar sus especificaciones técnicas, su desarrollo e implementación.

f) La realización, en su caso, de evaluaciones de impacto sobre protección de datos con anterioridad a la puesta en marcha de nuevos sistemas de información o de nuevas tecnologías empleadas en el tratamiento y con carácter previo a la activación de nuevos métodos para el tratamiento de los datos o de ulteriores modificaciones de calado en tratamientos ya existentes.

g) La adhesión a códigos de conducta vinculantes que dispongan de mecanismos que posibiliten valorar y graduar la eficacia en el cumplimiento y el nivel de protección de los datos personales de los interesados, disponiendo, de igual modo, de instrumentos satisfactorios para supuestos de incumplimiento.

h) El diseño y la ejecución de planes de respuesta que contengan orientaciones sobre el modo de actuar ante supuestos de incumplimiento de la normativa aplicable sobre protección de datos personales, incluyendo, como mínimo, el deber de concretar el motivo y la entidad de dicho incumplimiento, de detallar sus consecuencias negativas y de ejecutar las medidas que resulten necesarias para evitar incumplimientos posteriores.

IV. SEGURIDAD DE LA INFORMACIÓN

Como bien indica la ISO/IEC 27000:2014, la seguridad de la información:

> «[...] incluye tres dimensiones principales: la confidencialidad, la disponibilidad y la integridad. Con el objetivo de garantizar el éxito empresarial sostenido así como su continuidad, y minimizar impactos, la seguridad de la información conlleva la aplicación y la gestión de medidas de seguridad adecuadas que implican la consideración de una amplia gama de amenazas. La seguridad de la información se consigue mediante la implementación de un conjunto de controles aplicables, seleccionados a través del proceso de gestión de riesgos que se haya elegido y gestionado por medio de un SGSI, empleando políticas, procesos, procedimientos, estructuras organizativas, software y hardware para proteger los activos de información identificados. Estos controles necesitan ser especificados, implementados, monitorizados revisados y mejorados cuando sea necesario, para garantizar que la seguridad y los objetivos de negocio y de seguridad específicos se cumplan. Estos controles de seguridad de la información deben integrarse de forma coherente con los procesos de negocio de una organización».

En este sentido, señala seguidamente la Norma, un SGSI:

> «[...] consiste en un conjunto de políticas, procedimientos, guías y sus recursos y actividades asociados, que son gestionados de manera colectiva por una organización. Un SGSI es un enfoque sistemático para establecer, implementar, operar, monitorizar, revisar, mantener y mejorar la seguridad de la información de una organización para alcanzar los objetivos de negocio. Este enfoque está basado en una apreciación del riesgo y en los niveles de aceptación del riesgo de la organización diseñados para tratar y gestionar con eficacia los riesgos. El análisis de los requisitos para la protección de los activos de información y la aplicación de controles adecuados para garantizar la protección de estos activos de información, según sea necesario, contribuye a la exitosa implementación de un SGSI. Los siguientes principios fundamentales también pueden contribuir a la implementación exitosa de un SGSI:
> a) la conciencia de la necesidad de seguridad de la información;
> b) la asignación de responsabilidades en seguridad de la información;
> c) la incorporación del compromiso de la Dirección y los intereses de las partes interesadas;
> d) la mejora de los valores sociales;
> e) apreciaciones de riesgos para determinar los controles adecuados para alcanzar niveles aceptables de riesgo;
> f) la seguridad incorporada como un elemento esencial de los sistemas y redes de información;
> g) la prevención y detección activas de incidentes de seguridad de la información;
> h) el garantizar una aproximación exhaustiva a la gestión de la seguridad de la información; y
> i) la evaluación continua de la seguridad de la información y la realización de modificaciones cuando corresponda».

1. Marco normativo. Esquema Nacional de Seguridad y directiva NIS: Directiva (UE) 2016/1148 relativa a las medidas destinadas a garantizar un elevado nivel común de seguridad de las redes y sistemas de información en la Unión. Ámbito de aplicación, objetivos, elementos principales, principios básicos y requisitos mínimos

El Esquema Nacional de Seguridad fue creado por la, ya derogada, Ley 11/2007, de 22 de junio, de acceso electrónico de los ciudadanos a los Servicios Públicos (BOE núm. 150, de 23 de junio de 2007). En concreto, fue su artículo 42 el que, conjuntamente con el Esquema Nacional de Interoperabilidad, hizo una primera mención del ENS, en los siguientes términos:

> «1. El Esquema Nacional de Interoperabilidad comprenderá el conjunto de criterios y recomendaciones en materia de seguridad, conservación y normalización de la información, de los formatos y de las aplicaciones que deberán ser tenidos en cuenta por las Administraciones Públicas para la toma de decisiones tecnológicas que garanticen la interoperabilidad.
> 2. El Esquema Nacional de Seguridad tiene por objeto establecer la política de seguridad en la utilización de medios electrónicos en el ámbito de la presente Ley, y está constituido por los principios básicos y requisitos mínimos que permitan una protección adecuada de la información.
> 3. Ambos Esquemas se elaborarán con la participación de todas las Administraciones y se aprobarán por Real Decreto del Gobierno, a propuesta de la Conferencia Sectorial de Administración Pública y previo informe de la Comisión Nacional de Administración Local, debiendo mantenerse actualizados de manera permanente.
> 4. En la elaboración de ambos Esquemas se tendrán en cuenta las recomendaciones de la Unión Europea, la situación tecnológica de las diferentes Administraciones Públicas, así como los servicios electrónicos ya existentes. A estos efectos considerarán la utilización de estándares abiertos así como, en su caso y de forma complementaria, estándares que sean de uso generalizado por los ciudadanos».

Partiendo de esta previsión, nace, posteriormente, el Real Decreto 3/2010, de 8 de enero, por el que se regula el Esquema Nacional de Seguridad en el ámbito de la Administración Electrónica (BOE núm. 25, de 29 de enero de 2010). Su objeto residía, precisamente, en regular el ENS y determinar la política de seguridad que debía aplicarse en el empleo de los medios electrónicos a los que se refería la Ley 11/2007 (artículo 1.1).

Con posterioridad, la LRJSP, en su artículo 3.2, dispone que "[l]as Administraciones Públicas se relacionarán entre sí y con sus órganos, organismos públicos y entidades vinculados o dependientes a través de medios electrónicos, que aseguren la interoperabilidad y seguridad de los sistemas y soluciones adoptadas por cada una de ellas, garantizarán la protección de los datos de carácter personal, y facilitarán preferentemente la prestación conjunta de servicios a los interesados". Seguidamente, en su artículo 156.2, recoge el ENS, que, añade, tendrá por objeto "[...] establecer la política de seguridad en la utilización de medios electrónicos en el ámbito de la presente Ley, y está constituido por los principios básicos y requisitos mínimos que garanticen adecuadamente la seguridad de la información tratada».

Merced a la aparición de esta última Ley y a la entrada en vigor del Reglamento eIDAS, aparece el Real Decreto 951/2015, de 23 de octubre, de modificación del Real Decreto 3/2010, de 8 de enero, por el que se regula el Esquema Nacional de Seguridad en el ámbito de la Administración Electrónica (BOE núm. 264, de 04 de noviembre de 2015), que, como su propio nombre indica, modifica el Real Decreto anterior. El objetivo era mantener el texto actualizado permanentemente, perfeccionándose "[...] a lo largo del tiempo, en paralelo al progreso de los servicios de Administración electrónica, de la evolución tecnológica y nuevos estándares internacionales sobre seguridad y auditoría en los sistemas y tecnologías de la información y a medida que vayan consolidándose las infraestructuras que le apoyan" (artículo 42 Real Decreto 3/2010), teniendo como alcance y contenido "[...] precisar, profundizar y contribuir al mejor cumplimiento de los mandatos normativos, clarifica(r) el papel del Centro Criptológico Nacional y del CCN-CERT, elimina(r) la referencia a INTECO, explicita(r) y relaciona(r) las instrucciones técnicas de seguridad, y la Declaración de Aplicabilidad, actualiza(r) el Anexo II referido a las medidas de seguridad y simplifica(r) y concreta(r) el anexo III, referido a la auditoría de seguridad, modifica(r) el Glosario de términos recogido en el anexo IV, modifica(r) la redacción de la cláusula administrativa particular contenida en el anexo V y finaliza(r) estableciendo mediante disposición transitoria un plazo de veinticuatro meses contados a partir de la entrada en vigor para la adecuación de los sistemas a lo dispuesto en la modificación».

Recientemente, surge el actual ENS, cuya aparición queda sobradamente justificada en su Exposición de Motivos, apartado II, en los siguientes términos:

> «La evolución de las amenazas, los nuevos vectores de ataque, el desarrollo de modernos mecanismos de respuesta y la necesidad de mantener la conformidad y el alineamiento con las regulaciones europeas y nacionales de aplicación, exigen adaptar las medidas de seguridad a esta nueva realidad. Fortalecer la ciberseguridad demanda recursos económicos, humanos y tecnológicos que se han de dimensionar atendiendo al principio de proporcionalidad y al nivel de seguridad requerido, de acuerdo con una adecuada planificación y contando con la participación de los agentes involucrados, según una dinámica de mejora continua adaptativa.

Por ello, en un mundo hiperconectado como el actual, implementar la seguridad en el ciberespacio se ha convertido en una prioridad estratégica. Sin embargo, el riesgo en el ciberespacio es demasiado grande para que el sector público o las empresas lo aborden por sí solos, pues ambos comparten el interés y la responsabilidad de enfrentar juntos ese reto. A medida que aumenta el papel de la tecnología en la sociedad, la ciberseguridad se convierte en un desafío cada vez mayor.

De hecho, el pasado 9 de marzo, el Parlamento Europeo ha aprobado por amplísima mayoría una Resolución sobre injerencias extranjeras en todos los procesos democráticos de la Unión Europea, en particular la desinformación. Tal como señala dicha Resolución en sus considerandos, las injerencias extranjeras constituyen un patrón de conducta que amenaza o afecta negativamente a valores, procedimientos democráticos, procesos políticos, la seguridad de Estados y ciudadanos y la capacidad de hacer frente a situaciones excepcionales. Las tácticas de injerencia extranjera, que se combinan a menudo para tener un mayor efecto, adoptan, entre otras formas, los ciberataques, la asunción del control de infraestructuras críticas, la desinformación, supresión de información, manipulación de plataformas de redes sociales y de sus algoritmos, operaciones de pirateo y filtración, amenazas y acoso para acceder a información sobre los votantes e interferir en la legitimidad del proceso electoral, personalidades e identidades falsas, ejercicio de presiones sobre ciudadanos extranjeros que viven en la Unión, instrumentalización de migrantes y espionaje.

Al tiempo que el escenario descrito ha venido consolidándose, se ha ido extendiendo la implantación del ENS, resultando de ello una mayor experiencia acumulada sobre su aplicación, a la vez que un mejor conocimiento de la situación gracias a las sucesivas ediciones del Informe Nacional del Estado de la Seguridad (INES), del cuerpo de guías de seguridad CCN-STIC y de los servicios y herramientas proporcionados por la capacidad de respuesta a incidentes de seguridad de la información, el CCN-CERT, del Centro Criptológico Nacional (CCN).

En definitiva, por todas las razones anteriormente expuestas es necesario actualizar el ENS para cumplir tres grandes objetivos.

En primer lugar, alinear el ENS con el marco normativo y el contexto estratégico existente para garantizar la seguridad en la administración digital. Se trata de reflejar con claridad el ámbito de aplicación del ENS en beneficio de la ciberseguridad y de los derechos de los ciudadanos, así como de actualizar las referencias al marco legal vigente y de revisar la formulación de ciertas cuestiones a la luz de éste, conforme a la Estrategia Nacional de Ciberseguridad 2019 y el Plan Nacional de Ciberseguridad, de forma que se logre simplificar, precisar o armonizar los mandatos del ENS, eliminar aspectos que puedan considerarse excesivos, o añadir aquellos otros que se identifican como necesarios.

En segundo lugar, introducir la capacidad de ajustar los requisitos del ENS, para garantizar su adaptación a la realidad de ciertos colectivos o tipos de sistemas, atendiendo a la semejanza que presentan una multiplicidad de entidades o servicios en cuanto a los riesgos a los que están expuestos sus sistemas de información y sus servicios. Ello aconseja la inclusión en el ENS del concepto de "perfil de cumplimiento específico" que, aprobado por el Centro Criptológico Nacional, permita alcanzar una adaptación del ENS más eficaz y eficiente, racionalizando los recursos requeridos sin menoscabo de la protección perseguida y exigible.

En tercer lugar, facilitar una mejor respuesta a las tendencias en ciberseguridad, reducir vulnerabilidades y promover la vigilancia continua mediante la revisión de los principios básicos, de los requisitos mínimos y de las medidas de seguridad.

Por último, la aprobación de este real decreto se incardina también en la ejecución del Plan de Digitalización de las Administraciones Públicas 2021-2025, uno de los instrumentos principales para el cumplimiento del Plan de Recuperación, Transformación y Resiliencia y su Componente 11 denominado "Modernización de las Administraciones Públicas", así como para el desarrollo de las inversiones y reformas previstas en la agenda España Digital 2025. Dicho Plan de Digitalización contempla expresamente, entre sus reformas, la actualización del ENS con el fin de hacer evolucionar la política de seguridad de todas las entidades del sector público español, tomando en cuenta las regulaciones de la Unión Europea dirigidas a incrementar el nivel de ciberseguridad de los sistemas de información. Dicha reforma se ve complementada con la constitución del Centro de Operaciones de Ciberseguridad de la Administración General del Estado y sus Organismos Públicos que servirá de referencia para las demás administraciones públicas y contribuirá a mejorar el cumplimiento del ENS de las entidades en su alcance de servicio. Esta previsión ha sido respaldada por el Acuerdo de Consejo de Ministros de 25 de mayo de 2021 sobre actuaciones urgentes en materia de ciberseguridad que mandata la tramitación y aprobación de un real decreto que sustituya al Real Decreto 3/2010, de 8 de enero, como medida de refuerzo del marco normativo».

El ENS está integrado por los principios básicos y requisitos mínimos necesarios a los fines de lograr una adecuada protección de la información a tratar y los servicios prestados por las entidades del sector público (concretamente, por la Administración General del Estado, las Administraciones de las Comunidades Autónomas, las Entidades que integran la Administración Local y el sector público institucional, integrado, este último, por cualesquiera organismos públicos y entidades de Derecho público vinculados o dependientes de las Administraciones Públicas, las entidades de Derecho privado vinculadas o dependientes de las Administraciones Públicas —que quedarán sujetas a lo dispuesto en la LRJSP que específicamente se refieran a las mismas, en particular a los principios previstos en el artículo 3, y en todo caso, cuando ejerzan potestades administrativas— y las Universidades públicas, que se regirán por su normativa específica y, supletoriamente, por las previsiones de la LRJSP —artículos 2.1 ENS y 2 LRJSP—, además de por los sistemas que tratan información clasificada y los sistemas de información de las entidades del sector privado, en los términos previstos en los apartados 2 y 3 del artículo 2 ENS), con el fin de asegurar el acceso, la confidencialidad, la integridad, la trazabilidad, la autenticidad, la disponibilidad y la conservación de los datos, la información y los servicios utilizados por medios electrónicos que estas entidades gestionen en el ejercicio de sus competencias (artículos 1.2 y 2 ENS).

Por lo que respecta a los sistemas de información que traten datos de carácter personal, el artículo 3 ENS dispone que será de aplicación lo dispuesto en el RGPD y en la LOPDGDD o, en su caso, en la Ley Orgánica 7/2021, en el resto de normativa de aplicación, así como en los criterios que se establezcan por la AEPD o, en su ámbito competencial, por las AAPD, sin perjuicio de los requisitos establecidos en el propio Esquema

Nacional de Seguridad. A ello, añade la obligación de responsables o encargados del tratamiento, bajo el asesoramiento del DPO, de realizar un análisis de riesgos (al amparo de lo dispuesto por el artículo 24 RGPD) y una evaluación de impacto (si concurren los presupuestos incluidos en el artículo 35 RGPD), cuyas medidas resultantes prevalecerán en el supuesto de resultar agravadas en relación con las previstas en el ENS.

En cuanto a los principios básicos que inspiran la Norma, estos se encuentran recogidos dentro del capítulo II (artículos 5 a 11). Son los siguientes (artículo 5 ENS): seguridad como proceso integral (constituido por todos los elementos humanos, materiales, técnicos, jurídicos y organizativos relacionados con el sistema de información —artículo 6 ENS—); gestión de la seguridad basada en los riesgos (como parte esencial del proceso de seguridad, debiendo constituir una actividad continua y permanentemente actualizada —artículo 7 ENS—); prevención, detección, respuesta y conservación (al objeto de minimizar sus vulnerabilidades y lograr que las amenazas no se materialicen o que, en el caso de hacerlo, no afecten gravemente a la información manejada o a los servicios prestados —artículo 8 ENS—); existencia de líneas de defensa (constituidas por medidas de naturaleza organizativa, física y lógica —artículo 9 ENS—); vigilancia continua y reevaluación periódica (permitiendo la detección de actividades o comportamientos anómalos y su oportuna respuesta, que se reevaluarán y actualizarán periódicamente, adecuando su eficacia a la evolución de los riesgos y los sistemas de protección, pudiendo llegar a un replanteamiento de la seguridad, si fuese necesario —artículo 10 ENS—) y diferenciación de responsabilidades (diferenciando el responsable de la información, el responsable del servicio, el responsable de la seguridad y el responsable del sistema —artículo 11 ENS—).

En cuanto a la política de seguridad y a los requisitos mínimos de seguridad, ambas cuestiones se encuentran recogidas en el artículo 12 ENS. Esta política integra "[...] el conjunto de directrices que rigen la forma en que una organización gestiona y protege la información que trata y los servicios que presta"; en este sentido, el instrumento que apruebe la mencionada política deberá incluir, cuando menos: los objetivos o misión de la organización; el marco regulatorio en el que se desarrollarán las actividades; los roles o funciones de seguridad, definiendo, para cada uno, sus deberes y responsabilidades, así como el procedimiento para su designación y renovación; la estructura y composición del comité o los comités para la gestión y coordinación de la seguridad, detallando su ámbito de responsabilidad y la relación con otros elementos de la organización; las directrices para la estructuración de la documentación de seguridad del sistema, su gestión y acceso, y los riesgos que se derivan del tratamiento de los datos personales.

Atendiendo a los sujetos que deberán contar con una política de seguridad, los apartados 2 a 5 del artículo 12 del Esquema establecen lo siguiente:

a) Cada Administración pública y cada órgano o entidad con personalidad jurídica propia deberá con una política de seguridad formalmente aprobada por el órgano competente; además, todos o parte "[...] de los sujetos de un sector público institucional podrán quedar incluidos en el ámbito subjetivo de la política de seguridad aprobada por la Administración con la que guarden relación de vinculación, dependencia o adscripción, cuando así lo determinen los órganos competentes en el ejercicio de las potestades de organización».

b) En la Administración General del Estado, cada ministerio contará con su política de seguridad, que aprobará la persona titular del Departamento.

c) Los organismos públicos y entidades pertenecientes al sector público institucional estatal podrán contar con su propia política de seguridad, aprobada por el órgano competente, que será coherente con la del Departamento con el que mantenga la relación de vinculación, dependencia o adscripción, o bien quedar comprendidos en el ámbito subjetivo de la política de seguridad de este.

d) Los centros directivos de la propia Administración General del Estado que gestionen servicios bajo la declaración de servicios compartidos también podrán contar con su propia política de seguridad, aprobada por el órgano competente, coherente con la del Departamento del que dependan o al que estén adscritos.

e) La Secretaría General de Administración Digital del Ministerio de Asuntos Económicos y Transformación Digital dispondrá de su propia política de seguridad, que será aprobada por la persona titular de la misma.

f) Los municipios podrán disponer de una política de seguridad común elaborada por la entidad local comarcal o provincial que asuma la responsabilidad de la seguridad de la información de los sistemas municipales.

Por lo demás, prosigue el apartado sexto del artículo 12 ENS, esta política de seguridad se establecerá de acuerdo con los principios básicos antes enumerados y se desarrollará aplicando los requisitos mínimos de: organización e implantación del proceso de seguridad; análisis y gestión de los riesgos; gestión de personal; profesionalidad; autorización y control de los accesos; protección de las instalaciones; adquisición de productos de seguridad y contratación de servicios de seguridad; mínimo privilegio; integridad y actualización del sistema; protección de la información almacenada y en tránsito; prevención ante otros sistemas de información interconectados; registro de la actividad y detección de código dañino; incidentes de seguridad; continuidad de la actividad, y mejora continua del proceso de seguridad. Tales requisitos mínimos, concluye el apartado séptimo, "[...] se exigirán en proporción a los riesgos identificados en cada sistema, de conformidad con lo dispuesto en el artículo 28, alguno de los cuales podrá obviarse en sistemas sin riesgos significativos».

Desde una perspectiva comunitaria, la Directiva (UE) 2016/1148 del Parlamento Europeo y del Consejo de 6 de julio de 2016 relativa a las medidas destinadas a garantizar un elevado nivel común de seguridad de las redes y sistemas de información en la Unión (DOUE L 194/1, de 19 de julio de 2016), más conocida como "Directiva NIS", surge (artículo 1) con el objetivo de lograr un elevado nivel común de seguridad de las redes y sistemas de información dentro de la Unión Europea, a los efectos de mejorar el funcionamiento del mercado interior. Para ello, la Directiva:

a) Establece obligaciones para todos los países comunitarios de adoptar una estrategia nacional de seguridad de las redes y sistemas de información.

b) Crea un Grupo de cooperación orientado al apoyo y promoción de la cooperación estratégica y el intercambio de información entre los dichos Estados y desarrollo de la confianza y seguridad entre ellos.

c) Crea una red de equipos de respuesta a incidentes de seguridad informática (conocido como "red de CSIRT") con la finalidad de coadyuvar al desarrollo de la confianza y seguridad entre los Estados miembros y promover una cooperación operativa rápida y eficaz.

d) Establece requisitos en el ámbito de la seguridad y notificación para los operadores de servicios esenciales y para los proveedores de servicios digitales.

e) Establece obligaciones para que los Estados de la Unión designen autoridades nacionales competentes, puntos de contacto únicos y CSIRT con funciones relacionadas con la seguridad de las redes y sistemas de información.

Esta Norma es completada con el Reglamento de Ejecución (UE) 2018/151 de la Comisión de 30 de enero de 2018 por el que se establecen normas para la aplicación de la Directiva (UE) 2016/1148 del Parlamento

Europeo y del Consejo en lo que respecta a la especificación de los elementos que han de tener en cuenta los proveedores de servicios digitales para gestionar los riesgos existentes para la seguridad de las redes y sistemas de información, así como de los parámetros para determinar si un incidente tiene un impacto significativo (DOUE L 26/48, de 31 de enero de 2018), que "[...] precisa los elementos que han de tener en cuenta los proveedores de servicios digitales a la hora de establecer y adoptar medidas para garantizar un nivel de seguridad de las redes y sistemas de información que utilizan en el marco de la oferta de los servicios contemplados en el anexo III de la Directiva (UE) 2016/1148, y detalla los parámetros para determinar si un incidente tiene un impacto significativo en la prestación de dichos servicios" (artículo 1).

En la actualidad, sin embargo, la Directiva NIS ha sido derogada por la Directiva (UE) 2022/2555 del Parlamento Europeo y del Consejo de 14 de diciembre de 2022 relativa a las medidas destinadas a garantizar un elevado nivel común de ciberseguridad en toda la Unión, por la que se modifican el Reglamento (UE) n.º 910/2014 y la Directiva (UE) 2018/1972 y por la que se deroga la Directiva (UE) 2016/1148 (Directiva SRI 2 —DOUE L 333/80, de 27 de diciembre de 2022—), también conocida como "Directiva NIS 2". El nuevo texto establece medidas que persiguen alcanzar un elevado nivel común de ciberseguridad en el territorio comunitario con el fin de mejorar el funcionamiento del mercado interior (artículo 1.1), para lo cual establece (artículo 1.2): obligaciones que requieren que los países de la Unión Europea adopten estrategias nacionales de ciberseguridad y designen o establezcan autoridades competentes, autoridades de gestión de crisis de ciberseguridad, puntos de contacto únicos sobre ciberseguridad (en adelante, "puntos de contacto únicos") y equipos de respuesta a incidentes de seguridad informática (CSIRT); medidas para la gestión de riesgos de ciberseguridad y obligaciones de notificación para las entidades cuyo tipo se enmarca en los anexos I (sectores de alta criticidad) o II (otros sectores críticos) de la Directiva, así como para las entidades identificadas como críticas con arreglo a la Directiva (UE) 2022/2557 del Parlamento Europeo y del Consejo de 14 de diciembre de 2022 relativa a la resiliencia de las entidades críticas y por la que se deroga la Directiva 2008/114/CE del Consejo (DOUE L 333/164, de 27 de diciembre de 2022), y normas y obligaciones relativas al intercambio de información sobre ciberseguridad, obligaciones de supervisión y ejecución para los Estados miembros.

En cuanto a su ámbito de aplicación (artículo 2), afectará a las entidades, públicas o privadas, de alguno de los tipos mencionados en los anexos I o II que sean consideradas medianas empresas con arreglo al artículo 2 del anexo de la Recomendación 2003/361/CE o que superen los límites máximos para las medianas empresas previstos en el apartado 1 de dicho artículo, y que presten sus servicios o lleven a cabo sus actividades en la Unión Europea. Además:

> «2. Independientemente de su tamaño, la presente Directiva también se aplicará a las entidades de alguno de los tipos mencionados en los anexos I o II cuando:
> a) los servicios son prestados por:
> i) proveedores de redes públicas de comunicaciones electrónicas o servicios de comunicaciones electrónicas disponibles para el público;
> ii) prestadores de servicios de confianza;
> iii) registros de nombres de dominio de primer nivel y proveedores de servicios de sistema de nombres de dominio;
> b) la entidad sea el único proveedor en un Estado miembro de un servicio esencial para el mantenimiento de actividades sociales o económicas críticas;
> c) una perturbación del servicio prestado por la entidad pudiera tener repercusiones significativas sobre la seguridad pública, el orden público o la salud pública;
> d) una perturbación del servicio prestado por la entidad pudiera inducir riesgos sistémicos significativos, en particular para los sectores en los que tal perturbación podría tener repercusiones de carácter transfronterizo;
> e) la entidad sea crítica a la luz de su importancia específica a nivel nacional o regional para el sector o tipo de servicio en concreto o para otros sectores interdependientes en el Estado miembro;
> f) la entidad sea una entidad de la Administración pública:
> i) central, definida por un Estado miembro de conformidad con el Derecho nacional, o
> ii) regional, definida por un Estado miembro de conformidad con el Derecho nacional, que, tras una evaluación basada en el riesgo, presta servicios cuya perturbación podría tener un impacto significativo en actividades sociales o económicas críticas.
> 3. Independientemente de su tamaño, la presente Directiva se aplica a las entidades que se identifiquen como entidades críticas con arreglo a la Directiva (UE) 2022/2557
> 4. Independientemente de su tamaño, la presente Directiva se aplica a las entidades que presten servicios de registro de nombres de dominio.
> 5. Los Estados miembros podrán disponer que la presente Directiva se aplique a:
> a) entidades de la Administración pública a nivel local;
> b) centros de enseñanza, en particular cuando lleven a cabo actividades críticas de investigación».

De igual modo, esta evolución normativa a nivel europeo implica hacerse eco también del Reglamento (UE) 2019/881 del Parlamento Europeo y del Consejo de 17 de abril de 2019 relativo a ENISA (Agencia de la Unión Europea para la Ciberseguridad) y a la certificación de la ciberseguridad de las tecnologías de la información y la comunicación y por el que se deroga el Reglamento (UE) n.º 526/2013 ("Reglamento sobre la Ciberseguridad" o "*Cibersecurity Act*" —DOUE L 151/15, de 07 de junio de 2019—). Su objetivo fundamental reside en alcanzar un alto nivel de ciberseguridad, ciberresiliencia y confianza en la Unión Europea, estableciendo, para ello, objetivos, tareas y aspectos organizativos para una ENISA, que se redenomina y fortalece con un nuevo mandato permanente, al igual que un marco para esquemas europeos voluntarios de certificación de productos, servicios y procesos de tecnologías de la información y de la comunicación. Por lo demás, el Reglamento crea un "Grupo de las Partes Interesadas sobre Certificación de la Ciberseguridad", que se compone de expertos de reconocido prestigio y que se encarga, entre otras cuestiones, de asesorar a la Comisión, sobre asuntos estratégicos relativos al marco de certificación de la Unión Europea en materia de ciberseguridad, y a ENISA, si así lo solicita, sobre asuntos generales y estratégicos relativos a las labores pertinentes de la agencia, al igual que un "Grupo Europeo de Certificación de la Ciberseguridad", que se compone de representantes nacionales y tiene como cometido asistir a la Comisión, en sus tareas para garantizar la coherencia en la ejecución y la aplicación del Reglamento, y a ENISA, en lo relativo a la preparación de posibles esquemas de certificación de la ciberseguridad.

En el Derecho español, la Directiva (UE) 2016/1148 fue transpuesta al ordenamiento jurídico interno merced al Real Decreto-ley 12/2018, de 7 de septiembre, de seguridad de las redes y sistemas de información (BOE núm. 218, de 08 de septiembre de 2018), que regula la seguridad de las redes y sistemas de información utilizados para la provisión de los servicios esenciales y de los servicios digitales, además de establecer un sistema de notificación de incidentes y configurar un marco institucional para la aplicación de este Real Decreto-ley y la coordinación entre autoridades competentes y con los órganos de cooperación relevantes en el ámbito comunitario.

Este texto (artículo 2) será aplicable a la prestación de los servicios esenciales dependientes de las redes y sistemas de información comprendidos en los sectores estratégicos definidos en el anexo de la Ley 8/2011 (cuyo complemento viene personificado en el Real Decreto 704/2011, de 20 de mayo, por el que se aprueba el Reglamento de protección de las infraestructuras críticas —BOE núm. 121, de 21 de mayo de 2011—) y a los servicios digitales que sean mercados en línea, motores de búsqueda en línea y servicios de computación en nube. Estarán sometidos a este Real Decreto-ley los operadores de servicios esenciales establecidos en España (es decir, cuando su residencia o domicilio social se encuentren en territorio español, siempre que estos coincidan con el lugar en que esté efectivamente centralizada la gestión administrativa y la dirección de sus negocios o actividades); los servicios esenciales que los operadores residentes o domiciliados en otro Estado ofrezcan a través de un establecimiento permanente situado en España, y los proveedores de servicios digitales que tengan su sede social en España y que constituya su establecimiento principal en la Unión Europea, así como los que, no estando establecidos en la Unión Europea, designen en España a su representante en la Unión para el cumplimiento de la Directiva NIS. En cambio, no será aplicable a los operadores de redes y servicios de comunicaciones electrónicas y los prestadores de servicios electrónicos de confianza que no sean designados como operadores críticos en virtud de la Ley 8/2011 y a los proveedores de servicios digitales cuando se trate de microempresas o pequeñas empresas, de acuerdo con las definiciones recogidas en la Recomendación de la Comisión de 6 de mayo de 2003 sobre la definición de microempresas, pequeñas y medianas empresas (2003/361/CE —DOUE L 124/36, de 20 de mayo de 2003—).

Junto a él, se encuentra el Real Decreto 43/2021, de 26 de enero, por el que se desarrolla el Real Decreto-ley 12/2018, de 7 de septiembre, de seguridad de las redes y sistemas de información (BOE núm. 24, de 28 de enero de 2021). Este desarrollo se centrará en el marco estratégico e institucional de seguridad de las redes y sistemas de información, así como en la supervisión del cumplimiento de las obligaciones de seguridad de los operadores de servicios esenciales y de los proveedores de servicios digitales y en la gestión de incidentes de seguridad (artículo 1).

También conviene mencionar el Real Decreto-ley 7/2022, de 29 de marzo, sobre requisitos para garantizar la seguridad de las redes y servicios de comunicaciones electrónicas de quinta generación (BOE núm. 76, de 30 de marzo de 2022), que, de una forma más específica y como indica su artículo primero, contiene los requisitos de seguridad para instalar, desplegar y explotar de redes de comunicaciones electrónicas, así como para prestar servicios de comunicaciones electrónicas e inalámbricas basados en la tecnología de quinta generación (5G). Su objetivo (artículo 2) radica, por tanto:

En primer lugar, en fomentar el impulso de una seguridad integral del ecosistema generado por la tecnología 5G.

En segundo lugar, en propiciar un reforzamiento de la seguridad en la instalación y operación de las redes de comunicaciones electrónicas 5G y en la prestación de los servicios de comunicaciones móviles e inalámbricas que se apoyen en estas redes.

En tercer lugar, en conseguir promocionar un mercado de suministradores en las redes y servicios de comunicaciones electrónicas 5G ampliamente diversificado con el fin de garantizar la seguridad basada en razones técnicas, estratégicas y operativas y evitar, por dichas razones, la presencia de suministradores con una calificación de alto riesgo o de riesgo medio en determinados elementos de red o ámbitos.

En cuarto lugar, en auspiciar una mayor protección de la seguridad nacional.

En quinto y último lugar, en garantizar un fortalecimiento de la industria y de las actividades de I+D+i nacionales en ciberseguridad relacionadas con la mencionada tecnología.

2. *Ciberseguridad y gobierno de la seguridad de la información. Generalidades, Misión, gobierno efectivo de la Seguridad de la Información (SI). Conceptos de SI. Alcance. Métricas del gobierno de la SI. Estado de la SI. Estrategia de SI*

La ciberseguridad puede ser definida como "[e]l conjunto de herramientas, políticas, conceptos de seguridad, salvaguardas de seguridad, directrices, métodos de gestión de riesgos, acciones, formación, prácticas idóneas, seguros y tecnologías que pueden utilizarse para proteger los activos de la organización y los usuarios en el ciberentorno. Los activos de la organización y los usuarios son los dispositivos informáticos conectados, los usuarios, los servicios/aplicaciones, los sistemas de comunicaciones, las comunicaciones multimedios, y la totalidad de la información transmitida y/o almacenada en el ciberentorno. La ciberseguridad garantiza que se alcancen y mantengan las propiedades de seguridad de los activos de la organización y los usuarios contra los riesgos de seguridad correspondientes en el ciberentorno. Las propiedades de seguridad incluyen una o más de las siguientes: disponibilidad; integridad, que puede incluir la autenticidad y el no repudio, y confidencialidad" (Unión Internacional de Telecomunicaciones, "Serie X: redes de datos, comunicaciones de sistemas abiertos y seguridad, Seguridad en el ciberespacio - Ciberseguridad, Aspectos generales de la ciberseguridad, Recomendación UIT-T X.1205", pág. 3). Su objetivo, prosigue (p. 7), es proteger el ciberentorno (que incluye a usuarios, redes, dispositivos, todo el software, procesos, información almacenada o que circula, aplicaciones, servicios y sistemas que están conectados directa o indirectamente a las redes), un sistema que puede venir integrado por toda una diversidad de entidades, públicas y privadas, utilizando diversos componentes y distintos métodos de seguridad. En consecuencia, es preciso tener en cuenta la ciberseguridad: de un lado, como un conjunto de políticas y acciones empleadas para la protección de redes conectadas (donde se incluyen los ordenadores, los dispositivos, el hardware, la información almacenada y la información en tránsito) frente a accesos y modificaciones no autorizados, el robo, la interrupción u otras amenazas; de otro, como una forma de evaluar y supervisar de manera permanente tales políticas y acciones con el objetivo de asegurar la calidad regular de la seguridad frente a la naturaleza voluble de las amenazas.

En términos similares, destaca, desde una perspectiva jurisprudencial, la STC 142/2018, de 20 de diciembre de 2018, que concibe la ciberseguridad como sinónimo de la seguridad en la red, entendiendo por tal (Fundamento Jurídico 5) el "[...] conjunto de mecanismos dirigidos a la protección de las infraestructuras informáticas y de la información digital que albergan", motivo por el que, continúa, "[...] en tanto que dedicada a la seguridad de las tecnologías de la información, presenta un componente tuitivo que se proyecta específicamente sobre el concreto ámbito de la protección de las redes y sistemas de información que utilizan los ciudadanos, empresas y Administraciones públicas».

Por último, según el Reglamento (UE) 2019/881, la ciberseguridad integra "todas las actividades necesarias para la protección de las redes y sistemas de información, de los usuarios de tales sistemas y de otras personas afectadas por las ciberamenazas", entendidas estas últimas como "cualquier situación potencial, hecho o acción que pueda dañar, perturbar o afectar desfavorablemente de otra manera las redes y los sistemas de información, a los usuarios de tales sistemas y a otras personas" [números 1) y 8) del artículo 2].

La seguridad de la información, por su parte, incorpora actividades que guardan relación con la información tratada por los sujetos, es decir, atiende a la seguridad física, al cumplimiento o a la concienciación, y no tanto a la seguridad lógica. En concreto, busca la "[p]reservación de la confidencialidad, la integridad y la disponibilidad de la información" (ISO/IEC 27000:2014, pág. 10), por medio de un SGSI, en cuanto enfoque sistemático que permite "[...] establecer, implementar, operar, monitorizar, revisar, mantener y mejorar la seguridad de la información de una organización para alcanzar los objetivos de negocio" (ISO/IEC 27000, pág. 18).

De este modo, se entiende que la ciberseguridad forma parte de la seguridad de la información. El motivo es que aquella atiende fundamentalmente a la información que consta en formato digital y a los sistemas que están interconectados que proceden a su procesamiento, almacenamiento o transmisión, mientras que esta última tiene por finalidad la protección de la información de cualquier riesgo susceptible de perjudicarla, sea cual sea la forma que este riesgo presente.

Es, precisamente, el precitado SGSI el elemento central en torno al cual pivota la seguridad de la información. En este sentido, la ISO/IEC 27000 ofrece una visión general de los SGSI y define los términos relacionados. A su vez, junto con esta, existe un conjunto de normas relacionadas que tienen como objetivo esencial posibilitar que organizaciones de todo tipo y tamaño implementen y operen un SGSI, estando integradas, con carácter esencial, por las siguientes:

a) ISO/IEC 27000, *Sistemas de Gestión de Seguridad de la Información (SGSI). Visión de conjunto y vocabulario.* Ya vista, esta norma describe los fundamentos de los sistemas de gestión de seguridad de la información, que constituyen el objeto de la familia de las normas de SGSI, y define los términos relacionados.

b) ISO/IEC 27001, *Sistemas de Gestión de la Seguridad de la Información (SGSI). Requisitos.* Esta norma establece los requisitos normativos para el desarrollo y operación de un SGSI, incluyendo un conjunto de controles para el control y mitigación de los riesgos asociados con los activos de información que la organización trata de proteger mediante la operación de su SGSI.

c) ISO/IEC 27002, *Código de práctica para los controles de seguridad de la información.* Esta norma proporciona directrices para la implementación de los controles de seguridad de la información. En concreto, varios de sus capítulos proporcionan asesoramiento y orientación específicos para la puesta en marcha de las mejores prácticas en la implementación de los controles especificados en la Norma ISO/IEC 27001.

d) ISO/IEC 27003, *Guía para la implementación de los Sistemas de Gestión de Seguridad de la Información (SGSI).* Esta norma proporciona un enfoque basado en procesos orientado a la implementación con éxito del SGSI según la Norma ISO/IEC 27001.

e) ISO/IEC 27004, *Gestión de seguridad de la información. Métricas.* Esta norma proporciona un marco de métricas que permite una evaluación de la eficacia del SGSI de acuerdo con la Norma ISO/IEC 27001.

f) ISO/IEC 27005, *Gestión de riesgos de seguridad de la información.* Esta norma proporciona directrices sobre la aplicación de un enfoque de gestión de riesgos orientado a procesos para ayudar en la aplicación de manera satisfactoria y al cumplimiento de los requisitos de gestión de riesgos de seguridad de la Norma ISO/IEC 27001.

g) ISO/IEC 27006, *Requisitos para entidades que auditan y certifican Sistemas de Gestión de Seguridad de la Información (SGSI).* Esta norma complementa a la Norma ISO/IEC 17021 al ofrecer los requisitos para que las organizaciones de certificación sean acreditadas de manera que estas provean certificaciones de conformidad consistentes frente a los requisitos especificados en la Norma ISO/IEC 27001.

h) ISO/IEC 27007, *Guía para la auditoría de los Sistemas de Gestión de Seguridad de la Información (SGSI).* Esta norma proporciona directrices a las organizaciones que tienen que realizar auditorías internas o externas de un SGSI, así como directrices para gestionar un programa de auditoría de SGSI según los requisitos especificados en la Norma ISO/IEC 27001.

i) ISO/IEC 27008, *Guía para los auditores de controles de seguridad de la información.* Este informe técnico proporciona un enfoque de los controles de seguridad de la información, incluyendo la conformidad técnica con la implementación de la norma de seguridad de la información que se haya establecido en la organización.

j) ISO/IEC 27010, *Gestión de seguridad de la información en comunicaciones intersectoriales e interorganizacionales.* Esta norma internacional se aplica a todo tipo de intercambio o compartición de información sensible, ya sea de ámbito público o privado, a nivel nacional o internacional, dentro del mismo sector industrial o de mercado o entre diferentes sectores. En particular, es aplicable a los intercambios y compartición de información relativa a la provisión, mantenimiento y protección de una infraestructura crítica de un estado o de una organización.

k) ISO/IEC 27011, *Guía para la gestión de seguridad de la información para las organizaciones de telecomunicaciones basada en la Norma ISO/IEC 27002.* Esta norma proporciona a las organizaciones de telecomunicaciones una adaptación de la Norma ISO/IEC 27002 con directrices específicas para este sector industrial y que son adicionales a las directrices proporcionadas para el cumplimiento de los requisitos del anexo A de la Norma ISO/IEC 27001.

l) ISO/IEC 27013, *Guía para la implementación integrada de ISO/IEC 27001 e ISO/IEC 20000-1.* Esta norma proporciona a las organizaciones un mejor entendimiento de las características, similitudes y diferencias entre las Normas ISO/IEC 27001 e ISO/IEC 20000-1 para ayudar en la planificación de un sistema integrado de gestión conforme a ambas normas internacionales.

m) ISO/IEC 27014, *Gobernanza de la seguridad de la información.* Esta norma, fundamental a los efectos del presente apartado, parte de la constatación de que la seguridad de la información se ha convertido en un asunto clave para las organizaciones. Y es que no solo han aumentado los requisitos regulatorios, sino que el fallo de las medidas de seguridad en las organizaciones puede tener un impacto directo en la reputación de una organización. Por ello, se requiere a los órganos de gobierno, como parte de sus responsabilidades de gobierno, tener una, cada vez mayor, vigilancia de la seguridad de la información para asegurar que se consiguen los objetivos de la organización.

n) ISO/IEC TR 27015, *Guía para la gestión de seguridad de la información para servicios financieros.* Este informe técnico es un suplemento especializado de las Normas ISO/IEC 27001 e ISO/IEC 27002 para su uso en organizaciones que prestan servicios financieros, con objeto de servir de apoyo al inicio, implementación, mantenimiento, y mejora de un sistema de gestión de seguridad de la información basado en la Norma ISO/IEC 27001 y al diseño e implementación de los controles definidos en la Norma ISO /IEC 27002 o en este informe técnico.

o) ISO/IEC TR 27016, *Gestión de seguridad de la información. Economía organizacional.* Este informe técnico complementa la familia de normas de SGSI, proporcionando un punto de vista económico a la protección de los activos de información de una organización en el contexto del entorno social en el que opera la organización y proporcionando directrices de cómo aplicar criterios de economía organizacional a la seguridad de la información a través del uso de modelos y ejemplos.

p) ISO 27799, *Informática sanitaria. Gestión de seguridad de la información en sanidad utilizando la Norma ISO/IEC 27002.* Esta norma proporciona a las organizaciones sanitarias una adaptación de la Norma ISO/IEC 27002 con guías específicas para el sector de sanidad y que son adicionales a las directrices proporcionadas para el cumplimiento de los requisitos del anexo A de la Norma ISO/IEC 27001.

Como bien indica la ISO/IEC 27000, "[l]a La familia de normas SGSI consiste en una serie de normas relacionadas entre sí, ya publicadas o en preparación, y que contiene una serie de importantes componentes estructurales. Estos componentes se centran en normas para describir las especificaciones de un SGSI (ISO/IEC 27001) y los requisitos para los organismos de certificación (ISO/IEC 27006) que certifiquen el cumplimiento con la Norma ISO/IEC 27001. Otras normas ofrecen guías para los diversos aspectos de la implementación de un SGSI, directrices para abordar un proceso genérico, guías especificas relacionadas con algunos controles de seguridad, así como directrices sectoriales específicas».

Por otro lado, las métricas de seguridad constituyen un conjunto de preceptos y reglas, imprescindibles para la medición real del nivel de seguridad de una organización. Para establecer y gestionar un SGSI utilizamos el ciclo PDCA (*Plan, Do, Check, Act*): en el primero de estos ciclos, se establece el SGSI y se definen las métricas; en el segundo, se implementa y opera el SGSI y se implantan las métricas; en el tercero, se supervisa y revisa el SGSI y se revisan los datos de las métricas, finalmente, en el cuarto, se mantiene y mejora el SGSI y se revisan y mejoran las métricas.

3. Puesta en práctica de la seguridad de la información. Seguridad desde el diseño y por defecto. El ciclo de vida de los Sistemas de Información. Integración de la seguridad y la privacidad en el ciclo de vida. El control de calidad de los SI

Las fases de implementación del SGSI son las siguientes:

a) Fase 1. Situación actual, en la que se lleva a cabo la descripción de la organización, un análisis de la actividad desarrollada y del entorno en el que se desarrolla, información sobre su tamaño, plasmación de la estructura organizacional, definición de los objetivos del Plan director y un análisis diferencial.

b) Fase 2. Esquema documental, en la que se elabora la política de seguridad de la información, la documentación del SGSI (procedimientos de auditorías internas, gestión de indicadores, procedimiento de revisión por la Dirección, gestión de roles y responsabilidades, metodología de análisis de riesgos) y la declaración de aplicabilidad, que contenga los controles necesarios, la justificación de las inclusiones, estén implementadas o no, y la justificación de las exclusiones de los controles.

c) Fase 3. Análisis de riesgos, donde se realiza un inventario de activos (analizando los activos vinculados a la información), se define una tabla de valoración de activos, se analizan las dimensiones de seguridad (en la que, tras identificar los activos, se efectúa una valoración que mide la criticidad de tales dimensiones), una tabla resumen de valoración, se valoran las amenazas que pueden afectar a los activos, se valora el riesgo, se describe el escenario del riesgo (al identificar la relación entre las amenazas y los activos), se plasman la tabla de activos y las dimensiones de seguridad (en la que se analiza el escenario, la frecuencia con la que puede plasmarse la amenaza y su impacto en las diferentes dimensiones de seguridad del activo), se calcula el impacto potencial (extrayendo el riesgo actual) y se obtiene el nivel de riesgo aceptable y residual.

d) *Fase 4. Propuesta de proyectos para conseguir una adecuada gestión de la seguridad,* en la que se evalúan aquellos proyectos que debe ejecutar la organización para estar alineada con los objetivos plasmados en el plan director. Para ello, tales proyectos deberán cuantificarse económica y temporalmente.

e) *Fase 5. Evaluación del nivel de cumplimiento,* donde se evalúan los controles, la madurez y el nivel de cumplimiento de la entidad, atendiendo a la madurez en la implantación de los controles de seguridad del SGSI y a las fases previas de definición y planeación.

f) *Fase 6. Presentación de resultados y entrega de informes,* incluyendo, aquí, el informe de análisis diferencial, el modelo de SGSI, los informes de gestión de riesgos, el plan de tratamiento de riesgos, las guías del SGSI, la auditoría de cumplimiento y la presentación de los resultados del proyecto.

Por lo que respecta a la seguridad desde el diseño y por defecto, nos remitimos a cuanto, al respecto, se ha expuesto en el capítulo primero de esta obra.

V. EVALUACIÓN DE IMPACTO DE PROTECCIÓN DE DATOS "EIDP"

Como sabemos, una de las novedades más relevantes de la regulación vigente sobre protección de datos personales se encuentra en la obligación que se impone a los responsables del tratamiento de efectuar una evaluación de impacto (artículo 35 RGPD) en aquellos supuestos en los que un determinado tipo de tratamiento, en especial si emplea nuevas tecnologías, por su naturaleza, alcance, contexto o fines, pueda suponer un alto riesgo para los derechos y libertades de los interesados. A continuación, veremos en qué consiste esta evaluación.

1. *Introducción y fundamentos de las EIPD: Origen, concepto y características de las EIPD. Alcance y necesidad. Estándares*

Por lo que respecta a los aspectos introductorios correspondientes a la evaluación de impacto en materia de protección de datos, hemos de remitirnos a cuanto, al respecto, se ha expuesto en el capítulo primero de esta obra.

2. *Realización de una evaluación de impacto. Aspectos preparatorios y organizativos, análisis de la necesidad de llevar a cabo la evaluación y consultas previas*

Como bien indica la AEPD en su Guía "Gestión del riesgo y evaluación de impacto en tratamientos de datos personales" (pp. 136 y 137):

> «El conjunto de tratamientos obligados no es una lista cerrada ni una limitación para el responsable. En ocasiones puede ser necesario o recomendable realizar una EIPD de un tratamiento que no consta en dicha lista de tratamientos obligados, ya sea por el potencial del riesgo intrínseco que el responsable ha identificado en el tratamiento, porque el responsable pone en práctica la EIPD como herramienta para demostrar cumplimiento o, como manifiestan las Directrices WP248, no esté claro si se requiere o no una EIPD:
>
> *En los casos en los que no esté claro si se requiere una EIPD, el GT29 recomienda realizar una, ya que esta evaluación representa un instrumento práctico para ayudar a los responsables del tratamiento a cumplir la legislación de protección de datos.*
>
> Y como se manifiesta en las Directrices, cuando, aunque no se cumplan todos los criterios para que una EIPD sea obligatoria concurren algunos de ellos, en tal medida, que el responsable considere la necesidad de llevarla a cabo:
>
> *Sin embargo, en algunos casos, un responsable del tratamiento puede considerar que un tratamiento que cumpla solo uno de estos criterios requiere una EIPD.*
>
> Por lo tanto, es importante tener en cuenta que, el hecho de que un tratamiento de datos personales no esté incluido en los supuestos obligados, no siempre implica que no sea necesario llevar a cabo la EIPD. El RGPD no limita la capacidad de decisión del responsable a la hora de decidir si esta se lleva a cabo o no. El RGPD viene a establecer un mecanismo de proactividad que permite al responsable decidir sobre la necesidad de llevar a cabo la EIPD en línea con los riesgos inherentes asociados al tratamiento en función de su naturaleza, alcance, contexto y finalidades (Considerando 76 y Artículo 35.1 del RGPD).
>
> En particular, es preciso tener en cuenta que las listas de tratamientos obligados y excluidos establecidos por las autoridades de control y referidas en el artículo 35 del RGPD (35.4 y 35.5) son orientativas y no limitan la potestad de decisión del responsable sobre sus tratamientos de datos personales y sobre el ejercicio de la responsabilidad proactiva.
>
> En particular, las Directrices WP248 interpretan:
>
> el responsable principal de la seguridad de la información (CISO), en caso de ser nombrado, así como el delegado de protección de datos, podrían sugerir que el responsable llevara a cabo una EIPD sobre una operación de tratamiento específica, y deberían ayudar a las partes interesadas en la metodología, ayudar a evaluar la calidad de la evaluación de riesgo y si el riesgo residual es aceptable, y a desarrollar conocimientos específicos para el contexto del responsable del tratamiento;
>
> *el responsable principal de la seguridad de la información (CISO), en caso de ser nombrado, o el servicio informático, deberían ofrecer ayuda al responsable y podrían proponer la*

> *realización de una EIPD sobre una operación de tratamiento específica, dependiendo de las necesidades de seguridad y operativas.*
> De ahí que, tanto el DPD, o si no está nombrado el asesor en protección de datos, como el CISO puedan sugerir la realización de una EIPD. Estas sugerencias han de registrarse documentalmente, así como las decisiones tomadas a partir de ellas.
> Por lo tanto, con independencia de que se trate de un tratamiento obligado o no a la realización de una EIPD, el responsable puede tomar la decisión de efectuarla con el fin de llevar a cabo un análisis más detallado del tratamiento de datos personales en aras de una mayor diligencia a la hora de implementar la responsabilidad proactiva. También son motivos válidos mejorar la calidad de sus productos y servicios, fomentar la cultura de protección de datos en su organización o bien como simple mecanismo para garantizar la confianza de sus clientes».

En todo caso, señala el artículo 35.7.b) RGPD, será preciso evaluar si las operaciones de tratamiento que se pretenden llevar a cabo son necesarias y proporcionales en relación con la finalidad perseguida. Al respecto, destaca el documento elaborado por el SEPD, titulado "*EDPS Guidelines on assessing the proportionality of measures that limit the fundamental rights to privacy and to the protection of personal data*", de diciembre de 2019, que facilita la realización de dicha evaluación, haciendo especial hincapié en el principio de proporcionalidad, que, en este contexto, requiere ponderar atendiendo a tres aspectos básicos:

En primer lugar, el juicio de idoneidad, determinando si el tratamiento es adecuado a la finalidad perseguida. Se trata, en definitiva, de discernir (tanto más, de demostrar objetivamente) si el tratamiento previsto, así planteado, alcanza una eficacia acorde a los fines pretendidos; para ello, el responsable del tratamiento deberá definir el umbral de efectividad del tratamiento (determinándolo objetiva y cualitativamente, sobre la base de evidencias) y evaluar la efectividad del tratamiento propuesto (lo cual exige verificar si proporciona una solución adecuada a las necesidades que se han planteado y, de ser así, en qué medida).

En segundo lugar, el juicio de necesidad, determinando si el fin perseguido no puede ser alcanzado de una manera menos lesiva o invasiva. Para ello, será preciso especificar la importancia de la finalidad del tratamiento previsto (que habrá de ser suficiente como para asumir un alto riesgo), verificar si el tratamiento se adecua al tratamiento de manera objetiva y susceptible de ser demostrada y justificar la configuración actual del tratamiento (comprobando que no existen otros tratamientos que, resolviendo estas finalidades, no incurran en un riesgo elevado).

En tercer lugar, el juicio de proporcionalidad *stricto sensu*, determinando si la gravedad del riesgo para los derechos y libertades que comporta el tratamiento y su injerencia en la privacidad es adecuado al fin pretendido y proporcionado a la urgencia y gravedad de tal injerencia. En este caso, será necesario identificar el grado de impacto que el tratamiento previsto tendrá en los derechos y libertades de los interesados, determinar y describir los controles incorporados en el diseño del tratamiento para minorar tal impacto, plasmar las ventajas y los beneficios que conlleva el tratamiento para los afectados (considerados de manera individual y colectiva), confirmar si hay simetría en la información que se ha analizado para la elaboración del juicio de ponderación y analizar si las precitadas ventajas y beneficios son suficientes como para compensar y justificar el impacto ocasionado en los derechos y libertades de los titulares de los datos.

A la vista de todo lo anterior, no será recomendable continuar con la evaluación de impacto si un determinado tratamiento no supera este triple juicio. En ese caso, será preciso concretar los motivos que permiten alcanzar esa conclusión y, efectuar, de ser posible, cualquier modificación que resulte necesaria a los efectos de conseguir la pretendida adecuación a unos niveles óptimos de idoneidad, necesidad y proporcionalidad.

Por lo demás, será preciso documentar todo el proceso de realización de la evaluación de impacto en materia de protección de datos, desde el inicio, pasando por su desarrollo y finalizando con las conclusiones extraídas. Esta obligación abarca, incluso, aquellos supuestos en los que el responsable del tratamiento entienda que no es necesario llevar a cabo dicha evaluación de impacto, pues, de lo contrario, no podrá demostrar, llegado el caso y por mor del principio de responsabilidad proactiva, el cumplimiento de sus obligaciones, pudiendo originar un supuesto de infracción normativa frente a la AEPD.

Esta documentación deberá estar a disposición de la autoridad de control cuando se presente una consulta previa [en los términos que, plasmados legalmente en los artículos 36 RGPD y 28.1, *in fine*, LOPDGDD, se describen seguidamente, consulta que, siguiendo la literalidad de la letra e) del artículo 39.1 RGPD, deberá tener al Delegado de Protección de Datos como punto de contacto] y cuando la mencionada autoridad efectúe una solicitud al amparo de los poderes que, merced al artículo 58 del mismo Reglamento, ostenta. En consecuencia, podemos concluir que no existirá un deber, por defecto, de remitir esta documentación, salvo que concurran los supuestos necesarios para ello, en cuyo caso, no hacerlo o hacerlo de manera incompleta podría generar tal infracción.

La evaluación de impacto también requerirá, cuando proceda, recabar "[...] la opinión de los interesados o de sus representantes en relación con el tratamiento previsto, sin perjuicio de la protección de intereses públicos o comerciales o de la seguridad de las operaciones de tratamiento" (artículo 35.9 RGPD). El fin último de esta previsión no es otro que: de un lado, informar a los afectados que el tratamiento previsto presenta un riesgo elevado, haciendo constar los factores que propician esta conclusión, los impactos que pueden originar eventuales violaciones de seguridad y la injerencia que esto provoca en sus derechos y libertades; de otro, informarles de que el alto riesgo persigue un bien superior, que es el que justifica el tratamiento, haciéndolo constar con suficiente detalle. En cualquier caso, será necesario que el responsable del tratamiento ofrezca y recoja de los titulares de los datos alternativas que permitan satisfacer las mismas finalidades con una menor intrusión en sus intereses colectivos.

Llegamos, en este punto, a la consulta previa, recogida, como ya se ha dicho, en los artículos 36 RGPD y 28.1, *in fine*, LOPDGDD. El primero de estos preceptos concreta las obligaciones que afectan de manera directa a responsables del tratamiento y de forma indirecta (considerando 95 y artículo 36.2, ambos del RGPD) a aquellos encargados del tratamiento que les presten servicios con acceso a datos personales de los interesados afectados, siempre que la evaluación de impacto realizada permita concluir que el riesgo residual del tratamiento previsto podría constituir un peligro para sus derechos y libertades. Esta consulta no ha de concebirse de manera aislada, pues ha de estar integrada en la estrategia de gestión de riesgos planteada por la organización; por este motivo, lejos de limitarse a remitir la evaluación de impacto a la autoridad de control competente, la consulta previa exige al responsable del tratamiento colaborar activamente, seguir todo el proceso y proporcionar a la mencionada autoridad cualquier información complementaria que esta requiera para poder evaluar adecuadamente la consulta. En todo caso, huelga decir que, más allá de si ha de efectuarse o no esta consulta previa a la autoridad de control, será preceptiva la conservación de la documentación concerniente a la ejecución de la evaluación de impacto y a cualquier actualización que de la misma se pueda llevar a cabo.

La finalidad perseguida con la consulta previa reside en presentar ante la autoridad de control competente un tratamiento que sea adecuado a las exigencias que impone la normativa aplicable en materia de protección de datos personales, partiendo de la obligación o conveniencia de llevar a cabo una evaluación de impacto, pero que suponga un nivel de riesgo residual para los derechos y libertades de los interesados que podría no ser el aceptable. En cambio, no formarán parte de esta finalidad solicitudes a la autoridad de control como las consistentes en trasladarle la obligación de: evaluar si un tratamiento es o no lícito, establecer las bases de legitimación que posibiliten los tratamientos, determinar las medidas de seguridad técnicas y organizativas que resulten adecuadas para propiciar un nivel de seguridad acorde al riesgo del tratamiento, confirmar las medidas de seguridad previamente establecidas por el responsable del tratamiento, determinar los casos en los que este pueda efectuar transferencias internacionales de datos personales, asesorar sobre la forma de realizar una evaluación de impacto o identificar y evaluar los riesgos o el nivel de riesgo inmanente a un concreto tratamiento; tampoco permite desplazar a la autoridad de control: el deber que recae sobre el responsable del tratamiento de evaluar si un determinado tratamiento es proporcional y necesario, la obligación de validar sistemáticamente todo tratamiento implementado o la evaluación de impacto efectuada, la indicación de posibles alternativas en forma de posibles medidas técnicas y organizativas que sustituyan concretos requisitos de cumplimiento, la prestación de seguridad jurídica al responsable del tratamiento o la valoración de la posibilidad de omitir el respeto de un derecho específico o de cualquier otro aspecto que no se relacione de forma directa con un tratamiento lícito o que implique un alto nivel de riesgo residual para los derechos y libertades.

Más allá de lo anterior, será necesario consultar a la autoridad de control si procede llevar a cabo una determinada actividad de tratamiento, con anterioridad a su implementación, si la evaluación de impacto realizada pone de manifiesto que, de no adoptarse determinadas garantías, medidas de seguridad y mecanismos orientados a reducir el nivel de riesgo, tal actividad supondría un riesgo elevado para los derechos y libertades de los interesados; ello, siempre que el responsable del tratamiento entienda que dicho riesgo no puede minorarse por medios razonables, atendiendo a la tecnología a disposición y a los costes que comportaría su puesta en práctica. Asimismo, la consulta previa deberá activarse también cuando el Derecho interno de los países que integran la Unión Europea así lo exija por lo que respecta a un determinado tratamiento a realizar por el responsable del tratamiento "[…] en el ejercicio de una misión realizada en interés público, en particular el tratamiento en relación con la protección social y la salud pública" (artículo 36.5 RGPD). Resultado de lo anterior, podemos concluir que la consulta previa no siempre será necesaria, ni siquiera siempre que el responsable del tratamiento haya realizado una evaluación de impacto en materia de protección de datos personales.

En cuanto a las exigencias a satisfacer a la hora de efectuar una consulta previa a la autoridad de control, podemos destacar las siguientes, a modo de fases o secuencias que, gradualmente, se deben atender (AEPD, Guía

"Gestión del riesgo y evaluación de impacto en tratamientos de datos personales", pág. 153):

a) El responsable del tratamiento deberá, en su caso, presentar una consulta previa a la autoridad de control competente.

b) Si existe un Delegado de Protección de Datos u obligación de nombrarlo dentro de la organización, este deberá asesorar acerca de la evaluación de impacto relativa a la protección de datos y tendrá que supervisar su aplicación. De igual modo, habrá de actuar como punto de contacto con la autoridad de control.

c) La consulta previa tendrá carácter previo a la puesta en marcha del tratamiento.

d) Las finalidades perseguidas con el tratamiento deben estar objetivamente determinadas.

e) Ha de existir una descripción sistemática de las operaciones de tratamiento.

f) Deberá realizarse la evaluación de que el tratamiento es conforme con la normativa en vigor en materia de protección de datos personales, en especial, en el cumplimiento de los principios relativos al tratamiento y de los derechos que corresponden a los interesados.

g) Tendrá que documentarse y realizarse una gestión de los riesgos para los derechos y libertades de los afectados de manera sistemática.

h) El tratamiento deberá tener en consideración las medidas sobre el concepto del tratamiento, de gobernanza y políticas, de protección de datos desde el diseño, por defecto y de seguridad acordes para la gestión del riesgo para los derechos y libertades de los titulares de los datos.

i) Deberá realizarse el análisis de la obligación de llevar a cabo la evaluación de impacto o, en su caso, de su necesidad.

j) El tratamiento tendrá que superar el análisis de necesidad y proporcionalidad con relación a los fines.

k) Todas las acciones anteriores deberán estar formalmente documentadas.

La AEPD ha elaborado un documento, titulado "Lista de verificación para determinar la adecuación formal de una EIPD y la presentación de consulta previa". En él, se recogen los requisitos y cierta información adicional a tener en cuenta si se considera necesario llevar a cabo una consulta previa.

Por lo que respecta a la documentación que debe ser remitida por el responsable del tratamiento a la autoridad de control para poder efectuar válidamente esta consulta previa, la misma (bien es cierto, con carácter de mínimos) viene recogida en el artículo 36.3 RGPD:

> «Cuando consulte a la autoridad de control con arreglo al apartado 1, el responsable del tratamiento le facilitará la información siguiente:
> a) en su caso, las responsabilidades respectivas del responsable, los corresponsables y los encargados implicados en el tratamiento, en particular en caso de tratamiento dentro de un grupo empresarial;
> b) los fines y medios del tratamiento previsto;
> c) las medidas y garantías establecidas para proteger los derechos y libertades de los interesados de conformidad con el presente Reglamento;
> d) en su caso, los datos de contacto del delegado de protección de datos;
> e) la evaluación de impacto relativa a la protección de datos establecida en el artículo 35, y
> f) cualquier otra información que solicite la autoridad de control».

La remisión de esta consulta previa deberá hacerse a través de la sede electrónica de la AEPD. En ella, existe un apartado ["Consulta previa al inicio de tratamientos de riesgo alto (art. 36 RGPD)"] a través del cual podrá llevarse a cabo, siendo requisitos necesarios para poder efectuarla: ser el responsable del tratamiento, haber completado una evaluación de impacto sobre protección de datos personales y que esta evaluación muestre un riesgo alto para los derechos y libertades de las personas tras haber aplicado medidas para mitigarlo.

Tras ello, la autoridad de control competente podrá solicitar del responsable del tratamiento (a través, en su caso, del DPO) información adicional, al amparo del precitado artículo 36.3.f) RGPD. De igual modo, podrá servirse, para el asesoramiento y para la eventual autorización (es decir, para poder gestionar adecuadamente una consulta previa), del mecanismo de asistencia mutua previsto en el artículo 61 de este Reglamento. Ambas circunstancias permitirían suspender el cómputo de los plazos. La respuesta de la autoridad de control deberá producirse, como regla general, en el plazo de ocho semanas, si bien podrá extenderse (informando, de ello, al responsable y, en su caso, al encargado del tratamiento) a un total de catorce, atendiendo a la complejidad del tratamiento (artículo 36.2 RGPD).

Cabe mencionar también la posibilidad que tiene la autoridad de control de ofrecer asesoramiento sobre las operaciones de tratamiento, previsión, esta, contemplada en el artículo 36.2 RGPD [artículo 57.1.l) RGPD]. Esto contemplaría la facultad de: poner de manifiesto al responsable que el tratamiento previsto podría suponer una infracción de la normativa vigente sobre la materia, determinar si el tratamiento puede plasmarse en las condiciones de riesgo indicadas por el responsable del tratamiento, informar al responsable del tratamiento en relación con la adecuación del análisis de riesgos aportado en su evaluación de impacto sobre protección de datos y sobre la posible adecuación de las medidas contempladas para mitigar o impedir los riesgos del tratamiento para los derechos y libertades de los interesados, indicar al responsable del tratamiento si es correcto el análisis efectuado entre las distintas alternativas de implementación del tratamiento por este presentadas y la evaluación de la necesidad y de la proporcionalidad y llevar a cabo recomendaciones relacionadas con los recursos de ayuda de las autoridades de control. Ahora bien, como aclara la propia AEPD (AEPD, Guía "Gestión del riesgo y evaluación de impacto en tratamientos de datos personales", pág. 156):

> «El responsable no ha de esperar como respuesta de la Autoridad de Control un informe con la extensión que se derivaría de un proceso de auditoría. Tampoco es objeto de respuesta proporcionar al responsable un conjunto de soluciones concretas para el tratamiento que correspondería al resultado de un proceso de consultoría. Menos aún, el objeto del asesoramiento es obtener respuesta a una nueva consulta previa por parte del responsable con el fin de que la Autoridad de Control lleve a cabo la validación/revisión/aprobación/seguimiento de las medidas aplicadas en reacción a una consulta previa.
>
> Una auditoría ha de señalar, con precisión, el estado en el que se encuentra la entidad (o el tratamiento) con relación al objeto de la auditoría136. Por su parte, la consultoría ofrece soluciones específicas para la consecución de un objetivo concreto planteado por la entidad. Ninguno de los dos casos constituye el propósito de la consulta previa ni son parte de las competencias de la Autoridad de Control.
>
> Finalmente, este asesoramiento no debe entenderse en términos absolutos con relación al tratamiento sino con relación a aquellos aspectos que motivan la consulta previa y a la información aportada por el responsable».
>
> Además del asesoramiento anterior, la autoridad de control también podrá utilizar cualesquiera de los poderes que, merced al artículo 58 RGPD, le corresponden y que ya han sido descritos en la presente obra [más allá, por tanto, del previsto en la letra a) del apartado 3 de este precepto].

Capítulo Tercero

Técnicas para garantizar el cumplimiento de la normativa de protección de datos

SUMARIO: I. La auditoría de protección de datos. II. Auditoría de Sistemas de Información. III. La gestión de la seguridad de los tratamientos. IV. Otros conocimientos.

I. LA AUDITORÍA DE PROTECCIÓN DE DATOS

De conformidad con la ISO 19011:2018, sobre "Directrices para la auditoría de los sistemas de gestión", podemos definir una auditoría como "un proceso sistemático, independiente y documentado para obtener evidencias objetivas y evaluarlas de manera objetiva con el fin de determinar el grado en que se cumplen los criterios de auditoría". A su vez, se entenderá por evidencias objetivas el conjunto de datos que respaldan la existencia o veracidad de algo y por criterios de auditoría el conjunto de requisitos empleados como referencia frente a la cual se compara la evidencia objetiva.

En materia de protección de datos personales, las auditorías constituyen una de las herramientas más relevantes a los efectos de comprobación y evaluación del grado de cumplimiento de la normativa actual sobre la materia por parte de los sujetos obligados a cuanto en ella se dispone. Veamos los aspectos más relevantes que rodean a este instrumento.

1. El proceso de auditoría. Cuestiones generales y aproximación a la auditoría. Características básicas de la Auditoría

Pese a la relevancia que ostenta la auditoría como mecanismo para controlar y supervisar la adecuación de la gestión autónoma de responsables y encargados del tratamiento a las exigencias que sobre ellos pueden llegar a recaer, no existe en la normativa más reciente en materia de protección de datos personales alusión específica a la misma. A lo sumo, podemos hacer mención a determinadas referencias que, en concretos supuestos, se recogen en el Reglamento General de Protección de Datos y en la normativa nacional complementaria; entre ellas, destacan las previstas:

En primer lugar, en lo concerniente a la regulación de la relación jurídica entre el responsable del tratamiento y el encargado del tratamiento, plasmada en el artículo 28 RGPD, cuyo apartado tercero, letra h), dispone que:

> «El tratamiento por el encargado se regirá por un contrato u otro acto jurídico con arreglo al Derecho de la Unión o de los Estados miembros, que vincule al encargado respecto del responsable y establezca el objeto, la duración, la naturaleza y la finalidad del tratamiento, el tipo de datos personales y categorías de interesados, y las obligaciones y derechos del responsable. Dicho contrato o acto jurídico estipulará, en particular, que el encargado:
> h) pondrá a disposición del responsable toda la información necesaria para demostrar el cumplimiento de las obligaciones establecidas en el presente artículo, así como para permitir y contribuir a la realización de auditorías, incluidas inspecciones, por parte del responsable o de otro auditor autorizado por dicho responsable.
> En relación con lo dispuesto en la letra h) del párrafo primero, el encargado informará inmediatamente al responsable si, en su opinión, una instrucción infringe el presente Reglamento u otras disposiciones en materia de protección de datos de la Unión o de los Estados miembros».

En segundo lugar, en lo relativo al Delegado de Protección de Datos y a las funciones que está llamado a desempeñar, donde el artículo 39.1.b) RGPD establece que:

> «El delegado de protección de datos tendrá como mínimo las siguientes funciones:
> b) supervisar el cumplimiento de lo dispuesto en el presente Reglamento, de otras disposiciones de protección de datos de la Unión o de los Estados miembros y de las políticas del responsable o del encargado del tratamiento en materia de protección de datos personales, incluida la asignación de responsabilidades, la concienciación y formación del personal que participa en las operaciones de tratamiento, y las auditorías correspondientes».

En tercer lugar, en materia de transferencias internacionales de datos personales, donde el artículo 47 RGPD, al prever la posibilidad de acudir a las BCR, establece, en su apartado 2, letra j), que:

> «Las normas corporativas vinculantes mencionadas en el apartado 1 especificarán, como mínimo, los siguientes elementos:
> j) los mecanismos establecidos dentro del grupo empresarial o de la unión de empresas dedicadas a una actividad económica conjunta para garantizar la verificación del cumplimiento de las normas corporativas vinculantes. Dichos mecanismos incluirán auditorías de protección de datos y métodos para garantizar acciones correctivas para proteger los derechos del interesado. Los resultados de dicha verificación deberían comunicarse a la persona o entidad a que se refiere la letra h) y al consejo de administración de la empresa que controla un grupo empresarial, o de la unión de empresas dedicadas a una actividad económica conjunta, y ponerse a disposición de la autoridad de control competente que lo solicite».

En cuarto lugar, en relación con los poderes de los que dispondrán las autoridades de control, donde el artículo 58.1.b) RGPD sostiene que:

> «Cada autoridad de control dispondrá de todos los poderes de investigación indicados a continuación:
> b) llevar a cabo investigaciones en forma de auditorías de protección de datos».

En relación con este último aspecto, el artículo 51.1 LOPDGDD, centrado específicamente en la AEPD, establece que:

> «La Agencia Española de Protección de Datos desarrollará su actividad de investigación a través de las actuaciones previstas en el Título VIII y de los planes de auditoría preventivas».

Por su parte, el artículo 54 LOPDGDD regula estos planes de auditoría, indicando que:

> «1. La Presidencia de la Agencia Española de Protección de Datos podrá acordar la realización de planes de auditoría preventiva, referidos a los tratamientos de un sector concreto de actividad. Tendrán por objeto el análisis del cumplimiento de las disposiciones del Reglamento (UE) 2016/679 y de la presente ley orgánica, a partir de la realización de actividades de investigación sobre entidades pertenecientes al sector inspeccionado o sobre los responsables objeto de la auditoría.
> 2. A resultas de los planes de auditoría, la Presidencia de la Agencia Española de Protección de Datos podrá dictar las directrices generales o específicas para un concreto responsable o encargado de los tratamientos precisas para asegurar la plena adaptación del sector o responsable al Reglamento (UE) 2016/679 y a la presente ley orgánica.
> En la elaboración de dichas directrices la Presidencia de la Agencia Española de Protección de Datos podrá solicitar la colaboración de los organismos de supervisión de los códigos de conducta y de resolución extrajudicial de conflictos, si los hubiere.
> 3. Las directrices serán de obligado cumplimiento para el sector o responsable al que se refiera el plan de auditoría».

En cambio, sí que proporciona una referencia más específica el RDLOPD, vigente en tanto no resulte incompatible con el RGPD y la LOPDGDD. En este sentido, su artículo 96 recoge unas directrices que, aun referidas a la antigua configuración en materia de seguridad, puede proporcionarnos una interesante orientación:

> «1. A partir del nivel medio los sistemas de información e instalaciones de tratamiento y almacenamiento de datos se someterán, al menos cada dos años, a una auditoría interna o externa que verifique el cumplimiento del presente título.
> Con carácter extraordinario deberá realizarse dicha auditoría siempre que se realicen modificaciones sustanciales en el sistema de información que puedan repercutir en el cumplimiento de las medidas de seguridad implantadas con el objeto de verificar la adaptación, adecuación y eficacia de las mismas. Esta auditoría inicia el cómputo de dos años señalado en el párrafo anterior.

> 2. El informe de auditoría deberá dictaminar sobre la adecuación de las medidas y controles a la Ley y su desarrollo reglamentario, identificar sus deficiencias y proponer las medidas correctoras o complementarias necesarias. Deberá, igualmente, incluir los datos, hechos y observaciones en que se basen los dictámenes alcanzados y las recomendaciones propuestas.
> 3. Los informes de auditoría serán analizados por el responsable de seguridad competente, que elevará las conclusiones al responsable del fichero o tratamiento para que adopte las medidas correctoras adecuadas y quedarán a disposición de la Agencia Española de Protección de Datos o, en su caso, de las autoridades de control de las comunidades autónomas».

Más allá de lo anterior, lo cierto es que el artículo 24.1 RGPD obliga al responsable del tratamiento, no sólo a aplicar medidas técnicas y organizativas adecuadas a los efectos de garantizar y poder demostrar que los tratamientos son conformes con las exigencias de la regulación vigente, sino también a revisar y actualizar tales medidas cuando sea necesario. De igual modo, el artículo 32 del mismo Reglamento exige a responsables y encargados del tratamiento la aplicación de medidas técnicas y organizativas apropiadas para asegurar un nivel de seguridad adecuado al riesgo que conlleve el tratamiento implementado, donde se habrá de incluir, a los efectos que aquí interesan, "[…] un proceso de verificación, evaluación y valoración regulares de la eficacia de las medidas técnicas y organizativas para garantizar la seguridad del tratamiento". De todo ello, podemos concluir que la auditoría constituye un instrumento adecuado para cumplir cuanto estipulan sendos preceptos, toda vez que, mediante esta herramienta, podemos verificar la eficacia de tales medidas y las posibles deficiencias en que puedan incurrir.

En cuanto a las características esenciales que deben reunir las auditorías que se implementen en materia de protección de datos personales, podemos concluir que:

En primer lugar, han de ser proporcionales a la naturaleza, el alcance, el contexto y los fines del tratamiento, así como a los riesgos de probabilidad y gravedad variables para los derechos y libertades de las personas físicas.

En segundo lugar, deberán incluir tanto los tratamientos total o parcialmente automatizados como los tratamientos no automatizados de los datos personales incluidos en los ficheros de responsables y encargados del tratamiento.

En tercer lugar, deberán cubrir todos los datos personales, procedimientos, procesos, políticas, activos y sistemas de información afectados por el control y la supervisión en que se traduce la auditoría de que se trate.

En cuarto lugar, deberán detectar los riesgos o deficiencias que supongan un peligro o menoscabo en la protección de los datos personales de los interesados, a cuyo fin se imponen las obligaciones recogidas en la normativa en vigor sobre la materia.

En quinto lugar, y relacionado con el punto anterior, tendrán que verificar la adecuación de las medidas adoptadas por responsables y encargados del tratamiento para garantizar, de manera proactiva, que los datos personales: son tratados de manera lícita, leal y transparente; son recogidos con fines determinados, explícitos y legítimos, y no son tratados ulteriormente de manera incompatible con dichos fines; son adecuados, pertinentes y limitados a lo necesario en relación con los fines para los que son tratados; son exactos y, si fuera necesario, actualizados; son mantenidos de forma que se permita la identificación de los interesados durante no más tiempo del necesario para los fines del tratamiento de los datos personales, y son tratados de tal manera que se garantice una seguridad adecuada de los datos personales, incluida la protección contra el tratamiento no autorizado o ilícito y contra su pérdida, destrucción o daño accidental, mediante la aplicación de medidas técnicas u organizativas apropiadas.

Para cumplir los objetivos anteriores, la auditoría analizará la situación actual de la organización e implicará una revisión completa del grado de adecuación en cuestiones como el diseño y contenido del registro de las actividades de tratamiento; la idoneidad del análisis de riesgos de los tratamientos y de las medidas de seguridad técnicas y organizativas (políticas de cifrado, contraseñas, copias de seguridad, funciones y obligaciones del personal, formación, etc.); la obligatoriedad y, en su caso, la realización de las evaluaciones de impacto en materia de protección de datos que procedan; el deber y, en su caso, la idoneidad del, así designado, DPO; la adecuación de los sistemas de tratamiento; el diseño y el grado de completitud de las cláusulas informativas a los distintos y diversos interesados; la validez de las bases jurídicas aplicadas a cada tratamiento; la adecuación de las transferencias internacionales de datos personales a las distintas vías, en su caso, aplicables, de las previstas en la normativa en vigor; la idoneidad en la elección de los encargados del tratamiento; el cumplimiento de las cláusulas de confidencialidad; la adecuada tramitación de las solicitudes de ejercicio de derechos por parte de los afectados, o la necesaria notificación a la autoridad de control y, en su caso, la comunicación a los titulares de los datos afectados, de los incidentes de seguridad que puedan tener lugar.

Por lo demás, la auditoría podrá ser interna (denominadas, en algunos casos, "auditorías de primera parte") o externa: en el primer caso, se realizará por el propio personal de la organización, siendo, a priori, más económica, pero también previsiblemente menos objetiva y veraz; en el segundo, por el contrario, la auditoría se encomendará a un tercero (más aún, las auditorías externas incluyen las auditorías de segunda parte, que se llevan a cabo por partes que tienen un interés en la organización —como pueden ser los clientes—, y las auditorías de tercera parte, que se realizan por organizaciones auditoras independientes —como las que otorgan la certificación o el registro de conformidad—). Asimismo, la auditoría podrá abarcar uno, varios o todos de los objetivos ya mencionados; no obstante, en todos los casos, deberá alcanzar, como mínimo, aquellas evidencias que resulten necesarias para acreditar la valoración recogida en los informes que se detallan en el apartado siguiente. También, si se basa en muestras, las conclusiones inferidas deberán ser lo suficientemente representativas, similares a las que se hubieran extraído si la evaluación hubiera sido completa.

Para concluir, hemos de aludir a la Guía "Requisitos para Auditorías de Tratamientos que incluyan IA", elaborada por la AEPD. Se trata de un documento que, encuadrado en lo propuesto en la Guía "Adecuación al RGPD de tratamientos que incorporan Inteligencia Artificial. Una introducción", publicada por esta misma Agencia en lo que respecta al cumplimiento efectivo de los principios de protección de datos personales en tratamientos que incluyan soluciones de Inteligencia Artificial, está "[...] dirigido, principalmente, a responsables que han de auditar tratamientos que incluyan componentes basados en IA, así como a encargados y desarrolladores que quieran ofrecer garantías sobre sus productos y soluciones; a los Delegados de Protección de Datos encargados tanto de supervisar los tratamientos como de asesorar a los responsables y por último, a los equipos de auditores cuando se ocupen de la evaluación de dichos tratamientos».

2. *Elaboración del informe de auditoría. Aspectos básicos e importancia del informe de auditoría*

La auditoría de protección de datos personales se ha de llevar a cabo en una sucesión de fases que, en suma, permiten obtener la información necesaria para elaborar el informe que deberá presentarse a la organización auditada. Estas fases son las siguientes:

a) Fase 1. Organización

En esta primera fase, se tienen que concretar los fines perseguidos con la auditoría, el personal responsable y las personas de contacto. De igual modo, será preciso concretar las actividades que se deberán ejecutar a lo largo de todo el proceso de auditoría.

b) Fase 2. Planificación y obtención de información

En ella, se deberá recopilar la información necesaria para efectuar la auditoría, información que engloba los procesos y los tratamientos elaborados e implementados por la entidad; los documentos que contengan datos personales; las medidas de seguridad aplicadas a los sistemas, procedimientos, políticas, procesos e infraestructuras, o la relación de empleados con acceso a datos personales dentro de la organización. Además, se preparará un calendario con las entrevistas a realizar al personal de la organización, atendiendo a la responsabilidad que cada sujeto asuma dentro de la misma. También se deberá obtener un listado del volumen de equipos, servidores y aplicaciones que contengan datos personales y se definirán los instrumentos a emplear para concretar qué aplicaciones o usuarios hacen uso de los datos personales de la organización.

c) Fase 3. Verificación del cumplimiento

Tras la obtención de la información anterior, y como elemento nuclear de la auditoría, será preciso llevar a cabo la verificación y control del cumplimiento o incumplimiento de las obligaciones que, previstas en la normativa aplicable sobre protección de datos personales, recaen sobre la organización auditada.

d) Fase 4. Elaboración y entrega del informe final

Por último, se ha de elaborar el informe final en el que se plasmen las conclusiones extraídas por el auditor, las deficiencias que se han observado, las soluciones propuestas para corregirlas, el grado de adecuación a las obligaciones legales impuestas y los aspectos susceptibles de mejora. Este informe será presentado a la organización, con una, más que recomendable, exposición de los puntos más relevantes.

Estamos, por tanto, ante mecanismos periódicos de revisión, evaluación y, con carácter preeminente, demostración ulterior de la conformidad, mecanismos que, dependiendo del caso, podrán venir impuestos de manera directa (legalmente o por exigencias de empresas con quienes la organización pueda llegar a contratar) o indirecta (merced al principio de responsabilidad proactiva que, como sabemos, inspira el contenido obligacional que emana de la normativa vigente sobre protección de datos personales). Y ello por no mencionar la conveniencia de acometer este tipo de procesos en aras de mantener una adecuada imagen exterior de cumplimiento de cara a posibles clientes y terceros colaboradores.

3. Ejecución y seguimiento de acciones correctoras

Como su propio nombre indica, una acción correctora es aquella que persigue eliminar las causas de incumplimientos previamente detectados o cualquier otra situación no deseable. No se trata, únicamente, de reparar la no conformidad (corrección, en sentido estricto), sino su causa misma. Tanto más, se centra en evitar que algo pueda volver a producirse, frente a las acciones preventivas, que tratan de impedir que suceda.

Como no conformidad, podrá incluirse cualquier incumplimiento de la regulación aplicable, de las políticas o procedimientos internos de la organización, de las obligaciones contractuales con terceros o cualquier otra situación equiparable. Todas ellas podrán ser detectadas en el proceso de auditoría, sobre la base del análisis de la documentación elaborada por la entidad auditada, de las entrevistas realizadas, del estudio de los incidentes de seguridad gestionados por la organización o de las operaciones comerciales entabladas con clientes o proveedores. En este sentido, varias fases se antojan imprescindibles en el proceso de implementación de estas acciones, una vez recibido el informe final por parte del auditor:

a) Una primera, en la que se identifican y registran los incumplimientos, no conformidades o situaciones indeseables.

b) Una segunda, en la que se revisan y analizan su orígenes y causas.

c) Una tercera, en la que se comprueba si son coincidentes o similares con algunas no conformidades ya existentes.

d) Una cuarta, en la que se evalúa la necesidad de implementar una o varias acciones para dar respuesta a cada irregularidad.

e) Una quinta, en la que se autoriza su ejercicio en forma de plan de acción, a fin de eliminar sus posibles causas y tomar las medidas que resulten necesarias para evitar que puedan volver a producirse.

f) Una sexta, en la que se revisa si las actuaciones llevadas a cabo han producido el resultado deseado.

g) Una séptima, en la que se informa a todas las personas interesadas de que se han llevado a cabo.

h) Una octava, en la que se monitorizan y, en su caso, cierran las acciones por haberse practicado correctamente, es decir, por haber remediado el problema que pretendían solucionar.

Cuando sean varias las acciones correctoras a implementar, será preciso establecer una priorización entre ellas, atendiendo al riesgo que conlleva el incumplimiento o la situación indeseable, el lapso temporal necesario para acometer la corrección, el coste de ejecutarla (económico o de cualquier otro tipo) y la dificultad que entraña la reparación (que puede ser menor o, por el contrario, suponer todo un cambio organizativo).

II. AUDITORÍA DE SISTEMAS DE INFORMACIÓN

Junto a la auditoría sobre protección de datos personales, es conveniente la realización de auditorías de sistemas de información. Y es que los sistemas de información, como conjunto de aplicaciones, servicios, activos de tecnologías de la información y otros componentes para manejar información, han de ser también auditados, dada la relevancia que presentan en el seno de la organización.

1. *La Función de la Auditoría en los Sistemas de Información. Conceptos básicos. Estándares y Directrices de Auditoría de SI*

Las auditorías de los sistemas de información, en lo que aquí respecta, pueden ser definidas como aquel proceso metodológico, independiente y objetivo, por el que se recogen, agrupan y evalúan las evidencias que permiten concluir si los sistemas de información así auditados protegen adecuadamente los activos, conservan eficazmente la información, coadyuvan a la consecución de los fines previstos por la entidad y emplean de modo óptimo los recursos de los que esta dispone. En otras palabras, alude al "proceso sistemático, independiente y documentado que persigue la obtención de evidencias objetivas y su evaluación objetiva para determinar en qué medida se cumplen los criterios de auditoría en relación con la idoneidad de los controles de seguridad adoptados, el cumplimiento de la política de seguridad, las normas y los procedimientos operativos establecidos, y detectando desviaciones a los antedichos criterios" (anexo IV del ENS). Esta auditoría tiene como objetivo, en definitiva, evaluar la calidad, la seguridad, la eficacia y la eficiencia de los sistemas de información de una organización, siendo relevante por cuanto ayuda a identificar vulnerabilidades y riesgos en los mismos y sugiere medidas para minimizarlos.

Los pasos a seguir en una auditoría informática pueden variar dependiendo del alcance y la complejidad de la auditoría. Empero, en general, podemos destacar los siguientes:

En primer lugar, la planificación, donde se definen los objetivos y el alcance de la auditoría, se identifican los recursos necesarios y se establece un plan de trabajo.

En segundo lugar, la recopilación de información, donde se revisan los documentos, los procedimientos y los sistemas relacionados con el área a auditar, se identifican los activos críticos de la organización y se obtiene información sobre la arquitectura de la red y los sistemas de información.

En tercer lugar, los riesgos. Se identifican las amenazas, las vulnerabilidades y los riesgos de seguridad asociados a los activos críticos de la organización.

En cuarto lugar, los controles de seguridad, donde se determina la eficacia y la eficiencia de los ya existentes, identificando brechas y debilidades en el control de la seguridad y determinando la capacidad de la organización para detectar y responder a incidentes de seguridad.

En quinto lugar, se analizan los hallazgos identificados durante la evaluación de los controles de seguridad y se evalúa su impacto en la organización.

En sexto lugar, el informe de auditoría, en el que se documentan los hallazgos y recomendaciones, incluyendo la descripción de los procedimientos de auditoría aplicados, los resultados obtenidos y las recomendaciones para mejorar la eficacia y eficiencia de los controles de seguridad.

En séptimo lugar, el seguimiento y la verificación, procurando implementar las recomendaciones del informe de auditoría y verificar su eficacia.

En el ámbito de las Administraciones Públicas, destaca el artículo 31 ENS, que establece que:

> «1. Los sistemas de información comprendidos en el ámbito de aplicación de este real decreto serán objeto de una auditoría regular ordinaria, al menos cada dos años, que verifique el cumplimiento de los requerimientos del ENS.
> Con carácter extraordinario, deberá realizarse dicha auditoría siempre que se produzcan modificaciones sustanciales en los sistemas de información, que puedan repercutir en las medidas de seguridad requeridas. La realización de la auditoria extraordinaria determinará la fecha de cómputo para el cálculo de los dos años, establecidos para la realización de la siguiente auditoría regular ordinaria, indicados en el párrafo anterior.
> El plazo de dos años señalado en los párrafos anteriores podrá extenderse durante tres meses cuando concurran impedimentos de fuerza mayor no imputables a la entidad titular del sistema o sistemas de información concernidos.
> 2. La auditoría se realizará en función de la categoría del sistema y, en su caso, del perfil de cumplimiento específico que corresponda, según lo dispuesto en los anexos I y III y de conformidad con lo regulado en la Instrucción Técnica de Seguridad de Auditoría de la Seguridad de los Sistemas de Información.
> 3. En la realización de las auditorías de la seguridad se utilizarán los criterios, métodos de trabajo y de conducta generalmente reconocidos, así como la normalización nacional e internacional aplicables a este tipo de actividades.
> 4. El informe de auditoría deberá dictaminar sobre el grado de cumplimiento de este real decreto identificando los hallazgos de cumplimiento e incumplimiento detectados. Deberá, igualmente, incluir los criterios metodológicos de auditoría utilizados, el alcance y el objetivo de la auditoría, y los datos, hechos y observaciones en que se basen las conclusiones formuladas, todo ello de conformidad con la citada Instrucción Técnica de Seguridad de Auditoría de la Seguridad de los Sistemas de Información.
> 5. Los informes de auditoría serán presentados al responsable del sistema y al responsable de la seguridad. Estos informes serán analizados por este último que presentará sus conclusiones al responsable del sistema para que adopte las medidas correctoras adecuadas.
> 6. En el caso de los sistemas de categoría ALTA, visto el dictamen de auditoría y atendiendo a una eventual gravedad de las deficiencias encontradas, el responsable del sistema podrá suspender temporalmente el tratamiento de informaciones, la prestación de servicios o la total operación del sistema, hasta su adecuada subsanación o mitigación.
> 7. Los informes de auditoría podrán ser requeridos por los responsables de cada organización, con competencias sobre seguridad de las tecnologías de la información, y por el CCN».

El apartado segundo del precepto anterior alude a los anexos I y III y a la Instrucción Técnica de Seguridad de Auditoría de la Seguridad de los Sistemas de Información:

El anexo I ENS regula las categorías de seguridad de los sistemas de información. Dentro de él, y por su conexión con el artículo 31.6 ENS, destaca el apartado 4, donde se indica que un sistema de información será de categoría alta si alguna de sus dimensiones de seguridad (que, según el apartado 2, son las de confidencialidad, integridad, trazabilidad, autenticidad y disponibilidad) alcanza el nivel de seguridad alto. Junto a ellos, el apartado 3 establece que el nivel de seguridad alto "[...] se aplicará cuando las consecuencias de un incidente de seguridad que afecte a alguna de las dimensiones de seguridad supongan un perjuicio muy grave sobre las funciones de la organización, sobre sus activos o sobre los individuos afectados. Se entenderá por perjuicio muy grave: 1.º La anulación efectiva de la capacidad de la organización para desarrollar eficazmente sus funciones y competencias. 2.º Causar un daño muy grave, e incluso irreparable, de los activos de la organización. 3.º El incumplimiento grave de alguna ley o regulación. 4.º Causar un perjuicio grave a algún individuo, de difícil o imposible reparación. 5.º Otros de naturaleza análoga».

Por su parte, el anexo III se centra en la auditoría de la seguridad propiamente dicha, donde se indica que el objeto de dicha auditoría será el de constatar:

> «a) Que la política de seguridad define los roles y funciones de los responsables del sistema, la información, los servicios y la seguridad del sistema de información.
> b) Que existen procedimientos para resolución de conflictos entre dichos responsables.
> c) Que se han designado personas para dichos roles a la luz del principio de "diferenciación de responsabilidades».
> d) Que se ha realizado un análisis de riesgos, con revisión y aprobación anual.
> e) Que se cumplen las recomendaciones de protección descritas en el anexo II, sobre Medidas de Seguridad, en función de las condiciones de aplicación en cada caso.
> f) Que existe un sistema de gestión de la seguridad de la información, documentado y con un proceso regular de aprobación por la dirección, tomando como base la Declaración de Aplicabilidad regulada en el artículo 28 de este real decreto».

A su vez, en su apartado 2, establece los niveles de auditoría que se realizan a los sistemas de información, que serán los siguientes:

a) Auditoría a sistemas de categoría básica, que no necesitarán realizar dicha auditoría, siendo suficiente la autoevaluación realizada por el mismo personal que administra el sistema de información o en quien este delegue, cuyo resultado deberá estar documentado, indicando si cada medida de seguridad está implantada y sujeta a revisión regular, así como las evidencias que sustentan la valoración anterior. Los informes de autoevaluación serán analizados por el responsable de la seguridad competente, que elevará las conclusiones al responsable del sistema para que adopte las medidas correctoras adecuadas.

b) Auditoría a sistemas de categoría media o alta, donde el informe de auditoría dictaminará el grado de cumplimiento del ENS, identificando los hallazgos de conformidad y no conformidad, debiendo, igualmente, incluir los criterios metodológicos de auditoría utilizados, el alcance y el objetivo de la auditoría, y los datos, hechos y observaciones en que se basen las conclusiones formuladas. Aquí también, los informes de auditoría serán analizados por el responsable de la seguridad competente, que presentará sus conclusiones al responsable del sistema para que adopte las medidas correctoras adecuadas.

Por su parte, la Resolución de 27 de marzo de 2018, de la Secretaría de Estado de Función Pública, aprueba la Instrucción Técnica de Seguridad de Auditoría de la Seguridad de los Sistemas de Información (BOE núm. 81, de 03 de abril de 2018).

Junto al artículo 31 ENS, la disposición adicional segunda del ENS dispone, en su párrafo tercero, que, "[p]ara el mejor cumplimiento de lo establecido en este real decreto, el CCN, en el ejercicio de sus competencias, elaborará y difundirá las correspondientes guías de seguridad de las tecnologías de la información y la comunicación (guías CCN-STIC), particularmente de la serie 800, que se incorporarán al conjunto documental utilizado para la realización de las auditorías de seguridad". Al amparo de esta previsión, surge la "Guía de Seguridad de las TIC - CCN-STIC 808", de noviembre de 2022, que, elaborada por el Centro Criptológico Nacional y encuadrada dentro de los requisitos del artículo 31 (Auditoría de la seguridad) y del anexo III (Auditoría de la Seguridad) del ENS, es de aplicación a cualquier entidad que deba cumplir con los preceptos de este Esquema, con independencia de su naturaleza, dimensión y categoría de sus sistemas (p. 7).

Por lo demás, dentro del anexo IV del ENS se introducen algunos conceptos relevantes, donde, por lo que respecta a este apartado, destacan los siguientes:

a) Activo: componente o funcionalidad de un sistema de información susceptible de ser atacado deliberada o accidentalmente con consecuencias para la organización. Incluye: información, datos, servicios, aplicaciones (software), equipos (hardware), comunicaciones, recursos administrativos, recursos físicos y recursos humanos.

b) Categoría de seguridad de un sistema: es un grado, dentro de la escala Básica-Media-Alta, con el que se adjetiva un sistema de información a fin de seleccionar las medidas de seguridad necesarias para el mismo. La categoría de seguridad del sistema recoge la visión holística del conjunto de activos como un todo armónico, orientado a la prestación de unos servicios.

c) Ciberseguridad (seguridad de los sistemas de información): la capacidad de las redes y sistemas de información de resistir, con un nivel determinado de fiabilidad, toda acción que comprometa la disponibilidad, autenticidad, integridad o confidencialidad de los datos almacenados, transmitidos o tratados, o los servicios correspondientes ofrecidos por tales redes y sistemas de información o accesibles a través de ellos.

d) Dominio de seguridad: colección de activos uniformemente protegidos, típicamente bajo una única autoridad. Los dominios de seguridad se utilizan para diferenciar entre zonas en el sistema de información.

e) Evento de seguridad: ocurrencia identificada de un sistema, servicio o estado de red que indica un posible incumplimiento de la política de seguridad de la información, una falla de los controles o una situación desconocida que puede ser relevante para la seguridad.

f) Incidente de seguridad (ciberincidente o incidente): suceso inesperado o no deseado con consecuencias en detrimento de la seguridad de las redes y sistemas de información.

g) Medidas de seguridad: conjunto de disposiciones encaminadas a proteger al sistema de información de los riesgos a los que estuviere sometido, con el fin de asegurar sus objetivos de seguridad. Puede tratarse de medidas de prevención, de disuasión, de protección, de detección y reacción, o de recuperación.

h) Monitorización continua: proceso de gestión dinámica de la seguridad basado en el seguimiento de indicadores críticos de seguridad y parcheo de las vulnerabilidades descubiertas en los componentes del sistema de información.

i) Política de seguridad (Política de seguridad de la información): conjunto de directrices plasmadas en un documento, que rigen la forma en que una organización gestiona y protege la información que trata y los servicios que presta.

j) Principios básicos de seguridad: fundamentos que deben regir toda acción orientada a asegurar la información y los servicios.

k) Requisitos mínimos de seguridad: exigencias mínimas necesarias para asegurar la información tratada y los servicios prestados.

l) Sistema de información: cualquiera de los elementos siguientes: 1.º Las redes de comunicaciones electrónicas que utilice la entidad del ámbito de aplicación de este real decreto sobre las que posea capacidad de gestión. 2.º Todo dispositivo o grupo de dispositivos interconectados o relacionados entre sí, en el que uno o varios de ellos realicen, mediante un programa, el tratamiento automático de datos digitales. 3.º Los datos digitales almacenados, tratados, recuperados o transmitidos mediante los elementos contemplados en los números 1.º y 2.º anteriores, incluidos los necesarios para el funcionamiento, utilización, protección y mantenimiento de dichos elementos.

En los supuestos en lo que no sea preceptivo llevar a cabo esta auditoría de sistemas de información, y como sucede en materia de protección de datos personales, siempre será aconsejable su implementación. La razón fundamental es que, de este modo, será más sencillo poder demostrar el cumplimiento de las obligaciones, de todo tipo, que recaen sobre la organización.

Asimismo, por lo que respecta a las auditorías de sistemas de información, hemos de atender a lo dispuesto en la familia de normas normativa ISO/IEC. En concreto, a cuanto se recoge en: de un lado, la ISO/IEC 27001, *Sistemas de Gestión de la Seguridad de la Información (SGSI). Requisitos,* que, como sabemos, establece los requisitos normativos para el desarrollo y operación de un SGSI, incluyendo un conjunto de controles para el control y mitigación de los riesgos asociados con los activos de información que la organización trata de proteger mediante la operación de su SGSI; de otro, la ISO/IEC 27002, *Código de práctica para los controles de seguridad de la información,* que, también se dijo, proporciona directrices para la implementación de los controles de seguridad de la información, proporcionando asesoramiento y orientación específicos para la puesta en marcha de las mejores prácticas en la implementación de los controles especificados en la Norma ISO/IEC 27001.

Junto a lo anterior, también hemos de tener en cuenta metodologías habituales como:

a) COBIT (*Control Objectives for Information and Related Technology*), desarrollada por ISACA (*Information Systems Audit and Control Association*) y que se enfoca en la gestión de riesgos, el control y la gobernanza de los sistemas de información.

b) NIST SP 800-53, guía de seguridad informática desarrollada por el Instituto Nacional de Estándares y Tecnología (NIST) de los Estados Unidos que proporciona un conjunto de controles de seguridad para proteger los sistemas de información y los activos de la organización.

c) ITIL (*Information Technology Infrastructure Library*), como marco de referencia para la gestión de servicios de Tecnologías de la Información que contempla una serie de procesos y prácticas recomendadas, incluyendo la gestión de incidentes, de problemas, de cambios y de activos.

2. *Control interno y mejora continua. Buenas prácticas. Integración de la auditoria de protección de datos en la auditoria de SI*

El control interno y la mejora continua de los sistemas de información resultan esenciales a los efectos de garantizar su seguridad y eficacia dentro de la organización.

El control interno abarca la implementación de políticas y procedimientos de seguridad, la segregación de funciones, la asignación de responsabilidades, la monitorización de las actividades y la verificación y validación de la información, permitiendo minorar los riesgos, mejorar la toma de decisiones y aumentar la confianza de terceros. El sistema de control interno debe adecuarse a cada uno de los niveles del ciclo de gestión y a las exigencias y parámetros previamente dispuestos, concibiéndose como un elemento más del ciclo de gestión de la organización.

Por su parte, la mejora continua de los sistemas de información permite optimizar la seguridad mediante la evaluación y actualización periódica de los sistemas, aplicaciones y servicios, garantizando su eficacia y eficiencia en el tiempo, la identificación y resolución de los problemas que vayan surgiendo y la posible implementación de nuevas tecnologías y de herramientas para mejorar los sistemas de información y aumentar la productividad y la satisfacción del usuario.

Como bien indica el artículo 27 ENS, el proceso integral de seguridad previamente implantado tendrá que actualizarse y mejorarse de manera continua; para ello, añade, se aplicarán los criterios y métodos reconocidos en la práctica, tanto nacional como internacional, relativos a la gestión de la seguridad de las tecnologías de la información. En la misma línea, la ISO/IEC 27001 establece que la organización deberá mejorar de manera continua la idoneidad, la adecuación y la eficacia del SGSI.

De hecho, tanto el control interno como la mejora continua forman parte del PDCA:

a) En la fase de planificación, se establecen los objetivos y planes de acción para conseguir una mejora de los sistemas de información, identificando los procesos y las actividades críticos, analizando los riesgos y definiendo las medidas de control interno y seguimiento. Dentro de estas medidas de control interno, se incluye el diseño de nuevos procesos y la actualización de los ya existentes; el diseño de medidas nuevas en los indicadores, sobre la base de la obtención de información y la mejora de los que ya existen, la revisión de los recursos asignados y la atribución de actividades y la definición de la regularidad y contenido de los reportes.

b) En la fase de implementación, se ejecutan los planes de acción y se aplican las medidas de control interno y seguimiento definidas en la fase anterior. En concreto, en cuanto al control interno, será fundamental cumplir los procedimientos y parámetros previamente definidos para conseguir los fines perseguidos con el más alto nivel de calidad posible; por este motivo, se supervisarán las actuaciones y se elaborarán los informes de actividad mientras dure la ejecución, siendo analizados de manera detallada con posterioridad.

c) En la fase de verificación, se evalúa la efectividad de las medidas y de los procedimientos implementados, analizando los indicadores obtenidos, comparándolos con los objetivos y metas definidos en la primera fase, e identificando posibles desviaciones y oportunidades de mejora. De este modo, se podrá llevar a cabo un análisis de cómo evoluciona el rendimiento, al igual que los riesgos y las amenazas detectadas, reflejando la corrección o, en su defecto, limitación tras la aplicación de las medidas correctoras, pudiendo concluir si estas han de ser, o no, mantenidas o actualizadas.

d) En la fase de actuación, se adoptan las decisiones y se realizan las acciones necesarias para mejorar los sistemas de información, estableciendo planes de acción para corregir las desviaciones e implementando medidas adicionales para mejorar la eficacia y la eficiencia de los sistemas de información.

Todo ello ha de acompañarse de la aplicación de mecanismos de monitorización continua. Estos mecanismos parten de un previo reconocimiento de los procesos de la entidad más relevantes y de los controles que se vinculan a los mismos, estableciendo, igualmente, el alcance de esta garantía de control por medio de la elaboración de análisis de riesgos o de evaluaciones de impacto. A partir de esta configuración, se establecen los parámetros objetivos de control, se diseñan las directrices que permiten supervisar automáticamente la evolución de estos parámetros, se determina la regularidad en la que se ejecutarán estas reglas y se elaboran los procedimientos adecuados y los canales de comunicación procedentes para dar respuesta y tratamiento a las alertas o a los resultados de los controles.

Por su parte, en materia de buenas prácticas, destaca la UNE-ISO/IEC 17799:2002. *Tecnología de la Información. Código de buenas prácticas para la Gestión de la Seguridad de la Información*, anulada posteriormente por la UNE-

ISO/IEC 27002:2009. *Tecnología de la Información. Técnicas de seguridad. Código de buenas prácticas para la Gestión de la Seguridad de la Información.* Este texto presentaba una serie de ventajas para las organizaciones, centradas en: el aumento de la seguridad efectiva de los sistemas de información, la correcta planificación y gestión de la seguridad, las garantías de continuidad del negocio, la mejora continua a través del proceso de auditoría interna, el incremento de los niveles de confianza de clientes y *partners*, el aumento del valor comercial y mejora de la imagen de la organización y la posibilidad de acceso a certificaciones. Para ello, establecía diez dominios de control que cubrían por completo la gestión de la seguridad de la información: 1) política de seguridad, 2) aspectos organizativos para la seguridad, 3) clasificación y control de activos, 4) seguridad ligada al personal, 5) seguridad física y del entorno, 6) gestión de comunicaciones y operaciones, 7) control de accesos, 8) desarrollo y mantenimiento de sistemas, 9) gestión de continuidad del negocio y 10) conformidad con la legislación.

Esta norma se ha visto actualizada, a día de hoy, merced a la UNE-EN ISO/IEC 27002:2017. *Tecnología de la Información. Técnicas de seguridad. Código de prácticas para los controles de seguridad de la información.* Se trata, esta, de una norma internacional que configura una serie de directrices para la seguridad de la información dentro de una organización, además de una serie de prácticas de gestión de la seguridad de la información, donde se incluye la selección, la implantación y la gestión de los controles atendiendo al entorno de riesgos de seguridad de la información de la entidad. A tal fin, puede ser empleada por cualquier organización que persiga hacer una selección de los controles en el proceso de implementación de un SGSI basado en la ISO/IEC 27001, una implantación de controles de seguridad de la información generalmente aceptados y un desarrollo de sus propias directrices en materia de seguridad de la información.

Asimismo, hay que subrayar el trabajo realizado por INCIBE (Instituto Nacional de Ciberseguridad), que ha elaborado un documento, titulado "Buenas prácticas en el área de Informática", donde se incluye "[...] un listado de tareas o actividades básicas que debemos aplicar en nuestra área de informática, para mejorar la gestión de los servicios que prestemos, incrementar la seguridad y garantizar la continuidad de la organización en aspectos tecnológicos". Entre ellas, destacan algunas como las siguientes: establecer e implementar una política de copias de seguridad periódicas; implementar medidas para la protección física de las copias de seguridad; realizar pruebas periódicas de restauración de las copias de seguridad; establecer una política de contraseñas que incluya uso de mayúsculas, minúsculas, números y caracteres especiales; implementar controles técnicos para el cambio periódico de las contraseñas de todos los usuarios; mantener los sistemas y equipos de usuarios actualizados y comprobarlo periódicamente; realizar auditorías periódicas de seguridad de los servidores; suscribirse a servicios de noticias de seguridad; controlar los permisos de acceso de los usuarios y otorgarlos únicamente a los recursos que necesitan; asegurar que se sigue una política de segregación de funciones; implementar controles de acceso físico a áreas restringidas; desarrollar e implantar un procedimiento de gestión de las incidencias de seguridad; monitorizar la disponibilidad de los servicios y la capacidad de la infraestructura; establecer una política de cifrado de información confidencial; llevar a cabo programas de formación y concienciación a empleados; inventariar los activos; desarrollar procedimientos de las principales tareas técnicas; utilizar herramientas de protección como antivirus, IDS, etc., o desarrollar un plan de recuperación ante desastres.

A la vista de lo anterior, podemos concluir que las auditorías de protección de datos y de sistemas de información están estrechamente relacionadas, pues la protección de los datos personales constituye un aspecto fundamental de la seguridad de la información en cualquier organización. Por lo tanto, es importante integrar ambas de manera coherente. A tal efecto, algunos de los pasos que pueden seguirse para integrar la auditoría de protección de datos en la auditoría de sistemas de información son los siguientes:

a) Identificación de los procesos de gestión de datos personales de la organización.

b) Evaluación de los controles de seguridad de la información, evaluándolos para proteger los datos personales.

c) Identificación de riesgos de seguridad de la información relacionados con los datos personales.

d) Evaluación del cumplimiento normativo.

e) Revisión de los procedimientos de notificación y comunicación de incidentes de seguridad de los datos.

3. Planificación, ejecución y seguimiento

Como hemos podido indicar en apartados anteriores, las auditorías de sistemas de información son procesos importantes para garantizar la seguridad y la eficacia de tales sistemas dentro de una determinada organización. Estos procesos involucran tres fases que son esenciales, como son las de planificación, ejecución y seguimiento.

La primera, la correspondiente a la planificación, implica definir los objetivos de la auditoría, identificar los riesgos y establecer un plan de acción para abordarlos. Durante esta fase, se debe seleccionar el equipo de auditoría y establecer un calendario para llevar a cabo la misma. Es igualmente relevante la obtención de la aprobación de la alta dirección y la definición del alcance de la auditoría.

La segunda, la fase de ejecución de la auditoría, comporta la aplicación de las pruebas que resulten procedentes para evaluar la eficacia y la seguridad de los sistemas de información. Ello puede implicar que se revisen las políticas y los procedimientos, así como las pruebas de penetración y la revisión de registros de auditoría. Durante esta fase, resulta básica la comunicación de los hallazgos al equipo de gestión y la documentación de las observaciones y de las recomendaciones.

La tercera, la propia del seguimiento, supone corroborar que se han cubierto de manera adecuada las recomendaciones y los hallazgos detectados a lo largo de la auditoría, lo que puede implicar que se revisen los planes de acción, se valide que los controles se hayan aplicado de forma adecuada y se evalúe cualquier cambio en el ámbito tecnológico susceptible de incidir en la seguridad y en la eficacia de los sistemas de información.

III. LA GESTIÓN DE LA SEGURIDAD DE LOS TRATAMIENTOS

La gestión de la seguridad de los tratamientos alude a la gestión del conjunto de medidas que resulten adecuadas a los fines de garantizar un nivel de seguridad adecuado al riesgo, tomando en consideración el estado de la técnica, los costes de aplicación y la naturaleza, el alcance, el contexto y los fines del tratamiento, así como riesgos de probabilidad y gravedad variables para los derechos y libertades de las personas físicas. A continuación, y partiendo de esta premisa, se analizan una serie de aspectos relevantes.

1. Esquema Nacional de Seguridad, ISO/IEC 27001:2013 (UNE ISO/IEC 27001:2014: Requisitos de Sistemas de Gestión de Seguridad de la Información, SGSI)

Dentro del apartado relativo al marco normativo, en el capítulo segundo de esta obra, hemos podido analizar la evolución experimentada por el Esquema Nacional de Seguridad hasta llegar a nuestros días, merced al Real Decreto 311/2022. De igual modo, hemos hecho alusión a aspectos tan relevantes como su ámbito de aplicación (artículo 2 ENS), los sistemas de información que tratan datos personales (artículo 3 ENS) o la política de seguridad y los requisitos mínimos de seguridad (artículo 12 ENS). A todo ello nos remitimos al objeto de evitar reiteraciones innecesarias.

Más allá de lo anterior, conviene poner de relieve que la estructura del actual ENS consta de un total de siete capítulos, tres disposiciones adicionales, una disposición transitoria, una disposición derogatoria y tres disposiciones finales, además de cuatro anexos. El primero de estos capítulos, por título "Disposiciones generales", consta de cuatro artículos: el primero, que regula el objeto; el segundo, que hace lo propio con el ámbito de aplicación; el tercero, que, como ya hemos dicho, alude a los sistemas de información que traten datos personales, y el cuarto, que se refiere a las definiciones. El capítulo segundo, titulado "Principios básicos", engloba siete artículos: el artículo 5, que recoge, en general, cuáles son los principios básicos del Esquema Nacional de Seguridad; el artículo 6, que recoge el primero de estos principios (el de la seguridad como un proceso integral); el artículo 7, que recoge el segundo (el de gestión de la seguridad basada en los riesgos); el artículo 8, que recoge el tercero (el de prevención, detección, respuesta y conservación); el artículo 9, que recoge el cuarto (el de existencia de líneas de defensa); el artículo 10, que recoge el quinto (el de vigilancia continua y reevaluación periódica), y el artículo 11, que recoge el sexto (el de diferenciación de responsabilidades). El tercer capítulo, por nombre "Política de seguridad y requisitos mínimos de seguridad", es el que contiene un mayor número de artículos (un total de 19): el artículo 12, con el mismo nombre del capítulo al que pertenece; el artículo 13, sobre organización e implantación del proceso de seguridad; el artículo 14, sobre análisis y gestión de los riesgos; el artículo 15, sobre gestión de personal; el artículo 16, sobre profesionalidad; el artículo 17, sobre autorización y control de los accesos; el artículo 18, sobre protección de las instalaciones; el artículo 19, sobre adquisición de productos de seguridad y contratación de servicios de seguridad; el artículo 20, sobre mínimo privilegio; el artículo 21, sobre integridad y actualización del sistema; el artículo 22, sobre protección de información almacenada y en tránsito; el artículo 23, sobre prevención ante otros sistemas de información interconectados; el artículo 24, sobre registro de actividad y detección de código dañino; el artículo 25, sobre incidentes de seguridad; el artículo 26, sobre continuidad de la actividad; el artículo 27, sobre mejora continua del proceso de seguridad; el artículo 28, sobre cumplimiento de los requisitos mínimos; el artículo 29, sobre infraestructuras y servicios comunes, y el artículo 30, sobre perfiles de cumplimiento específicos y acreditación de entidades de implementación de configuraciones seguras. El capítulo cuarto, intitulado "Seguridad de sistemas: auditoría, informe e incidentes de seguridad", viene integrado por el artículo 31, que regula la auditoría de la seguridad; el artículo 32, que hace lo propio con el informe del estado de la seguridad; el artículo 33, que se centra en la capacidad de respuesta a incidentes de seguridad, y el artículo 34, sobre prestación de servicios de respuesta a incidentes de seguridad a las entidades del sector público. El capítulo quinto, por su parte, pone el foco en las "Normas de conformidad", estando integrado por el artículo 35, sobre administración digital; el artículo 36, sobre el ciclo de vida de servicios y sistemas; el artículo 37, sobre mecanismos de control, y el artículo 38, sobre procedimientos de determinación de la conformidad con el Esquema Nacional de Seguridad. El sexto capítulo, por su parte, versa sobre la "Actualización del Esquema Nacional de Seguridad", a lo que dedica un solo artículo, el 39, sobre actualización permanente. Por último, el séptimo capítulo se centra en la "Categorización de los sistemas de información", a lo que dedica dos artículos: el artículo 40, sobre categorías de seguridad, y el artículo 41, sobre facultades. Las tres disposiciones adicionales abarcan, por este orden, la formación, el desarrollo del Esquema Nacional de Seguridad y el respeto del principio de "no causar un perjuicio significativo" al medioambiente, mientras que la disposición transitoria única alude a la adecuación de sistemas, la disposición derogatoria única, a la derogación normativa y las tres disposiciones finales a los títulos competenciales, al desarrollo normativo y a la entrada en vigor del ENS, respectivamente. Por último, los anexos abordan las categorías de seguridad de los sistemas (anexo I), las medidas de seguridad (anexo II), la auditoría de la seguridad (anexo III) y, por último, el glosario de términos (anexo IV).

Dentro del texto, y más allá de cuanto ya se ha explicado, conviene detenerse en los principios básicos que inspiran el ENS para alcanzar el fin último de garantizar que la organización cumpla sus objetivos, desarrolle adecuadamente sus funciones y ejerza sus competencias utilizando sistemas de información:

El primero de estos principios es el de la seguridad como proceso integral, que preside la aplicación del Esquema Nacional de Seguridad, e implica una concepción de la seguridad como un proceso integral conformado por la totalidad de elementos humanos (donde se prestará especial atención a la concienciación de las personas involucradas en el proceso, al igual que de los responsables jerárquicos, al objeto de impedir que la ignorancia, la falta de organización y de coordinación o de instrucciones adecuadas, supongan un riesgo para la seguridad), materiales, técnicos, jurídicos y organizativos relacionados con el sistema de información, excluyendo cualquier actuación puntual o tratamiento coyuntural.

El segundo es el de la gestión de la seguridad basada en los riesgos, donde estos constituyen una parte esencial del proceso de seguridad, tanto que deben constituir una actividad continua y continuamente actualizada. De este modo, la gestión de los riesgos hará posible el mantenimiento de un entorno controlado, reduciendo dichos riesgos a niveles tolerables a través de una adecuada aplicación de medidas de seguridad (que deberá resultar equilibrada y proporcionada a la naturaleza de la información objeto de tratamiento), de los servicios que serán prestados y de los riesgos a los que se expondrán.

El tercero atiende a la prevención (orientada a suprimir o minimizar la posibilidad de que las amenazas se materialicen), a la detección (encaminada a detectar la presencia de ciberincidentes), a la respuesta (dirigida a restaurar la información y los servicios que se vieran afectados por una brecha de seguridad) y a la conservación (de los datos y de la información en formato electrónico), con la finalidad de minorar las vulnerabilidades de seguridad del sistema y conseguir que las amenazas sobre dicho sistema no se plasmen o que, de plasmarse, no impacten de manera grave en la información que es manejada o en los servicios que son prestados.

El cuarto persigue la existencia de líneas de defensa (de naturaleza organizativa, física y lógica) en el sistema de información. Estas líneas de defensa deberán estar integradas por varias capas de seguridad, configuradas de modo que, en el supuesto de que una de ellas se vea afectada, posibilite el desarrollo de una reacción satisfactoria ante incidentes inevitables (disminuyendo la probabilidad de que se comprometa el sistema en su totalidad) y reduzca el impacto final sobre el mismo.

El quinto procura, por su parte, una vigilancia continua (que permita detectar actividades o comportamientos anómalos y adoptar una respuesta adecuada), una evaluación permanente del estado de la seguridad de los activos (posibilitando la medición de la evolución, al detectar vulnerabilidades e identificar deficiencias de configuración) y una reevaluación periódica de las medidas de seguridad (para así adecuar su eficacia a la evolución de los riesgos y los sistemas de protección, lo que podrá desembocar en la necesidad de replantear, si así resultara conveniente, la seguridad).

Por último, el sexto principio atiende a la diferenciación de responsabilidades entre el responsable de la información, el responsable del servicio, el responsable de la seguridad y el responsable del sistema. Además, la responsabilidad de la seguridad de los sistemas de información será distinta de la responsabilidad sobre la explotación de los sistemas de información concernidos. Será la política de seguridad de la organización la que plasme las atribuciones de cada responsable y los mecanismos de coordinación y resolución de conflictos.

Por su parte, la ISO/IEC 27001 es una norma internacional que nace con el fin de proveer los requisitos necesarios para establecer, implementar, mantener y mejorar de forma continua un SGSI, en cuanto decisión estratégica de una organización. Este sistema vendrá condicionado por las, siempre cambiantes, necesidades de la entidad y los fines que persiga, así como por los requisitos de seguridad que tenga, los procesos organizativos que emplee y el tamaño y estructura que ostente.

Al planificar el SGSI, la organización debe:

En primer lugar, determinar las cuestiones, tanto externas como internas, que resultan relevantes para el fin perseguido y que inciden en su capacidad para alcanzar los resultados previstos de su SGSI.

En segundo lugar, concretar las partes interesadas que son importantes para el sistema y los requisitos de las mismas que inciden en la seguridad de la información.

En tercer lugar, especificar los riesgos y oportunidades a abordar con el objeto de asegurarse de que el SGSI alcance los resultados previamente determinados, impedir o minimizar efectos no deseados y conseguir una, siempre recomendable, mejora continua. De este modo, la entidad tiene que llevar a cabo una planificación de las actuaciones que deberá acometer para el tratamiento de tales riesgos y oportunidades y del modo de, de una parte, conseguir la integración e implementación de tales actuaciones en los procesos del SGSI, y, de otra, procurar la evaluación de la eficacia de las mismas.

En consecuencia, la organización tendrá que definir y aplicar un proceso de apreciación de riesgos de seguridad de la información que haga posible: el establecimiento y mantenimiento de criterios sobre riesgos de seguridad de la información, donde se incluyan los criterios de aceptación de riesgo y los criterios para implementar las apreciaciones de los riesgos de seguridad de la información; el aseguramiento de que las sucesivas apreciaciones de los riesgos de seguridad de la información generan resultados consistentes, válidos y comparables; la identificación de los riesgos de seguridad de la información, aplicando el proceso de apreciación de riesgos de seguridad de la información para identificar los riesgos asociados a la pérdida de confidencialidad, integridad y disponibilidad de la información en el alcance del SGSI y detectando a los propietarios de los riesgos; el análisis de los riesgos de seguridad de la información, lo que implica valorar las posibles consecuencias que resultarían si los riesgos identificados se materializaran y la probabilidad de que se materialicen los riesgos identificados, determinando los niveles de riesgo; la evaluación de los riesgos de seguridad de la información, que exige comparar los resultados del análisis de riesgos con los criterios de riesgo establecidos y priorizar el tratamiento de los riesgos analizados. Necesaria será, por tanto, la conservación de la información documentada sobre el proceso de apreciación de riesgos de seguridad de la información.

Además de lo anterior, la organización tendrá que llevar a cabo la definición y puesta en marcha de un proceso de tratamiento de riesgos de seguridad de la información que permita: una selección de las opciones adecuadas de tratamiento de riesgos de seguridad de la información, considerando los resultados de la apreciación de riesgos; una determinación de todos los controles que sean necesarios para implementar las opciones elegidas de tratamiento de riesgos de seguridad de la información; una comparación de los controles para poder concluir que no se han omitido algunos que puedan ser necesarios; una elaboración de una declaración de aplicabilidad que recoja los controles necesarios, la justificación de las inclusiones, estén implementadas o no, y la justificación de las exclusiones de controles; una formulación de un plan de tratamiento de riesgos de seguridad de la información, y una obtención de la aprobación del plan de tratamiento de riesgos de la seguridad de la información y la aceptación de los riesgos residuales de seguridad de la información por parte de los responsables de los riesgos.

Será fundamental, por tanto, establecer los objetivos de seguridad de la información en las funciones y niveles pertinentes. Estos objetivos deberán resultar coherentes con la política de seguridad de la información; medibles, si resulta factible; tomar en consideración las exigencias de seguridad de la información que apliquen y los resultados de la apreciación y del tratamiento de los riesgos, y ser comunicados y actualizados. Así, planificar que se alcancen los fines de seguridad de la información exige concretar qué se va a hacer, qué recursos serán necesarios para hacerlo, quién será el responsable de llevarlo a cabo (determinando la competencia necesaria de los sujetos que implementarán, bajo el control de la organización, un trabajo que afecta a su desempeño en seguridad de la información; asegurándose de que estos sujetos son competentes, partiendo de los niveles, educativo, formativo y experto, que reúnen; poniendo en marcha acciones tendentes a la adquisición de la competencia necesaria; evaluando la eficacia de las acciones acometidas, y conservando la información documentada que resulte adecuada, a efectos de prueba), en qué momento concluirá y de qué manera podrán ser evaluados los resultados.

Por lo demás, el SGSI tiene que incorporar la información documentada exigida por la ISO/IEC 27001 y aquella que la entidad determine que resulta procedente a los fines de asegurar la eficacia de dicho Sistema. Al crear y actualizar tal información, tendremos que asegurarnos de identificar y describir elementos como el título, la fecha, el autor o el número de referencia del documento; especificar el formato, idioma, versión o gráficos; determinar los medios de soporte, como el papel o el formato electrónico, y concretar cómo se revisará y aprobará. Asimismo, esta información documentada debe ser controlada, asegurándonos de: su disponibilidad y preparación para su empleo, en el momento y forma en que resulte necesario; su protección adecuada (frente a, verbigracia, la pérdida de la confidencialidad, integridad o uso inadecuado); su distribución, acceso, recuperación y uso; su almacenamiento y preservación, incluida la preservación de la legibilidad; su control de cambios (mediante controles de versión), y su retención y disposición.

De igual modo, en materia de operación, la organización deberá planificar y controlar los procesos necesarios para cumplir los requisitos de seguridad de la información y para implementar las acciones determinadas; efectuar apreciaciones de riesgos de seguridad de la información a intervalos planificados y cuando se propongan o se produzcan modificaciones importantes, e implementar el plan de tratamiento de riesgos de seguridad de la información.

Junto a lo anterior, deberá evaluar el desempeño de la seguridad de la información y la eficacia del SGSI, determinando a qué es necesario hacer seguimiento y qué es necesario medir, incluyendo procesos y controles de seguridad de la información; los métodos de seguimiento, medición, análisis y evaluación, según sea aplicable, para garantizar resultados válidos; el momento en el que se debe llevar a cabo el seguimiento y la medición; las personas que deben acometerlos; cuándo se deben analizar y evaluar los resultados del seguimiento y la medición, y qué sujetos deben analizar y evaluar esos resultados. La organización también deberá llevar a cabo auditorías internas a intervalos planificados, para proporcionar información acerca de si el SGSI cumple con las exigencias previamente configuradas y los requisitos de la ISO/IEC 27001 y está implementado y mantenido de manera eficaz. La alta dirección deberá revisar, en la misma línea, el SGSI a intervalos planificados, asegurándose de su conveniencia, adecuación y eficacia continuas.

Por último, en materia de mejora, en el supuesto de que se produzca una no conformidad, la entidad deberá: actuar y, dependiendo del caso, aplicar acciones que posibiliten su corrección y control y afrontar sus consecuencias; determinar la necesidad de acciones para eliminar las causas de la no conformidad, al objeto de que no vuelva a producirse, ni ocurra en otra parte, revisándola, determinando sus causas, y advirtiendo si existen algunas similares o que potencialmente pudieran producirse; aplicar otras acciones que pudieran ser necesarias; examinar la eficacia de las acciones correctivas aplicadas, y, de ser procedente, efectuar cambios al SGSI. Y ello sin obviar la necesidad de mejorar, de manera continua, la idoneidad, la adecuación y la eficacia del propio Sistema.

2. *Gestión de la Seguridad de los Activos. Seguridad lógica y en los procedimientos. Seguridad aplicada a las TI y a la documentación*

La seguridad lógica se refiere a la protección de los activos de una organización en el ámbito digital, como la información almacenada en sistemas informáticos, redes y dispositivos móviles; en otras palabras, engloba el conjunto de medidas, previstas por los administradores y usuarios de recursos de tecnología de información, que persiguen reducir los riesgos de seguridad de las operaciones (buena parte de ellas, habituales o diarias) en las que se emplean tecnologías de información. Para ello, el factor humano es fundamental, de suerte que se exige la implicación de todo el personal, en aras de minorar los riesgos de seguridad inmanentes a las actividades de esta naturaleza realizadas en el seno de la organización.

Algunos de los objetivos que, con ello, se persiguen son, en esencia, los siguientes:

a) Obstaculizar el acceso no autorizado a programas y archivos de la organización, de modo que, únicamente, puedan acceder aquellos usuarios previamente autorizados.

b) Garantizar que los usuarios desempeñen su labor sin necesidad de una supervisión exhaustiva, siempre que se les impida la modificación no autorizada de programas o archivos corporativos.

c) Asegurar un empleo adecuado de la información de la organización.

d) Procurar que la información que se transmite sea recibida únicamente por el destinatario adecuado y no por ningún otro individuo.

e) Confirmar que la información que el destinatario ha recibido es la misma que ha sido previamente transmitida, sin alteración alguna que no haya sido autorizada por la organización.

Podemos clasificar las medidas de seguridad lógica atendiendo al procedimiento o regulación de la organización, al dispositivo implicado o a la ubicación. Entre ellas, se incluyen las políticas de renovación de contraseñas; las políticas de copias de seguridad; la existencia de cortafuegos, de antivirus o de soluciones de seguridad perimetral; los filtros contra *spam*; los sistemas de protección de redes inalámbricas, o la gestión de control de accesos, de roles o de permisos. Más concretamente, las políticas de seguridad lógica de una entidad tienden a estructurarse en torno a aspectos relevantes como:

En primer lugar, los controles de acceso, que se pueden aplicar en las tecnologías de información. Con frecuencia, intervienen como una primera línea defensiva, al objeto de dificultar que sujetos no autorizados penetren en la información que en ellos se contiene; de hecho, suelen ser la base de los demás controles, toda vez que posibilita hacer un seguimiento de las actividades realizadas por los distintos usuarios.

En segundo lugar, los roles en torno a los cuales se agrupan los derechos de acceso que son controlados merced a la medida anterior. De este modo, se gestiona el empleo de los recursos corporativos dependiendo del rol que asume cada usuario.

En tercer lugar, en ocasiones, también se restringe el acceso de los usuarios a la duración de una concreta transacción, de modo que, cuando esta concluye, se suprime el acceso.

En cuarto lugar, las modalidades de acceso, personalizando el tipo de acceso (lectura de información, escritura, ejecución o supresión) dependiendo del usuario.

En quinto lugar, cabe también la posibilidad de basar el acceso en la ubicación, física o lógica, de la información y de los usuarios. También se puede restringir a intervalos horarios o a días determinados.

3. Recuperación de desastres y Continuidad del Negocio. Protección de los activos técnicos y documentales. Planificación y gestión de la Recuperación del Desastres

Un Plan de Continuidad de Negocio (también conocido por sus siglas BCP, acrónimo del término inglés *Business Continuity Plan*) alude a todos aquellos procedimientos y estrategias diseñados con el fin de garantizar la continuidad de las operaciones críticas de una organización en caso de que se produzcan interrupciones o desastres inesperados o no previstos. Para ello, este Plan se centra en identificar y mitigar los riesgos potenciales, en preparar contingencias y en procurar la recuperación y continuidad de las operaciones críticas de la organización. La finalidad última reside, por tanto, en disminuir el impacto negativo en la organización y en sus partes interesadas, incluyendo clientes, empleados, proveedores y la comunidad en general.

Un BCP suele incluir evaluaciones de riesgos, análisis de impacto, planes de recuperación de desastres (centrados en la recuperación de los sistemas y de la información de la organización en caso de interrupciones o desastres), planes de contingencia, planes de comunicación y planes de formación del personal. Todos ellos persiguen la prevención, respuesta y recuperación ante cualquier interrupción que pueda llegar a producirse en la actividad de la organización, con independencia de si esta interrupción ha tenido lugar por un desastre natural, por fallas en los sistemas de información o por cualquier otra circunstancia.

Una de las metodologías más empleadas para acometer un Plan de Continuidad de Negocio es la ISO 22301, norma internacional de gestión de continuidad de negocio que, a través del, ya conocido, ciclo de mejora continua (PDCA), plasma una serie de exigencias que resultan adecuadas de cara a planificar, establecer, implantar, operar, supervisar, revisar, probar, mantener y mejorar un sistema de gestión de la continuidad del negocio documentado, tomando en consideración la gestión de los riesgos globales de cada organización y su capacidad de resiliencia. A tal efecto, una adecuada gestión de la continuidad del negocio hará posible que la organización: adquiera la capacidad de resistencia necesaria frente a incidentes (resiliencia) y de prevención de posibles escenarios generados por situaciones críticas; gestione la posible interrupción de su actividad reduciendo el impacto económico, de imagen o de responsabilidad de ella derivado; adquiera una mayor y mejor flexibilidad cuando se interrumpa la actuación de la entidad; reduzca los costes, de todo tipo, relacionados con dicha interrupción; evite sanciones derivadas de incumplimientos legales o contractuales; disponga de una metodología estructurada para reanudar sus actividades tras la suspensión de la actividad; mejore su imagen y/o aumente su prestigio frente clientes o proveedores, y adquiera, en su caso, determinadas ventajas a la hora de contratar seguros de responsabilidad.

En la misma línea, el artículo 26 ENS establece que "[l]os sistemas dispondrán de copias de seguridad y se establecerán los mecanismos necesarios para garantizar la continuidad de las operaciones en caso de pérdida de los medios habituales».

IV. OTROS CONOCIMIENTOS

Dentro de este último apartado, y fruto de la constante e incesante evolución de las Nuevas Tecnologías de la Información y de la Comunicación, hemos de hacernos eco de algunas de las novedades más relevantes y que mayor impacto han tenido si analizamos sus implicaciones con la protección de datos personales.

1. El cloud computing

Podemos definir los servicios de *cloud computing*, también conocidos como "servicios de computación en la nube" [artículo 2.2.i) del Reglamento (UE) 2022/1925 del Parlamento Europeo y del Consejo de 14 de septiembre de 2022 sobre mercados disputables y equitativos en el sector digital y por el que se modifican las Directivas (UE) 2019/1937 y (UE) 2020/1828 (Reglamento de Mercados Digitales o, como es comúnmente conocido, DMA, acrónimo que hace referencia a su denominación en inglés Digital Markets Act)], como cualquier servicio que haga posible "[...] el acceso a un conjunto modulable y elástico de recursos informáticos que se pueden compartir" [artículos 2.13) DMA y 4.19) de la Directiva (UE) 2016/1148 del Parlamento Europeo y del Consejo de 6 de julio de 2016 relativa a las medidas destinadas a garantizar un elevado nivel común de seguridad de las redes y sistemas de información en la Unión].

Son varias las ventajas del *cloud computing*:

a) Hace innecesario disponer de personal informático específico para gestionar el servicio.

b) Convierte los servicios tecnológicos en un gasto operativo, evitando invertir en infraestructura.

c) La información resulta accesible aunque la organización experimente cualquier desastre, interrupción o incidente.

d) La tecnología empleada se actualiza permanentemente, haciéndola más segura frente a amenazas, nuevas o ya existentes.

e) Permite al usuario emplear más capacidad de procesamiento o almacenamiento de información.

f) Posibilita el acceso a la información desde múltiples dispositivos y a escala global.

g) Agrupa información modulable y cambiante, de modo que, dependiendo del momento y de las circunstancias, los recursos almacenados podrán ser distintos.

h) Procura un acceso a la información de modo inmediato y prácticamente ilimitado.

i) Garantiza una amplia transparencia en el empleo de la información y en el nivel de recursos utilizado en cada momento.

Sin embargo, también puede adolecer de inconvenientes en nada desdeñables, sobre todo de aquellos relacionados con la falta de control por parte de la organización. Y es que, como resultado de las singularidades del modelo de tratamiento en el *cloud*, junto con la falta de transparencia en la información, mencionada a continuación, la ausencia de control de la entidad se puede plasmar en obstáculos para llegar a conocer en todo momento la ubicación de los datos, para disponer de ellos o para obtenerlos en un formato válido e interoperable, así como para gestionar de manera efectiva el tratamiento o para determinar las medidas de seguridad aplicables.

En cuanto a las tipologías existentes de servicios de computación en la nube, podemos destacar las siguientes:

En primer lugar, la nube privada, donde la gestión y el control de la información corresponde, en exclusiva, a la organización, de modo que el servicio de la nube se vincula únicamente a dicha organización y no se comparte con otras organizaciones.

En segundo lugar, la nube pública, disponible para uso público en general, por lo que es compartida por múltiples organizaciones. En esta modalidad, los recursos informáticos se alojan en servidores operados por proveedores de servicios como *Amazon Web Services*, *Microsoft Azure* o *Google Cloud Platform*, entre otros.

En tercer lugar, la nube híbrida, que, empleando soluciones de las dos modalidades anteriores, permite a las organizaciones decidir qué información incluye en cada una de ellas (por ejemplo, puede decidir que la nube pública será utilizada para información menos crítica o para manejar aumentos repentinos de tráfico, mientras que la nube privada se dedicará a la utilización de aplicaciones sensibles y de categorías especiales de datos personales).

Por lo que respecta a las modalidades de servicios ofrecidos, hemos de subrayar las más importantes, plasmadas por la AEPD en su "Guía para clientes que contraten servicios de *cloud computing*" (que se añade a las "Orientaciones para prestadores de servicios de *cloud de computing*", también de la Agencia, y al, más antiguo, "Dictamen 05/2012 sobre la computación en nube", del GTA29 —WP 196, de 01 de julio de 2012—):

> «SOFTWARE COMO SERVICIO
> Podemos hablar de una Nube de Software (modelo de servicio Software as a Service o SaaS), cuando el usuario encuentra en la nube las herramientas finales con las que puede implementar directamente los procesos de su empresa: una aplicación de contabilidad, de correo electrónico, un *worlkflow*, un programa para la gestión documental de su empresa, etc.
> INFRAESTRUCTURA COMO SERVICIO
> Si el valor añadido es nulo, se puede hablar de una Nube de infraestructura (IaaS). En ese caso el proveedor proporciona capacidades de almacenamiento y proceso en bruto, sobre las que el usuario ha de construir las aplicaciones que necesita su empresa prácticamente desde cero. Tal vez se pueda decir que este es el modelo más primitivo de nube, que se inició con los sitios de Internet que proporcionaban capacidad de almacenamiento masivo a través de la red y los servidores de alojamiento web.
> PLATAFORMA COMO SERVICIO
> Entre estas dos aproximaciones se pueden encontrar otras intermedias llamadas PaaS (Plataforma como Servicio), en las que se proporcionan utilidades para construir aplicaciones, como bases de datos o entornos de programación sobre las que el usuario puede desarrollar sus propias soluciones».

Las implicaciones del *cloud computing* en materia de protección de datos personales parecen claras, si bien, a continuación, se indican algunas de las más relevantes:

En primer lugar, la organización asumirá la posición de responsable del tratamiento, frente al proveedor de los servicios de computación en la nube, que tendrá la condición de encargado del tratamiento. Por este motivo, la organización elegirá únicamente un encargado del tratamiento que ofrezca garantías suficientes para aplicar medidas técnicas y organizativas apropiadas, de manera que el tratamiento sea conforme con los requisitos del RGPD y de la LOPDGDD y garantice la protección de los derechos de los interesados. El tratamiento por parte del encargado se regirá por un contrato u otro acto jurídico que vincule a ambas partes y establezca el objeto, la duración, la naturaleza y la finalidad del tratamiento, el tipo de datos personales y las categorías de interesados y las obligaciones y derechos del responsable del tratamiento; todo ello al amparo de los artículos 28 RGPD y 33 LOPDGDD, sobradamente analizados en el presente trabajo.

Además, es preciso tener en cuenta que la falta de transparencia que puede llegar a producirse. Partiendo de que es el proveedor el que conoce todos los detalles del servicio que ofrece, nos enfrentamos a la necesidad de conocer qué, quién, cómo y dónde se lleva a cabo el tratamiento de los datos personales que se proporcionan al prestador para la prestación del servicio. Si la información que nos proporciona no es clara, precisa y completa sobre todos los elementos inherentes a la prestación, la decisión implementada por el responsable del tratamiento no podrá tener en consideración adecuadamente elementos esenciales, como la ubicación de los datos personales, la existencia de subencargados del tratamiento, los controles de acceso a la información o las medidas de seguridad. Resultado de lo anterior, se puede llegar a obstaculizar a la organización la posibilidad de evaluar los riesgos y establecer los controles pertinentes, motivo por el que el cumplimiento de la obligación de diligencia en la elección del prestador del servicio exige esta información.

En segundo lugar, y a fin de determinar qué información se aloja en cada modalidad de nube, en su caso, contratada por la organización, se antoja imprescindible la realización de un previo análisis y gestión de riesgos (artículo 32 RGPD). Fundamental será también la concreción de las medidas técnicas y organizativas apropiadas para garantizar un nivel de seguridad adecuado al riesgo, teniendo en cuenta el estado de la técnica, los costes de aplicación y la naturaleza, el alcance, el contexto y los fines del tratamiento, así como riesgos de probabilidad y gravedad variables para los derechos y libertades de las personas físicas. Para todo ello, será preciso seguir los pasos ya indicados a lo largo de esta obra, a los que nos remitimos.

En tercer lugar, cabe la posibilidad de que el proveedor de este tipo de servicios se halle situado fuera de las fronteras del Espacio Económico Europeo. En ese caso, y siempre que la información almacenada incluya datos personales, estaremos ante un supuesto de transferencias internacionales de datos personales (artículos 44 a 50 RGPD y 40 a 43 LOPDGDD), cuyo análisis se incluye en el capítulo primero de este manual.

2. *Los* Smartphones

Un *smartphone* es una modalidad de teléfono móvil avanzado que combina características de un ordenador personal con las capacidades de comunicación de un teléfono móvil convencional. Junto a las funciones básicas de llamadas y mensajes de texto, los *smartphones* cuentan con acceso a Internet (mediante Wi-Fi o a través de redes 2G, 3G, 4G o 5G) y pueden ejecutar aplicaciones, efectuar reproducciones multimedia, hacer fotografías, grabar vídeos y, gracias a su habitual gran capacidad de almacenamiento, realizar tareas, personales y profesionales, de todo tipo.

Si analizamos las implicaciones que tienen en materia de protección de datos personales, podemos mencionar el "Dictamen 02/2013 sobre las aplicaciones de los dispositivos inteligentes" del GTA29 (WP 202, 27 de febrero de 2013). En él, clarificaba "[...] el marco jurídico aplicable al tratamiento de los datos personales en el desarrollo, la distribución y el uso de aplicaciones en dispositivos inteligentes, centrándose en el requisito del consentimiento, los principios de limitación de la finalidad y de minimización de los datos, la necesidad de adoptar medidas de seguridad adecuadas, la obligación de informar correctamente a los usuarios finales y respetar sus derechos, los periodos de conservación razonables y, especialmente, el tratamiento leal de los datos recopilados a partir de niños o sobre ellos».

Como riesgos para la protección de datos personales, el Dictamen se centra en las aplicaciones móviles y en la capacidad con que cuentan para acceder a un número de datos muy elevado. A ello, se añade la fragmentación de quienes intervienen en el desarrollo de las aplicaciones, lo que puede suponer también un riesgo grave para la protección de datos, además del posible desconocimiento de la normativa aplicable por parte de los desarrolladores o la falta de transparencia de los tipos de tratamiento de datos que las aplicaciones móviles pueden llevar a cabo, unido a la ausencia de consentimiento significativo por parte de los usuarios finales con anterioridad al momento en el que tenga lugar el tratamiento mismo de los datos.

El texto también pone de relieve los tipos de datos personales que pueden llegar a ser tratados, muchos de los cuales pueden incidir de manera significativa en la vida privada de los usuarios y de otras personas (tanto más, pueden afectar a categorías especiales de datos personales). Es lo que sucede, por ejemplo, con los datos de localización; con los datos de contactos; con los identificadores únicos del dispositivo y del cliente (como el número de teléfono móvil); con la identidad del interesado, con la identidad del teléfono; con los datos de tarjetas de crédito y relativos a pagos; con los registros de llamadas, SMS y mensajería instantánea; con el historial de navegación; con el correo electrónico; con las credenciales de autenticación para los servicios de la sociedad de la información (en particular los servicios con características sociales); con las fotografías y vídeos, o con los datos biométricos (como los modelos de reconocimiento facial y huellas dactilares).

A su vez, es preciso tener en cuenta la cadena de partes que intervienen en su desarrollo, comercialización y explotación: desarrolladores de aplicaciones, fabricantes de sistemas operativos y de dispositivos, tiendas de aplicaciones o terceras partes (como empresas de publicidad o proveedores de análisis). Como acertadamente sostiene el Dictamen, "[e]n algunos casos, las responsabilidades en materia de protección de datos están repartidas, sobre todo, cuando la misma entidad participa en diversas fases, por ejemplo cuando el fabricante de sistemas operativos también controla la tienda de aplicaciones". De igual modo, si los propios usuarios finales deciden compartir datos personales por medio de las aplicaciones móviles (como sucede si ponen la información a disposición de un número indeterminado de personas que emplean la app de una red social), también estarían tratando información sujeta a la normativa en materia de protección de datos personales, siempre que escape a la exención doméstica prevista en el actual artículo 2.2.c) RGPD.

A la vista de lo anterior, el, ya extinto, GTA29 exige la aplicación de los principios relativos al tratamiento (ahora recogidos en el artículo 5 RGPD). En especial, resultan prioritarios los de:

a) Licitud, al exigir la concurrencia de un fundamento jurídico claro para poder tratar los datos personales de los interesados. Por este motivo, será precisa la concurrencia de alguna de las bases jurídicas previstas en el, vigente, artículo 6 del Reglamento General de Protección de Datos.

b) Transparencia y lealtad, pues, "[a]demás de mantener la información mínima necesaria para obtener el consentimiento del usuario de las aplicaciones, [...] aconseja encarecidamente, en aras del tratamiento leal de los datos personales, que los responsables del tratamiento de datos transmitan a los usuarios también la siguiente información: consideraciones de proporcionalidad en cuanto a los tipos de datos recogidos o a que se ha accedido en el dispositivo, períodos de conservación de los datos y las medidas de seguridad aplicadas por el responsable del tratamiento de datos. El grupo de trabajo también recomienda que los desarrolladores de aplicaciones incluyan en su política de privacidad dedicada a los usuarios europeos información sobre cómo se ajusta la aplicación a la normativa europea de protección de datos, incluidas las posibles transferencias de datos personales desde Europa a, por ejemplo, Estados Unidos».

c) Limitación de la finalidad, que "[...] permite a los usuarios optar deliberadamente por confiar a una de las partes sus datos personales, dado que sabrán cómo se usan esos datos y podrán confiar en la descripción de la finalidad limitada para comprender los fines para los que se utilizarán los mismos", además de exigir "[...] a los desarrolladores de aplicaciones tener una visión correcta de sus argumentos comerciales, antes de comenzar a recoger datos personales de los usuarios", excluyendo los cambios repentinos de las condiciones clave del tratamiento.

d) Minimización de datos, donde, "[p]ara evitar el tratamiento de datos innecesario y potencialmente ilícito, los desarrolladores de aplicaciones deben considerar atentamente los datos que son estrictamente necesarios para realizar la función deseada».

e) Integridad y confidencialidad, que implica "[...] permitir a los usuarios controlar sus datos con más rigor y aumentar el grado de confianza en las entidades que realmente procesan datos de los usuarios", a fin de lo cual, resulta preciso "[...] tener en cuenta los principios de protección de la intimidad desde el diseño y por defecto, lo cual exige una evaluación continua de los riesgos actuales y futuros para la protección de los datos, y la aplicación y la evaluación de medidas correctoras eficaces».

Por último, será imprescindible que:

En primer lugar, los desarrolladores de aplicaciones y otros responsables del tratamiento de datos del ecosistema de las aplicaciones móviles permitan a los interesados ejercer sus derechos.

En segundo lugar, los responsables del tratamiento tengan en cuenta la conservación de datos recogidos con la aplicación y los riesgos para la protección de datos que ello plantea. Al respecto, los plazos concretos dependerán de la finalidad de la aplicación y de la relevancia de los datos para el afectado.

En tercer lugar, atiendan la situación especial de los menores de edad, cuestión abordada con carácter previo por el GTA29 en su "Dictamen 2/2009 sobre la protección de los datos personales de los niños (Directrices generales y especial referencia a las escuelas)" (WP 160, de 11 de febrero de 2009). En todo caso, se añade ahora que:

> «Los desarrolladores de aplicaciones y otros responsables del tratamiento de datos deben prestar atención al límite de edad que define a los niños y los menores de edad en las legislaciones nacionales, donde el consentimiento parental al tratamiento de datos es una condición previa para que las aplicaciones traten datos de forma lícita.
> Cuando el consentimiento puedan darlo legalmente los menores y la aplicación esté destinada a niños o menores, el responsable del tratamiento de datos debe prestar atención a las posibles limitaciones de comprensión y atención de los menores sobre dicho tratamiento. Debido a su vulnerabilidad general, y teniendo en cuenta que los datos personales deben tratarse de manera justa y lícita, los responsables del tratamiento de datos sobre niños deben respetar de forma aún más rigurosa el principio de minimización de datos y limitación de

> la finalidad. Concretamente, los responsables del tratamiento no deben procesar los datos sobre niños con fines de publicidad comportamental, ni directa ni indirectamente, por quedar esto fuera del ámbito de comprensión del niño y, por tanto, exceder de los límites de tratamiento lícito.
> [...] Los desarrolladores de aplicaciones, en colaboración con las tiendas de aplicaciones y los fabricantes de sistemas operativos y dispositivos, deben presentar la información pertinente de manera sencilla y con un lenguaje propio de las edades en cuestión. Asimismo, los responsables del tratamiento de datos deben abstenerse específicamente de toda recogida de datos sobre los padres o familiares del niño usuario, como información financiera o de categorías especiales de información como los datos médicos».

Posteriormente y a nivel interno, la AEPD ha publicado un "Catálogo de medidas preventivas y herramientas para proteger la privacidad", donde, en relación con los dispositivos móviles, establece la necesidad de:

a) Mantener el dispositivo actualizado, para que sea menos vulnerable, ya que las actualizaciones de software facilitadas por los fabricantes están orientadas, entre otras cosas, a mejorar la seguridad del dispositivo.

b) Proteger la privacidad frente accesos no deseados, como primera barrera de seguridad de nuestros dispositivos móviles, mediante el establecimiento de contraseñas y patrones de desbloqueo, que deberán se robustos, no predecibles y secretos.

c) Cifrar el contenido del dispositivo móvil, asegurando, con ello, que el acceso se lleve a cabo, únicamente, por quien conozca la clave de descifrado.

d) Gestionar las contraseñas, que tampoco se deben revelar a nadie.

e) Detectar accesos y/o usos no controlados del dispositivo, para lo cual se recomienda revisar las aplicaciones instaladas en el *smartphone*, a fin de verificar que no haya ninguna aplicación que no hayamos instalado.

3. Internet de las Cosas (IoT)

Para adentrarnos en los aspectos más relevantes del Internet de las Cosas (también conocido como "*Internet of Things*" o "IoT") y en su implicación en materia de protección de datos personales, conviene partir del "Dictamen 8/2014 sobre la evolución reciente de la Internet de los objetos", WP 223, adoptado el 16 de septiembre de 2014 por el GTA29. En él, se define al IoT como aquella "[...] infraestructura en la que miles de millones de sensores incorporados a dispositivos comunes y cotidianos ("objetos" como tales, u objetos vinculados a otros objetos o individuos) registran, someten a tratamiento, almacenan y transfieren datos y, al estar asociados a identificadores únicos, interactúan con otros dispositivos o sistemas haciendo uso de sus capacidades de conexión en red"; estamos, pues, ante una tecnología que se basa en conectar objetos comunes y cotidianos a Internet con el fin de intercambiar, agregar y procesar información relacionada con el entorno físico para suministrar servicios que proporcionen un valor añadido a los usuarios finales.

El Internet de las Cosas conlleva relevantes desafíos para la intimidad y la protección de datos personales. Algunos de ellos serán más nuevos, mientras que otros serán más tradicionales; sin embargo, en todos los casos, se produce un incremento exponencial del tratamiento de datos derivado de la evolución de estas técnicas, motivo por el que la aplicación de la normativa en vigor en la materia debe tenerse especialmente en consideración junto con una serie de riesgos específicos plasmados por el Grupo de Trabajo en aspectos tales como:

En primer lugar, la falta de control de los usuarios en favor de terceros (como resultado de la necesidad de prestar servicios generalizados de manera inadvertida) y la asimetría de la información. Por ello, aclara, "[s]i no es posible controlar de manera efectiva cómo interactúan los objetos o definir límites virtuales que establezcan zonas activas o no activas para objetos concretos, resultará extremadamente difícil controlar el flujo de datos generado. Y aún será más difícil controlar el uso posterior de los datos y, por consiguiente, evitar una desviación de su uso. Esta cuestión de la falta de control, que afecta también a otros progresos técnicos, como la informática en la nube y los grandes datos, se revela aún más problemática si se piensa en las posibilidades de combinación de estas nuevas tecnologías».

En segundo lugar, la calidad del consentimiento del interesado. Y es que, el consentimiento prestado podrá resultar deficiente si este no está al corriente del tratamiento de los datos que realizan determinados objetos (motivo por el que sería conveniente acudir a otra base jurídica distinta); si se llevan a cabo tratamientos de datos mediante ordenadores corporales que, a menudo, pasan desapercibidos (cuestión que se podría resolver con una señalización apropiada realmente visible para los afectados); si la opción de renunciar a ciertos servicios o características de un dispositivo es más teórica que real, o si, como puede ser habitual, los sensores no están diseñados para proporcionar información por sí mismos ni para suministrar un mecanismo válido para obtener el consentimiento del titular de los datos.

En tercer lugar, el destino de los datos. El incremento del volumen de datos generados por el IoT, unido al empleo de instrumentos avanzados de análisis y cotejo, puede conllevar el empleo de los datos para usos secundarios que pueden no estar relacionados con el fin atribuido al tratamiento original. Esta tendencia, sostiene el GTA29, supone riesgos específicos, ya que, aun cuando el interesado se sienta cómodo compartiendo la información original para un fin determinado, cabe la posibilidad de que no quiera compartir la información secundaria que se podría utilizar con fines totalmente diferentes, motivo por el que resulta esencial asegurar, en cada nivel, que todos los propósitos para los que se emplean los datos son compatibles con el fin original del tratamiento y de que el usuario está al tanto de los mismos.

En cuarto lugar, la revelación invasiva de pautas de comportamiento y perfiles, pues, aunque estas técnicas procederán a la recogida de diferente información de manera aislada, una cantidad suficiente de datos recogidos y ulteriormente analizados puede poner de manifiesto concretos aspectos de los hábitos, comportamientos y preferencias de una persona, pudiendo detectar, incluso, pautas de vida y comportamiento aún más detalladas y completas.

En quinto lugar, las limitaciones de la posibilidad de permanecer en el anonimato cuando se hace uso de estos servicios.

En sexto lugar, los riesgos para la seguridad, que, con frecuencia, obligan a los fabricantes de este tipo de dispositivos a equilibrarla con la eficiencia. En este sentido, existe la amenaza de que el *Internet of Things* "[...] llegue a convertir un objeto de uso cotidiano en un objetivo potencial de intimidad y seguridad de la información a la vez que distribuye esos objetivos de una manera mucho más amplia que la versión actual de Internet. Los dispositivos conectados menos seguros constituyen nuevas maneras de ataque potencialmente eficientes entre las que se cuentan la facilidad de las prácticas de vigilancia y las violaciones de los datos personales, que pueden tener efectos generalizados en los derechos de consumidor y en la percepción que las personas tienen de la seguridad" de estas técnicas.

El Dictamen concluye arrojando una serie de recomendaciones. En ellas, distingue:

a) Las que se dirigen a todas las partes interesadas, donde considera conveniente que: antes de lanzar una nueva aplicación, se efectúen las correspondientes evaluaciones de impacto; se eliminen, cuando sólo se necesiten datos agregados, los datos primarios tan pronto como se hayan extraído los datos necesarios para el tratamiento; se apliquen los principios de la intimidad desde el diseño y la intimidad por defecto; se capacite al usuario para poder ejercer adecuadamente sus derechos y, así, controlar los datos en todo momento, y se proporcionen métodos adecuados y sencillos para presentar la información, ofreciendo la posibilidad de pedir el consentimiento o de denegarlo e informando a los afectados, sean o no usuarios.

b) Las que se dirigen a fabricantes de sistemas operativos y dispositivos, donde es aconsejable que: se informe a los usuarios, tanto del tipo de datos que se recogen mediante los sensores y se someten a tratamiento, como de los tipos de datos que se reciben y de cómo se someterán a tratamiento y se combinarán; se comunique inmediatamente al resto de las partes interesadas implicadas la retirada o la oposición del interesado a que sus datos se sometan a tratamiento; al dar acceso a las aplicaciones, se ofrezcan opciones desglosadas, desglose que deberá afectar a la categoría de los datos recogidos, al momento en que los datos se recogen y a la frecuencia con la que se recogen; para evitar el seguimiento y la localización, se limiten las huellas digitales de los dispositivos, desactivando las interfaces inalámbricas cuando no las usan, o se utilicen identificadores aleatorios para impedir el uso de identificadores persistentes para el seguimiento y la localización; para imponer la transparencia y el control por el usuario, se proporcionen herramientas que efectúen la lectura, la edición y la modificación locales de los datos antes de transferirlos a un responsable del tratamiento y se almacenen los datos en un formato que permita la portabilidad; se atribuya a los usuarios el derecho de acceso a sus datos personales, proporcionándoles herramientas que les permitan exportar fácilmente sus datos con un formato estructurado y de uso habitual; se articulen herramientas sencillas para enviar notificaciones a los usuarios y actualizar los dispositivos cuando se descubran vulnerabilidades de seguridad; se siga un proceso de seguridad desde el diseño y se dediquen algunos componentes a las primitivas criptográficas clave; se limite, en la mayor medida posible, la cantidad de datos que salen de los dispositivos, transformando directamente en el dispositivo los datos primarios en datos agregados; se establezca una configuración disponible que permita distinguir entre los diferentes individuos que utilicen el mismo dispositivo, de manera que no puedan enterarse de las actividades de los demás; se trabaje con los organismos de normalización y las plataformas de datos para aplicar un protocolo común que exprese las preferencias relativas a la recogida y el tratamiento de los datos por los responsables del tratamiento, especialmente cuando los datos se recojan mediante dispositivos discretos, y se haga posible que las entidades responsables y encargadas del tratamiento permitan a los usuarios hacerse una idea clara de los datos recogidos por sus dispositivos y faciliten el almacenamiento y el tratamiento locales sin tener que transmitir los datos al fabricante del dispositivo.

c) Las que se dirigen a los creadores de aplicaciones, donde es recomendable que: se elaboren avisos o advertencias para recordar frecuentemente a los usuarios que los sensores están recogiendo datos; se facilite el ejercicio del derecho del interesado al acceso, la modificación y la eliminación de la información personal recogida por los dispositivos; se proporcionen herramientas para que los interesados exporten tanto los datos primarios como los agregados en un formato normalizado y fácil de utilizar; se preste una atención especial a los tipos de datos que se someten a tratamiento y a la posibilidad de deducir de ellos datos personales sensibles, y se aplique el principio de minimización de datos.

d) Las que se dirigen a las plataformas sociales, donde se estima adecuado que: se pida a los usuarios que revisen y editen la información generada por su dispositivo y decidan sobre ella antes de publicarla en las plataformas sociales y, por defecto, no se haga pública ni se indexe por motores de búsqueda la información publicada por los dispositivos de Internet de las Cosas.

e) Las que se dirigen a los propietarios de dispositivos de IoT y a otros destinatarios, donde se recomienda que: el consentimiento para el uso de un dispositivo conectado y el tratamiento de los datos resultantes se otorgue libremente y tras haber sido plenamente informado; el interesado cuyos datos se estén sometiendo a tratamiento en el contexto de una relación contractual con el usuario de un dispositivo conectado esté en condiciones de administrar el dispositivo y ejercer sus derechos de acceso y oposición, y los usuarios de los dispositivos informen de la presencia de dispositivos de *Internet of Things* y del tipo de los datos recogidos a los interesados cuyos datos se recogen, pero que no son usuarios, además de respetar las preferencias de los interesados de que sus datos no sean recogidos por el dispositivo.

f) Las que se dirigen a los organismos de normalización y plataformas de datos, donde se aconseja que: se promuevan formatos de datos que sean portables e interoperables, además de claros y autoexplicativos, con el objetivo de facilitar la transferencia de datos entre diferentes partes y ayudar a los interesados a entender qué datos sobre ellos se están recogiendo realmente; se centren, no sólo en el formato de los datos primarios, sino también en la aparición de nuevos formatos para los datos agregados; se fomenten los formatos de datos que contengan el menor número posible de identificadores fuertes, a fin de garantizar la adecuada anonimización de los datos; se trabaje en normas certificadas que establezcan el punto de partida de las salvaguardas de la seguridad y la intimidad de los interesados, y se desarrollen protocolos ligeros de encriptación y comunicación adaptados a las especificidades de la IoT que garanticen la confidencialidad, la integridad, la autenticación y el control del acceso.

Más recientemente, la AEPD ha realizado diversas publicaciones en materia de *Internet of Things*:

La primera de ellas [titulada "IoT (I): Qué es IoT y cuáles son sus riesgos"], de diciembre de 2020, aborda, con carácter general y basándose en el Dictamen precitado, qué es el Internet de las Cosas y cuáles son los principales riesgos que plantea su implementación.

La segunda [bajo el nombre "IoT (II): Del Internet de las Cosas al Internet de los Cuerpos"], de enero de 2021, se centra en el, fruto de la evolución del IoT, "Internet de los Cuerpos", que implica "[...] el uso de dispositivos conectados a Internet que monitorizan y/o actúan sobre todas o algunas de nuestras constantes vitales y otros datos biométricos, así como otros indicadores de salud como actividad física, calidad del sueño, actividad deportiva o sedentarismo". Dentro de esta publicación, la autoridad de control española incide en ciertas cuestiones que, no siendo ajenas a los riesgos para la protección de datos inherentes al Internet de las Cosas, pueden verse potenciadas; son las siguientes:

a) El grave riesgo para la salud de los afectados, incluso para su vida, que puede suponer un ataque a dispositivos de este tipo.

b) La necesidad de que la fiabilidad, robustez ante ciberataques y resiliencia de todo el tratamiento en el que se enmarcan los dispositivos sea la máxima posible, en especial, cuando están orientados a colectivos vulnerables.

c) El peligro que conlleva confiar en exceso en el uso de dispositivos tanto para la recogida como para el análisis de los datos y usarlo como sustituto de un especialista humano, en vez de un complemento, pues puede abocar a los pacientes a ser sometidos a decisiones automatizadas que les afecten significativamente.

d) El riesgo de perfilado de los interesados y de obtención de datos sobre reacciones emocionales, capacidades cognitivas, salud mental, preferencias, gustos de todo tipo o consumo que puede conllevar la conectividad a través de Internet, pues esta incorpora la generación de metadatos, incluso datos de geolocalización.

e) El compromiso de datos privados de la ciudadanía que podría suponer la transferencia de dispositivos entre personas, en el caso de que los compartan, vendan o sean reasignados por la autoridad sanitaria.

f) El fallo en la disponibilidad de los datos en momentos críticos que puede conllevar la utilización de sistemas con cláusulas de descargo de responsabilidad, en los que no se garantice la calidad del servicio en su operativa o los tiempos de respuesta, unido a los problemas de compatibilidad.

g) La necesidad de incorporar protocolos de auditoría de los tratamientos en los que se incorporen dichos dispositivos, no solo de los dispositivos en sí.

h) El riesgo de que se produzca el acceso a los datos recogidos por dichos dispositivos por terceros con distintas finalidades, lo que podría, a su vez, conllevar una discriminación hacia las personas que no tienen los hábitos que, a juicio de los dispositivos, son saludables, o hacia quienes se nieguen a dar acceso o a emplearlos.

i) Los riesgos asociados a la interacción directa máquina-hombre, que puede conducir a escenarios de manipulación social, modificación e influencia sobre el comportamiento humano sin precedentes.

j) Los riesgos derivados de la posible ausencia de conocimiento en la sociedad civil, lo que debe ser resuelto por los responsables del tratamiento para dar cumplimiento al derecho de información de los interesados.

La tercera [con el título "IoT (III) Domótica. Internet de las Cosas: riesgos y recomendaciones"], de mayo de 2021, se centra en la domótica, atendiendo a los riesgos para la privacidad que podrían implicar aquellos elementos del hogar que se han transformado en dispositivos inteligentes con conectividad a Internet, riesgos que se ven incrementados cuando se hace un uso inadecuado de los mismos. En este sentido, la AEPD pone de manifiesto la importancia de que "[...] las personas tomen conciencia de que los dispositivos inteligentes son algo más que un electrodoméstico tradicional. Van a interactuar en la realización de las labores cotidianas de las personas realizando un gran número de tratamientos de datos. A la hora de adquirirlos debe adoptarse una actitud crítica y exigente hacia las garantías de privacidad. El criterio de selección no solo ha de basarse en el precio o las características principales que se ofertan. La persona usuaria debe comprobar que ofrezcan las suficientes garantías sobre sus datos personales».

Relacionada con esta notica, la AEPD ha publicado una infografía sobre los riesgos y las recomendaciones que el IoT plantea en el ámbito del hogar. Dentro de los primeros, pone de relieve que:

a) El dispositivo no distingue quién es su usuario: puede captar y almacenar voces/ imágenes/información de personas sin su conocimiento (familiares, invitados, etc.).

b) Además de los datos que facilitamos directa y conscientemente, los dispositivos incorporan sensores para captar y almacenar otros datos, como imágenes y audio.

c) Muchas empresas que participan en la prestación del servicio (fabricante del dispositivo, desarrolladores de software, prestadores de servicio, etc.) podrían tener acceso a nuestros datos y tratarlos para finalidades ulteriores.

d) Combinando los datos recogidos con la información de otros usuarios, es posible deducir información relativa a nuestros hábitos, comportamiento y/o estado físico.

e) Algunos dispositivos pueden rastrear nuestros movimientos y, como mínimo, pueden localizarnos en lugares concretos durante ciertos períodos de tiempo.

f) El volumen de datos recogido y la combinación de información de varios dispositivos permite elaborar perfiles precisos en función de nuestros hábitos, preferencias y el uso que hacemos de dichos dispositivos.

g) Incluso cuando no estamos interactuando directa y conscientemente con el dispositivo, este puede continuar capturando y tratando datos personales.

h) Un dispositivo conectado a Internet con configuraciones inseguras, por defecto o vulnerabilidades no solucionadas puede convertirse en la puerta de acceso de ciberdelincuentes a nuestros datos personales.

i) Los datos personales son tratados por terceros que, en caso de sufrir una brecha de seguridad, pueden hacer que aquellos se vean expuestos.

En cuanto a las segundas, aconseja:

a) Pensar qué datos son necesarios para cada dispositivo, no facilitando más datos de los necesarios.

b) Revisar la información ofrecida por el fabricante y consultar posibles dudas con el DPO.

c) Otorgar el consentimiento únicamente para las finalidades que se ajusten a nuestras preferencias y necesidades.

d) Elegir productos de fabricantes o proveedores que ofrezcan garantías de privacidad y protección de datos y que se comprometan a proporcionar actualizaciones de seguridad durante la vida útil del producto.

e) Antes de adquirir el producto, obtener información, a través de las políticas de privacidad: de quién va a tratar los datos personales y cómo podemos contactar con el DPD; de qué tipos de datos van a ser tratados y con qué finalidades; de si se comunicarán los datos personales a terceros y con qué finalidades, y de la forma de ejercer nuestros derechos de protección de datos.

f) Durante la puesta en marcha, asegurarse de revisar y configurar las preferencias y las opciones de privacidad y seguridad, debiendo poder otorgar el consentimiento o expresar nuestra oposición a las distintas finalidades, cambiar usuarios y contraseñas que vengan establecidas por defecto, actualizar el dispositivo y desactivar las funcionalidades que no vayan a ser usadas.

g) Mientras el dispositivo esté en uso, será preciso comprobar: que este se puede desconectar cuando no se esté utilizando y utilizar el modo que permite deshabilitar la captura de datos, que se revisan periódicamente las opciones de privacidad y seguridad y que se instalan las actualizaciones de seguridad disponibles.

h) Cuando se deje de utilizar el dispositivo definitivamente, será adecuado: no mantener conectado a Internet un dispositivo obsoleto, en desuso o sin actualizar; verificar el posible ejercicio del derecho a solicitar la supresión de los datos personales, siendo conveniente eliminar las cuentas de usuario en aquellos proveedores de servicio que no se vayan a seguir usando; comprobar que se puede ejercer el derecho a la portabilidad, y borrar los datos que pueda contener el dispositivo antes de venderlo o reciclarlo.

4. **Big data** *y elaboración de perfiles*

El término "*Big data*" alude al "[...] conjunto de tecnologías, algoritmos y sistemas empleados para recolectar datos a una escala y variedad no alcanzada hasta ahora y a la extracción de información de valor mediante sistemas analíticos avanzados soportados por computación en paralelo". Así viene definido por el "Código de buenas prácticas en protección de datos para proyectos Big data", elaborado por la AEPD e ISMS Forum; que añade, además, que:

> «Al Big Data frecuentemente se le caracteriza mediante tres 'v': Volumen, Variedad y Velocidad:
> • Volumen es la característica más obvia y que recoge el propio nombre de Big Data. Se pasa de manejar magnitudes de megabytes, gigabytes, como mucho Terabytes, a manejar Petabytes de forma cada vez más frecuente.
> • Además de volumen de datos, su Variedad ha crecido exponencialmente, tanto por la tipología de datos como por sus fuentes. Se ha pasado de manejar datos estructurados en bases de datos procedentes, en su mayoría, de fuentes internas, a tratar datos estructurados, semiestructurados y desestructurados; de ser datos cuasi estáticos a datos dinámicos o en continuo cambio; de originarse en un número de fuentes limitadas a proceder de personas, máquinas, sensores, etc. Esta variedad y volumen, requieren un tratamiento diferente para poder convertirse en información.
> • El tiempo es clave así que la Velocidad es la tercera 'v'. La captura, movimiento y proceso de los datos se hace a gran velocidad, llegando a ser en tiempo real en algunos casos.
> Además, algunos autores y organizaciones han añadido nuevas 'v' para definir de forma más precisa al Big Data, por ejemplo, Veracidad (la calidad de los datos capturados es clave), Variabilidad (el significado de los datos cambia frecuentemente y se pueden producir inconsistencias que se han de manejar) y Valor (los ingresos o beneficios del Big Data).
> Otro concepto relacionado que se maneja es el de *data lake* o lago de datos, en tanto que no sólo se trata de un almacenamiento de propósito específico de bajo coste y gran volumen, sino que se eleva a una agrupación o conglomerado de datos compartida por toda la organización en la que todo tipo de datos son accesibles simultáneamente por una variedad de motores de análisis sin apenas fricción».

En cuanto a los riesgos y amenazas que este tratamiento masivo de datos conlleva, parece evidente que, entre ellos, la generación de perfiles de consumidores o *profiling* adquiere especial relevancia; y ello, teniendo en cuenta los riesgos derivados de posibles tratamientos basados en predicciones, si se emplean de forma discriminatoria, excluyendo a sectores minoritarios con base en los resultados analizados (fenómeno conocido como "la dictadura de los datos"). Junto a lo anterior, también suscita preocupación su potencial utilización en sujetos especialmente vulnerables (niños, ancianos o colectivos marginados), cuestión que impone la necesidad de establecer garantías adecuadas en todos los ámbitos.

Por ello, resulta necesario atender a cuestiones fundamentales, como son las siguientes:

En primer lugar, las concernientes al origen de los datos, especialmente cuando el sistema se alimente de información proveniente de muy diversas fuentes. Esto plantea el riesgo de posibles incumplimientos de principios como el de minimización de datos o el de limitación de la finalidad, al hacer posible que los datos se traten con fines incompatibles a los inicialmente previstos. Al respecto, resulta fundamental la aplicación de los principios de privacidad desde el diseño y por defecto (artículo 25 RGPD) y de la evaluación de impacto (artículo 35 RGPD), ya analizados.

En segundo lugar, las relativas a la transparencia de la información (información que debe incluir tanto el origen de la información como las comunicaciones de datos realizadas a terceros y, en su caso, las transferencias internacionales de datos que se han efectuado, ya que esa trazabilidad permitirá a los interesados dirigirse, si así lo estiman oportuno, a otros responsables y encargados de tratamiento; a ello, deberá añadirse el hecho de la anonimización, si se ha producido, y del riesgo de reidentificación existente) y su interrelación con las bases jurídicas aplicables. En este sentido, el Código sostiene la necesidad de poner de manifiesto "[...] que la exigencia general del consentimiento podría en la práctica suponer un obstáculo desde el punto de vista de la ponderación con la que han de ser interpretadas las normas jurídicas, pues se impondrían unos límites desproporcionados a los desarrollos que se pretendan hacer de esta técnica. Por ello, se debe dar máxima importancia al cumplimiento del derecho de información que todo titular de los datos tiene que tener sobre el tratamiento, uso y destino que se va a aplicar a los datos personales de su titularidad. El concepto de transparencia está basado en la existencia de información suficiente sobre el tratamiento, al que tiene derecho el titular de los datos. Por ello debe insistirse en que dicho conocimiento puede ser la piedra angular que supere la dialéctica sobre la necesidad del consentimiento e incluso del derecho de información del titular de los datos en la técnica Big Data, en el sentido jurídico previsto para los mismos en la legislación de protección de datos. Por conclusión, cualquier uso previsto o futuro que se quiera llevar a cabo de los datos de carácter personal, necesariamente debe partir de la exigencia legal y moral del responsable del fichero y/o tratamiento de actuar transparentemente con el titular los datos».

En tercer lugar, la calidad de los datos personales y su conservación:

La calidad debe estar contemplada desde el inicio, por lo que será necesario evitar problemas derivados de: tratamientos implementados que sean incompatibles con la finalidad que motivó su recogida, el empleo de datos desactualizados o erróneos que llevan a resultados incorrectos; la toma de decisiones o tratamientos basados en datos inexactos que no responden a la realidad o la tramitación inadecuada de los derechos de los interesados. De este modo, el responsable del tratamiento deberá:

a) Realizar un análisis previo al tratamiento sobre la tipología de datos necesarios, las finalidades iniciales que se pretenden con la recogida de datos y aquellas que puedan surgir en un futuro cercano y la caducidad de los mismos.

b) Escoger los datos correctos e interpretarlos de manera adecuada.

c) Organizar la información que obtiene de manera coherente, en función de los propósitos perseguidos, evitando recoger y almacenar más datos de los estrictamente necesarios para cumplir la finalidad para la que se recogieron.

d) Establecer protocolos de verificación periódica que permitan comprobar que el tratamiento de datos continúa siendo compatible y lícito con la finalidad inicial.

e) Cumplir con los principios relativos al tratamiento, especialmente con el principio de minimización de datos.

La conservación, por su parte, exige la aplicación de concretas medidas de seguridad que deberán ser definidas por el responsable del tratamiento mediante un adecuado análisis de riesgos o una evaluación de impacto. Además, y en cuanto al intervalo durante el que habrán de almacenarse los datos, este deberá circunscribirse al tiempo estrictamente necesario para satisfacer el fin que originó la recogida de los datos y, en su caso, aquel que imponga la normativa aplicable.

En cuarto lugar, los derechos de los interesados, que, plasmados normativamente en los artículos 15 a 22 RGPD y 12 a 18 LOPDGDD, deberán ser reconocidos, protegidos, informados y adecuadamente tramitados. Más concretamente, el análisis deberá centrarse en la manera de proporcionar información permanente (dada la continuidad en el tiempo de los tratamientos de *Big data*) a los interesados sobre la forma y el procedimiento a través del que estos podrán ejercitar sus derechos y deberán ser atendidos por responsables y encargados del tratamiento una vez ejercitados.

En quinto lugar, la relevancia que, en este campo, ostentan las decisiones individuales automatizadas, reguladas en los artículos 22 RGPD y 18 LOPDGDD, ambos ya analizados. Al respecto, y en materia de elaboración de perfiles, conviene aludir a las, ya conocidas, “Directrices sobre decisiones individuales automatizadas y elaboración de perfiles a los efectos del Reglamento 2016/679”, del GTA29.

5. Redes sociales

Los servicios de redes sociales en línea son definidos como aquellos que posibilitan "[...] que los usuarios finales se conecten y se comuniquen entre sí, compartan contenidos y descubran contenidos y a otros usuarios a través de múltiples dispositivos y, en particular, mediante chats, publicaciones, vídeos y recomendaciones" [artículo 2.7) DMA]. El "Dictamen 5/2009 sobre las redes sociales en línea" (WP 163, de 12 de junio de 2009), elaborado, con carácter previo, por el GTA29, también definía las redes sociales en cuanto servicios de la sociedad de la información, y lo hacía indicando que son "[...] plataformas de comunicación en línea que permiten a los individuos crear redes de usuarios que comparten intereses comunes", siendo características propias que: en ellas, los usuarios tienen que suministrar datos personales para generar su perfil; suministran herramientas que permiten a los usuarios finales poner su propio contenido (en forma de fotografías, comentarios, música, etc.) en línea, y funcionan merced al empleo de herramientas que proporcionan una lista de contactos para cada usuario, con los que este puede interactuar.

Consciente de la relevancia que presentan los tratamientos de datos personales que se llevan a cabo en el entorno de las redes sociales y de las obligaciones que, al respecto, deben cumplir los responsables y encargados del tratamiento (en cuestiones básicas como las bases jurídicas aplicables, el deber de información a los interesados, la gestión de derechos de los afectados, la elaboración de un registro de las actividades de tratamiento, las medidas de seguridad aplicables, la designación de un DPO o la realización de transferencias internacionales de datos personales), la AEPD ha publicado, en junio de 2022, "Internet y redes sociales", donde aporta una serie de recursos esenciales para proteger la seguridad y privacidad de los interesados. Del mismo modo, meses después, en noviembre del mismo año, ha publicado "Protege tu privacidad", en la que, en la misma línea, incluye vídeos didácticos en formato de videotutoriales en los que se explica, paso a paso, cómo configurar las opciones de privacidad de los navegadores (Google Chrome, Edge y Mozilla Firefox), redes sociales (Facebook, Twitter, TikTok e Instagram), aplicaciones de mensajería instantánea (WhatsApp y Telegram) y sistemas operativos móviles (Android e iOS Safari) más comunes.

6. Tecnologías de seguimiento del usuario

El seguimiento de la actividad de los usuarios en la red se efectúa por medio de dispositivos que, con carácter general, reciben el nombre de "*coo-*

kies". Tal y como establece la AEPD en su Guía "Tecnologías y Protección de Datos en las AA.PP"., de noviembre de 2020, se trata de una "[...] estrategia utilizada por los servidores para almacenar y recuperar información del dispositivo de un usuario, lo que permite tratar datos personales de este cuando navega e interacciona con las diferentes aplicaciones y contenidos desplegados en la Red. En realidad, bajo la denominación de *cookies* se enmarcan muchas técnicas que permiten el seguimiento de los usuarios de forma activa o pasiva, muchas veces de forma poco transparente. Entre estas tecnologías de seguimiento se pueden encontrar aquellas que utilizan las características del dispositivo, los identificadores únicos y los hábitos de navegación del usuario. Cada vez que pedimos una página, una imagen o un contenido a un servidor web, le estamos comunicando, al menos, nuestra dirección IP, con lo que se puede saber nuestra ubicación geográfica, pero también el modelo de navegador que usamos y, en consecuencia, también nuestro sistema operativo, el dispositivo con el que nos conectamos, y cómo está de actualizado. Un servidor web puede saber si el usuario que navega tiene un bloqueador de elementos emergentes, cuánta memoria tiene su equipo, qué tarjeta gráfica usa, o cómo mueve el ratón por la pantalla. Toda esta información se agrupa bajo el nombre genérico de *fingerprint* o huella digital del dispositivo y puede utilizarse en servidores de Internet para vincular toda la actividad del usuario y así poder crear un perfil de este».

En la misma línea, la última "Guía sobre el uso de las cookies", publicada por la AEPD en junio de 2022, define a las *cookies* como "[...] cualquier tipo de dispositivo de almacenamiento y recuperación de datos que se utilice en el equipo terminal de un usuario con la finalidad de almacenar información y recuperar la información ya almacenada", tal y como se establece en el artículo 22.2 LSSICE, que establece lo siguiente:

> «Los prestadores de servicios podrán utilizar dispositivos de almacenamiento y recuperación de datos en equipos terminales de los destinatarios, a condición de que los mismos hayan dado su consentimiento después de que se les haya facilitado información clara y completa sobre su utilización, en particular, sobre los fines del tratamiento de los datos, con arreglo a lo dispuesto en la Ley Orgánica 15/1999, de 13 de diciembre, de protección de datos de carácter personal.
>
> Cuando sea técnicamente posible y eficaz, el consentimiento del destinatario para aceptar el tratamiento de los datos podrá facilitarse mediante el uso de los parámetros adecuados del navegador o de otras aplicaciones.
>
> Lo anterior no impedirá el posible almacenamiento o acceso de índole técnica al solo fin de efectuar la transmisión de una comunicación por una red de comunicaciones electrónicas o, en la medida que resulte estrictamente necesario, para la prestación de un servicio de la sociedad de la información expresamente solicitado por el destinatario».

Habiendo de entender reemplazada la mención a la normativa precedente en materia de protección de datos personales por la actual (RGPD/ LOPDGDD). Este mismo Reglamento General de Protección de Datos, en su considerando 30, dispone que:

> «Las personas físicas pueden ser asociadas a identificadores en línea facilitados por sus dispositivos, aplicaciones, herramientas y protocolos, como direcciones de los protocolos de internet, identificadores de sesión en forma de "cookies" u otros identificadores, como etiquetas de identificación por radiofrecuencia. Esto puede dejar huellas que, en particular, al ser combinadas con identificadores únicos y otros datos recibidos por los servidores, pueden ser utilizadas para elaborar perfiles de las personas físicas e identificarlas».

De igual modo, la precitada Guía de la AEPD clasifica las *cookies* en varias categorías, orientativas por ser las más frecuentes, si bien advierte que una misma *cookie* puede estar incluida en más de una de estas tipologías:

En primer lugar, según la entidad que las gestione, podemos hablar de:

a) Cookies propias: así denominadas porque se envían al equipo terminal del usuario desde un equipo o dominio gestionado por el propio editor y desde el que se presta el servicio solicitado por el usuario.

b) Cookies de tercero: a diferencia de las anteriores, aluden a las *cookies* que se envían al equipo terminal del usuario desde un equipo o dominio que no es gestionado por el editor, sino por otra entidad que trata los datos obtenidos través de las *cookies.*

En segundo lugar, según su finalidad, aludiremos a:

a) Cookies técnicas: permiten al usuario navegar a través de una página web, plataforma o aplicación y utilizar las diferentes opciones o servicios que en ella existan, incluyendo aquellas que el editor emplea para hacer posible la gestión y operativa de la web y habilitar sus funciones y servicios (verbigracia, control del tráfico y comunicación de datos, identificación de sesión, acceso a partes restringidas, recuerdo de elementos que integran un pedido, realización del proceso de compra de un pedido, gestión del pago, control del fraude vinculado a la seguridad del servicio, realización de la solicitud de inscripción o participación en un evento, recuento de visitas a efectos de la facturación de licencias del software con el que funciona el servicio —sitio web, plataforma o aplicación—, utilización de elementos de seguridad durante la navegación, almacenamiento de contenidos para la difusión de vídeos o sonido, habilitación de contenidos dinámicos o compartición de contenidos a través de redes sociales). Se incluyen, también aquí, las *cookies* que hacen posible gestionar, de la manera más eficaz posible, los espacios publicitarios que el editor haya incluido en una página web, aplicación o plataforma sobre la base de elementos como el contenido editado, sin que se recopile información de los usuarios con finalidades diferentes, como puede ser personalizar ese contenido publicitario u otros contenidos. Este tipo de *cookies* no están sujetas al cumplimiento de las obligaciones establecidas en el artículo 22.2 LSSICE en el supuesto de que hagan posible la prestación del servicio solicitado por el interesado, como ocurre en el caso de las citadas en párrafos anteriores; empero, de ser empleadas también para fines no exentos (como, por ejemplo, propósitos publicitarios comportamentales), estarán sometidas a tales obligaciones.

b) Cookies de preferencias o personalización: permiten recordar información para que el interesado acceda al servicio con determinadas características que permiten la diferenciación de su experiencia de la de otros usuarios (por ejemplo, en cuanto al idioma, número de resultados a mostrar cuando el usuario realiza una búsqueda, aspecto o contenido del servicio en función del tipo de navegador a través del cual accede al mismo, región desde la que accede, etc.). En el supuesto de que sea el mismo sujeto el que elija dichas características, estas *cookies* no estarán sometidas a las obligaciones del artículo 22.2 LSSICE, al entenderse que se trata de un servicio solicitado de forma expresa por el interesado, siempre que las *cookies* atiendan, por entero, a la finalidad seleccionada.

c) Cookies de análisis o medición: permiten a su responsable seguir y analizar el comportamiento de los usuarios de los sitios web a los que se vinculan, incluyendo la cuantificación del impacto de los anuncios. La información que se recoge merced a este tipo de *cookies* se emplea para medir la actividad del sitio web, aplicación o plataforma, con el objetivo de poder incorporar mejoras tras analizar los datos de uso que hacen los usuarios del servicio. Respecto al tratamiento de los datos obtenidos de ellas, el GTA29 puso de relieve que este tipo de *cookies* "[...] no están exentos del requisito de consentimiento aunque entrañan riesgos limitados para la privacidad, siempre que apliquen unas garantías razonables que incluyan la información adecuada, la capacidad de optar fácilmente por la no participación y unos mecanismos de anonimización global" ("Dictamen 4/2012 sobre la exención del requisito de consentimiento de *cookies*", WP 194, de 07 de junio de 2012).

d) Cookies de publicidad comportamental: almacenan información del comportamiento de los interesados que se obtiene observando continuamente sus hábitos de navegación, permitiendo elaborar un perfil concreto al que se mostrará publicidad.

En tercer lugar, según el plazo de tiempo que permanecen activadas en el equipo terminal, podemos hacer referencia a:

a) Cookies de sesión: se diseñan con el fin de obtener y almacenar datos durante el intervalo en el que el interesado accede a la web. Con frecuencia, son utilizadas para el almacenamiento de información que, únicamente, ha de ser conservada con el propósito de prestar el servicio solicitado por el usuario en una sola ocasión (por ejemplo, una lista de productos adquiridos), desapareciendo al concluir la sesión.

b) Cookies persistentes: en ellas, los datos permanecen almacenados en el terminal y se podrá acceder a ellos y tratarlos durante un lapso temporal concreto por el responsable de la *cookie*, lapso que puede ir desde unos minutos a varios años.

Una vez delimitado el concepto de *cookie* y las distintas clasificaciones que, en torno al mismo, pueden establecerse, conviene delimitar las principales obligaciones que recaen sobre aquellos responsables del tratamiento que implementan este tipo de estrategias:

La primera de estas obligaciones está relacionada con el deber de transparencia. Tal y como establece el precitado artículo 22.2 LSSICE, es preciso proporcionar al interesado "[...] información clara y completa sobre su utilización, en particular, sobre los fines del tratamiento de los datos", atendiendo a las exigencias, ya conocidas, que, en relación con el deber de información, exige el RGPD y la LOPDGDD y que han sido sobradamente explicadas en esta obra. De este modo, dentro de la política de *cookies* elaborada por la entidad, será preciso incluir la siguiente información:

a) Definición y función genérica de las *cookies*.

b) Información en torno al tipo de *cookies* empleadas y sus fines.

c) Identificación de quién utiliza las *cookies*.

d) Detalle del modo de aceptar, denegar o revocar el consentimiento para el uso de *cookies*.

e) En su caso, información relacionada con las transferencias de datos personales a terceros países u organizaciones internacionales efectuadas por el editor.

f) En el caso de que la elaboración de perfiles suponga la toma de decisiones automatizadas con efectos jurídicos para el interesado o que le afecten significativamente de modo similar, información sobre la lógica empleada, además de la relevancia y las consecuencias previstas de dicho tratamiento para el usuario en los términos establecidos en el artículo 13.2.f) RGPD.

g) Plazo de conservación de los datos.

h) Por lo que respecta al resto de información prevista en el artículo 13 RGPD que no aluda concretamente a las *cookies* (es el caso, entre otros aspectos, de los derechos de los usuarios), el editor podrá remitirse a la política de privacidad.

En cuanto al modo en el que esta información deberá ser transmitida al interesado, la misma: deberá proporcionarse de forma concisa, transparente e inteligible; tendrá que emplear un lenguaje claro y sencillo, evitando la utilización de frases que induzcan a confusión o desvirtúen la claridad del mensaje; habrá de ser de fácil acceso; tendrá que estructurarse en capas (primera —identidad del editor; fines de las *cookies*; si son propias; datos a recopilar y emplear; modo de configurar, aceptar o rechazar las *cookies*, y un enlace con la información en segunda capa— y segunda —con el resto de información de las letras anteriores—); deberá proporcionarse por medio de un aviso claramente visible, y, si se solicita el alta en un servicio o la descarga de una aplicación, tendrá que suministrarse, preferiblemente, junto con la política de privacidad.

La segunda obligación principal tiene que ver con el consentimiento como base jurídica preeminente en materia de *cookies*. Como acertadamente advierte la Guía sobre el uso de las cookies, "[e]ste consentimiento podrá obtenerse mediante fórmulas expresas, como haciendo clic en un apartado que indique "consiento", "acepto", u otros términos similares. También podrá obtenerse infiriéndolo de una inequívoca acción realizada por el usuario, en un contexto en que a éste se le haya facilitado información clara y accesible sobre las finalidades de las *cookies* y de si van a ser utilizadas por el mismo editor y/o por terceros, de forma que quepa entender que el usuario acepta que se instalen *cookies*. En ningún caso la mera inactividad del usuario implica la prestación del consentimiento por sí misma».

Para que el consentimiento sea válido, será preciso:

a) Que sea libre e informado.

b) Que se preste a través de alguna de las opciones válidamente previstas (recomendablemente, a través de un clic del usuario o de una conducta similar).

c) Que responda a una clara acción afirmativa del interesado.

d) Que sea el resultado de una acción consciente del usuario por la que acepta el uso de las *cookies* (por ejemplo, botón del tipo "Aceptar"). Téngase en cuenta que, como ha advertido el CEPD en sus "Directrices 5/2020 sobre el consentimiento en el sentido del Reglamento (UE) 2016/679", seguir navegando no es una forma válida de prestar el consentimiento, como tampoco implica dicha aceptación la consulta de la segunda capa informativa si la información se presenta por capas o la navegación necesaria para que el usuario gestione sus preferencias en relación con las *cookies.*

e) Que permita al usuario negarse a aceptar las *cookies.*

f) Que la información que se proporcione al interesado para dar su consentimiento al uso de las *cookies* esté separada de la información que se le ofrezca sobre otros asuntos.

g) Que la aceptación de los términos o condiciones de empleo de la web o servicio se encuentre separada de la aceptación de la política de privacidad o *cookies.*

h) Que, en su caso, el consentimiento, únicamente, se obtenga a través de botones de aceptación, siempre que incluya una leyenda específica con el término "consiento", facilitándose información completa sobre las categorías especiales de datos personales respecto de las que se consienten, las decisiones individuales automatizadas o las transferencias a terceros países, según el caso.

En cuanto a los mecanismos para obtenerlo, pueden ser variados: al solicitar el alta en un servicio; durante el proceso de configuración del funcionamiento de la página web o aplicación; a través de plataformas de gestión del consentimiento; antes del momento en que se vaya a descargar un servicio o aplicación; mediante el formato de información por capas, o por medio de la configuración del navegador.

7. **Blockchain** *y últimas tecnologías*

El *blockchain*, también conocido como "cadena de bloques", "[...] es una técnica de almacenamiento distribuido de información que, dependiendo de la configuración escogida, puede trabajar en una aproximación P2P y formar una red de nodos descentralizada. Utiliza determinadas estrategias, llamadas algoritmos de consenso, para validar la información que almacena cada nodo participante e implementa un mecanismo para detectar alteraciones en la información registrada" [AEPD, "Blockchain (II): Conceptos básicos desde la protección de datos", de noviembre de 2020]. De este modo, posibilita que individuos que no se conocen o no confían los unos en los otros construyan un gran registro digital que permite el cumplimiento del acuerdo asumido por todas las partes implicadas.

Esta técnica se apoya, en esencia, en los siguientes elementos [AEPD, "Blockchain (II): Conceptos básicos desde la protección de datos"]:

a) Una política de participación que establece en qué condiciones y con qué rol se interviene en la red.

b) Una política de almacenamiento distribuido de la información.

c) Una política de intercambio de datos.

d) Una política de consenso para validar la nueva información en el sistema.

e) Una política de gestión de la integridad de la información.

El campo de nuevas aplicaciones es tan amplio que abarca sectores ciertamente heterogéneos, como el financiero, seguros, energía, telecomunicaciones, salud, justicia, Administración Pública o registros públicos y privados, a lo que se añade tecnología de base para todo tipo de transacciones en el marco del Internet de las cosas. Por este motivo, se ha dado en analizar la irrupción del *blockchain* como la revolución industrial de Internet.

Esta tecnología fue definida en el año 2009 por quien dijo llamarse Satoshi Nakamoto, personaje del que existen dudas sobre su verdadera identidad, para crear la moneda virtual *bitcoin*. Este autor estableció, al respecto, dos características esenciales:

De un lado, se prohíbe que el poseedor de una moneda pueda gastarla dos veces.

De otro, se declara la inexistencia de un banco central que sustente dicha moneda actuando como tercero de confianza. En su lugar, se registran y anotan todas las transacciones que se llevan a cabo con la moneda en un libro mayor contable del que existen multitud de copias públicamente disponibles, resultando factible el rastreo de las identidades del *blockchain* por las que ha pasado cada *bitcoin*. Es, precisamente, la existencia de tales copias lo que dota de seguridad a la moneda, pues, en el supuesto de que alguien pretenda manipular una transacción de pago o cobro, deberá manipular la mayor parte de las mismas, algo que exigiría esfuerzos ímprobos, crecientes a media que el número de copias del libro aumenta [AEPD, "Blockchain y protección de datos", de diciembre de 2018].

Por tanto, *bitcoin* supone una concreción y ampliación de los elementos típicos de *blockchain* de cara a la implementación en dicho modelo de negocio de [AEPD, "Blockchain (II): Conceptos básicos desde la protección de datos"]:

> «- Una política de participación no permisionada por la que las personas intervinientes pueden entrar y salir libremente sin que existan restricciones a la hora de procesar las transacciones o crear los bloques (Blockchain no permisionada).
> - Una política de almacenamiento distribuido de elementos de información denominados transacciones en la propia cadena de bloques.
> - Una política de intercambio de datos P2P por la que no existen requisitos de acceso a la red, no hay trazabilidad de la comunicación de datos y donde cualquier nodo participante puede formar parte de ella (Blockchain pública).
> - Una política de consenso para validar la información incorporada a la cadena basada en la resolución de problemas complejos (Prueba de Trabajo)
> - Una política de gestión de la integridad de la información sin contemplar la actualización de esta.
> - Una política de recompensas para las personas intervinientes que construyen nuevos bloques.
> - Una política de ejecución automática de decisiones que, en base a unas condiciones prestablecidas, permite que se ejecute un acuerdo definido por las partes (Contratos inteligentes).
> - Un ecosistema de interacción entre el mundo virtual y el real: oficinas de cambio o *exchanges*, monederos o *wallets*, aplicaciones descentralizadas o *DApps*, etc.».

Aun cuando la totalidad de las transacciones efectuadas con *bitcoins* se registran en el libro mayor, que, a su vez, se replica en multitud de ubicaciones, la privacidad de quienes participan en las transacciones resulta protegida merced al identificador con el que interviene cada uno de ellos, visible en el *blockchain*. No obstante, la relación con la persona que lo opera únicamente es conocida por el mismo, de modo que es el propio usuario el que mantiene el control sobre su identidad.

Así, en materia de protección de datos personales, resulta fundamental analizar la evolución y expansión del *blockchain*, ya que, aunque la existencia de los citados identificadores puede coadyuvar a que los interesados controlen su privacidad, existen dudas en torno al posible ejercicio del derecho de supresión en una técnica que no permite, en origen, alterar el libro mayor de transacciones. Partiendo de esta premisa, la normativa en vigor sobre protección de datos personales introduce instrumentos tales como la protección de datos desde el diseño y por defecto o las evaluaciones de impacto en la protección de datos, ya conocidos y esenciales de cara a disciplinar el avance de la tecnología *blockchain* con las exigencias que impone el respeto de este derecho fundamental.

Por lo demás, la notoriedad alcanzada por esta técnica a lo largo de estos últimos años ha puesto de relieve la necesidad de indagar en torno a la tecnología en la que se apoya, motivo por el que han ido apareciendo diversas aplicaciones para *blockchain* que van más allá de las monedas virtuales. Este fenómeno se ha acrecentado merced a la introducción, en la tecnología *blockchain*, de una nueva funcionalidad, denominada "contratos inteligentes" o "*smart contract*" [que no es más que un programa —un algoritmo— que se almacena en los propios nodos de una *blockchain* y que ejecuta decisiones automatizadas —AEPD, "Blockchain (III): Smart contracts y datos personales", de marzo de 2022—], que hace posible, además del registro en el libro mayor de una transacción, un contrato o conjunto de transacciones susceptibles de ser ejecutadas en el futuro si concurren una serie de condiciones que se configuran en el propio contrato. En la medida en que tales decisiones automatizas puedan incidir significativamente en los interesados o suponer la elaboración de perfiles de los mismos, será preciso tomar en consideración, desde el diseño, las exigencias recogidas en el artículo 22 RGPD, además de proceder a la incorporación de las garantías y medidas que resulten adecuadas de cara a la protección de los derechos de los afectados.

Bibliografía

ÁLVAREZ HERNANDO, J./CAZURRO BARAHONA, V., *Practicum Protección de Datos 2016*, Cizur Menor, Thomson Reuters Aranzadi, 2015.

BOTELLA PAMIES, E., "Calificación del Delegado de Protección de Datos", en ARENAS RAMIRO, M./ORTEGA GIMÉNEZ, A. (Dirs.), Protección de datos: comentarios a la Ley Orgánica de Protección de Datos y Garantía de Derechos Digitales (en relación con el RGPD), Madrid, Sepin, 2019, págs. 191-193.

BURZACO SAMPER, M., *Protección de datos personales*, Madrid, Dykinson, 2020.

COTINO HUESO, L., "Datos personales", en PENDÁS GARCÍA, B. (Coord.), *Enciclopedia de las Ciencias Morales y Políticas para el siglo XXI: Ciencias Políticas y Jurídicas (con especial referencia a la sociedad poscovid 19)*, Madrid, Real Academia de Ciencias Morales y Políticas: Boletín Oficial del Estado, 2020, págs. 665-668.

CRISTEA UIVARU, L., *La protección de datos de carácter sensible: historia clínica digital y big data en salud*, Barcelona, Bosch, 2018.

DAVARA FERNÁNDEZ DE MARCOS, E./ DAVARA FERNÁNDEZ DE MARCOS, L. (Coords.), *Análisis práctico de sanciones en materia de protección de datos-divididas por conceptos y sectores-*, Cizur Menor, Thomson Reuters Aranzadi, 2021.

DUASO CALÉS, R., "Los principios de protección de datos desde el diseño y protección de datos por defecto", en ÁLVAREZ CARO, M./RECIO GAYO, M./PIÑAR MAÑAS, J. L. (Dirs.), *Reglamento general de protección de datos: hacia un nuevo modelo europeo de privacidad*, Madrid, Reus, 2016, págs. 295-320.

FORTUNY, M./VILÁ CASELLES, O., "Protección de los denunciantes y protección de datos", en GIMENO BEVIÁ, J./LÓPEZ DONAIRE, B. (Dirs.), *La directiva de protección de los denunciantes y su aplicación práctica al sector público*, Valencia, Tirant lo Blanch, 2022, págs. 389-420.

GARCÍA GARNICA, M. C., "Datos personales y menores de edad", en GONZÁLEZ PACANOWSKA, I./CASTILLA BAREA, M. (Coords.), *Protección de datos personales*, Valencia, Tirant lo Blanch, 2020, págs. 161-238.

GARCÍA-RIPOLL MONTIJANO, M., "El consentimiento al tratamiento de datos personales", en GONZÁLEZ PACANOWSKA, I./CASTILLA BAREA, M. (Coords.), *Protección de datos personales*, Valencia, Tirant lo Blanch, 2020, págs. 79-159.

GONZÁLEZ PACANOWSKA, I., "El derecho a la portabilidad de los datos personales: control y uso compartido de los datos personales", en GONZÁLEZ PACANOWSKA, I./CASTILLA BAREA, M. (Coords.), *Protección de datos personales*, Valencia, Tirant lo Blanch, 2020, págs. 668-731.

LÓPEZ-TARRUELLA MARTÍNEZ, A., "Libre circulación de datos personales y no personales en la Unión Europea", *La ley privacidad*, núm. 2, 2019.

MARTÍNEZ MARTÍNEZ, R., "El Delegado de Protección de Datos", en RALLO LOMBARTE, A. (Dir.), *Tratado de protección de datos: actualizado con la Ley Orgánica 3/2018, de 5 de diciembre, de Protección de Datos Personales y Garantía de los Derechos Digitales*, Valencia, Tirant lo Blanch, 2019, págs. 431-458.

MESSÍA DE LA CERDA BALLESTEROS, J. A., "Consideraciones y perspectivas del delegado de protección de datos", *Revista Aranzadi de Derecho y Nuevas Tecnologías*, núm. 47, 2018.

MONTERO PASCUAL, J. J., *Regulación económica: la actividad administrativa de regulación de los mercados*, Valencia, Tirant lo Blanch, 2016.

MONTERO PASCUAL, J. J. (Dir.), *La regulación de la economía colaborativa: Airbnb, BlaBlaCar, Uber y otras plataformas*, Valencia, Tirant lo Blanch, 2017.

MONTERO PASCUAL, J. J./FINGER, M., "La regulación de las plataformas digitales como industrias en red", *Revista General de Derecho de los Sectores Regulados: RSR*, núm. 9, 2022.

RAMIRO AVILÉS, M. Á., "Tratamientos de datos de salud", en ARENAS RAMIRO, M./ ORTEGA GIMÉNEZ, A. (Dirs.), *Protección de datos: comentarios a la Ley Orgánica de Protección de Datos y Garantía de Derechos Digitales (en relación con el RGPD)*, Madrid, Sepin, 2019, págs. 459-467.

RECIO GAYO, M., "El Delegado de la Protección de Datos", en ÁLVAREZ CARO, M./ RECIO GAYO, M./PIÑAR MAÑAS, J. L. (Dirs.), *Reglamento general de protección de datos: hacia un nuevo modelo europeo de privacidad*, Madrid, Reus, 2016, págs. 367-388.

RODRÍGUEZ AYUSO, J. F., *Figuras y responsabilidades en el tratamiento de datos personales*, Barcelona, Bosch, 2019.

RODRÍGUEZ AYUSO, J. F., *Privacidad y Coronavirus: aspectos esenciales*, Madrid, Dykinson, 2020.

RODRÍGUEZ AYUSO, J. F., "La figura del Data Protection Officer en la contratación pública en España", *Revista Digital de Derecho Administrativo*, núm. 25, 2021, págs. 309-336.

RODRÍGUEZ AYUSO, J. F., "Criterios para el acceso oficial de ciudadanos especialmente vulnerables a servicios prestados por las Administraciones Públicas", *Revista jurídica de Castilla y León*, núm. 53, 2021, págs. 147-175.

RODRÍGUEZ AYUSO, J. F., "The provision by public authorities of safe environments for particularly sensitive citizen interaction: the situation at the European level", *Revista Digital de Derecho Administrativo*, núm. 26, 2021, págs. 285-310.

RODRÍGUEZ AYUSO, J. F., "Estado de alarma y protección de la privacidad en tiempos de pandemia: licitud del tratamiento de categorías especiales de datos", *Revista de Derecho político*, núm. 110, 2021, págs. 299-318.

RODRÍGUEZ AYUSO, J. F., "Las TIC como elemento de contención en situaciones de crisis socioeconómica: la necesaria aceleración pública en la virtualización de las relaciones laborales", *Consultor de los Ayuntamientos y de los Juzgados: revista técnica especializada en Administración local y justicia municipal*, núm. 2, 2021.

RODRÍGUEZ AYUSO, J. F., "Cumplimiento normativo y protección de datos: la compleja articulación de las relaciones entre el compliance officer y el DPO en la contratación pública", *Contratación administrativa práctica: revista de la contratación administrativa y de los contratistas*, núm. 305, 2017, págs. 181-216.

RODRÍGUEZ MARTÍNEZ, I., "El servicio de mediación electrónica y las plataformas de economía colaborativa", *Revista de Derecho mercantil*, núm. 2, 2021.

ROJAS JIMÉNEZ, L., "Transferencias internacionales de datos personales", en CÁMARA ÁGUILA, M. P./LÓPEZ MAZA, S./MINERO ALEJANDRE, G. (Dirs.), *Propiedad intelectual, industrial y nuevas tecnologías: cuestiones de actualidad II*, Editorial Book Publishing, 2021.

TRONCOSO REIGADA, A./GONZÁLEZ RIVAS, J. J. (Dirs.), *Comentario al Reglamento General de Protección de Datos y a la Ley Orgánica de Protección de Datos personales y Garantía de los Derechos Digitales*, Cizur Menor, Thomson Reuters Aranzadi, 2021.

VILLASECA, M., "El delegado de protección de datos", *I+S: Revista de la Sociedad Española de Informática y Salud*, núm. 127, 2018, págs. 21-23.

Biografía del autor

Juan Francisco Rodríguez Ayuso es Profesor Permanente Laboral de Derecho Administrativo y Coordinador del Master en Derecho digital de la Universidad Nacional de Educación a Distancia (UNED).

Cuenta con amplia experiencia en el asesoramiento de empresas en materia de protección de datos personales, con una sólida base teórica en el conocimiento de áreas esenciales en materia de Derecho digital, como, además de la protección de datos, la firma y el arbitraje electrónicos o la regulación de las plataformas digitales.

Es autor de un gran número de publicaciones, además de director y partícipe de múltiples obras colectivas. Destacan sus monografías *Ámbito contractual de la firma electrónica* (2018), *Figuras y responsabilidades en el tratamiento de datos personales* (2019), *Privacidad y Coronavirus: aspectos esenciales* (2020), *Control externo de los obligados por el tratamiento de datos personales* (2020) o *Garantía administrativa de los derechos del interesado en materia de protección de datos personales* (2021).